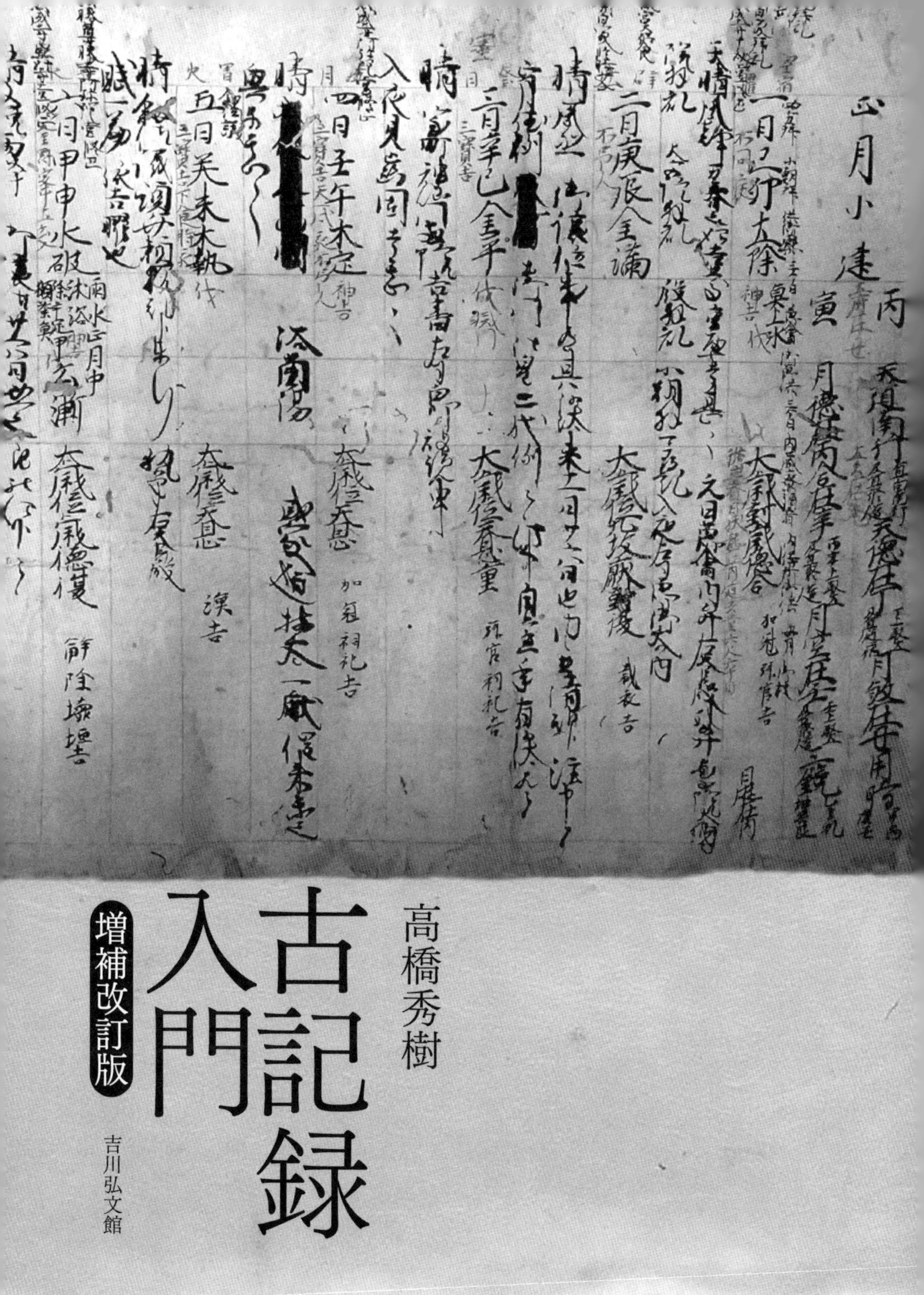

古記録入門

増補改訂版

高橋秀樹

吉川弘文館

はしがき

日記にはどんなイメージがあるだろうか。「秘密」「思い出」「タイムカプセル」、そんな言葉を連想する人が少なくないだろう。多くの人にとって、日記は、ひっそりと書いたものの、その後読み返すこともなく、いつの間にか仕舞い込んでしまった思い出の品である。そんな他人の日記を盗み読むことはモラルに反した行為として非難されるが、その日記が歴史史料として公開されれば、他人によって何度も読み返され、そこからさまざまな歴史事象が紡ぎ出される。日記は実に雄弁な史料となるのである。

歴史学における史料論・史料学は、一九七〇年代には「学界における暗い谷間」と称された〔石井〕。それは、天下国家を論じる歴史学という王道の補助学に過ぎないという明治時代以来の固定観念が根強かったことを指しているが、その後、扱われる資料もさらに広がり、そのなかの文献史料についても文書論が著しく進展して「すでに「暗い谷間」から完全に脱した史料学」〔網野〕と称されるに至った。ところが、その成果であるはずの『岩波講座日本通史』では、考古資料・民俗資料・絵画資料・文学作品・系譜史料・絵図・地図・地名などに関する論考が配される一方で、「中世史料論」の名の下に中世文書論が展開されており、日記・記録と称される一群の文献史料は事実上抜け落ちている。二〇一五年に刊行された『岩波講座日本歴史　第21巻史料論』においても、日記・記録への言及は、わずか数行に過ぎない。

これまで、古記録と呼ばれる日記史料については、内容を中心に伝本の問題なども含めて営々とした研究史があり、一九九〇年代初めの到達点は山中裕編『古記録と日記』（思文閣出版）に示されている。戦後まもなく、書誌学的な側面と内容面を合わせた学術的研究としての「古記録学」が斎木一馬氏によって提唱されたが、その提言は真摯に受け止められてこなかった。記録の記事自体は広く利用されつつも、古記録それ自体を論じているのは翻刻に従事して原本を手に取る経験をした一部の研究者だけだったし、しかも古代史料論として平安時代の日記にほぼ限定して扱われてきたために中世の日記そのものがもつ多様性は注目されてこなかった。史料学の対象としては、なお「暗い谷間」に置かれたままだったと言っても過言ではない。

しかし二〇世紀末以降、松薗斉氏が「日記の家」や「情報装置としての日記」という視点で日記論を展開したり、さまざまな視点から中世の日記を考察する五味文彦編『日記に中世を読む』（吉川弘文館）、日記原本に注目しつつ記主の意識までも読み取る尾上陽介氏の『中世の日記の世界』（山川出版社）の刊行、村井章介氏の刺激的な中世史料論の登場などによって、中世の古記録もようやく「暗い谷間」から引き上げられつつある。本書もその流れに立ったささやかな試みの一つである。第一部は最近の情報論的史料論の視点に立って、中世の古記録について概論的に叙述した。第二部は古記録をどう読んだらいいのか、そのためにどのような調べ方をすればいいのかを具体的な記事に沿って述べることとした。素材としては藤原兼実《ふじわらのかねざね》の『玉葉《ぎょくよう》』と藤原経光《つねみつ》の『民経記《みんけいき》』という中世前期の二つの日記を取り上げた。内容的な面白さと工具書の充実度、読解の基礎力を養うのに適しているか否かという点を勘案して選択した。一応、日本中世史や日本中世文学を専攻する大学院の博士前期課程（修士課程）の学生を読者に想定して記述したつもりである。古代の日記や僧侶の日記など取り上げるべき日記や事項は多いが、筆者の能力と紙幅の関係で変体漢文あるいは和風漢文と称される文体で書かれた中世貴族の日記が中心になることをお断りしておきたい。

目 次

第一部

古記録を知る

第一章　古記録とは何か

『古記録入門』と題する本書は、中世史料としての漢文日記を取り扱っている。まずは、古記録と日記との関係に触れておかねばならないだろう。

試みに、手近にある『広辞苑』（岩波書店）を引いてみよう。

古記録　歴史研究の根本史料となる近代以前の記録。備忘のための公私の日記を主とし、別記・部類記などを含む。

記　録　①のちのちに伝える必要から、事実を書きしるすこと。また、その文書。特に史料としての日記・部類記の類。②競技などの成績・結果。特に、その最高のもの。また、物事の状態・結果などを数値で表したもの。レコード。

日　記　①日々の出来事や感想などの記録。古くは「土佐日記」「御堂関白記」などが著名。一般に、日誌よりは私的・個人的。にき。②日記帳の略。

のちのちに伝える必要から事実を書き記したものが記録であり、前近代のものをとくに古記録と呼ぶ。記録の中でも日々の出来事や感想などを書いたものが日記とされており、狭義の場合、記録＝日記ということになる。これが一般的な理解と見ていいだろう。

日本史研究においても、このように捉えられてきた。記録の語義を分析された土田直鎮《つちだなおしげ》氏は「記録の語義に関して、単に「書きもの」「書類」などの軽い意味で一般に用いられる以外に、史料の性格を表す語として広狭二種の用法があり、特に狭義の場合には専ら日記を指す」と述べられている。こうした見方は、研究者のあいだでほぼ共有されている所である。そこで本書でも、とくに断らない限り、この狭義の用法にもとづいて日記、古記録の語を使っていく。

一　史料論の中の日記・古記録

【定説的史料論】

「文献史料に基づいて、事象の歴史的変化を見いだし、それを論理的に説明する学問が歴史学である、などと声高に言ったならば、今や失笑を買いかねない。歴史学も多様化し、絵画資料・考古遺物はもちろん、祭礼や地名、景観までもが資料として利用されるようになり、紙に墨で書かれた文字史料を主とする文献史料は歴史資料の一角に位置づけられるに過ぎなくなった」［黒田］と今日では言われている。しかし、資料の広がりが急速に進んだ現在にあっても、文献史料の占有面積が他の歴史資料を圧倒していることは疑いない。

日本史、特に中世の史料論は古文書学として体系化され、論じられてきた。日本の古文書学の基礎をつくった黒板勝美氏による文献史料の三分類が今なお大枠を律している。

黒板氏はまず、編纂著述の目的をもつものと、そうでない記録及び公文案牘《くもんあんとく》帳簿の類（文書）に分け、さらに文書と記録の別を他動的であるか自動的であるかという点に求めている。差出者《さしだししゃ》・受取者という存在があるかないか、他への働きかけを前提にしているかどうかで両者を区別し、記録については「自動的のものは之に反して、その対象たる受取者を有せず。唯々自己が或る事件に遭遇したる時、その事実を書記して、後日の記憶に備ふるものなり。その書記せられたる事実は、その作成の時に於てその効力を他に及ぼさず。この類を総称して記録と云ふ」と述べ、記録のうち、日にかけて記したものを日記、事件などにかけて記したものを実録と称している。相田二郎《あいだにろう》氏や桃裕行氏をはじめ、多くの研究者が基本的にはこの黒板説を継承している。

一九七六年に刊行された『岩波講座日本歴史25　別巻2日本史研究の方法』に収められた佐藤進一氏の「中世史料論」は、黒板氏の他動的か自動的かという機能論を継承する一方、従来の文書・日記・典籍という三分類のほかに「文書と記録の間」という目録や帳簿のような中間的存在に注目した点で高く評価されている。受取者をもたないけれども単なる備忘記録ではない「文書と記録の間」に、文書の控えを日付順につづった日記風のものや一定の証拠力をもつ書面として作成された「事発《じほつ》日記」などを位置づけているが、こうした存在についてはすでに黒板氏も指摘しているし、桃氏も「記録を含む文書」や「文書を含む記録」という形でこれを示していた。記録そのものについて、作成者の側に留め置かれて、他への働きかけの認められないもの、「単なる備忘記録」としたことも黒板説の敷衍《ふえん》である。同書に収められた土田直鎮「古代史料論　記録」も広義の「記録」を「備忘の目的を以て、自己（個人の場合も機関である場合もあるが）の心覚えとして自分自身の為に書き留めたもの」としている。

【機能論的史料論】

黒板氏から佐藤氏へと繋がる「働きかけ」＝機能に着目した史料論は、従来の古文書学の枠や文書・記録・編纂物そして帳簿というカテゴリーには収まりきらない正倉院文書などの諸資料を素材とする新しい古代史料論の展開の中で、石上英一《いしがみえいいち》氏・山下有美氏・杉本一樹氏らによって再構築されている。その中で杉本氏は、これまで自動的で働きかけがないと位置づけられてきた日記・記録を、自己完結的な典籍や、当事者から他者に働きかける他動的な文書に対して、当事者から当事者に働きかける他動的な存在という新しい枠組みの中に位置づけた。また、山下氏は、対象を「人間の意志を情報としてある対象に伝達する物体」である「書面」と広く捉え、それを情報を他者へ伝達する機能をもつ書面と情報を自己に伝達する機能をもつ書面とに分け、日記を、後者のうちで、複数の事象を保存する機能をもつものとしている。伝達という機能を認めながらも、その対象を当事者（自己）とする点では杉本氏とほぼ同様と言えよう。

【情報論的史料論】

『岩波講座日本通史　別巻3史料論』（岩波書店、一九九五年）で「中世史料論」を執筆した富田正弘氏は、文書が文字以外にも様々な情報（非文字情報）をもっていることを指摘し、文書情報を、書体・文体、差出所《さしだしどころ》・充所《あてどころ》・表題・本文・書止《かきとめ》・署名等の位置関係や表記法などの様式から得られる様式的情報、料紙・用墨・用筆などのもつ形態的情報、文書から抽出された機能や効力に関する機能的情報、文書授受機関が歴史的に構築した文書群全体がもつ情報である構成的情報、複数の関係文書から研究者が読み取った関係的情報に類別し、情報論としての史料論を展開した。しかし、日記（記録）については、文書との対照の中で、豊富な文字情報に比べると非文字情報は微々たるもので、確かに様式的情報・形態的情報はあるだろうが、機能的情報は考えられないと、事実上切り捨てられてしまっている。

村井章介氏は石上・杉本・山下氏らの古代史料論と富田氏の情報論をうけて、新たな中世史料論の構築（脱構築）を試みている。その中では近年の古記録研究の新しい成果も取り入れて、日記がもつさまざまな情報も紹介しながら、従前のカテゴリーの壁を突き抜けて、ある属性をもつ特定の「場」のなかで移動しながら性格を変えていく書面を動態として捉えようとしている。

新しい『岩波講座日本歴史』（岩波書店、二〇一五年）に収録された高橋一樹「中世史料学の現在」でも、富田・村井・杉本氏らのモノに即した情報論的な史料論の方向性が堅持されている。

音声（口頭伝達）や記憶という非書面に対して、「文字（画像も含む）によって人間の意志や意識が表出されたもの」

である書面を、あえて作成時点での性格に限定すると、次のように捉えられるのではないかと筆者は現在考えている。

まず、記すという行為からみると、〈A〉フィクション性に記述の主眼をおいた書面と、〈B〉事実性（実態とは限らない）に記述の主眼をおいた書面とに分けることができるだろう。前者には、すべてではないが韻文散文作品などの創作物がおよそ当てはまり、後者には文書・日記・帳簿類・編纂物などを含めた広範な書面が当てはまる。文学作品としての日記の場合も、一部にフィクションが入ることがあっても、その本質は事実性（ノンフィクション）にある。〈B〉の中では、日付の記載の有無やその質による区分ができそうである。日記は、ある事実の生じた特定の日付（かならずしも行事や事件そのものが起こった日ではなく、伝聞したという事実が生じた日の場合もある）を必要とする。それは日記を作成した日付ではない。それに対して、儀式書や随筆などの書面は特定の日付を必要とせず、むしろ日付を特定しないことで普遍性をもたせている書面である。文書の多くは日付を有するが、その日付は書面を作成した日付であって、かならずしも、ある事実が生じた特定の日付ではない。しかも日付のない文書さえ存在する。編纂物の中には、六国史《りっこくし》や『吾妻鏡《あずまかがみ》』『百錬抄《ひゃくれんしょう》』などのように、日記と同じく、事実が生じた特定の日付にかけて記す編年体の書面がある。これと日記との違いは、当事者性にあるのだろう。記主《きしゅ》という日記の書き手自身が体験したり伝聞した事実を記す日記に対して、日記が原史料となっていても、第三者が加工して作った編纂物にはこの当事者性がない。日記の中にも、公的性格をもたせようとして、本来、第一人称として「予《よ》」と記されていた部分を官職名や人名に置き換えて、当事者性を軽減しているものがあることを付言しておく。

また、記すという行為の背景にある第一の意図である働きかけという機能からみると、〈a〉働きかけること（伝達）を前提とする書面、〈b〉働きかけられること（参照）を前提とする書面、〈c〉働きかけ（伝達・参照）を前提としない書面とがあると考える。この働きかけには、書面の作成者が属する組織体の外に向けて働きかけるものと内に向けて働きかけるものがあり、また、同じ時間軸上で働きかけることも、時代という時間軸を超えて働きかけることもある。利用・参照という書面に対する働きかけは、書面そのものを加工し、部類や抄出という形で書面を変形させることもあり得る。この働きかけという機能から日記をみるというのが、本書の日記論の主眼の一つであるが、結論を先取りするならば、日記は時間軸に関わりなく働きかけられること（＝参照されること）を前提に書かれた書面であり、子孫や後任者など同じ組織体の内に向けて時間軸を超えて働きかける書面でもある。

二　さまざまな「日記」

史料上に見える「日記」は、私たちが念頭に浮かべている、日を追って記す「日記」のみではない。平安時代の諸文献に見える「日記」の語については、玉井幸助『日記概説』（目黒書店）のほか、いくつかの専論がある〔滝川・米田・森田b・榎原〕。これらの先行研究を参照して、史料に見えるさまざまな「日記」、本書の主題である古記録と称される日記以外の「日記」について概観しておこう。本書の旧版刊行後に発表された近藤好和「「日記」という文献」も、さまざまな「日記」を取り上げている。

1　調書・実検記としての「日記」

盗難・紛失・火災などの事件が発生したときに「日記」と称される書面が作成されたことが明らかにされている。その実例として知られるのが、東大寺文書、天喜《てんぎ》四年（一〇五六）四月二十三日づけの「日記」である（『平安遺文』七九七号）。

天喜四年四月廿三日午時立日記
右事発波、今日辰時許遠以天、俄仁寺中乃北乃岡より、甲冑・藺笠等を着之、弓箭・刀鉾を帯之天、騎兵・歩兵等七八十

人許出来天、北室乃馬道より、東第二乃房を打囲天、或波馬仁騎り、或波歩より馳騒天、声を高之天喚叫不、此を聞天、此房近辺乃者驚怖天、側仁聞支窃仁見礼ハ、寺中乃人不可怪思、是検非違使乃庁宣に依天、犯人を追捕須留也と云、（中略）但此次天仁被取たる物等、綿衣二領・（中略）、自余乃損失乃物、其数を不記、仍為後日記、

日記申

五師

伝燈大法師位「長深」

（署名略）

所司

都維那伝燈法師位

（署名略）

最初の行に①事件が起こった日時を「立日記」（日記を立つ）の文言とともに書き、「右事発は」ではじまる本文に②事件の経過および盗難・焼失にあった品物を書き記す。本文は宣命体《せんみょうたい》と呼ばれる仮名交じりの文章で書かれていることに特徴がある。これは口述という音声の世界をそのまま書き留めたからで、即時性があったことによるとともに、実情を描写するのに適していたと考えられている。書止文言《かきとめもんごん》は「仍為後日記」（よって後日のために記す）や「仍為後日沙汰立記」（よって後日の沙汰のために記を立つ）など、この書面が後日の調査や裁判の証拠となることを示すものとなっている。そして最後に③「日記」筆者の署名（この場合は東大寺の五師）があり、④これを証明する証人の署名がくる形式をとっている。応徳元年（一〇八四）四月三十日づけの事発日記（『平安遺文』三一七八号）では「件私宅被焼亡事明白也、仍随近在地人々加署判」（くだんの私宅焼亡《じょうもう》せらるる事明白なり。よって近きに随い、在地の人々署判を加う）という文言とともに証人の署名が加えられている。こうした「日記」は「事発は」という書き出し文言をもつ

ことから、事発日記《じほつ》と呼ばれている。天喜四年の事発日記は、東大寺の所司《しょし》・大衆《だいしゅ》等がこの事件を朝廷に訴える解状《げじょう》（『平安遺文』七九五号）に副えられた書面であり、訴訟に利用されることを前提に作成された書面だと言えよう。

被害者の証言のみならず、犯人（容疑者）や関係者の証言も記録され、これも「日記」と称された。この「日記」は勘問《かんもん》日記、問《とい》日記、拷訊《ごうじん》日記などと呼ばれ、中でも検非違使《けびいし》庁《ちょう》が作成したものは問注状《もんちゅうじょう》あるいは検非違使日記とも称された。『続日本後紀《しょくにほんこうき》』承和九年（八四二）七月辛亥条には「正躬王・真綱朝臣等窮問罪人、奏其日記、捕春宮坊舎人伴氏永、付右衛門府、以健岑従弟也」（正躬《まさみ》王《おう》・真綱《まつな》朝臣ら罪人を窮問し、その日記を奏す。春宮坊《とうぐうぼう》の舎人伴氏永《とねりともものうじなが》を捕らえ、右衛門府《うえもんふ》に付す。健岑《こわみね》の従弟をもってなり）という記述があり、罪人として捕らえた者を尋問して「日記」を作成し、その日記を天皇に奏上したことが記されている。また、藤原行成《ふじわらのゆきなり》の日記『権記《ごんき》』長保《ちょうほう》三年（一〇〇一）七月十七日条にも「左衛門尉信行来於宅、奉問注致興日記」（左衛門尉信行《さえもんのじょうのぶゆき》宅に来《きた》る。致興《むねおき》を問注する日記を奉《たてまつ》る）とあって、検非違使の安倍信行《あべののぶゆき》が行成の宅を訪れ、「問注致興日記」を行成に提出したことが見える。同日条および前日条によれば、藤原致興は武蔵守寧親《やすちか》の従者を殺害した容疑で検非違使に捕らえられていた。この「問注某日記」あるいは「某申詞《もうしことば》日記」（『権記』長保二年八月二十四日条）に相当する文書が、藤原実房《さねふさ》の日記『愚昧記《ぐまいき》』仁安二年（一一六七）冬巻の紙背《しはい》文書に五通残されている。その内の一通（『平安遺文』二五四三号）の一部を引用しておこう。

久安二年七月十一日問注河人成俊等申詞記

成俊

右、問成俊云、法勝寺末寺延命院所司等去二月十五日解状云、請殊被裁許、為一宮司河人成高・舎弟成俊等、以非道今月十四日引率軍兵八十余人、乱入御庄内恣追捕供僧・三昧住僧幷下司・住人等、令焼失庄民、令逃散子細状、右謹検案内、（中略）件子細依実弁申如何、

成俊申云、搦取三昧快順之条、全不候事也、又搦下司守房事毛凡不候也土申爪、

快順

右、以成俊申詞問快順之処、申云、（中略）

（中略）

以守房申詞問成俊之処、申云、件輩守房雖称申、一人毛不候也ㇳ申、

問注

右衛門府生清原「季兼」

（署名略）

まず、いつ、だれを尋問したときの「申詞記」かという表題が書かれ、事件の発生日時と場所、事件の内容を提示する形での質問、それに対する答えが本文として記載されている。その答えの口述部分は事発日記同様、宣命体で書かれている。そして末尾には尋問を担当した検非違使の署名がくる形式である。この書面は、久安二年（一一四六）当時、検非違使別当の職にあった藤原公教《きんのり》（『愚昧記』の記主実房の父）のもとで行われた裁判の証拠書面として、注進《ちゅうしん》状《じょう》に副えられて上申されたものと見られる。「日記」の作成主体、書式など、事発日記とは多くの点で異なっているが、冒頭あるいは本文内に事件発生の年月日を記している点、ともに事件を証明する書面として利用されることを前提に作られている点は共通である。

2　目録・帳簿としての「日記」

榎原雅治《えばらまさはる》氏は中世の在地社会において「日記」と明記された文書を取り上げ、ア羅列しただけの日記（羅列型）、イ計算を加えた日記（算用型）、ウ複数日間にわたる記事のある日記（統合型・書継型）、エ永続的な効力をもった日記（掟型）に分類されている。このうちの羅列型を例示しておこう。

とうのうけ取日記
三百文　はやし
百文　左衛門六郎
三百文　二郎三郎方
（中略）
二百文　衛門二郎
「明応三年七月十三日」
（王子神社文書、『和歌山県史　中世史料一』）

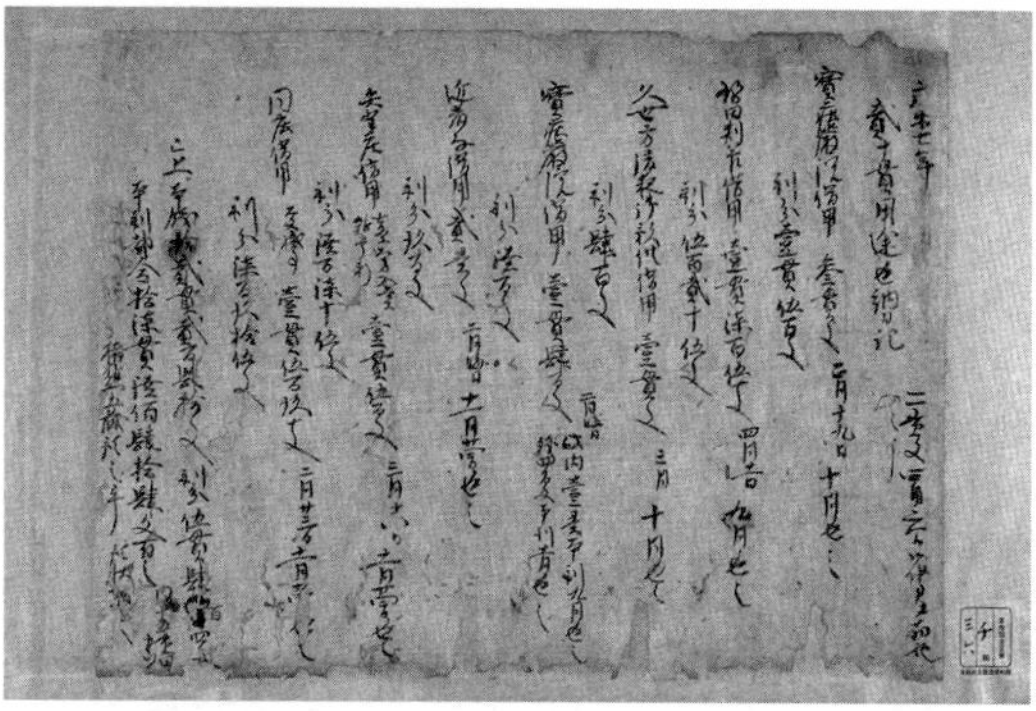

図１　寄進用途借銭返納日記（東寺百合文書）「応安七年弐十貫用途返納日記」の題を立て、借用者・金額・借用日・返納日・利息を書いている。（京都府立京都学・歴彩館蔵 東寺百合文書 WEBより）

エを除いて、いずれも明確な文章をともなっていない。平安時代からすでに見える羅列型の目録日記が原初的な形で、以下はそれが派生したものと考えられる。これらの「日記」はそのまま副進されたり、あるいは注進状の形式に加工される原材料であり、加工されて注進される過程で生まれたものであるという。榎原氏は、事発日記や勘問日記を含めて、「日記」とは特定のある日におこった事実、調査した事実を書き記した覚書（メモ）、まさに「ある日の記録」に過ぎないものであるが、中世の惣村《そうそん》などにみられるエの掟型については、加工を前提とする本来の「日記」のありかたを超えて、日記それ自体が正式文書化したものであると見られている。

『吾妻鏡』などに「日記」「注文」として引用されている、いわゆる「合戦記」も、合戦の日時、場所、死傷者、生虜《せいりよ》、戦功を書き上げた目録（名簿）としての日記のひとつである［高橋d］。

3　文学作品としての「日記」

「日記」と称される書面のなかには、平安時代の『土佐日記』『蜻蛉日記《かげろうにっき》』や鎌倉時代の『十六夜日記《いざよいにっき》』など、主として仮名文字で書かれた、一般に「日記文学」と呼ばれる作品もある。男性貴族が仮名で公事《くじ》を記した『安元御賀記《あんげんおんがのき》』『高倉院厳島御幸記《たかくらいんいつくしまごこうき》』などの日記も存在している。ここでは山中裕《やまなかゆたか》氏の研究［山中b］などを参考にしながら、「日記文学」の「日記」としての特質を、その初期の作品である『土佐日記』と『蜻蛉日記』を取り上げて考えておこう。

男もすなる日記といふものを、女もしてみんとて、するなり。

それの年の、十二月の、二十日あまり一日の日の、戌の時に門出す。そのよし、いささかに、ものに書きつく。

紀貫之《きのつらゆき》の『土佐日記』の著名な冒頭である。年は示していないが、この十二月二十一日の土佐国出発にはじまり、翌年二月十五日に都に到着するまでに記主が体験した出来事が日を追って記されている。叙述の方法は、日々の出来事を記録する「日記」に他ならず、二月十四日の「十四日。雨降る。今日、車、京へ取りにやる」という記事などは、漢文日記の読み下しと言ってもいいような文章である。内容もフィクション性よりは事実性に主眼がおかれている。

男性が書く日記、すなわち漢文日記の存在を前提とし、女性が書いた日記であることを宣言して記主を女性に仮託しているのは、漢文ではなく、仮名で記すことに対する理由づけである。仮名で日記を書く必要性は、この日記が六〇もの和歌を書き載せる歌日記のような形をとっていることにある［高橋e］。藤原道長《みちなが》の『御堂関白記《みどうかんぱくき》』など、貴族の漢文日記の中でも和歌は仮名で表記されている。その和歌が主役になる日記ゆえに、全体を仮名で記す方法がとられたのである。院政期以降にしばしばみられる男性貴族が仮名で記した日記も、和歌や細かな装束の表現、感情の機微など、漢文では表記しきれない内容を記す目的がある場合に作成されたと考えられる。

『蜻蛉日記』もやはり冒頭部分に「人にもあらぬ身の上まで書き日記して、めづらしきさまにもありなむ、天下の人の品高きやと問はむためしにもせよかし、とおぼゆるも、過ぎにし年月ごろのこともおぼつかなかりければ、さてもありぬべきことなむおほかりける」とこれが「日記」であることを自ら示している。後年著者が自らの人生を回顧して記したものではあるが、その記述のスタイルは、「十日、賀茂《かも》へ詣づ」など、日を追って記していく形で、やはり事実性に重きがおかれている。これが「日記」とされる所以《ゆえん》であろう。

他の文学作品でも、『大鏡《おおかがみ》』『栄花物語《えいがものがたり》』などの歴史物語や『平家物語』に代表される軍記物には、明確な年月日をともなった記事が多い。しかし、なぜこれらは「日記」と称されないのか。まず、それは記述方法に問題があろう。『大鏡』は天皇や藤原氏各代ごとに記す紀伝体《きでんたい》という記述方法を基本としており、日を追って記す日記とは根本的に異なる。『栄花物語』は出来事順に記す編年体《へんねんたい》を基本としているが、これには記載された事実の当事者性という問題がある。『土佐日記』や『蜻蛉日記』には、それがたとえ女性に仮託されていても、また実名が出されていなくても、記載された事実を体験・伝聞した特定の書き手（記主）が明確に存在する。それに対して『栄花物語』には、記主という明確な当事者が存在しない。その点では六国史などの編纂物に近く、「仮名書きの史書」と位置づけられるものである。説話や合戦譚《たん》などの集合体である『平家物語』も記主を欠く点は同様である。

第二章　古記録小史——古代から中世へ——

古記録の歴史については、これまでも多くの概説的な書物で触れられてきた。屋上屋を重ねる部分は多いが、古記録について知る上で、その発生や展開の問題は避けて通れない。そこで極めて概括的に述べておこう。なお、個別の日記については飯倉晴武『日本史小百科　古記録』（東京堂出版）や『日本歴史「古記録」総覧』上下（新人物往来社）、『日本「日記」総覧』（新人物往来社）などの諸書に概略が示されているので、それらを参照していただきたい。

一　日記の発生と拡充をめぐって

1　公日記

日本における最古の日記は、『日本書紀』孝徳天皇白雉《はくち》五年（六五四）二月条の分注として引用される「伊吉博徳《いきのはかとこ》言」、斉明天皇五年（六五九）七月条などの「伊吉博徳書」であると言われている。「言」と「書」の異同をめぐっては諸説あるが、遣唐使の随行員として渡唐した博徳の記した記録が存在していたことは間違いない。斉明天皇五年七月条・同六年七月条・同七年五月条では、七月五日の難波《なにわ》出港に始まる出来事が日付をともなって記されている。その性格は、持統朝のころ、政界復帰の目的で朝廷に提出した報告書であったと考えられている［水野］。

また十三世紀後半に成立した『日本書紀』の注釈書『釈日本紀《しゃくにほんぎ》』巻十五の「私記」には「案安斗智徳日記云、廿六日辰時、於明朝軍迹大川上而拝礼天照大神」のような形で「安斗智徳《あとのちとこ》日記」「調連《つきのむらじ》淡海《おうみ》日記」が登場する。壬申の乱に大海人皇子に従っていた舎人の記録で、それが『日本書紀』の編纂に利用されたことは疑いないとされているが、内容の詳細は不明である［土田］。近年では、従軍で見聞した事実をかなり後になって記したものだと考えられている［倉本b］。

さて、「日記」の語の初見史料と言われているのは『類聚符宣抄《るいじゅふせんしょう》』所引の弘仁十二年（八二一）七月十三日の宣旨《せんじ》である。

右大臣宣す。諸捺印ならびに勘返《かんぺん》の文、それ参入の外記《げき》の知る所なり。後に問うべき事有らば、すべからくその外記に問うべし。自今以後、その外記を日記に載せしめよ。また勘返の旨、返文の端に着けよ。

弘仁十二年七月十三日　少外記桑原公広田麻呂〈奉《うけたまわ》る〉

後に問い合わせる時のために、勤務した外記の名を「日記」に載せておくことを命じたものである。原文に「令レ載二其外記於日記一」とある部分を、「その外記をして日記に載せしむ」と読ませ、外記に日記を書かせたと解釈する説［土田］もあるが、文法的には「その外記を日記に載せしめよ」と読むべきであろう。その「日記」が具体的な叙述をともなうものであったか、名簿的なものであったのか、内容は定かでないが、少なくとも、いつ（日付）、だれ（名）の二点が記入されていたことは間違いない。外記に日記を書かせたという解釈が出てくるのは、外記と内記《ないき》の職掌に関する弘仁六年正月二十三日の宣旨（『類聚符宣抄』第六）の存在があるからである。

まさに御所記録の庶事外記・内記共に預《あず》かるべき事。

右、右大臣の宣を被《こうむ》りて称く、令《りょう》により、外記詔奏を勘すること及び稽失を検出することを掌《つかさど》れ。内記詔勅及び御所記録を造ることを掌れ。これに拠りて掌る所やや異なる。綱を挙げて論ずるに、事相通に合う。何となれば、内裏《だいり》の行事、大臣の預かる所、稽失有るに至りては、誰かよく検出せん。もし御所の録事、外記共に預かれば、則ち内裏儀式、あに違失を致さんか、自今以後、御所の儀の例、外記同じく録し、もって顧問に備えよ。もし遵奉せず、かれこれ違い有れば、事に預かるの人、見任《げんにん》を解却《げきやく》せよ。事勅語を録するに、疎漏《そろう》を得ざれば、今宣旨を録し、立てて恒例となせ。

弘仁六年正月廿三日　参議従三位行左大弁兼備前守秋篠朝臣安人〈奉〉

その中で、「御所記録」の作成に当たる内記とともに、今後は外記も候して、内裏儀式（節会《せちえ》や年中行事）を記録し、先例の諮問に備えるようにと命じられている。これが**外記日記**の始まりであるが、弘仁六年の宣旨が命じる「内裏儀式」の記録と、捺印・勘返の勤務の記録である前者とは別のものと見た方がよいだろう。

当初の外記日記は外記が作成して外記局の史生《ししょう》が清書したが、十世紀末までには史生が作成にあたるものとなっていたと見られている［松薗b］。作成された外記日記は外記局の文殿《ふどの》に納められていたので、外記文殿日記、局記《きょくき》とも呼ばれた。多くの史料に外記日記の存在は見えるが、その記事は諸書に引用された逸文《いつぶん》の形でしか残っていない。比較的長文である『東宮冠礼部類記《とうぐうかんれいぶるいき》』（続群書類従）所引の応和三年（九六三）二月二十八日条と広橋家本『東宮元服《とうぐうげんぷく》記《き》』所引の寛仁《かんにん》三年（一〇一九）八月二十八日条を比較した橋本義彦氏は、「全体として文章の構成や字句のはしはしに至るまで、両者は極めて強い親近性をもっている」と指摘している［橋本b］。外記日記は、定型的な様式をもつ職務日誌的なものであったが、儀式のやり方に違いがあれば、その点は記されたであろうから、先例調査の典拠となる重要な記録であったことは間違いない。また、『政事要略《せいじようりゃく》』巻二十九に「延暦九年閏三月十五日外記別日記云」とあることから、外記日記には日次記《ひなみき》と別記が存在していたという説もある［橋本b］。

『貞信公記《ていしんこうき》』天慶《てんぎょう》元年（九三八）九月十九日条で、「自余のこと外史これを記す」と、記主が記述を省略し、ほかのことは外記の記録に譲っているように、外記日記の信頼性と依存度は高かった。しかし、寛和《かんな》二年（九八六）以降、ほとんど外記日記は記されていなかったようである（『類聚符宣抄』第七、永延三年〈九八九〉五月十七日づけ宣旨）。治《じ》暦《りゃく》二年（一〇六六）には、良好な紙質に目をつけた図書寮《ずしょりょう》紙工らによる二百巻の外記日記盗難事件もおこった（このときは大外記中原師任《なかはらのもろとう》が所持していた写本を写し直すことで補完できた）。その後、十二世紀半ばに藤原頼長《よりなが》によって復興が試みられたこともあったが、頼長の死によって完全に途絶してしまった。

外記日記に先行する**内記日記**は、中国の中書省《ちゆうしよしよう》の起居舎人《ききよしやじん》の起居注《ききよちゆう》に相当するもので、養老職員令《しきいんりよう》中務省《なかつかさしよう》条に大内記の職掌として「御所記録事」が見えるが、その逸文《いつぶん》はわずかに『柱史抄《ちゆうしししよう》』所引の「仁和芹河行幸内記日記《にんなせりかわぎようこうないきにつき》」と『北山抄《ほくざんしよう》』所引のものが知られるだけである。

内記日記・外記日記のほかに、清涼殿《せいりようでん》の殿上《てんじよう》の間に候した六位蔵人《くろうど》が記した**殿上日記**があり、殿上の間の「日記の辛櫃《からびつ》」に収められていた。蔵人が置かれるようになった弘仁元年（八一〇）以降、寛平（八八九～八九八）のころには出現し、十一世紀末には書かれなくなったと言われている〔森田a〕。殿上日記については蔵人の職掌を詳しく記した『侍中群要《じちゆうぐんよう》』第四の「毎日日記〈付書様〉」の項目に書式が記されており、ほぼその通りに記された逸文が『東宮元服記』に収められている〔橋本b〕。「寛仁三年八月廿八日、壬子、辰一剋上格子、同四剋供御手水、次御粥、巳一剋左兵衛府献日次御贄」（辰の一剋格子を上《あ》ぐ。同四剋御手水《ちようず》を供《くう》す。次いで御粥。巳の一剋左兵衛府日次の御贄《にえ》を献ず）で始まり、このあと『侍中群要』に「臨時之事、或次刻限書之、多ハ宿侍之後書之」（臨時の事、あるいは次の刻限これを書く。多くは宿侍の後にこれを書く）に相当する東宮《とうぐう》元服の記事があるが、再び定型的な記述に戻り、「記蔵人文《もん》章《じよう》得業生《とくごうしよう》平定親《たいらのさだちか》」の署名で終わっている。

殿上日記も外記日記も定型的な様式を持ったようだが、具注暦《ぐちゆうれき》の行間に書き込むことを基本とした私日記と較べると、当初から詳細な記事を想定しており、先例の典拠となるべき公事の記録として重要な意義をもっていた。殿上日記の場合、末尾に署名があって記主が判明するが、逸文として知られる外記日記・殿上日記の本文には「予」「下官」など記主の第一人称が表記されていない。これが次に述べる私日記と明らかに違う点である。

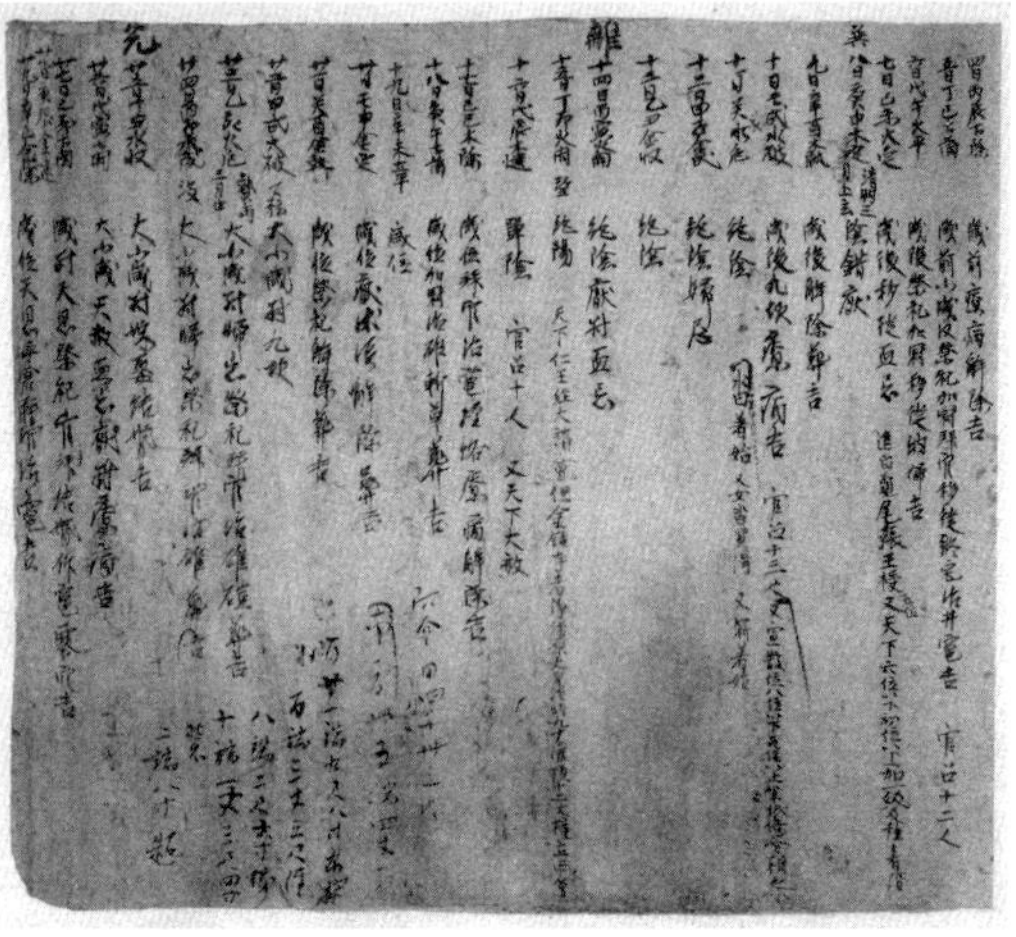

図2　天平18年具注暦断簡（正倉院文書）（宮内庁正倉院事務所蔵）

2　私日記

皇族・貴族の私日記は仁明天皇皇子本康《もとやす》親王の元慶《がんぎょう》（八七七〜八八五）ごろの日記の存在が知られ、ある程度まとまった記事を伝えるものとしては『宇多天皇日記』『醍醐天皇日記』という九世紀後半から十世紀初めの天皇の日記がもっとも古く、藤原忠平《ただひら》の『貞信公記』がこれに続く。『九暦《きゅうれき》』という日記を残している師輔《もろすけ》（忠平の子）は子孫に与えた『九条殿遺誡《くじょうどのゆいかい》』のなかで「昨日の公事、もしくは私に心に得ざること等のごときは、忽忘《こつぼう》に備えんがために、またいささかにくだんの暦に記し付くべし」と述べており、具注暦に書き込むのが私日記の基本であったことがわかる。一年二巻の具注暦の場合、行間（間空き）は二行程度であったから、そもそもは長大な記事の記録を前提とするものではなかったことも自明であろう。具注暦の裏や別紙を用いるのは、長文を書くように工夫された発展形であり、日記の原初的な形式ではなかった。

そこで、私日記の原初的な形態として想起されるのが、正倉院《しょうそういん》文書に残る天平十八年（七四六）の具注暦断簡《だんかん》にある書き込みである（図2）。この具注暦は間空きなしのもので、五十三日分の断簡中の十日分に簡略な記事がある。記主は金光明寺《こんこうみょうじ》写経所を統括した写疏《しやそ》所案主《じよあんじゅ》の志斐麻呂《しびまろ》という人物であったと考えられている。もっとも長いものでも「天下仁王経大講会、但金鐘寺者浄御原天皇御時九丈灌頂十二丈撞立大会」という程度だが、最古の自筆の私日記として貴重である［林］。

八世紀には、その日の出来事について具注暦の当該日の部分に簡単な書き込みをする習慣のあったことが窺われるが、十世紀前後に天皇や貴族の私日記が一気に登場してくる背景については諸説がある。松薗斉《まつぞのひとし》氏の整理［松薗d］によると、

A国史材料説…平安前期にも日記は存在したが国史の材料とされて消滅し、国史編纂が廃絶したために社会的にあらわれた。

B国史廃絶説…国史の廃絶によって先例の典拠を失ったため、それに代わるものとして日記がつけられるようになった。

C儀式発展説…官撰の「儀式」から私撰の儀式書への変化と連動している。

D宇多天皇起源説…宇多天皇の施策に日記の発生・流行の原因を求める。

E国史変質説…国史が官府の日記と私撰の歴史に分かれ、前者から私日記が発生した。

という、およそ五つの説があり、Bが通説的な位置にある。

九世紀末から十世紀前半の『宇多天皇日記』『醍醐天皇日記』『貞信公記』はそれぞれ逸文や抄出の形でしか伝わらないが、それにしても記事はきわめて簡潔であり、長大な記事がみられない。具注暦の行間を利用することを前提としている程度の記事である。国史編纂の材料にはなり得ようが、儀式書の素材としては心許ない。

それに対して十世紀半ばの藤原師輔『九暦』は『九条殿部類』十四巻が存在していたことが知られ（『中右記《ちゅうゆうき》』元永二年〈一一一九〉八月二十二日条）、現存する日記も具注暦の行間ではとても収まりきらない長大な記事を有しており、師輔が『九条殿遺誡』の中で「ただしその中の要枢の公事と、君父所在のこと等は、別にもって記して後鑑《こうかん》に備うべし」と述べている、具注暦に記す日記と連動する詳細な別紙の日記作成を自ら実践していたことがわかる。師輔の兄実頼《さねより》の日記『清慎公記《せいしんこうき》』は今日ほとんど残っていないが、充実した部類記が作成されていたことが窺われ［桃b］、

日記自体もかなりの分量があったと推測される。この兄弟以降の日記は、宇多・醍醐等の天皇の日記や藤原忠平までの日記とは質的にやや異なると考えられそうであり、この時期を私日記の拡充期と捉えたい。『九暦』は儀式書作成の材料とするつもりで書かれたと考えられている〔山中ａ〕。現存最古の私撰儀式書である『西宮記《さいきゅうき》』が成立したのも十世紀半ばから後半にかけての時期、まさに『九暦』や『実頼公記』の時代であり、私日記の拡充は、儀式・年中行事の変化・拡充に対応して私撰儀式書が編纂される動きと連動していると考えていいだろう。

二　「家の日記」の成立

十一世紀末から十二世紀前半、同居する一組の夫婦を中心とした安定した家族関係を基盤とする組織体が形成された。「家」と称されたその組織体は、父から嫡子への継承を基本的性格とした。特定の条件の下で男性庶子が「家」を分立させることは容認したが、女系による継承は原則として否定された。貴族の「家」にとって日記は極めて重要な意味をもっていた。これまで拙著『日本中世の家と親族』（吉川弘文館）や『中世の家と性』（山川出版社）などで述べてきたことの繰り返しであるが、略述しておこう。

十世紀ごろ進行した政務の儀式化のなかで、政務にかかわる儀式作法は口伝《くでん》・教命《きょうめい》という形で子息等に受け継がれて、作法の流派を生み出し、十一世紀にはそれぞれが「一家の例」「一家の風」を成立させていった。その典拠となるのは日記や儀式書であったが、口伝や教命は姻族などを含む広範囲の人々の間に対して伝授されており、祖先の日記が必ずしも男系子孫に継承されたわけではなかった。

ところが、十一世紀末頃から位階の昇進、官職などの政治的地位の獲得についても「家の例」「家の習い」が成立し、父子で同じ昇進コースをたどるようになって家格が形成されていくと、その官職在任中の日記や受け取った文書、発給文書の控えなど職務にかかわる書面がそれぞれの「家」に蓄積された。子孫にとって職務遂行の参考書としてかけがえのないものとなったそれらの書面は「家の文書」「家の日記」（家記）と観念されるようになっていった。

また、かつて『九暦』などの日記は儀式書作成のための素材だったが、儀式を主催する上卿の故実のみならず、弁官・蔵人などそれぞれの役割ごとに故実が成立し、普遍化された儀式書の記述や体裁に限界が見えてくると、各職務を勧めた者の視点で記された日記やそれを行事ごとに編纂した部類記の方が即応性のある公事の参考書として重要となった。

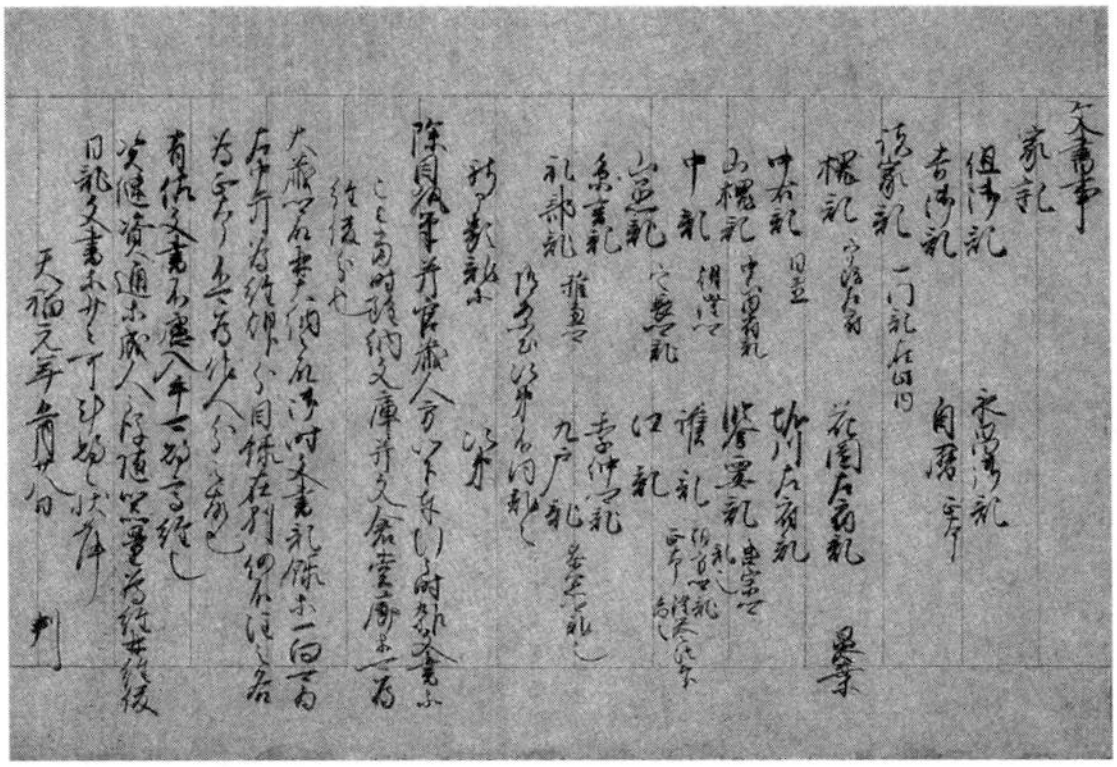
図３　藤原資経文書譲状（勧修寺家文書「御遺言条々」）（京都大学総合博物館蔵）

「家」の祖先の存在が強く意識されて、祖先の筆跡が残る日記原本そのものに価値が見出されるようになると、「家記」原本は「家」の象徴となり、家産となった。「家記」原本は父から「家」の継承者となる嫡子に譲られ、家格相応の昇進を遂げた庶子のみが、「家記」の書写や複本の譲渡を許され、その書写本の「家記」を象徴とする新たな「家」を分立させていった。「家」と「家記」が一体化してくると、火災などによる「家記」の焼失は、「家」の滅亡とみなされた。こうした「家の日記」を成立させる動きは、摂関家以下の貴族のみならず、天皇家や下級官人の「家」にもみられる。

「家の日記」をもつ貴族もそれを補完する「一門の日記」や他家の日記に強い関心をもち、収集に努めた。京都大学総合博物館が所蔵する勧修寺《かじゅうじ》家《け》文書の「御遺言条々」には、藤原資経《すけつね》が子息経俊《つねとし》に譲った日記の譲状《ゆずりじょう》が収められており、「家記」「一門記」のほかに多数の「諸家記」が掲出されている（図3）。

「家の日記」が形成される一方で、「家の日記」をもたない貴族は、貸借や売買によって他家の日記を入手し、それを公事の典拠とした。祖先の日記をもたない藤原定家《さだいえ》は、主人の藤原良経《よしつね》に藤原資房《すけふさ》の『春記《しゅんき》』を書写させてもらい、以後はしばしばこの日記を参照している。定家が書写・引勘《いんかん》している日記は当時の貴族社会に広く流布していたもので、秘蔵されている主家の「家記」を直接閲覧する機会はなかったようである［高橋a］。

三　公事の変質と日記

中世貴族の日記を通覧すると、南北朝期を境に鎌倉時代以前の日記と室町時代の日記との違いを感じることがある。文体が漢文的な語順からやや日本語的な語順に近くなることばかりではなく、質的な違いがあるのではないかと感じさせるのである。中世前期の日記に記された蔵人・弁官の精勤ぶりを見慣れた目で、禁裏小番《きんりこばん》で内裏に宿直しながら、酒宴や和歌・連歌に興じる室町時代の公家たちの日々の記録を見ると、多少の違和感がある。また『薩戒記《さっかいき》』や『建内記《けんないき》』に見える朝儀の記事には、政務の本質とはかけ離れているかのような、歩儀の足の運び方や紙の持ち方などへの異常なまでのこだわりが感じられる。これは日記の本質が変わったからなのだろうか。

『実隆公記《さねたかこうき》』大永七年（一五二七）冬記表紙には「是非家記之分、日々家務等事、就廃忘尤注雑事、更不可他見者也」（これ家記の分に非ず。日々の家務等の事、廃忘に就きもっとも雑事を注す。さらに他見すべからざる者なり）という三条西実隆自身の書き入れがあり、出家後の実隆が記しているこの日記は正式な家記ではなく、日々の家務等のことについて備忘のために雑事を記したものであることが述べられている。「家務」の語は、長享《ちょうきょう》元年（一四八七）正月一日条では「当年家務之儀毎事不合期、不能出仕」（当年家務の儀毎事合期せず。出仕にあたわず）と用いられており、家計とそれを生み出す「家」の活動を指していると見られる。確かに長享元年記など出家後の日記には家計の記事が多い。「家記」として正式に書かれている出家前の日記にも家計に関する記事は散見されるが、中心的な記事は朝廷への出仕や公家・武家との交流に関する、いわば「公事」である。

恒例・臨時の節会や年中行事の遂行が貴族たちにとっての公事であった時代から、ほとんどの儀式・行事が衰退していくなかで、知識を駆使して数少ない儀式を形通りに行おうとしたり、天皇に仕えることが禁裏小番という形をとるようになって、それを勤めることが公家としてのアイデンティティを確認する重要な公事となってしまった時代への移り変わりを示すもので、公事の性格が変わったことによる違いなのであろう。古記録（日記）の本質が公事の記録にあることは変わらなかったのである。

第三章　古記録の機能

従来、日記は単なる備忘記録で、他への働きかけを前提としていないと考えられてきた。しかし、実際には働きかけたり、働きかけられたりすることを前提に作成されている。そこで、日記をつける、参照するという二つの面に注目して、古記録の機能について見ておきたい。

一　日記をつける

1　日記の起筆と擱筆

貴族たちは、それぞれいつから日記をつけ始め、いつ日記を記すのをやめたのだろうか。多くの日記は、部分的にしか残っておらず、起筆時期と擱筆《かくひつ》時期が明らかなものは少ないが、いくつかの例から、それぞれの契機を探ってみよう。

【日記の起筆】

起筆・擱筆の時期がわかるものとして著名なのが藤原宗忠《むねただ》の『中右記《ちゅうゆうき》』である。保安《ほうあん》元年（一一二〇）六月十七日、宗忠はそれまでつけてきた日記を内容ごとに編集する「部類」という作業を行った。その記事の中に「従寛治元年至此五月卅日〔卅脱〕四年間暦記也、合十五帙百六十巻也、従去々年至今日、分侍男共、且令書写、且令切続、終其功也」（寛治元年よりこの五月三十日に至る〔三十〕四年間の暦記なり。合わせて十五帙百六十巻なり。去々年より今日に至るまで、侍の男共に分け、かつは書写せしめ、かつは切り続《つ》がしめ、その功を終えるなり）とあり、寛治《かんじ》元年（一〇八七）から保安元年までの三十四年の日記が存在していたことが知られる。現存する『中右記』の記事は、まさにその寛治元年正月一日条からであり、これが日記の起筆とみていいだろう。このとき宗忠は二十六歳、正五位下右近衛少将の地位にあった。父宗俊《むねとし》は健在であり、前年の八月に自身が右近少将から左近少将に異動したことを除けば、この前後で官歴や父祖の動向に大きな変化はない。戸田芳実氏が「当時、正五位下右近衛少将だった宗忠は天皇の代替わりの新年を契機にして、廷臣のつとめを記録した日記（「私暦記」）をつくり始めたらしい」と言われるように、前年十一月の堀河天皇践祚が起筆の理由だった可能性が高いだろう。寛治元年正月記は、一日条の摂政藤原忠実《ただざね》への拝礼、忠実以下の白河上皇への拝礼、内裏での供御薬・元日節会の記事に始まり、公事に関する簡潔な記事が続く。

藤原定家の『明月記《めいげつき》』は、治承《じしょう》年間から仁治《にんじ》二年までの記事が存在していたことが、冷泉家《れいぜいけ》所蔵の子息為家《ためいえ》譲状や広橋家旧蔵の『諸家雑抄《しょけざつしょう》』から知られる。現存するのは治承四年（一一八〇）二月五日条からであるが、『明月記』の起筆時期について、五味文彦氏は「この前年の三月に内の昇殿、つまり内裏の殿上に昇ることが許されているが、実はこのことが大きな意味を持っていたとみるべきである。（中略）こうしてみれば、定家が歌の家を強く意識したのが内の昇殿にあったことは間違いあるまい。記事は現存しないが、『明月記』は昇殿の日から始まっていたとみてよいと思う」と述べている。平忠盛《ただもり》が内裏の昇殿を許されたことを起点として『平家物語』が平家の栄華を語り始めていることを見ても、中級貴族の昇進にとって昇殿が大きな契機だったことは明らかである。昇殿のその日から始まったのか、あるいは季節が変わる四月から始まったのか、はたまた翌年の正月一日を期して書き始められたのかは定かではないが、いずれにしても昇殿が大きな契機となった可能性は高い。定家の父俊成《としなり》は幼くして庇護者を亡くし、祖父や父が経た公達《きんだち》身分の昇進コースをたどることができずに、受領《ずりょう》を歴任してかろうじて非参議三位にたどり着いた。祖父の昇進コースへの復帰を意味する安元元年（一一七五）の侍従《じじゅう》への就任も重要であるが、治承年間の日記のたどたどしさは、安元元年から四、五年の経験を経た日記には思えないから、やはり治承三年あるいは四年の起筆と見ていいだろう。

藤原経房《つねふさ》の『吉記《きつき》』は、逸文として伝わる仁安元年（一一六六）九月一日条が現存最古の記事である。この年の三月、彼は昇殿を許され、八月二十七日に五位の蔵人に補された。現存する九月一日以後の記事は蔵人就任の拝礼等に関するものである。経房の家系は、曽祖父為房《ためふさ》以来、祖父為隆《ためたか》・父光房《みつふさ》と、代々蔵人・弁官を経歴することを「家風」とし、蔵人頭から参議に列する昇進ルート（早世した光房を除く）を獲得していた。五位蔵人への就任は、この家格相応の昇進ルートに乗ったことを意味していた。五位蔵人就任を契機として日記をつけ始めた可能性があるだろう。祖父為隆の『永昌記《えいしょうき》』も五位の蔵人となった康和元年（一〇九九）から始まっている。

藤原兼実《かねざね》の『玉葉《ぎょくよう》』は、兼実が十六歳で内大臣になった時、長寛二年（一一六四）の「任大臣記」から始まる。兼実の孫道家《みちいえ》がその処分状で、大臣になれなかった子孫を「大位を経ず凡庶に混じる」人と称し、相続権を与えなかったように、この家系では、大臣が「家」相当の官職だったから、兼実は大臣になる時から日記を付け始めた。

藤原実房の『愚昧記』は、実房が永万二年（一一六六）に二十歳で権中納言になった翌月からの日記が残る。清華《せいが》家にとっては上卿として儀式を進行するのが主要な役割であり、上卿故実を書き残すことがこの家格の家の日記の目的であったから、上卿を務めることが可能となる権中納言就任が起筆の契機であった。

貞成《さだふさ》王の『看聞日記《かんもんにっき》』は応永二十三年（一四一六）記の端裏書《はしうらがき》に「日記自今年書始之、以前不書、此年有大通院御事」（日記、今年よりこれを書き始む。以前は書かず。この年、大通院《だいつういん》の御事あり）と書き込まれている。実は、貞成はこれ以前にも『栄仁親王《よしひとしんのう》琵琶《びわ》秘曲御伝業《ひきょくごでんぎょう》　並《ならびに》　貞成親王《さだふさしんのう》御元服記《ごげんぷくき》』、あるいは『称光院御即位記《しょうこういんごそくいき》』と題された記録を残しているが、毎日記していくような形式の記録を「日記」と意識して、それをつけ始めたのがこの応永二十三年からということらしい。日記の起筆には「大通院の御事」、すなわち父栄仁親王の死去が関連していそうである。正月八日条には「御所様旧冬自霜月之末、脚気御所労以外之間、昌耆療治申、仍参、次第御減気之由申、珍重也（御所様旧冬霜月の末より、脚気の御所労もってのほかの間、昌耆《しょうき》療治し申す。よって参る。次第御減気の由申す。珍重なり）」とあって、前年十一月ごろから栄仁親王の体調がすぐれなかったことがわかる。おそらくは「家」の代替わりを意識して日記を書き始めたのだろう。ただし次の「家君」（家長）となるのは貞成ではなく、兄治仁《はるひと》王である。家長である兄に代わって弟が記録役として「家の日記」を記すケースは、藤原兼仲《かねなか》の『勘仲記《かんちゅうき》』や中原師守《もろもり》の『師守記《もろもりき》』も同様である。『勘仲記』も父経光《つねみつ》が死去する文永十一年（一二七四）に始まり、弁官として活動する兄兼頼《かねより》や主人藤原（鷹司《たかつかさ》）兼平《かねひら》一家の動向を中心に記している。

天皇（あるいは主家）や「家」の代替わり、自身の官職就任など、様々な起筆の契機があったが、徐々に「家」の問題と起筆が関連してくる傾向にあることは確かだろう。

【日記の擱筆】

『中右記』の記事は、起筆から五十一年たった保延《ほうえん》四年（一一三八）二月二十九日条の「請入道聖人受戒、世事従今心長断、不日記也」（入道聖人を請じて受戒す。世事今より心長く断ち、日記せざるなり）という記事で終わっている。宗忠は二十六日条に自らの出家の様を記したあと、二十七日・二十八日は日記を書かず、二十九日に擱筆を宣言している。『後深草天皇日記』正応三年（一二九〇）二月十一日条にも世事を捨てて仏道に入るのに、日記を記して何の益があろうかという記述がある。日記の擱筆が出家を契機にしていることは間違いない［松薗a］。世事を離れるときに書くのをやめるということは、公事を中心とした「世事」を記すという日記の性格と大きく関係している。

『実隆公記』についても、「出家後ことに大永年間の『実隆公記』は、主に禅僧のあいだで雑記の謂で用いられた「活套《かっとう》」なる語を外題に用いることで、それ以前の分とは区別される特徴を共有している。このことは出家を契機に実隆の日記に対する態度が変化したことを窺わせる」と言われており、その少し前には日記の体裁も記事に関連する

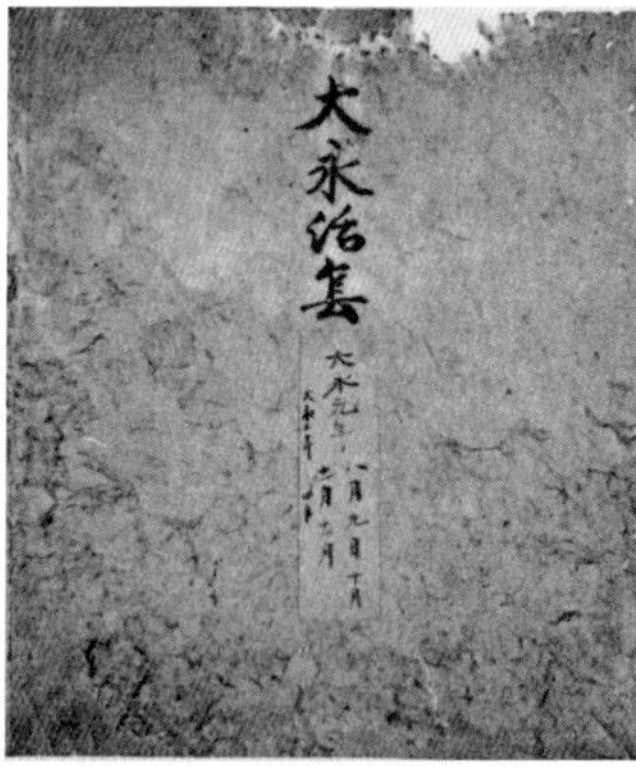
図4　『実隆公記』大永元年・2年記表紙（冊子本）（東京大学史料編纂所蔵）

紙背文書が見やすい巻子本《かんすぼん》から紙背が見えない冊子本へと変化している［末柄］。

『園太暦《えんたいりゃく》』を残す洞院公賢《とういんきんかた》は、延文四年（一三五九）十二月二十九日条で、出家後は本来記録を止めるべきであるが、子息実夏《さねなつ》が日記を書かないので、今日まで形通りに書いてきたが、明年からは書かないと宣言し、延文五年は他人から注進された日記や文書を張り継いで日記代わりとしている。「家」の事情により左右されることもあったが、やはり原則は出家が擱筆の契機なのである。

2　日記を書く

【日記の書き方】

十世紀半ばに藤原師輔が子孫に対して日々の生活規範を書き残した『九条殿遺誡』には次のように書かれている。

> 先ず起きて属星の名字を称すること七遍（中略）。次に鏡を取りて面を見、暦を見て日の吉凶を知る。次に楊枝を取りて西に向い手を洗え。次に仏名を誦して尋常に尊重するところの神社を念ずべし。次に昨日のことを記せ〈事多きときは日々の中に記すべし〉。（中略）また昨日の公事、もしくは私に止むを得ざること等は、忽忘《こつぼう》に備えんがために、またいささかにくだんの暦に記し付くべし。ただしその中の要枢の公事と、君父所在のこと等は、別にもって記して後鑑《こうかん》に備うべし。

日記は朝起きてから前日分を記したこと（書くべきことが多いときには、その日のうちから書いた）、その主たる内容は公事で、私的な内容は特別なことのみであったこと、日記は具注暦に書き込む形をとったこと、暦に書ききれない重要な公事や天皇・父祖の動向については具注暦とは別の用紙に書いたこと、日記の目的は備忘のためであり、「後鑑」すなわち後の参考とするためであったことがわかる。尊経閣文庫本を底本とする『日本思想大系　古代政治社会思想』（岩波書店）により本文を掲げたが、群書類従本を底本とする山本進功編註『家訓集』（平凡社東洋文庫）は注記部分を「事多き日は日の中にこれを記すべし」とし、「もしくは私に止むを得ざること等は」は「私に心に得ざることと等のごときは」としている［石田］。

日記は原則として翌日の朝に書くものとされているが、実際には後日書き入れることも多い。『御堂関白記』をはじめとする自筆日記を見ると、書き入れるべき日を一日間違えて、挿入符を用いて記事の移動を指示していることも少なくない。たとえば、『御堂関白記』寛弘五年（一〇〇八）九月十一日条である（図5）。敦成《あつひら》親王誕生・賜禄の記事の次に○印が付され、十日条の間空きに書かれた臍の緒を切る記事とが線で結ばれている。これについて、倉本一宏氏は多くの記事を書こうとした道長の引出線だと解釈しているが［倉本a］、十日条後半の記事は、前半とも、十一日条とも墨色が異なっており、時間差を持って後から書き込まれたことが明らかである。あとから書き入れたときに、誤って十日条に書いてしまい、それを正すために十一日条に挿入符を入れ、線で結んだのだろう。これは日付を誤認するほど後に日記を書いている証拠である。また、『勘仲記』自筆本では、各日の記事の末尾数行分を後日書き加えていることが、文字の大きさや墨色の違いから判明することもあるし、後から情報を書き加えるつもりで数行分空けて置いたものの、情報を得られず、空行のままになっている

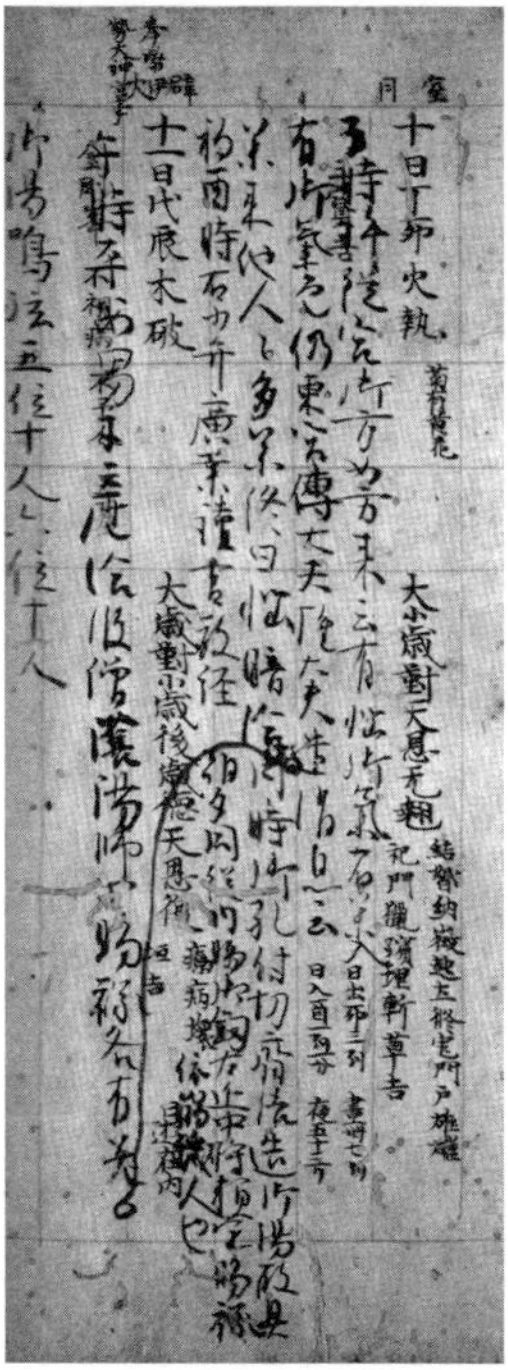

図5『御堂関白記』寛弘5年9月10日・11日条の挿入符（陽明文庫蔵）

個所が散見される［高橋f］。

極端な例としては、藤原兼仲の『勘仲記』弘安七年（一二八四）十二月記末尾の「物忩之余、随案出書之、定僻事多歟、子孫可見直者也」（物忩《ぶっそう》の余り、案じ出だすに随いこれを書く〈定めて僻事《ひがこと》多きか〉。子孫見直すべき者なり）、藤原基平《もとひら》の『深心院関白記《しんじんいんかんぱくき》』建長八年（一二五六）記の末尾に「今年事、随思出大概記之、後日相尋可記直也」（今年の事、思い出すに随い大概これを記す。後日相尋ね記し直すべきなり）とあるように、一月分、あるいは一年分まとめて記された日記もある。

藤原忠実の言説を集めた『中外抄《ちゅうがいしょう》』には大江匡房《おおえのまさふさ》が語ったこととして「関白・摂政は詩作りて無益なり。公事大切なり。学文せさせ給ふべき様は、紙三十枚を続けて、通国様《みちくによう》の物を御傍に居ゑて、只今馳せ参るなど書かしめ給ふべし。また、今日天晴る。召しによりて参内すなど書かしめ給ふべし。君の知ろしめさざる文字候はば、彼に問はしめ給ふべし。件の文二巻、ただ書かしめ給ひなば、うるせき学生なり。四、五巻に及びなば、左右あたわざる事なり」と記されている。摂政・関白にとっては漢詩を作ることより、公事が大切であり、その修練のためには、紙三十枚を継いで巻物を作り、家庭教師の学者を近くに控えさせて、「只今馳せ参る」「今日天晴る。召しによりて参内す」などの日記の常套句を書いていく。もし知らない字があったら家庭教師に聞けばよい。それを二巻も書けば、優れた学者になり、四、五巻書けば文句のつけようがないというのである。政務を担う貴族にとっての学問の第一が日記をつけることだったのである。実際にこうした訓練が行われたかどうかは定かでないが、日記をつけるためにはある程度の慣れが必要であったことがわかる。

重要な行事について詳細な日記を書き記すのはかなりの労力を伴うもので、康治《こうじ》元年（一一四二）十一月九日・十二日・十六日・十八日に行われた大嘗会《だいじょうえ》関連行事に関する藤原頼長の記録は、同月二十一日から三十日までの十日間、紙数にして三十六枚を家人の学者と二人がかりで寝食を忘れて作成したものだった（『台記《たいき》』）。

【働きかける日記】

日記は「後鑑」のためのものであるが、これは自分の「後鑑」のためのみではない。日記をみると、子孫が読むことを前提とした記述を目にすることがしばしばある。たとえば、『玉葉』寿永二年（一一八三）八月二日条には「伝聞、摂政有二ケ条由緒、不可動揺云々、（中略）一者、法皇艶摂政、依其愛念可抽賞云々、雖為秘事、希異之珍事、為令知子孫所記置也」（伝え聞く、摂政二ケ条の由緒あり。動揺すべからずと云々。〈中略〉一つは法皇摂政に艶す。その愛念により抽賞《ちゆうしよう》すべしと云々。秘事たりといえども、奇異の珍事、子孫に知らしめんがために記し置く所なり）という記述がある。そこには藤原基通《もとみち》の摂政就任の不当性を自分の子孫に知らせるために書くのだというメッセージが強く込められている。『吉記』寿永二年六月二十五日条には「内相府給書状、是一昨日仗議、愚者所作被感歎送歟、是末代之亀鏡、仍載愚記、為令子孫悦目歟」（内相府書状を給う。これ一昨日の仗議《じようぎ》、愚者の所作感歎し送らるるか。これ末代の亀鏡、よって愚記に載す。子孫をして目を悦ばしめんがためか）とあって、陣定《じんのさだめ》での経房の作法のすばらしさをほめた内大臣藤原実宗《さねむね》の手紙をわざわざ日記に書き記したのは、子孫が経房の日記を見て、これを祖先の誉れとして誇りに思うことを期待してのものだった。

こうした一部分に限らず、日記のすべての記事は子孫が読み、利用することを前提にしている。家格が成立してくると、子孫も同じ昇進ルートをたどり、父祖と同じ官職に就いて、同種の役を勤めることが一般的になった。その時の子孫の参考とすべく詳細な日記を記したのである。つまり、日記にも子孫という受取者が存在したのであり、日記も文書同様、他者に働きかける書面の一つなのである。実際に、藤原兼仲の『勘仲記』正応二年（一二八九）正月二十七日条の外記政《げきせい》の記事は、父経光の『民経記《みんけいき》』天福元年四月十六日条と同一の表現が多く用いられており、父の日記を見ながら自身の日記を書いていることが明らかである。

逆に祖先の素晴らしい日記が存在すると、子孫はそれに依存する。『資経卿記《すけつねきようき》』建久九年（一一九八）十一月十四日条に「大饗儀、被載大納言殿御記了」（大饗の儀、大納言殿の御記に載せられおわんぬ）とあるのは、この日の記事を大納言殿、すなわち祖父経房が詳しく日記を書くことになっているのでそれに譲るというのではなく、過去の大饗について詳しく記した経房の日記が存在しているので、今回取り立てて書く必要はないという意味である。桓武平氏の平松家には、平信範《のぶのり》の『兵範記《ひょうはんき》』以後の中世の家記がまとまった形では伝わっていない。『兵範記』は、摂関家家司・少納言・蔵人・弁官の日記として詳細極まりないから、子孫にとっては、祖先信範の日記があれば十分だったのだろう。

【日記の補完】

自身の日記は自身書くのが普通だが、自身が日記をつけられない状況にあった場合、また、より詳しい記述ができる人物が周囲にいる場合、他人に自分の日記を書かせたり、他人の日記を引用したり、他者の日記を参照するように書き記していることも珍しくない［松薗b］。

『玉葉』治承三年（一一七九）六月二十九日条の末には、「已上、仰大外記頼業真人、所令注進也、依所労、五・六両月不書日記之故也」（已上、大外記頼業真人に仰せ、注進せしむる所なり。所労により、五・六両月、日記を書かざるの故なり）という書き込みがある。二ヶ月間、兼実は病のために日記を書かず、その間の記録は大外記清原頼業《よりなり》に命じて注進させたというのである。四月二十五日条のあとには「頼業記」との書き入れがあり、そこから二ヶ月分の記事には第一人称の「余」が登場せず、その日に行われた行事の事実関係のみを簡潔に記すものとなっている。

『殿暦《でんりゃく》』永久二年（一一一四）五月二十二日条に「凡去四月三日以後日記、余日記以知信令記之、後記詞余筆定也、委事見彼日記」（およそ去る四月三日以後の日記、余の日記、知信をもってこれを記さしむ。後に記す詞、余の筆の定めなり。委しき事かの日記に見ゆ）とある。祖母源麗子《れいし》を失った忠実は悲しみのあまり、四月三日から自身で日記を書かず、その間の忠実の日記を家司の平知信《とものぶ》に書かせ、その後忠実自身の筆で書き込んだというのである。ところが、先の

『玉葉』の場合と異なり、たとえば、四月四日条には「巳剋許陰陽師日時持来、余開見之、御入棺今日戌剋也、（中略）酉剋許有御葬定、泰仲朝臣書之、大略如宇治殿定文、戌剋御入棺、其儀委不記、但知信定委書歟、事了余退了、自今日余念珠」（巳の剋ばかり陰陽師日時持ち来る。余これを開き見る。御入棺今日戌の剋なり。〈中略〉酉の剋ばかり御葬《ごそう》定《さだめ》あり。泰仲朝臣これを書く。大略宇治殿の定文《さだめぶみ》のごとし。戌の剋御入棺。その儀委しく記さず。ただし知信定めて委《くわ》しく書くか。事おわりて余退きおわんぬ。今日より余念珠す）とあり、日記中に第一人称の「余」が登場する。知信が忠実の行動を書くにあたって、忠実を第一人称の「余」とするかたちで書き記していたのである。この史料によって、主人に代わって主人の日記を書く家人の存在が明らかとなる。知信の家は蔵人や弁官を経歴しながら摂関家に仕える「家」で、『今鏡』では「日記の家」と呼ばれている「家」である。忠実の命で日記を書いているのは、ほかに藤原為房・藤原宗忠の二人がいる。為房は勧修寺《かじゆうじ》流藤原氏、宗忠は右大臣俊家《としいえ》の孫で知信《とものぶ》・為房よりは家格が高いが、ともに蔵人・弁官を歴任し、摂関家の家人として活動している人物である。

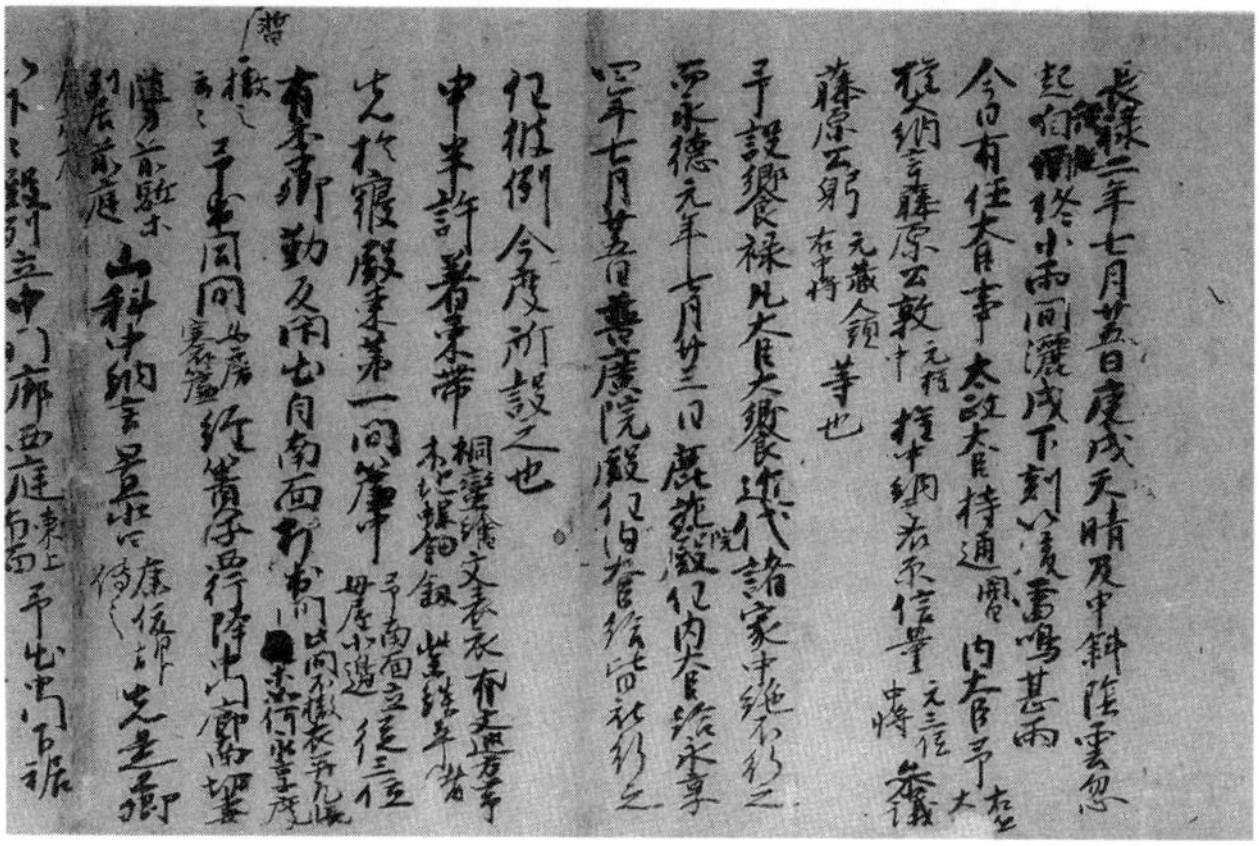

図6　田中本『任大臣大饗記』（国立歴史民俗博物館蔵）

こうした家人による日記草案の執筆は、平安時代の摂関家のみならず、室町時代の将軍家にも見られる。『続史愚抄《ぞくしぐしよう》』の編纂で知られる柳原紀《やなぎわらもと》光《みつ》は、『砂《さ》巌《がん》』（図書寮叢刊）の中で『義政公記《よしまさこうき》』康正元年（一四五五）八月二十七日条について、足利義政が清原業忠《なりただ》に命じて書かせたものであると述べており、国立歴史民俗博物館に所蔵されている田中本『任大《にんだい》臣大饗記《じんだいきょうき》』の草案（図6）も同様のものと考えられる〔高橋b〕。

先の『殿暦』の記事において、詳しいことは知信の日記を見るように指示がなされているが、このような形で、子弟あるいは家人の日記が当主の日記を補完し、重層的な関係を築いていたことは、すでに松薗斉氏が具体的に明らかにされたところである。藤原経房の『吉記』を見ても、相互補完的な関係にある一門の人たちの日記、経房が一方的に尋ね取る実務官人の日記が存在している。

記主自身による日記の補完もある。『勘仲記』建治元年（一二七五）十月二十一日条には「後日相尋官・外記続加之」として、後日入手した宣旨や詔書の案文を継ぎ入れている。また、しばしば日記には「後聞」として後日入手した情報を書き入れていることがあるが、自筆の暦記である『兼仲卿暦記《かねなかきょうれきき》』文永十一年（一二七四）五月二十三日条にも「後日在益相語云」という書き込みがあるから、「後聞」の書き入れも清書段階ではなく、そのもととなった暦記や原本段階で記入されることが多かったとみられる。

このように、貴族たちにとって日記は公事という職務を遂行する上で、かけがえのないものであるが、その一方で『明月記』建暦《けんりやく》二年（一二一二）正月五日条に「雖有承除目秘事、不可書日記由有御誡、仍不注之」（除目《じもく》の秘事を承ることありといえども、日記に書くべからざる由御誡めあり。よってこれを注せず）とあるような、日記に書きとどめられない「口伝」の世界が存在していたことにも注意しておく必要があろう。

二　日記を参照する

1　勘申機能と「日記の家」

【外記の勘申機能】

外記日記は「顧問」に備えるために創始された（『類聚符宣抄』第六）。ここでいう「顧問」とは後日の問い合わせのことであり、それに応えることが外記日記の役割であった。藤原忠平の『貞信公記』や藤原師輔の『九暦』には、先例として外記日記を引用していたり、儀式の進行が過去の外記日記と異同がなかったために記述を省略した旨が記されている個所が見られ、先例の典拠として外記日記が重用されていたことがわかる［松薗b］。養老職員令太政官条は外記の職掌を「詔奏を勘《かんが》えむこと、及び公文読み申し、文案を勘署《かんしょ》し、稽失《けいしつ》を検《かんが》え出さむこと」と規定していて、本来的に勘すること、検することが職務であったことがわかるが、多くの日記が残る十世紀以降、こうした外記の先例勘申活動が散見されるようになる。外記日記が衰退し、外記の私日記がそれに取って代わるようになったが、それでもなお外記の先例勘申能力は高く、先例を重視する貴族社会にとって不可欠なものであった。陽明文庫などに所蔵されている「勘例」と呼ばれる書物（『大日本古記録』）、洞院公賢『園太暦』に引用されている外記の勘文をみてもその機能が中世前期を通じて高かったことが窺われる。中世後期の儀式や朝儀復興に際しても彼らのもっている日記や文書が大きな役割を担っていた。

【「日記の家」の機能】

十世紀末から十一世紀には、外記日記のみならず、貴族たちが所持する先祖の日記も先例勘申の典拠となっている。和田英松氏は「就中小野宮実資《おののみやさねすけ》の如きは、常に祖父実頼《さねより》の日記を引証して、摂政関白、其の他の人々よりの諮問に答えて、世の識者と仰がれ、其の子孫も同じく家の日記を相伝して、典故に通じて居たから、小野宮一流の事を中右記には、日記家といい、家記相伝人と記して、羨んだのである」と述べられた。この**「日記の家」**に関する史料を検討された松薗斉氏は、「日記の家」イコール「家日記」を相伝している者であるとして「日記の家」論を展開され、現在その説は広く浸透している。

しかし、「家記」を相伝している家をすべて「日記の家」とみなす「日記の家」の概念化には問題がある。「日記のとに対して家記を検索して所見・先例を注進するという職能があったことが窺われる。

寛治六年（一〇九二）正月十七日、堀河天皇の吉書御覧《きっしょごらん》の儀式が行われた。正月に行われる除目以前に吉書始を行った例について、人々の「家記」を尋ねたところ、藤原顕実《あきざね》が曽祖父実資の『小右記《しょうゆうき》』にある例を引いて答え、それに基づいてこの日に行われたのであった。宗忠は藤原顕実を「日記の家」と呼んでいる（寛治五年十一月十二日条ほか）。また『中外抄』で、「日記家」にあらざる藤原敦光《あつみつ》に対して、日記を書いたとされる平知信は、「日記の家」と呼ばれている高棟《たかむね》流桓武平氏である。知信の子信範の『兵範記』には、仁平三年（一一五三）二月二十七日条「平等院円堂供養、先人御奉行日記・雑事文書等、依召注進、入道殿来月一日知足院堂供養之間、御沙汰料云々」（平等院円堂供養、先人の御奉行日記・雑事文書等、召しにより注進す。入道殿来月一日知足院堂供養の間、御沙汰の料と云々）、久寿《きゅうじゅ》二年（一一五五）八月五日条「依召参殿下、仰云、可着軽服、可注申前例者、長元九年・治暦四年・嘉承二年・永久二年・大治四年等例、就家記等注申了」（召しにより殿下に参る。仰せて云く、軽服を着すべし、前例を注申すべし、てへり。長元《ちょうげん》九年・治暦四年・嘉承《かしょう》二年・永久二年・大治四年等の例、家記等に就きて注申しおわんぬ）など、摂関家当主の藤原忠実・忠通《ただみち》の命で家記より先例を注進していたことが散見される。

藤原忠実からしばしば家記に基づく先例の注進を命じられているのは知信のほかに、藤原為房・藤原宗忠がいる。彼らも蔵人・弁官を経歴する事務官僚出身の忠実家人で、忠実の日記『殿暦』を補完する日記を書いていた人物である。十一世紀末の『中右記』の用例では、先祖の日記を所持して、それに裏づけられた知識を有し、先例の勘申に応える人物が「日記の家」と称されたが、十二世紀半ばの摂関家のもとで、家記に基づく先例勘申と主家の中での日記の執筆という二つの職能をもった「日記の家」が成立したと考えられるのである。したがって「日記の家」は摂関家の家司クラスの家であり、天皇家や摂関家は「家記」を形成していても、「日記の家」ではないのである。松薗氏が

「家」の「日記の家」化と捉えた動きは、日記の「家の日記」化と捉え直すべきであろう。

摂関家も自家を支える「日記の家」の維持に努めた。平信範の子息信季《のぶすえ》は藤原兼実に家人として仕え、「日記の家」として兼実から先例の検索を命じられる人物であった（『玉葉』治承三年〈一一七九〉正月十日・十二日条）。彼に対して兼実は思いがけず入手した『平定家朝臣記《たいらのさだいえあそんき》』や『行親記《ゆきちかき》』十一巻を貸与している（『玉葉』承安四年〈一一七四〉五月五日・安元二年〈一一七六〉十一月二十二日条）。その日記が本来「かの家の記」「かの家の文書」であるにもかかわらず、彼が所持していなかったからであった。また、信季が病気となり、日記をふくむ文書等を八歳の息信宗《のぶむね》に譲るに際しては、証文を提出させるなど、兼実が深く関与している（同治承三年六月二十五日条）。

2　日記の加工と保管

【日記の加工】

勘申に備えるためには日頃から日記を使いやすく整理しておく必要がある。その方策が清書をしたり、首書をつけたり、目録をとったり、抄出や部類を作成したり、あるいは改装したりという加工作業である。これは記主自身で行う場合もあるし、子孫など日記を所持している後人が行う場合もある。

藤原定家自筆本として伝わる『明月記』はかなりの部分が清書本であり、二度に分けて清書が行われたことが明らかにされている［尾上d］。『明月記』建暦二年（一二一二）九月二十八日条の「年来青侍遠江介能直去年為家令去七月廿日比依痢病気申暇退出、八月十三日出家、十六日死去由下人告之、今年七十六云々、雖不異鳥跡、如形書真名、適書写文書、及数百巻、雖卑賤老翁、思此恩足悲泣」（年来の青侍遠江介能直《よしなお》〈去年家令《かれい》となる〉去る七月二十日のころ痢病の気により暇を申し退出す。八月十三日出家し、十六日死去する由下人これを告ぐ。今年七十六と云々。鳥跡に異ならずといえども、形の如く真名を書く。たまたま文書を書写し、数百巻に及ぶ。卑賤の老翁といえども、この恩を思うに悲泣に足る）という記事について、藤本孝一氏は「当時定家の筆跡に良く似た人々がいた。定家監督下における写本製作者である。その中で、唯一判明するのが家令の遠江介能直である。（中略）能直は定家の鳥跡（筆跡）と同じ書風で書写した文書が数百巻にも及んだという。定家は能直の書写に対して、『卑賤の老翁とは云っても「この恩」を思うに悲泣にたる』と、感謝の情を示している」と、家人が定家の筆跡通りに日記を清書したとの説を提示している［藤本b］。しかし、「雖不異鳥跡」を藤本氏のように「定家の鳥跡（筆跡）と同じ書風」と解釈することはできない。「鳥跡」は「鳥の足跡のような下手な字」という意味であり、「下手な字だけれども、まあ形通りの漢字を書くことができた」という解釈になろう。

本文の右肩に首付と呼ばれる見出し書を加える作業を行った記事が『玉葉』承安四年（一一七四）五月五日条にある。「信季持参先日所給之定家日記、為加首書所給也、為彼家記、仍所給也、余依無其暇也、他記等多加首書之故也」（信季先日給う所の定家日記を持参す。首書を加えんがために給う所なり。かの家の記たり。よって給う所なり。余その暇なきによってなり。他の記等多く首書を加うるの故なり）とあって、兼実が所持する多くの日記に首書（首付）を加えていたこと、自身で作業をする暇がない場合には家人（とくに信季はこの日記を「家記」とする人物だった）に作業を任せていたことがわかる。『明月記』のように記主定家の筆跡で書かれた首付もあるし、『吉記』のように記主の行動に対して敬語表現が用いられていることから、子孫によって付されたとわかる首付もある。

巻頭あるいは別冊に目録を加えると、本文を見ずとも、記事の概要がわかる。首付を書き抜く形で目録にしてあるものも多く、その点では首付と連動している。『玉葉』安元二年（一一七六）十一月十二日条「入夜、定能朝臣来、（中略）其次語云、所持之記等、皆悉取目録了云、非其家営、此事尤可歎美」（夜に入り、定能《さだよし》朝臣来たる。…その次いでに語りて云く、所持の記等、皆ことごとく目録を取りおわると云う。その家の営みに非ず。この事もっとも歎美すべし）。藤原定能が所持している日記すべての目録を取ったことを聞いた兼実は、その行為を賞賛している。「その家の営みに非ず」というのが賞賛の理由となっているということは、一般的には「家の日記」に対して、「家の営み」として目録を取るという作業が行われていたことを示している。

日記から特定の記事を抜き出し、抄出本をつくることも行われた。『玉葉』建久五年（一一九四）七月十二日条には「新大納言定能卿持来興福寺供養雑事注文、先日賜日記等、可抄出之由、依相含也」（新大納言定能卿、興福寺供養雑事注文を持ち来る。先日日記等を賜い、抄出すべきの由相含むるによってなり）と、日記からの抄出を命じた記事があり、藤原兼仲の『勘仲記』自筆本の巻末などには、子息が抄出本を作成した旨を記した奥書が見られる。こうした抄出という行為を複数の日記から特定の内容の記事を集める、あるいはある日記の内容を項目別に再編集という編纂意識をもって行うと「部類」ということになるが、このような編纂された日記の問題については第四章のなかで説明したい。

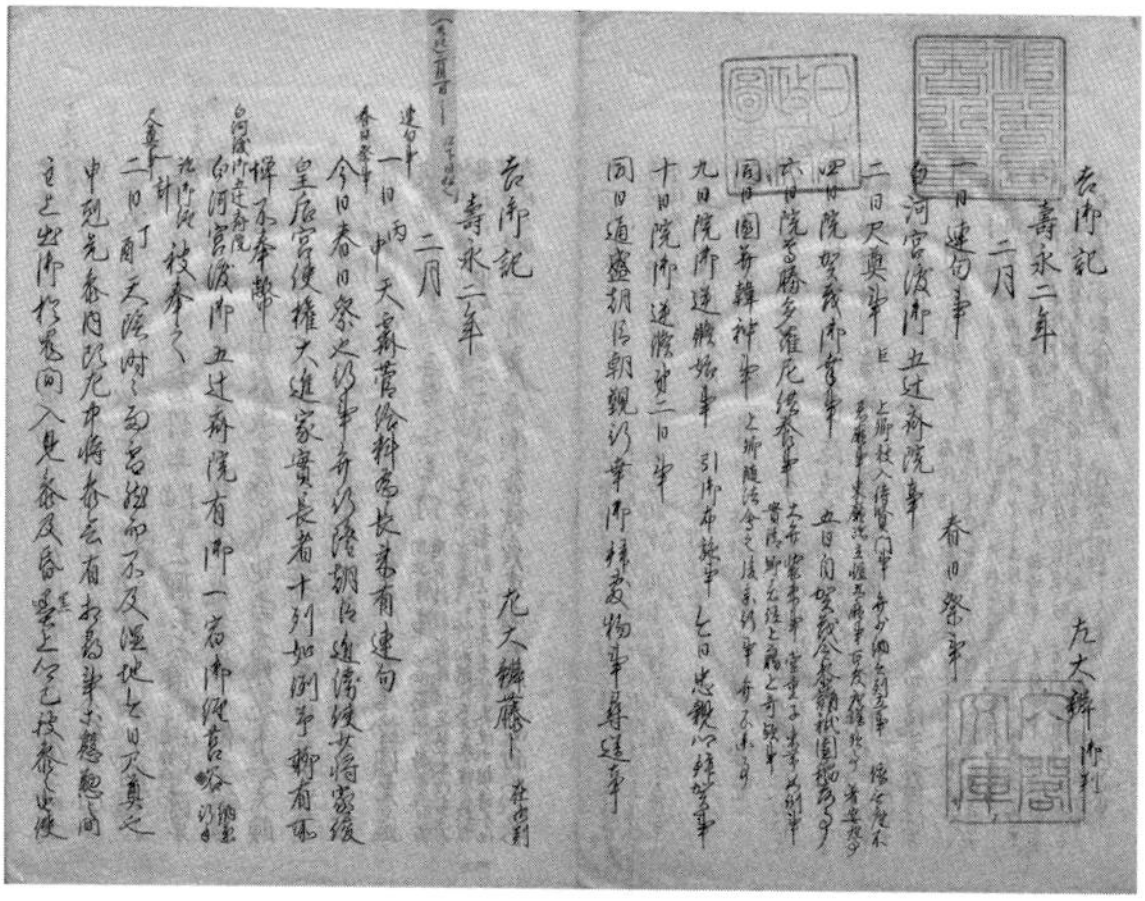

図７　紅葉山文庫本『吉記』本文首付（左）と目録（右）（国立公文書館蔵）

装訂についても次章で詳しく述べるが、今日巻子本《かんすぼん》という巻物の装訂になっている日記も、一時期、折本《おりほん》と呼ばれる装訂になっていたことが判明しているものがある。巻子本では中を見るたびに巻いたり、巻き戻したりをくり返さなくてはならないが、折本だとすぐに見たい個所を見て、終わればすぐにもとの状態に戻すことができる。このような形態的な工夫も施されたのである。

【日記の保管】

大量の日記をもつ家にとって、もっとも恐ろしいのは火災である。

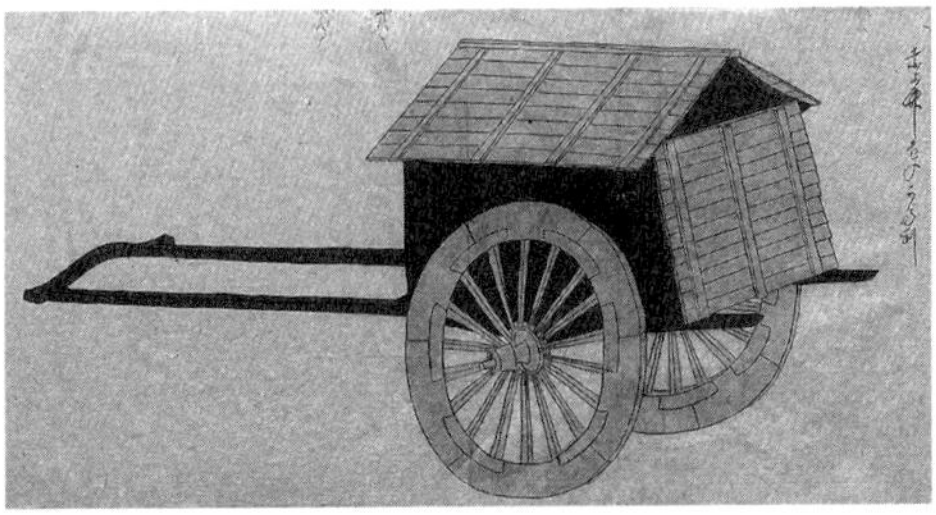

図8　『輿車図考』所載の文車図（国立公文書館蔵）

藤原兼実は『玉葉』に治承元年（一一七七）四月二十八日の大火の様子を書き留めている。「納言云、文庫六両之内三両全出、其残雖引出、輪破令焼失了云々、隆季卿文書不残一紙焼失了云々、又隆職文書多以焼了、官中文書払底歟、凡実定・隆季・資長・忠親・雅頼・俊経、皆富文書家也、今悉遭此災、我朝衰滅、其期已至歟、可悲々々、又尹明文書六千余巻同以焼了云々」（納言云く、文庫六両の内三両すべて出す。その残りは引き出すといえども、輪破れ焼失せしめおわんぬと云々。隆季《たかすえ》卿の文書一紙残らず焼失しおわんぬと云々。また隆職《たかもと》の文書多くもって焼けおわんぬ。官中の文書払底《ふってい》か。およそ実定《さねさだ》・隆季・資《すけ》長《なが》・忠親・雅頼《まさより》・俊経《としつね》、皆文書に富む家なり。今ことごとくこの災いに遭う。我が朝の衰滅、その期すでに至るか。悲しむべし、悲しむべし。また尹明《まさあきら》の文書六千余巻同じくもって焼けおわんぬと云々）という有様であった。さらに翌月十二日に雅頼が語ったところは「文書之中於漢家書ハ悉焼了、於日記之類者大都出了云々、其中於自記者納皮子二合焼了云々」（文書の中、漢家の書はことごとく焼けおわんぬ。日記の類においては大都《たいと》出しおわんぬと云々。その中自記においては〈皮子《かわご》二合に納む〉焼けおわんぬと云々）という状況であった。雅頼が漢籍などの書物よりも日記を優先的に持ち出したことがわかるほか、このときは焼けてしまったが、人々が火災に備えて工夫を施していたこともわかる［松井・松薗c］。『玉葉』の記事にあるような、車付きで引き出せる文車《ふぐるま》という書庫もそのひとつであり、『台記』久安元年（一一四五）四月二日条には、瓦葺きで、板に石灰を塗り、竹や堀をめぐらすという防火に留意した書庫を藤原頼長が建てたことが記されている。

また、火災に備えて複本を作成してそれを別置したり、火災の比較的少ない賀茂《かも》川より東の地（河東《かとう》）に建てた別荘や寺院の蔵や堂で保管することもあった。郊外も巻き込まれた応仁・文明の乱の時には、さらに遠い鞍馬寺《くらまでら》や勧修《かじゅう》寺《じ》などの寺院や近江・摂津などの近国に日記を疎開させたことが『実隆公記』や甘露寺《かんろじ》親長《ちかなが》の『親長卿記《ちかながきょうき》』などに見える。

第四章　古記録の諸情報

一九九五年刊行の『岩波講座日本通史　別巻3史料論』（岩波書店）に収められた富田正弘「中世史料論」は、富田氏自身が長年、東寺百合《とうじひゃくごう》文書の整理・調査研究に携わってきた経験や文書館学の研究動向もふまえて、文字面だけではない、「モノ」としての文書の側面にも着目した史料論を展開している。そのなかで富田氏は、文書が文字以外にも様々な情報（非文字情報）をもっていることを指摘し、文書情報を、書体・文体、差出所《さしだしどころ》・充所《あてどころ》・表題・本文・書止《かきとめ》・署名等の位置関係や表記法などの様式から得られる様式的情報、料紙・用墨・用筆などのもつ形態的情報、文書から抽出された機能や効力に関する機能的情報、文書授受機関が歴史的に構築した文書群全体がもつ情報である構成的情報、複数の関係文書から研究者が読み取った関係的情報に類別した。

この富田氏の提言を承けた村井章介氏は、文書情報を次のように整理し直した。

A実体情報

a文字列情報…書面が伝えようとする諸情報のうち、一次元の文字列に置き換えても損なわれない部分。

b形態的情報（＝物的情報）…遺物としての文書がもつ物的情報（料紙・用墨・用筆）。

c様式的情報…文書様式から得られる非文字情報。

B関係情報

d関係的情報…個々の文書と文書の関係を研究者が読みとったもの。

e構成的情報…組織体に蓄積・保存・管理された資料全体から得られる情報。
f機能的情報…A・Bの全体を総合するなかで把握されるもの。

このうち、d・eは相互浸透的で厳密には区別し難いが、文書館学の方法に基づく提言の重要性を認めてeを別立てにしたとの説明が施されている。

史料のもつ情報を可能な限り引き出そうとするこうした方法は、古記録の場合にも有効であろう。しかも文書以上に各情報間の相互連関があり、複雑な様相を呈する。そこで筆者は、古記録のもつ情報を次のようにまとめてみた。

A実体情報
a文字列情報
①内容的文字列情報…日付・干支、天候、本文、暦注・行事暦注、目録・首付《くびつけ》。
②書誌的文字列情報…題、識語《しきご》、印記。
b形態的情報（＝物的情報≒書誌的非文字列情報）…装訂、料紙、用墨・用筆。
c様式的情報
①伝来様式…自筆本・清書本、写本、逸文《いつぶん》。
②作成様式…日次記《ひなみき》、別記、単独記、文書日記、編纂された日記。
③書様式…文字そのものに関する非文字列情報（文字の大きさ・抹消修正・書体など）、文字の配列に関する非文字列情報（改行・挿入・文字下げ）。
B関係情報（構成的情報）

①同じ巻（冊）の表と裏（紙背《しはい》）との関係に関する情報。
②同じ記主の日記における異なる巻（冊）相互の関係に関する情報。
③組織体に蓄積・保存・管理された資料全体から得られる情報。

C機能的情報

A実体情報の各項目については次節以降で詳しく述べることとして、ここではB関係情報（構成的情報）とC機能的情報について、説明を加えておきたい。

Bの①は、日記の記事と料紙との間に存在する関係についてである。従来、日記の料紙に用いられている文書は、必要がなくなって廃棄された書状や書き損じ（反故《ほご》）であったと考えられ、表の記事との関係性については重視されてこなかった。しかし、近年、文書を残すために意図的に日記紙背に用いている事例（『民経記《みんけいき》』『建内記《けんないき》』『実隆公記《さねたかこうき》』）が報告され、注目を集めている［古川・尾上a・末柄］。また、清書本や写本の場合、紙背文書や紙背に用いられている具注暦《ぐちゆうれき》の年次から、日記の書写年代がわかることもあるから、日記記事と紙背との関係がもたらす情報は少なくない。

②は同じ記主の日記における別の巻（冊）との関係についてである。たとえば、国立歴史民俗博物館所蔵（広橋本）の藤原経光《つねみつ》やその子息兼仲《かねなか》の日記には、同じ年次の日記が具注暦に書かれたものと、文書紙背を利用したものとの二種が併存している。その二種類の日記には当然密接な関係があり、そこからは関係情報が読みとれる。『実隆公記』の装訂の違いにも意味があることが指摘されており［末柄］、これも研究者が関係情報として古記録を読みとった成果である。様式的情報についても、日次記と別記という違う巻（冊）の間、自筆本と写本との間に関係情報は存在するし、同じ記主が巻によって干支や天候を記すか否かなどといった文字列情報の違いにも関係情報を読みとることは

可能である。

③は古記録を生み出した組織体が関与する別の資料や資料全体との関係性である。ある日記とその祖先の日記または子孫の日記は不可分の関係にあるし、主家の日記と従者の日記との間にも密接な関係がある。日記のみならず、場合によってはその組織体がかかわった他の典籍や文書、物具とも関係することがある。組織体の解体などにともなってそれらが散逸し、現在は複数の所蔵機関に分蔵されている場合もある。近年、田島公《たじまいさお》氏を中心に、東京大学史料編纂所・宮内庁書陵部に関係する研究者が禁裏《きんり》・公家文庫に関する研究を精力的に進めている。

A実体情報とB関係情報を総合することで把握されるというC機能的情報について、富田氏は「日記にも確かに様式的情報・形態的情報があるであろう。しかし日記の場合、その情報の最大のものが文字情報であり、第一義的に現実の関係に働きかけをなすものではないから、機能的情報ということはまず考えられないであろう」と述べている。しかし最近の古記録研究は、文字情報のみの研究と片づけることはできないし、本書第一章・第三章で述べた通り、中世の日記は子孫に働きかけることを前提に書かれ、参照される、働きかけられるという重要な機能も存在するのであるから、富田氏の発言は当たらない。古記録にも機能的情報は存在すると考えるべきである。先に述べた関係情報が、実体情報相互の関係であることからすると、C機能的情報とB関連情報とは重なり合う部分が多いと言えよう。

ここでは、これまで古記録の様式として取り上げられてきた日次記・別記などの様式的な分類から、日記原本を扱う場合にも参考となるような形態に関する書誌学的事項までの実体情報を、「古記録を知る」上で必要なこととして取り上げる。

一　古記録の様式的情報

古記録本文の書き方、伝わり方にはいくつかの様式があり、その違いから情報を取り出すことができる。この節では、そうした古記録の様式的情報について述べておこう。

1　伝来様式

古記録がどのような形で伝わったのか。記主自身が書いたそのままの状態で伝来しているのか、あるいは原本そのものは失われてしまっているが、後人の写しが残っているのか、はたまた『〇〇記』というまとまった形では写しも伝わっておらず、他の書物に引用された記事が残っているだけなのか。そのような伝来のかたちを「伝来様式」と呼んでおく。

【自筆本・清書本（浄書本）】

記主自らの筆跡で書かれている本を**自筆本**と呼ぶ。記主が明確な現存最古の自筆本は、藤原道長《みちなが》の『御堂関白記《みどうかんぱくき》』（陽明文庫所蔵）で、長徳四年（九九八）から寛仁四年（一〇二〇）年までの十四巻が伝わっている。

記主の意図で後年に写し直された本を**清書本（浄書本）**という。日記を書いてから半年程度で清書しなおしたものから、晩年にまとめて清書したものまで、清書時期はさまざまである。その際、記事の加筆や削除を行うことも多い。清書には、記主自らが清書する場合と、記主の監督下で子息や家人に清書させる場合とがあった。後者の場合には、自筆と他筆とが混じることもある。記主以外が清書したものは、後述する写本と捉える見方もできようが、記主の意図と監修のもとで書写が行われている点で、自筆本と同じ枠組みで捉えるべきであろう。なお、清書本に対し、転写元の本を**草稿本**と呼ぶことがある。

藤原宗忠《むねただ》の『中右記《ちゅうゆうき》』寛治五年（一〇九一）巻末の「此巻、年少之間、依注付、旧暦中甚以狼藉也、仍令少将清書、但寛治三年自清書也、本暦記破却了、皆見合也」（この巻、年少の間、注し付くるにより、旧暦中はなはだもって狼藉《ろうぜき》なり。よって少将をして清書せしむ。ただし寛治三年は自ら清書するなり。もとの暦記破却しおわんぬ。皆見合わするなり）という記述は、暦に書き付けてきた若い頃の日記、寛治元年から同五年までの分を数十年後に子息宗能《むねよし》に写し直させて清書本をつくり（寛治三年分は宗忠自身で清書した）、校合《きょうごう》の後に、草稿本の方を破棄したという、清書本作成過程の一端がわかるものである。

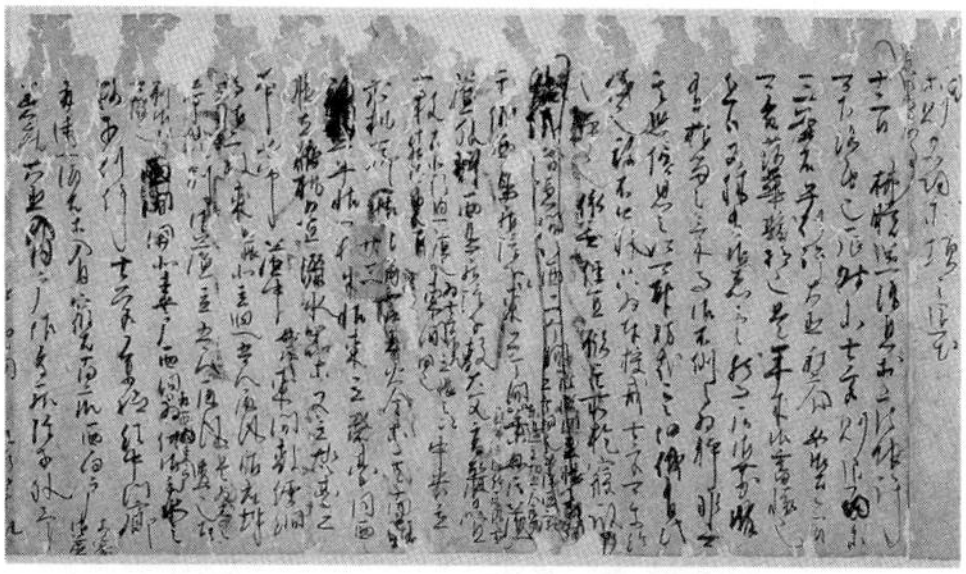

図９『愚昧記』承安三年春夏記（自筆本）（東京大学史料編纂所蔵）

自筆本（草稿本）には抹消・書き直し・追記が多々みられるのに対して、清書本にはこれがほとんどないので、自筆本（草稿本）と清書本を区別することができる。さらに、文書紙背を料紙に用いている場合には、文書の作成年月日と日記記事の年月日との関係から考察することも可能である。

自筆本にみられる抹消・書き替え・挿入・追記などは、記事が出来上がる過程を示すものとして重要である。しかし、自筆本が持つこれらの文字列以外の情報は、転写されるとほぼ失われてしまう。

【写本】

後人による写しの形で残っている本を**写本**という。書写された時期によって**古写本・新写本**と呼び分けることがある。中世以前の日記の場合、一般的には江戸時代以後の写本を新写本、桃山時代以前の写本を古写本と呼んでいる。また、写し方によって、**影写本・臨模《りんも》本**（模写本）・**謄写《とうしゃ》本**の別がある。影写本は転写元の本の上

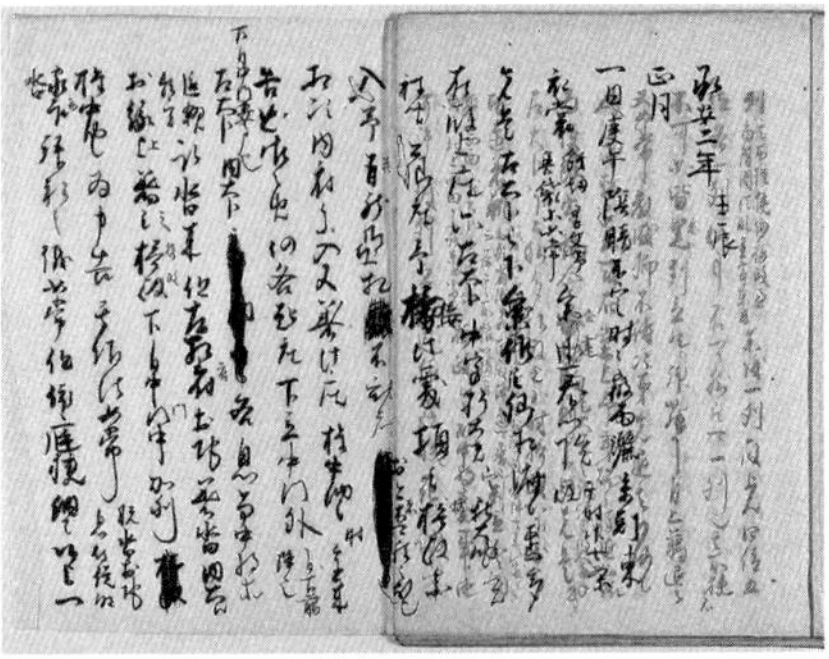

図 10 『愚昧記』の臨模本　承安 2 年春記
（東京大学史料編纂所蔵）

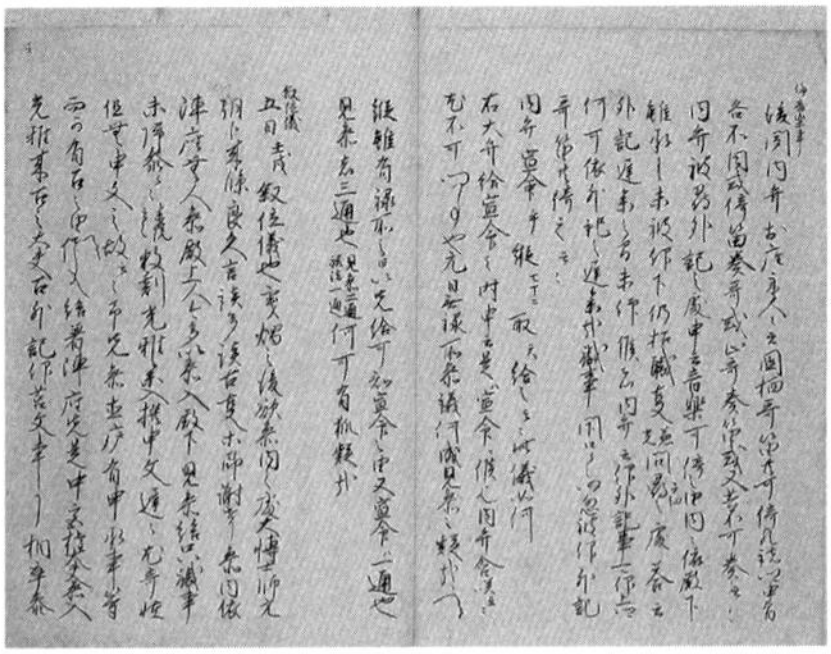

図 11　中山文庫本『愚昧記』嘉応元年春記
（謄写本）（東京大学史料編纂所蔵）

に薄い紙を載せて文字を写し取る方法によってつくられた写本、臨模本は転写元の本を横に置いて字配り・字体などを忠実に模写したもの、謄写本は転写元の字配り・字体などに特別の配慮をすることなく写した本である。

【逸文】

他の日記や編纂物に引用された形で断片的に残っている記事を**逸文**という。記事の分量は数日分に及ぶものから数文字しかないものまで様々である。自筆本はもちろん、まとまった写本の形でも伝存せず、わずかな逸文しか残っていない日記も多い。

2　作成様式

その日記がどのような意図をもって作成されたのかによって、日記の様式が異なっている。日常的につけていた日記なのか、特別な意図をもって作成した日記なのか。あるいは記主自身または後人がもともとの日記を編集したものなのか、などである。こうした作成事情によって異なる日記のかたちを「作成様式」と呼んでおく。

【日次記】

日次記《ひなみき》とは、記主が体験したり見聞した多岐にわたる情報が日を追って記されている日記である。もっとも一般的な日記の形態と言っていいだろう。古代・中世前期においては具注暦と呼ばれる暦に記事を書き込む暦記が日記の書き方の基本であった。

①暦記　具注暦の空行（間空き）・行間・余白等にその日の出来事が書き込まれている様式の日次記である。表に書ききれずに紙背を利用したり、具注暦を切断してその間に紙を貼り継いで記されているものもある。

具注暦とは、中務省陰陽寮《おんようりょう》の暦博士《れきはかせ》が作成して頒布した暦で、日付・干支をはじめ、日時・方角の吉凶、二十四気

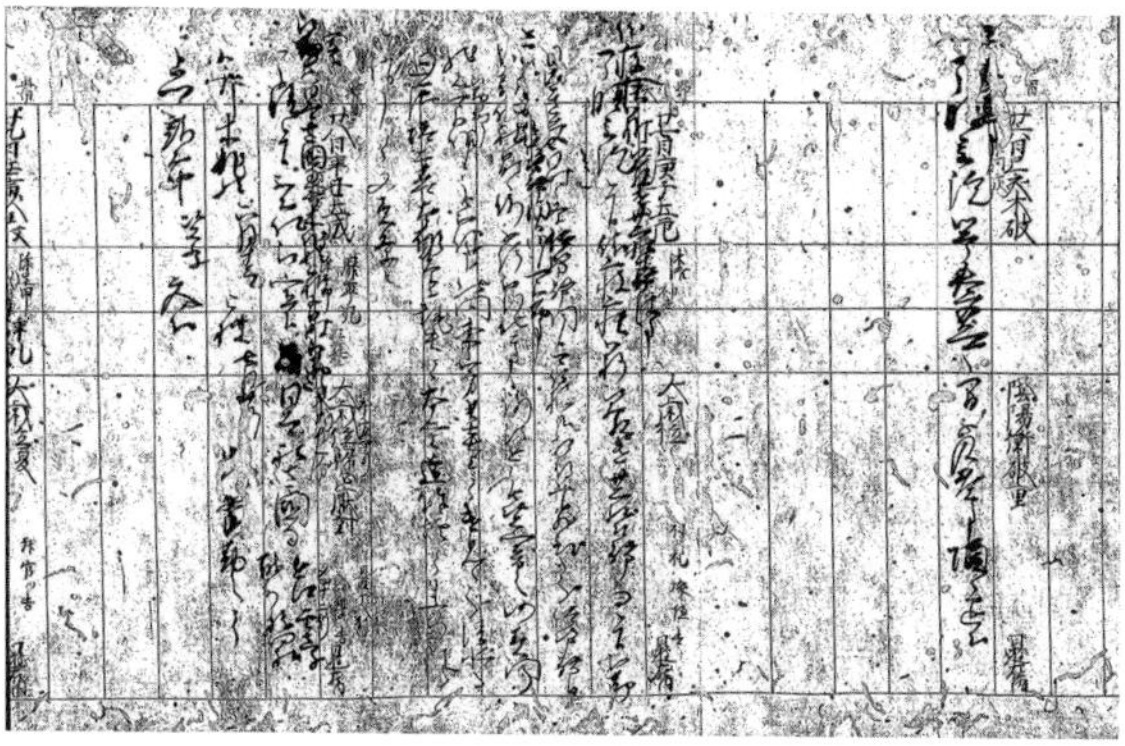

図12　間空き5行の具注暦に書かれた『経俊卿記』（宮内庁書陵部蔵）

などの季節に関する暦注が書き込まれている。貴族にとっての具注暦は、今日的に言うならば、カレンダーであり、予定表であり、日記帳であった。藤原師輔《もろすけ》の『九条殿遺誡《くじょうどのゆいかい》』には「次に暦書を見て、日の吉凶を知るべし。年中の行事は、ほぼ件の暦に注し付け、日ごとに視るのついでに先ずその事を知り、兼ねてもって用意せよ。また昨日の公事、もしくは私に心に得ざること等のごときは、忽忘《こつぼう》に備えんがために、またいささかに件の暦に注し付くべし。ただし、その中の要枢の公事と、君父所在の事等は、別にもって記して後鑑《こうかん》に備うべし」と述べられており、貴族たちの暮らしが具注暦とともにあったことがわかる。具注暦の頒布は、十一世紀の初めには途絶していたようで、『小右記』には陰陽師に紙を渡して私的に具注暦を作ってもらった話が見える（長和三年〈一〇一四〉十月二日条）。十一世紀以降の具注暦は、いわゆるオーダー品だったようである。父子が同時期に具注暦を並用している例はないから、具注暦は一家に一本が基本だったらしい。具注暦をオーダーできなかった者は、具注暦を写させてもらい、そ

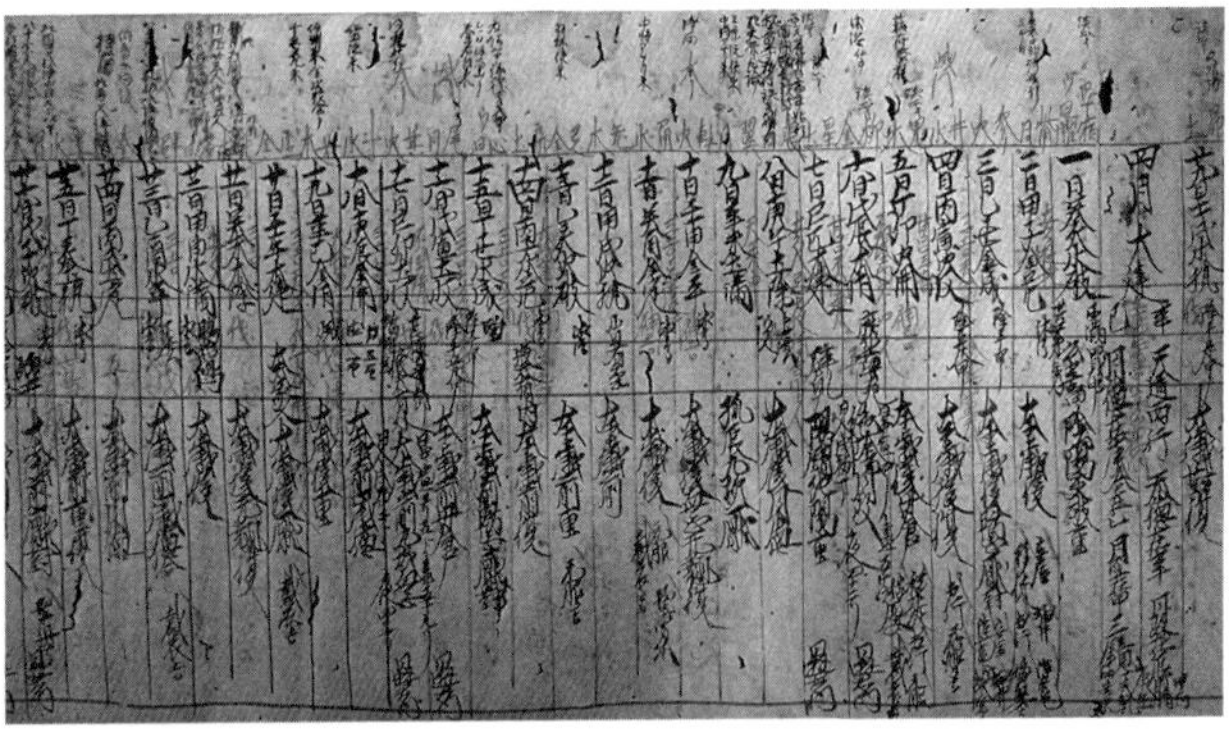

図13　間空きなしの具注暦に書かれた日記（『仁平三年御斎会記』紙背）（國學院大學図書館蔵）

れを利用する場合もあった。

陰陽寮から天皇に進上された具注御暦について、『延喜式《えんぎしき》』陰陽寮造暦《ぞうれき》用度《ようど》条は、一年分二巻（上巻は正月〜六月、下巻は七月〜十二月）であったことを記している。貴族たちが利用した具注暦も年二巻が基本であるが、空行（間空き）がなく一年分を一巻とした具注暦や、空行を多くとって年三〜四巻としたものなども見られる。間空きの空行数によって使用する料紙の数が変わってくるから、そこには利用者の経済力の差も反映されている。

藤原師輔の日記『九暦《きゅうれき》』や藤原忠実の日記『殿暦《でんりやく》』は原本が伝わっていないが、その名称はこれらの日記がもともと暦に書き入れた暦記の形態だったことを示しているし、藤原定家《さだいえ》の『明月記《めいげつき》』治承四五年記には、治承五年の記事の前に「治承五年具注暦日　辛丑歳」の文言が見えていたり、『殿暦』にも暦の注記が写されているものがあって、これらが具注暦に書かれた日記を清書しなおしたものであることがわかる。

鎌倉時代から江戸時代までの歴代当主の日記が残る広橋家では、広橋兼《かね》顕《あき》の文明十年（一四七八）の日記までは暦記が用いられている。

②非暦日次記　白紙あるいは使用済み紙の裏を再利用して書かれている日次記である。従来、名称が与えられていないので、ここでは、具注暦に書かれていない日次記ということで、便宜上、「非暦日次記」と呼んでおく。破棄された文書や反故（書き損じ）を用いることが多く、前年以前の具注暦を裏返して用いることもあったが、室町時代には

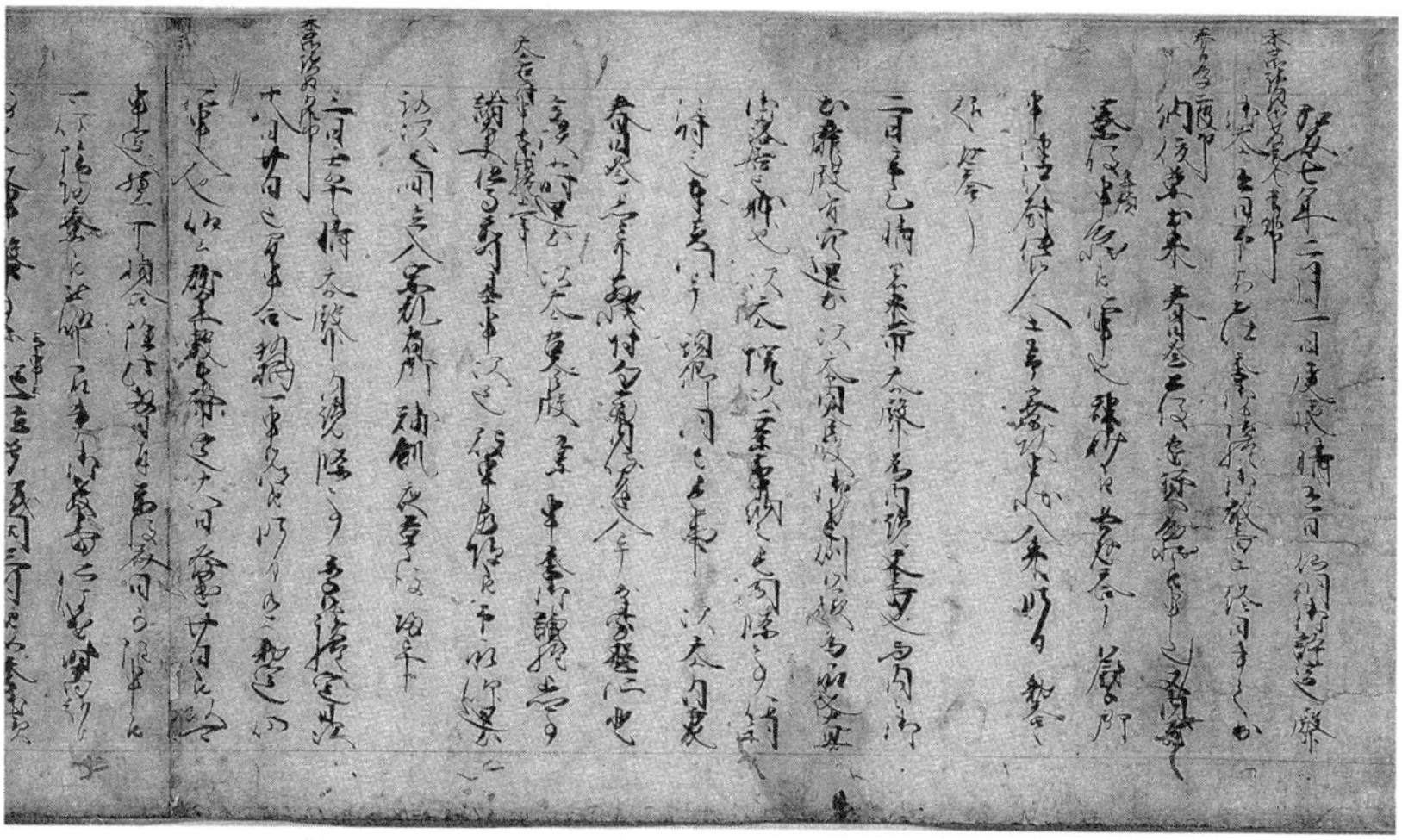

図 14 『勘仲記』弘安 7 年 2 月の非暦日次記（国立歴史民俗博物館蔵）

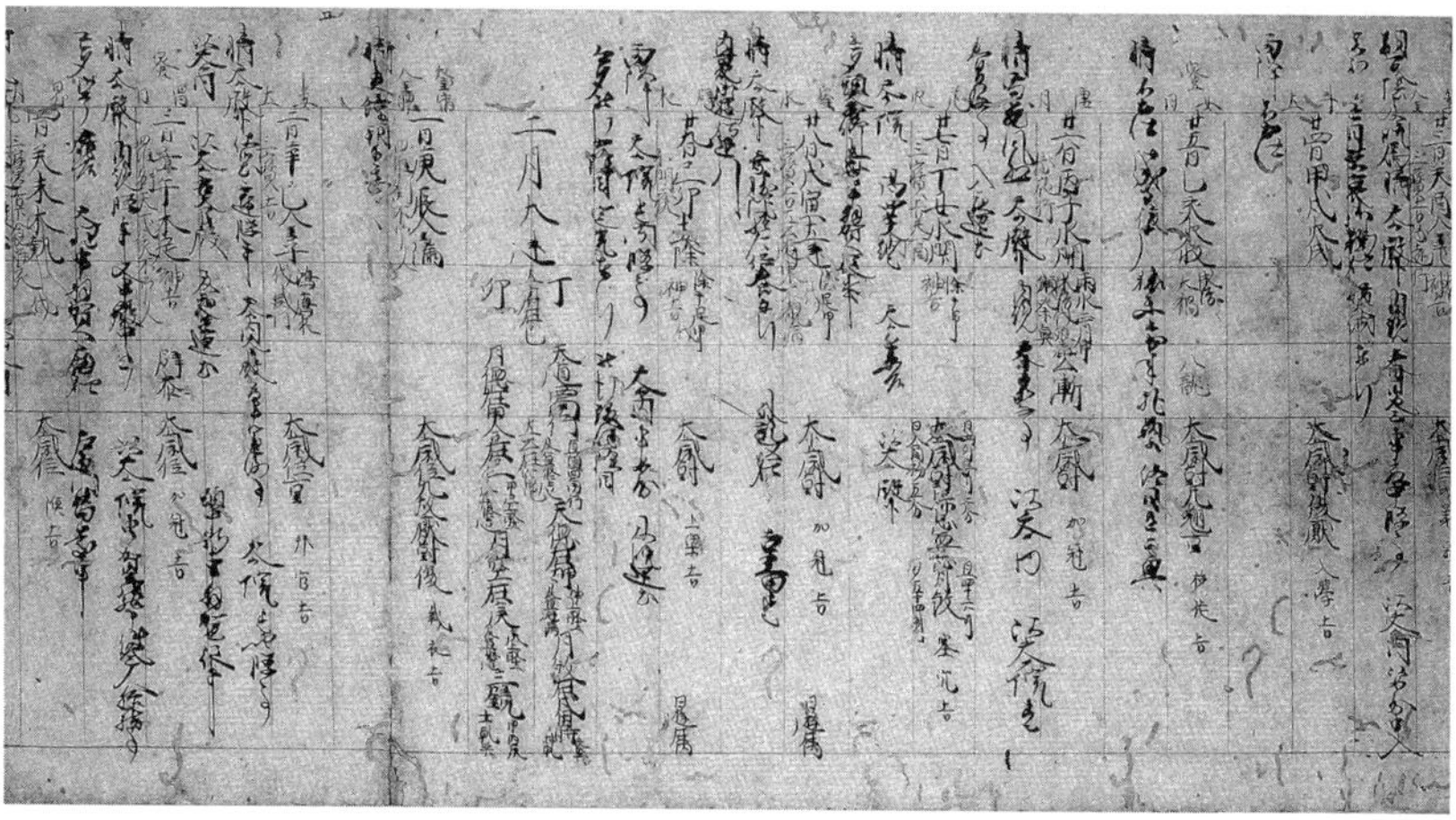

図 15 『勘仲記』弘安 7 年の暦記（国立歴史民俗博物館蔵）

文書（自ら発給した文書の案文をふくむ）や和歌・連歌懐紙《かいし》を残すために、意図的に料紙として用いる場合もあった。伏見宮貞成《さだふさ》王の『看聞日記《かんもんにっき》』応永二十四年（一四一七）記巻末には「月次連歌懐紙為後見、次第不乱続之、為不散在態与用料紙」（月次《つきなみ》連歌の懐紙、後見のため次第を乱さずこれを続《つ》ぐ。散在せざらんがために、わざと料紙に用う）と記されている。

②非暦日次記と①暦記との関係について考えておくと、まず、①をもとに清書されたものがある。この場合、清書本のところでふれた『中右記』のように、原本の①は破棄されることが多いので、両者が現存している例はほとんどない。次に、①と併用された（使い分けられた）ものがある。この場合、具注暦のなかでは、それを「別記」と称すこともあった（2で説明する別記との混同を避けるために、ここでは「別日次記」と呼んでおく）。自筆本が現存するものでは、『民経記』『勘仲記《かんちゅうき》』などの広橋家旧蔵の日記があげられる。いずれも本記と別日次記の記事内容に明確な区別がある年次と、区別が曖昧な年次があるようである。また、陽明文庫所蔵の藤原師通《もろみち》の『後二条師通記《ごにじょうもろみちき》』は対応関係がある二種類の写本が存在し、藤原基平《もとひら》の『深心院関白記《しんじんいんかんぱくき》』にも五ヶ月分が記された別日次記がある。三つめは、最初から具注暦に記さず、非暦日次記として記されたものである。中世後期の日記には、このタイプの日記が多い。

【別記】

日次記を作成していくなかで、特定の情報（記主が詳細な記述を必要とした行事、およびその事前準備や事後処理）について、日次記とは別の料紙を用いて記した日記を別記と呼んでいる。藤原頼長《よりなが》の『台記《たいき》』康治元年（一一四二）十一月三十日条には「大嘗会日記自卯至午別記也始自去廿一日、今日書了、執筆山城前吏源実長不交他人筆、但未読之、実長・予等忘寝食書之予雖御筆不執筆也、四ケ日記、合卅六枚」（大嘗会日記《だいじょうえにっき》〈卯より午に至るまでの別記なり〉、去る二十一日より始めて、今日書きおわる。執筆山城前吏源実長〈他人の筆を交えず〉。ただし未だにこれを読まず。実長《さねなが》・予等寝食を忘れこれを書く〈予、御筆といえども、執筆せざるなり〉。四ケ日の記、合わせて三十六枚）とある一方で、日次記には「この事等別記に具《つぶ》さなり」「秘蔵、別記に載せず」「丑の日より午の日に至るまで、委《くわ》しく別記にあり」などの文言が記されており、日次記と別記「大嘗会日記」が連動する形で作成されたことを知りうる。今日この頼長の「大嘗会日記」そのものは伝存しないが、現存する『台記別記《たいきべつき》』には康治元年十一月十六日の詳細な記録が残されている。

藤原経光の『民経記』には、日次記のほかに『大仁王会参仕記《だいにおうえさんしき》』『維摩会参向記《ゆいまえさんこうき》』『改元定記《かいげんさだめき》』『御斎会奉行記《ごさいえぶぎょうき》』などの別記が現存している。経光の子兼仲の『勘仲記』の場合は、別記を意図して書き始めても、書いているうちに日次記のようになってしまい、自身で書いた端裏書《はしうらがき》でも日次記として扱っているなど、日次記と別記の区別が曖昧である。別記として残っている『興福寺上棟別記《こうふくじじょうとうべつき》』本文の筆跡は記主兼仲のものではないが、兼仲の筆跡で加筆訂正が加えられている。おそらくは記主監修のもとで家人に書かせたのだろう〔高橋f〕。

【文書日記】

日記をつける代わりに、受領した文書を張り継いだり、発給した文書の写（控え）をまとめたものである。日次記の記事の中に文書を継ぎ入れるだけではなく、日次記とは別に、しかしながら不可分の関係を持って別の巻（冊）としてまとめられているものである。その存在は一部の研究者に認知されていたが、これまで日記論のなかで取り上げられることもほとんどなく、名称も与えられていないので、ここでは「文書日記」と呼んでおく。三条公忠《きんただ》の『後愚《ごぐ》昧記《まいき》』、中山定親《なかやまさだちか》の『薩戒記《さつかいき》』、三条西実隆の『実隆公記』など、南北朝期以降の日記にしばしば見られる。「文書日記」も日次記と一括されて日記の一部として伝来しており、これも日次記を補完する日記のバリエーションの一つと考えることができる。例えば、『後愚昧記』では、日次記の中に記事の補足や記事の代わりとして文書を本文中に写し取ったり、文書そのものを注ぎ入れたりしたもののほかに、日次記には「在別」などと表記して、行事別に文書や勘例などをまとめている巻が日記の一部として伝わっている。また子息実冬《さねふゆ》が日次記をつけるようになると、公忠はいったん日次記をやめてしまい、日記代わりに文書を貼り継いだものを残している。三条西実隆も出家以後日次記を記す代わりに、届けられた書状を張り継いでその代用としたことが指摘されている［末柄］。『薩戒記』には記主が発給に携わった綸旨《りんじ》などをまとめた『宣下消息《せんげしょうそく》』『宣下御教書案《せんげみぎょうしょあん》』と題する巻が日記とともに伝来する。

院司時代・五位蔵人時代の藤原兼仲は、奏事《そうじ》目録・内覧《ないらん》目録や、発給文書の控えである符案を作成し、日記と連動する形で使用していた［高橋f］。ただし、兼仲の文書集は現存していない。

【単独記】

特定の情報について記された日記である。その点では2の別記と同様であり、従来ほとんど区別されることはなく、ひとまとめに「別記」と称されることが多かった。しかし、日次記の作成と連動しているかどうかという点で区別すべきであり、日次記とは連動せず、独自につくられた日記をここでは「単独記」と称することにしたい。

『看聞日記』は応永二十三年（一四一六）記の端裏書に「日記、自今年書始之、以前不書」（日記、今年よりこれを書き始む。以前は書かず）とあって、貞成王がこの年より日記（日次記）を書き始めたことを知りうる。ところが、応永十八年四月四日から八日の記事を載せる『栄仁親王《よしひとしんのう》琵琶《びわ》秘曲御伝業《ひきょくごでんぎょう》並《ならびに》貞成親王《さだふさしんのう》御元服記《ごげんぷくき》』、応永二十一年十二月五日から十九日の『称光院御即位記《しょうこういんごそくいき》』、応永二十二年十月二十七日から十一月二十三日の『称光院大嘗会御記《だいじょうえぎょき》』と称される貞成王の日記が伝わっている。これらは日次記を書き始める以前の日記であり、日次記と連動することなく、それぞれの行事に際して独自に書かれたものということになる。旅行記として著名な円仁《えんにん》の『入唐求法巡礼行記《にっとうぐほうじゅんれいこうき》』などもこの単独記に入る。

寺院で記された仏事の記録などにはこうした単独記が多かったと思われるが、「別記」しか伝存していない日記の場合、それが日次記と連動する別記か、日次記がもともと存在しない単独記かどうか判断することは難しい。

【編纂された日記】

日記は書き記すのみならず、それを利用することに大きな意味があったことはこれまでも述べてきた。日記を有効に活用するためには、使いやすいように加工する必要も出てくる。そのために作成されたのが、**部類記**や**抄出**（抜書《ぬきがき》）と呼ばれる「編纂された日記」である。記主自らが作成する場合もあったし、子孫など後世の人が作成する場合もあった。藤原宗忠は日記『中右記』保安元年（一一二〇）六月十七日条のなかで、自らの部類記作成について、次のように述べている。

今日私暦記部類了、従寛治元年至此五月卅日〔卅脱〕四年間暦記也、合十五帙百六十巻也、従去々年至今日、分侍男共、且令書写、且令切続、終其功也、是只四位少将宗若遂奉公之志者、為令勤公事所抄出也、為他人定表嗚呼歟、為我家何不備忽忘哉、仍強尽老骨所部類也、全不可披露、凡不可外見、努力々々、若諸子之中居朝官時可借見少将也、

（今日、私の暦記、部類しおわんぬ。寛治元年よりこの五月三十日に至るまで［三十］四年間の暦記なり。合わせて十五帙百六十巻なり。去々年より今日に至るまで、侍の男共に分け、且つは書写せしめ、且つは切り続がしめ、その功を終えるなり。これただ四位少将〈宗〉もし奉公の志を遂ぐれば、公事を勤めしめんがために抄出する所なり。他人として定めて嗚呼《おこ》を表すか。我が家のため何ぞ忽忘に備えざらんや。よって強《あなが》ちに老骨を尽くして部類する所なり。まったく披露すべからず。およそ外見すべからず。努力々々《ゆめゆめ》。もし諸子のうち、朝官に居するの時は、少将に借りて見るべきなり）

宗忠は寛治元年（一〇八七）から保安元年までの三十四年間の日記百六十軸（それが十五の帙に分けられていた）から、三年間かけて部類記を作成した。その方法は、従者の男たち数名に日記原本を渡し、ある部分は写させ、ある部分は原本そのものを切り張りさせるというものであった。部類記作成の意図は、子息宗能が今後公事を勤めるときの参考に資するためである。他人からは愚かなことと言われようとも、宗忠は家のために粉骨した。完成した部類記は秘蔵されるべきもので、宗能以外の子息が公事に際して利用する場合には宗能から借りて見ることが許された。

さて、「編纂された日記」には、その作成方法によって、いくつかの型がある。これも従来名称を付されていない

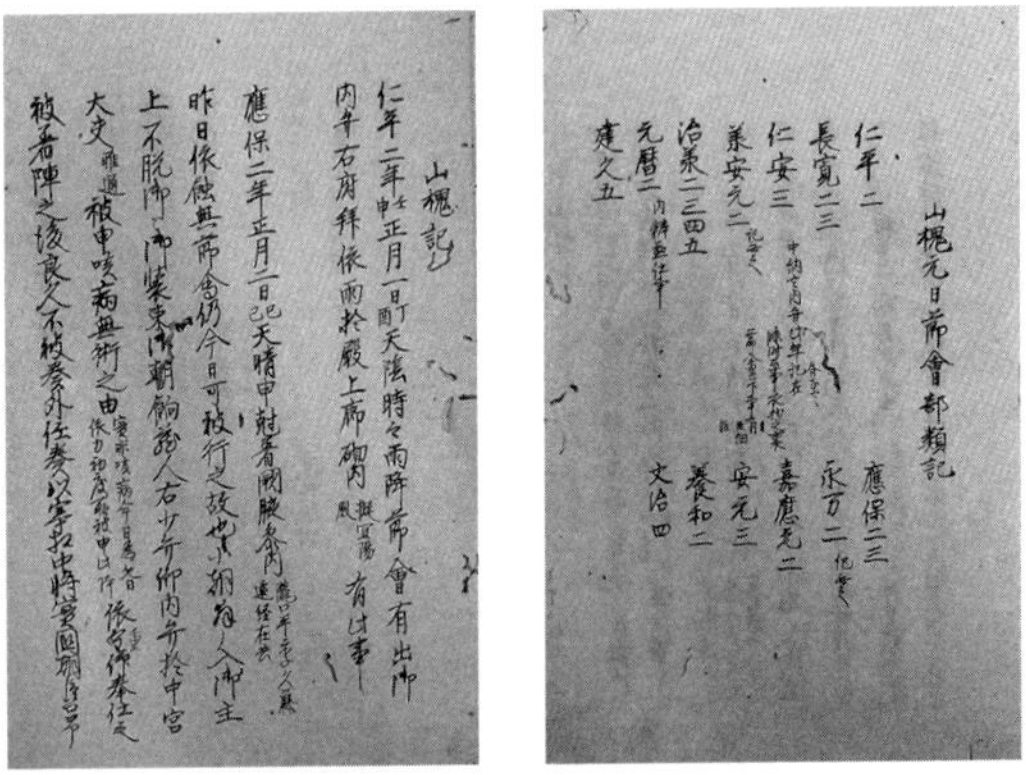

図16　『元日節会部類記』（山科家旧蔵『山槐記』）（國學院大學図書館蔵）

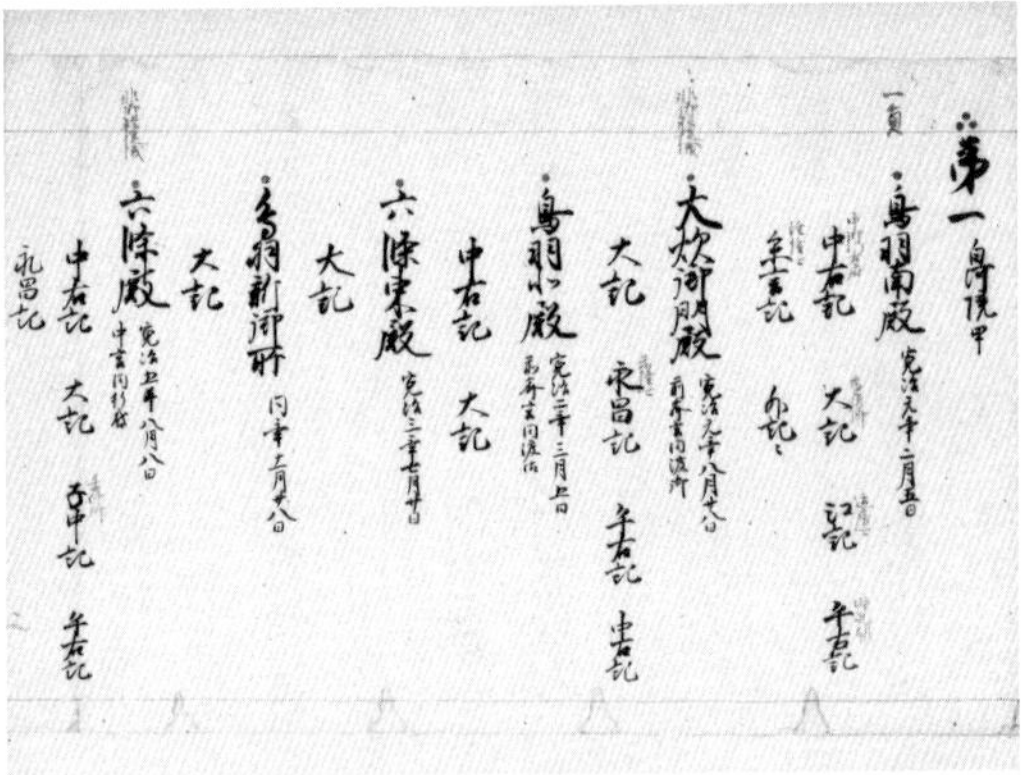

図17　『仙洞御移徙部類記』の目録部分（宮内庁書陵部蔵）

ので、適宜名称を付した。

①単一の日記から抄出したもの

　a　単記単事抄出　あるひとつの日記から特定の行事に関する記事を抜き出したものである。国立歴史民俗博物館所蔵の田中本から例を挙げると、藤原忠親《ただちか》の『山槐記《さんかいき》』から政始《まつりごとはじめ》の記事を抄出した『政始部類記《まつりごとはじめぶるいき》』や、同じく元《がん》日節会《じつせちえ》の記事を抄出した『元日節《がんじつせち》会部類《えぶるい》』、中原師富《もろとみ》が父師郷《もろさと》の日記から改元記事を抜き出した『改《かい》元記《げんき》』などがある。

　b　単記部類　あるひとつの日記からの抜書を行事ごとに部立《ぶだて》したものである。藤原宗忠が保安元年に作成したという部類記もこれに当たると考えられる。現存する『中右記部類』は鎌倉時代の初め頃に九条家で作成されたもので、「年中行事」「毎年例事」「年中仏事」「臨時神事」「臨時仏事」の十三巻が宮内庁書陵部・国立歴史民俗博物館・天理大学・個人に分蔵されている。また、宮内庁書陵部には同じく九条家で藤原定能《さだよし》の日記を部類した『定能卿記部類《さだよしきようきぶるい》』がある。その大部分は伝来の過程で『定能卿記』の部類であることがわからなくなり、内容に即した便宜的な書名が付されて分置されてきたが、近年の調査によって『定能卿記部類』の書名のもとにまとめられた。

②複数の日記等から抄出したもの

c　単事部類　複数の日記から特定の事項に関する記事を抄出し編纂したものである。改元に関する記事を集めた『改元部類記』や皇子の出産に関する記事を集めた『御産部類記《おさんぶるいき》』など、種類は多様で、数も多く、「編纂された日記」の代表的なものである。祖先の日記のみをもとに編纂したものや、他家の日記を含めて入手可能だったさまざまな日記を編纂したものがある。

d　類典　複数の日記から、さまざまな事項について記事を分類編纂したものである。徳川光圀《みつくに》のもとでつくれた『礼儀類典《れいぎるいてん》』は、恒例行事一四三項目、臨時公事九一項目にわたり、二〇〇余の記録類からの記事を集成している。

3　書様式

日記には文字が書かれているわけであるが、その書き方にも情報が含まれていると言っていいであろう。その情報には、文字そのものに関わるものと文字の配列に関わるものとがある。このような文字の書き方に関する様式を「書様式」と呼んでおく。

【文字に関する非文字列情報】

文字そのものに関する非文字列情報は、文字の大きさ、抹消修正、書体などである。

文字の大きさは、基本的には**本文**・**注記**（**割注**《かつちゆう わりちゆう》）・**細注**の三種類の書き分けであることが多い。内容的には注記であるが、本文に近い文字の大きさであるなど、判断がつきかねるものも少なくない。その場合、直前の文字列に対して、文字の中心線が右側にずれているか否かで見分ける方法もある。人名に関する注記の場合、本文では諱に卿《きよう》・朝臣《あそん》という敬称をつけるが、注記では諱のみで記すという書き方の違いを考慮して区別することもできる。自筆本では、記主が意識的に文字の大きさを変えていることがあるから、そこから記主の意識を読みとることも可能である。

抹消の仕方も、一本の線で消したもの、文字を囲んでその中に線を引いたもの、墨で抹消した文字が見えないほど塗り消したもの、文字の脇に抹消記号を付したものなど、さまざまな形がある。塗り消したものを「塗抹《とまつ》」、「ヒ」などの記号を左側に付す消し方を「ミセケチ（見消）」という。活字本では、消された文字が判読できる場合、消し方にかかわらず、文字の左側にヒの符号を付すことが多い。また、いったん「参」と書いた上から「退」に書き直している場合に、本文は「退」という上の文字を用い、右傍に下の文字を（×参）と示すこともある。

書体は筆者を探る上でも重要な情報になるし、読みやすい字で書いているか否かは、その日記が読まれることに対する筆者の意識の反映と見なすこともできよう。

【文字の配列に関する非文字列情報】

文字の配列に関する非文字列情報には、例えば改行、挿入、文字下げに関するものなどがある。書写の過程で改変されてしまう場合もあるが、自筆本の場合にはこれも記主の意識が反映されており、貴重な情報をもたらす。天皇・院などに限らず、敬うべき人物を表記するときには若干文字を空けていることがある。文字の間隔の空け方は文章の切れ目を示すことも多く、内容を理解する上でもその一助となる。

二　古記録の形態的情報

ここでは、モノとしての古記録の形に関する情報を取り上げよう。自筆本や写本そのもの、あるいはその影印本から取り出せる情報であり、それらを利用するには必要な知識でもある。これまで書誌学で取り扱われてきた本の書誌に関する事柄であり、文字データではない情報であるから、書誌的非文字列情報と言い換えることもできよう。活字本のみを利用する場合には関係がないと思われるかもしれないが、近年の活字本は、形態的な情報も盛り込まれている場合が多いし、解題や目録を利用する場合にも必要な知識である。

書誌学についてはさまざまな書籍が刊行されているが、中国の漢籍や近世の版本を中心とするものが多く、中世写本の実態に即した書誌学の参考書は必ずしも多くない。そうした中にあって、川瀬一馬『日本書誌学用語辞典』（雄松堂書店）や山本信吉「古典籍が教える書誌学の話」（『古典籍が語る』八木書店、二〇〇四年）は、参考になることが多い。また、櫛笥節男『宮内庁書陵部書庫渉猟』（おうふう、二〇〇六年）はカラー図版が豊富で、宮内庁書陵部所蔵の写本の実態に即した解説が施されている。書誌学の概要をもっともコンパクトにまとめているのは、宮内庁書陵部編『図書寮典籍解題　歴史篇』（養徳社）の「附録　書誌学」で、刊行から七十年を経た今日でも有益である。

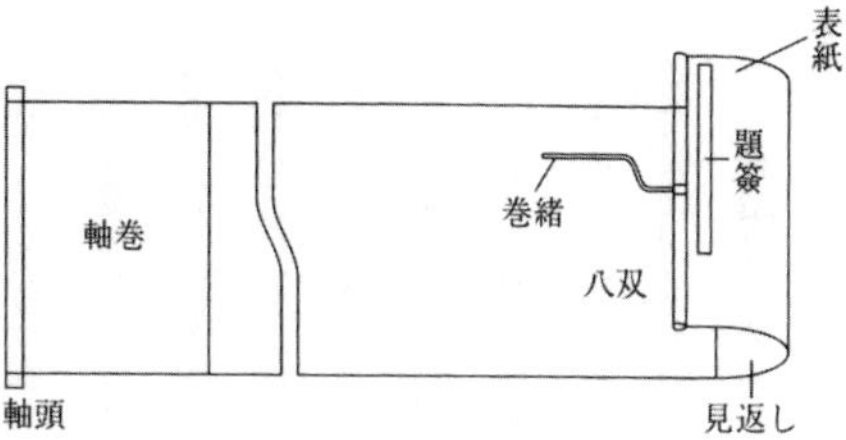

図18　巻子本の部分の名称（『日本歴史「古典籍」総覧』より）

1　装訂

モノとしての古記録を目の前にして、まず表面的に得られる情報は、本の形や表紙についてのものである。表紙をめくると、日記本文が書かれた紙以外の紙などが綴じ込まれていたりする。こうした古記録の「本」としての形について触れておく。

【装訂】

紙に書かれた日記を書物のかたちに調えるときの製本の仕方、体裁を装訂という。装丁・装幀とも表記されるが、現在の書誌学では一般に「装訂」と表記する。それぞれの装訂には長短があるから、記主の意図や、伝来の過程で改装した人の意識などが反映されていることもあり、そうした情報を得ることができる。

①巻子《かんす》本《ぼん》　数枚の紙を継いだ料紙を左から右へと巻き込んだ形の装訂である。数量単位は巻、あるいは軸で表す。日記が記された料紙（本紙）のあとに軸付紙（軸巻）をつけ

て軸を包んでそれを芯にして巻き、本紙の前には遊紙（添紙）と表紙をつけ、表紙の端の八双《はっそう》につけられた紐で巻き止めてあるという状態が一般的であるが、これは修補や改装を経た結果である場合が多い。実用的に用いられていた時には、本紙のみ、あるいは本紙と簡単な白紙の表紙のみで、軸や巻緒はなく、単に本紙を巻き込んだだけであった。装訂にほとんど後人の手が加えられていなかったり、修補の仕方によっては、軸や表紙がないものも少なくない。国立歴史民俗博物館所蔵田中本の記録類には、軸や紐をともなわないものが多数ある。また、京都大学附属図書館所蔵平松本の藤原経房《つねふさ》『吉記《きつき》』古写本は、軸や紐がなく、本紙の前後に遊紙をつけたものを巻き込んであるだけで、表紙の代わりに題箋を付した帙にくるんである。なお、巻末に書名がある国立歴史民俗博物館所蔵『後宇多天皇宸記《ごうだてんのうしんき》』は、もともとは軸がなく、巻頭から巻末に向けて右から左へと巻かれていたと見られる珍しい例である［藤本ａ］。

平安〜鎌倉期の自筆本・古写本には巻子本が多い。具注暦自体がこの装訂であったから、日記の本来の装訂であったと言ってもいいだろう。中世後期になると、その数は減り、新写本ではあまり用いられていない。この装訂の利点は、作成時において、書き誤ったときに、直前の行で紙を裁ち切り、後ろに新しい紙を貼り継ぐことで、修正できる点である。また、紙の表裏をともに見ることができる点も利点である（但し、修補によって厚い裏打ちが施されたために紙背が読めなくなっているものも少なくない）。室町時代の日記の中にも、裏書きをしていたり、紙背の文書を見る必要がある場合にこの装訂を施しているものがある。軸に近い方を見る場合の巻き返し、巻き直しが不便であるから、頻繁な利用には必ずしも適していないが、場所をとらないなど保管には利点がある。

②冊子本　一枚の紙を二つに折り、それを綴じ合わせた形の装訂である。綴じ方によって名称が異なるが、日記の場合には、紙をいわゆる袋綴じにした装訂が圧倒的に多い。冊子本の日記は、あらかじめ綴じておいた冊子に書き込んでいくのではなく、一枚の料紙に折り目をつけた上で記し、一定期間分を綴じる形で作成されたと思われる。

ａ　**袋綴装《ふくろとじそう》**　紙を二つに折りにして束ね、端の方を綴じた装訂である。数量単位は冊で表す。表紙を付けて、四つの綴じ穴をあけ、糸で懸け綴じした「**和綴**」（四つ目綴）や、五つ目の朝鮮綴が一般的であるが、二つの綴じ穴を紙縒《こより》や紙釘でとめただけの「**仮綴**《かりとじ》」「**紙釘綴**《していとじ》」のものも少なくない。この場合には、表紙が本紙と同じ「**共紙**《ともがみ》**表紙**」であることが多い。扱いによっては紙をめくる部分などが痛みやすく、紙背を見ることはできないが、紙の表側であれば、手間をかけずに見ることができる。日記の装訂として、室町時代以降は広く用いられた。

b　**胡蝶装**《こちょうそう》（**粘葉装**《でっちょうそう》）　二つ折りにした料紙の折り目をそろえて、折り目の外側を糊付けして重ねていく装訂で、紙の両面に文字を書き込むことができる。数量単位は**帖**《じょう》で表す。文学作品や聖教など古代・中世の典籍には多く用いられている装訂であるが、古記録には少ない。国立歴史民俗博物館所蔵田中本の『曼荼羅供記《まんだらぐき》（正嘉二年）』（醍醐寺旧蔵）、宮内庁書陵部の九条家本『玉葉《ぎょくよう》』がこの装訂を施している。現在巻子本の形をとる宮内庁書陵部所蔵の『定能卿記部類』巻九も、改装以前は粘葉装であったことが窺われる。いずれも写本であり、管見の限り、自筆本の例はない。

c　**綴葉装**《てっちょうそう》　二つ折りした料紙の折り目に穴（四つ）を開け、糸で綴じるかたちの装訂で、綴じたいくつかのまとまりをさらに糸（あるいは糊）で綴じ合わせることもある。物語や和歌集などに用いられる豪華な装訂であり、日記の装訂としてはまず見られない。

③**折本**　貼り継いだ料紙を一定の幅に折り畳んだ装訂である。数量単位は**帖**で表す。今日、折本の状態で伝来するものはほとんどないが、巻子本になっているものの中に、その折り目痕（折り目に山と谷がある）から、本来あるいは一時期、折本の状態であったことがわかるものがある。自筆本で伝わる藤原定家の『明月記』や三条西実隆の『実隆公記』の一部、九条家本の『中右記』がその例である。折り目は痛みやすいが、巻く必要がないから検索も容易で、懐中するのにも便利であった。尊経閣文庫所蔵『江次《ごうし》第《だい》』に見られるような折本から巻子本への改装は、その本が活用される状態から、文化財として保存されるものへと変化したことを示している。

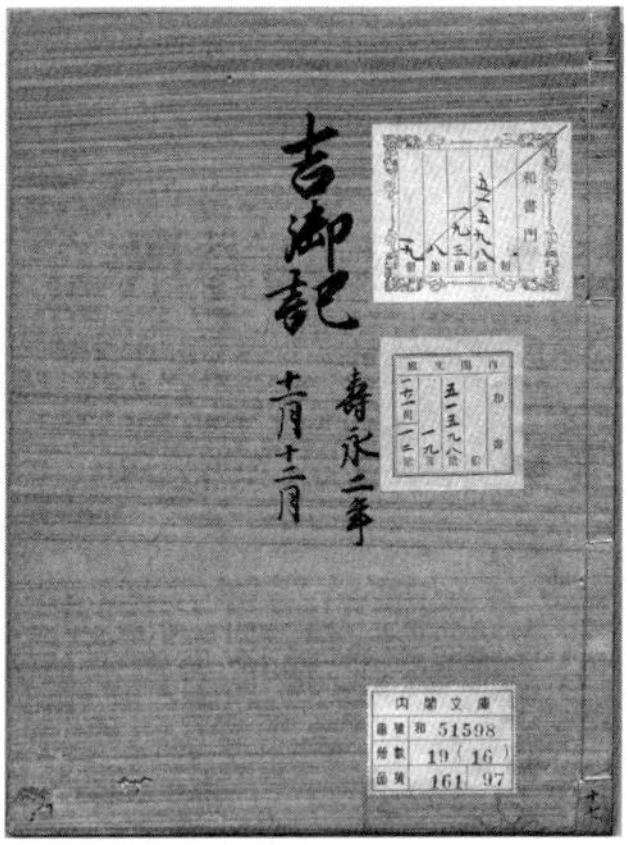

図19　渋引き表紙　装訂は袋綴装である。（国立公文書館蔵）

図20『実隆公記』の表紙に貼られた押紙（東京大学史料編纂所蔵）

④その他　伝来の過程で破損し、数紙あるいは紙片が断簡《だんかん》として伝わるものもある。装訂が施されていない断簡の場合、数量単位は葉《よう》で表す。藤原定家の『明月記』は、江戸時代に定家の筆跡が珍重されたことから、日記の一部を数行単位に切って「記《き》録切《ろくぎれ》」と称し、掛軸装《かけじくそう》にすることも行われた（掛軸の数量単位は幅《ふく》）。

【表紙】

装訂の各部位の説明をしておこう。まずは表紙である。東京大学史料編纂所編の『大日本古記録』（岩波書店）では「標紙《ひょうし》」と表記していた。装訂の一番外側に当たる部分で、一般には題や所収年紀が記されている。巻子本の中には表紙がともなわず、本紙の端裏にそれを記しているものもある。

表紙に用いている素材によって、絹表紙、紙表紙の別があり、活字本の注記や目録などに、その色や文様を冠して「白地《しろじ》表紙」「紺地《こんじ》紙表紙」「茶色地《ちゃいろじ》唐草文絹《からくさもんきぬ》表紙」のような記載をすることもある。虫除けのために柿渋《かきしぶ》が用いられることも多く、表紙全体に柿渋を含ませたものを「渋染《しぶぞめ》」、筆・刷毛で一部に柿渋を塗ったものを「渋引き」と称することもある。

また、もともとの表紙を「原表紙」、改装後の表紙を「後補表紙」と区別することがあり、さらに後者を江戸時代の改装である後補表紙と明治時代以後の新補表紙とに区別する場合もある。なお、表紙の裏側は「**見返し**」と呼ばれている。

【その他】

①**遊紙《あそびがみ／ゆうし》**　日記本文が書かれた本紙の前後に置かれた白紙を遊紙、または添紙《そえがみ》という。それに対して、紙数を数える場合などに、文字が書かれている本紙を「**墨付《すみつけ》**」と称することもある。

②**軸付紙《じくつけがみ》**（軸巻）　広い意味では遊紙の一紙であるが、巻子本の軸を巻いている紙を特に軸付紙（軸巻）と呼ぶ。

③**付箋《ふせん》・押紙《おしがみ》**　検索等の便宜のためにのちに張り込まれた紙である。一部を糊付けして本紙に貼り付けられた小紙を付箋、全体を糊付けして本紙に貼り付けられた小紙を押紙と呼んで区別する。そこには後人による考証やメモなど何らかの文字情報が書き込まれていることが多い。

2　料紙

次は日記本文が書かれている紙について、紙質や大きさなどの情報である。最近になって、古文書の料紙のみならず、日記の料紙についてもようやく関心がもたれるようになった。**宍倉佐敏『必携古典籍古文書料紙事典』**（八木書店）には、料紙の調査方法や国立歴史民俗博物館所蔵の記録類などの料紙に関する情報が顕微鏡写真とともに載せられている。東京大学史料編纂所所蔵の『中院一品記《なかのいんいっぽんき》』の修理に際して行われた料紙調査の成果が、『東京大学史料編纂所所蔵『中院一品記』修理事業に伴う調査と研究』（中院一品記修復担当グループ、二〇一六年）や大和文華館編『中世の人と美術』（大和文華館、二〇一五年）、湯山賢一編『古文書料紙論叢』（勉誠出版、二〇一七年）に収められている。

何度かの修補・改装を経ている国立歴史民俗博物館所蔵広橋本『勘仲記』と、早い段階で流出して修補を経ていない断簡をくらべると、料紙の状態が大きく異っている。江戸時代の修補では紙を叩いて薄くしたり、和紙の層をはがす「相剝《あいはぎ・あいへぎ》」が行われている場合もある。

【紙質】

①楮紙《ちょし》　楮《こうぞ》を原料とした紙である。一般に表面はざらつきがあるが、打ち叩いて打紙《うちがみ》にした場合は表面がなめらかになる。杉原紙《すいばらがみ》・美濃紙に代表される。古記録の料紙としてはきわめて一般的なものである。

②斐紙《ひし》　雁皮《がんぴ》を原料とした紙である。表面はなめらかでつやがある。鳥《とり》の子紙《こがみ》に代表される。高価な紙であり、古記録に用いられることは少ない。

③楮斐交じり　楮と雁皮の繊維を混ぜ合わせて漉いた紙で、その分量によって「斐交じり楮紙」「楮交じり斐紙」などと表記することもある。しかし、近年の科学的な研究によると、表面につやがあることから従来「楮斐交じり」と言われていたものが、実は楮紙の打紙であることが多いという［富田］。厳密に特定するためには、顕微鏡による繊維の観察、さらには紙片を採取しての科学的分析が必要であり、データの蓄積が待たれるところである。

④三椏紙《みつまたし》　三椏を原料とした紙。一般には三椏紙の栽培は江戸初期にはじまり、中期以降に量産されるようになったと言われているが、平安期の遺品もあるという［富田］。

⑤間似合紙《まにあいし》　紙漉の過程で白粉（米粉・白土・胡粉）を混ぜ入れて、紙の表面をなめらかにした紙である。

【法量・紙数】

①法量　縦・横の寸法のことを法量といい、現在は㎝（センチメートル）で表す（小数点第一位まで）。巻子本の場合、表紙や遊紙・軸付紙などの装訂部分は全体の法量に含めず、本紙のみの合計で示す。一紙の法量は、極端な長短がない限り、第三紙の法量を標準的な法量と見なす。中世前期の日記料紙は縦二七〜三〇㎝前後、横三八〜四三㎝前

後で、中世後期にはやや小さくなる。なお、江戸時代の美濃紙は縦二八㎝、横四〇・三㎝、半紙は縦二五㎝、横三五㎝が標準である。

②**紙数**　原則として本紙の枚数を数える。巻子本の場合は「紙《し》」を単位とし、冊子本の場合は「丁《ちょう》」を単位とする。冊子本で、表紙・遊紙などが本紙と同質紙の場合は紙数に含めるのが一般的である。また、冊子本は表裏二頁を一丁として計算する。

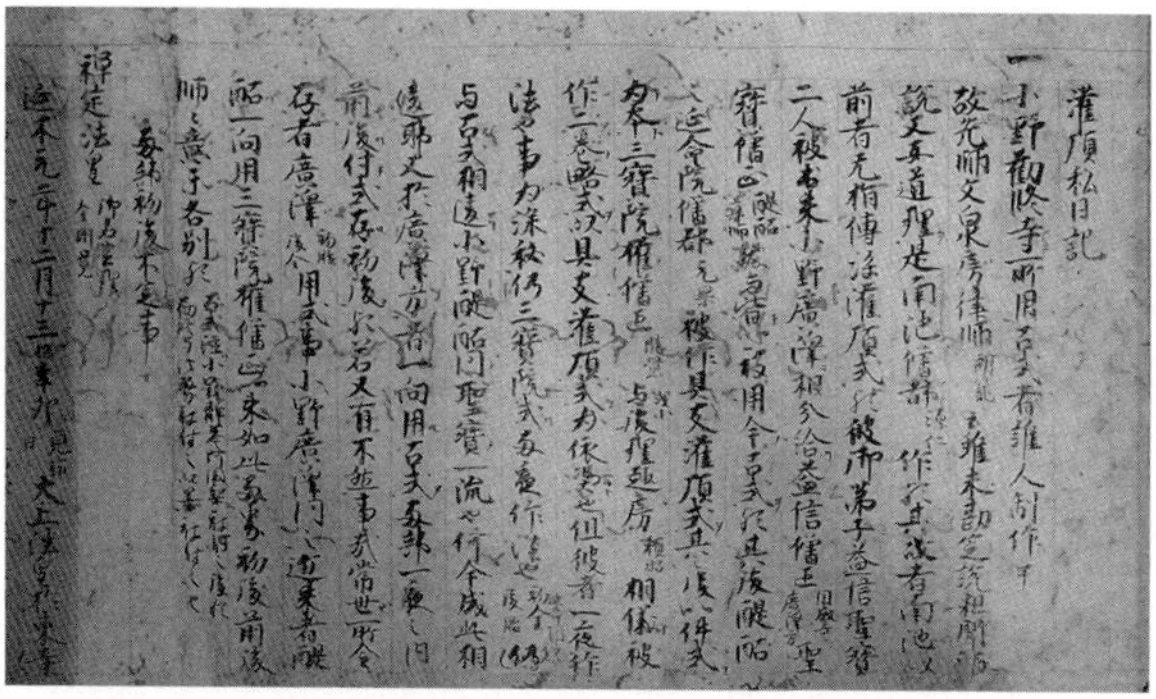

図21　墨界の引かれた『灌頂私日記』（國學院大學図書館蔵）

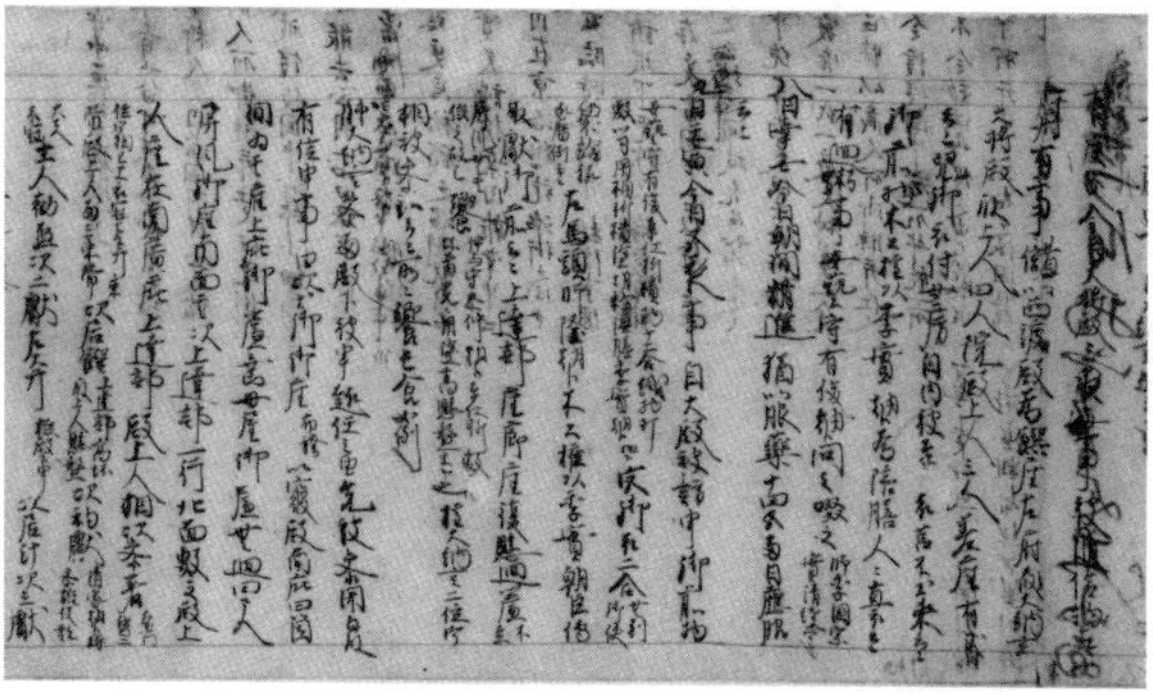

図22　天2条地1条の横墨界をもつ『為房卿記』嘉保2年7・8月記（京都大学総合博物館蔵）

ある程度の形態情報を盛り込んだ活字本である『大日本古記録』などでは、巻子本の紙替りは紙面の終わりに」の記号を付して紙面の初めに当たる行頭に(1張オ)と記し、冊子本の丁替りは各丁の表裏の終わりに」の記号を付して、表裏の初めに当たる行頭に(1オ)(1ウ)と記して紙数（丁数）・表裏を示している。

【界線《かいせん》】

本紙に文字を書く上で、文字を揃える位置の目安とするために引かれた線を界線、あるいは罫線という。界線の上下の寸法を界高、一行の幅を界幅と呼ぶ。

界線を引かず、罫線の入った下敷きを用いて書写する場合もあったようで、宮内庁書陵部所蔵の九条家本『松殿御記《まつどのぎょき》』には十行罫線の下敷きが挟まっている冊がある［櫛笥］。

①墨界《ぼくかい》　墨で引かれた界線で、巻子本の料紙の横方向に引かれたものを横墨界《おうぼくかい》と呼ぶ。その本数は「条《じょう》」を単位とし、料紙の上方に一本引かれている場合には「天一条」、上方に二本、下方に一本引かれている場合には「天二条地一条」と表現する。線引の目印の針穴が残る料紙もある。冊子本・折本の場合は、一頁あたりの行数を表記する。

藤原定家清書本『明月記』は、界線の有無などによっていくつかのグループに分けられ、それぞれ清書年代に違いがあるといわれており［尾上d］、こうした情報を得ることも可能である。

②押界《おしかい》（白界）　竹のへらや押型を使って筋を引いた界線である。冊子本の形をとる宮内庁書陵部所蔵の九条家本『玉葉』の古写本には押界が引かれている。このほか、寺院所蔵の古記録にも時々見ることができる。

③版界《はんかい》　印刷された界線である。江戸時代の写本には既製の版界入りの料紙を用いたものが時折ある。江戸時代前期に勧修寺《かじゅうじ》経広《つねひろ》のもとで写された『三長記《さんちょうき》』（国立歴史民俗博物館所蔵田中本）はその一例である。

3　用墨・用筆

①用墨　墨は、その製造方法により、二種類に分けることができる。日本の墨に関する歴史的な研究はあまり進んでいないのが実情である。

a 油煙墨《ゆえんぼく》　油を不完全燃焼させたものに膠《にかわ》を混ぜて作る。

b 松煙墨《しょうえんぼく》　松材などを不完全燃焼させたものに膠を混ぜて作る。油煙墨より墨色が淡薄で青色を帯びている。高級な墨として珍重された。

c その他　具注暦の暦注には朱墨が用いられている。また、後人が写本を校合して朱書を加えている本もある。

②用筆　動物の毛を使った筆を用いるのが一般的である。書状等の執筆に比べると細い筆を使ったと見られる。除目執筆等に使用する墨や筆については書きとどめられているものも多く、中山定親『薩戒記』のように筆の持ち方まで図示するものもあるが、日常的に使用した文具については不明な点も多い。

三　古記録の文字列情報

1　内容的文字列情報

日記にはさまざまな書き方がある。すでに年月日、干支などが書き込まれている具注暦に書く場合と、それ以外の料紙に書く場合とでは若干の違いがあるし、中世後期の山科《やましな》家の当主や家司の日記、醍醐寺の僧侶報恩院源雅《ほうおんいんげんが》のようにいわゆる「一つ書き」の形で書いていくという形もある。時代や家風、個人の好み、日記の目的そのものなどの諸要因からこうした差異が生まれる。ここでは、そうした日記の書き方、日記に文字情報として書き込まれていることがらについて説明をしておこう。

【日付と干支】

暦記の場合には、具注暦そのものにすでに書き入れられており、記主が書くことはないが、記事が紙背にわたる場合には、紙背の記事の冒頭に日付を記しているものがある。非暦日次記や別記などでは、まず年次や月（その大小も記すことがある）を書き、各条のはじめに**日付**を入れるのが普通である。中世の日記では、二十日は廿日、三十日は卅日と記すことが多い。一日を「朔日《さくじつ》」、月末（大の月だと三十日、小の月だと二十九日）を「晦日《みそか》」と記す日記もある。写本の場合には年次や月が書かれた部分が欠けてしまい、書写の過程で、後人の推定が書き入れられたものもあるので注意を要する。

日付の下には、その日の干支を書いていることが多い。年や月の下にもその干支を書く場合もある。ほとんどすべての条に干支を書いているものもあれば、月の初めのみであったり、特定の干支の日に行われる祭りなどの記事がある場合のみ書き入れているという日記もある。また、同じ記主の日記でも、時期によって執筆態度が異なっているものもあって、『明月記』では干支の付け方や次に述べる天候の有無といった情報から清書時期を探る方法もとられている。

干支《かんし》は、甲乙丙丁戊己庚辛壬癸の**十干**《じっかん》と、子丑寅卯辰巳午未申酉戌亥の**十二支**の組み合わせで、甲子（きのえね・かっし）・乙丑（きのとのうし・いっちゅう）から癸亥（みずのとのい・きがい）までの六十通りの組み合わせができる。仮名暦などによると、「きのと」「ひのと」など「と」の時には、辛卯（かのとのう）のように十二支との間に「の」を入れて読むのが正しい。甲丑・乙子などの干支は存在しないが、近衛尚通《このえひさみち》の『後法成寺関白記《ごほうじょうじかんぱくき》』永正《えいしょう》九年（一五一二）記は、三月七日を癸子と記し、以後閏四月十六日まで、ふたたび十一月十日からその年いっぱいまで存在しない誤った干支を記し続けている。前日の干支をひとつずつずらして機械的に記入していったために誤りが続いたのであろう。後半は重ね書きでのちに直しているが、前半は気がつかなかったのか、まったく手を入れていない。

年次が不明な日記の場合、こうした日付や干支が、年次比定の重要な情報となる。例えば、閏《うるう》月があれば年次はほとんど絞られるし、月の大小、月初めの干支などがわかれば、登場人物の官職との照合により、ほぼその年次を特定することができる。数日条のみの断簡でも、日付・干支と記事内容の情報から年月の比定が可能となる場合も多い。

各年月日の干支を知るには、内田正男『**日本暦日原典**』（**雄山閣出版**）、湯浅吉美『**増補日本暦日便覧**』（**汲古書院**）が役立つ。西暦換算は、『日本暦日原典』を利用する方法があるが、カシオがウェブ上で公開している計算サイト「keisan」の「和暦から西暦変換」を利用するのが手っ取り早い。

【天候】

干支のあとには「晴（霽）」「陰」「雨」などの天候を記すことが多い。「天晴、風静」（天晴る。風静かなり）、「陰晴不定」（陰り晴れ定まらず）、「雨降」（雨降る）、「雨脚時々灑」（雨脚時々灑《そそ》ぐ）を始め、さまざまな表記が見られる。「雨下」も「雨ふる」と読み慣わしている。十二世紀成立の古辞書『類聚名義抄《るいじゅみょうぎしょう》』の「下」の字には「ふる」の古訓はないが、いくつかの訓点資料が「フル」と読んでいる。延慶本『平家物語』第一末に「国土ニ雨クダリテ」、覚一本『平家物語』巻第六に「夜半ばかり、俄《にわか》に大風吹、大雨くだり」の用例があることからすると、「あめくだる」とも読まれていたと考えられる。

『明月記』には記事を仮名表記している部分があり、そこには「てんはれたり」（建暦元年〈一二一一〉十二月二十六日・二十七日条）とあるから、「天晴」は「天晴る」ではなく、「天晴れたり」と訓まれたのかもしれない。なお、「天」に「そら」の古訓はない。「霽」は、曇っている状態からカラッと晴れたときに用いるという説もあるが、前日の天候に関わりなく「晴」「霽」が使われており、写本によって文字が異なることもあるので、使い分けられていないと考えていいだろう。

天候を書くかどうか、記主や執筆時期によって異なり、それがひとつの情報になることは干支のところで述べたとおりである。晴れか雨かによって儀式のやり方が異なることも多いので、記事内容を理解する上でも天候の記述がもつ意味は大きい。日記の気象データを集積すれば、京都や奈良を定点とした観測記録として、歴史気象学の史料としても役立つと思われる。水越允治編『古記録による一六世紀天候記録』（東京堂出版）など、十一世紀から十六世紀までの日記から気象データを集めた六冊が刊行されている。

【本文】

つづく本文にもっともたくさんの文字列情報が詰まっていることは言うまでもない。年始や月初めに「迎上陽之初節、多中心之栄楽、家門之繁昌、旁祝着者也」（上陽の初節を迎え、中心の栄楽多し。家門の繁昌、かたがた祝着する者なり）や「当大呂之朝、多中心之楽、幸甚々々」（大呂の朝に当たり、中心の楽多し。幸甚々々）などの佳句を慣用的に記す藤原兼仲『勘仲記』のような日記もある。本文記事の読み方・解釈の仕方の一端は、本書第二部で取り上げる。

【暦注と行事暦注】

①暦注《れきちゅう》　具注暦にすでに書き込まれている日や方位の吉凶に関する注記を暦注と呼ぶ。墨書されている部分と朱書されている部分からなる。暦や暦注についての詳細は、内田正男『暦と時の事典』（雄山閣出版）、広瀬秀雄『日本史小百科　暦』（東京堂出版）、細井浩志『日本史を学ぶための〈古代の暦〉入門』（吉川弘文館、二〇一四年）を参照されたい。また『桃裕行著作集　暦法の研究』上下（思文閣出版、一九九〇年）所収の論考も役立つ。さらに史料に当たりたい場合は、『古事類苑』方技部、「暦林問答《れきりんもんどう》集《しゅう》」（群書類従所収）、「簠簋内伝《ほきないでん》」（続群書類従所収）や中村璋八『日本陰陽道書の研究』（汲古書院、一九八五年）所収の陰陽道書などが参考になる。具注暦の暦注を各年月ごとに掲げた『日本暦日総覧　具注暦篇』（本の友社）もある。

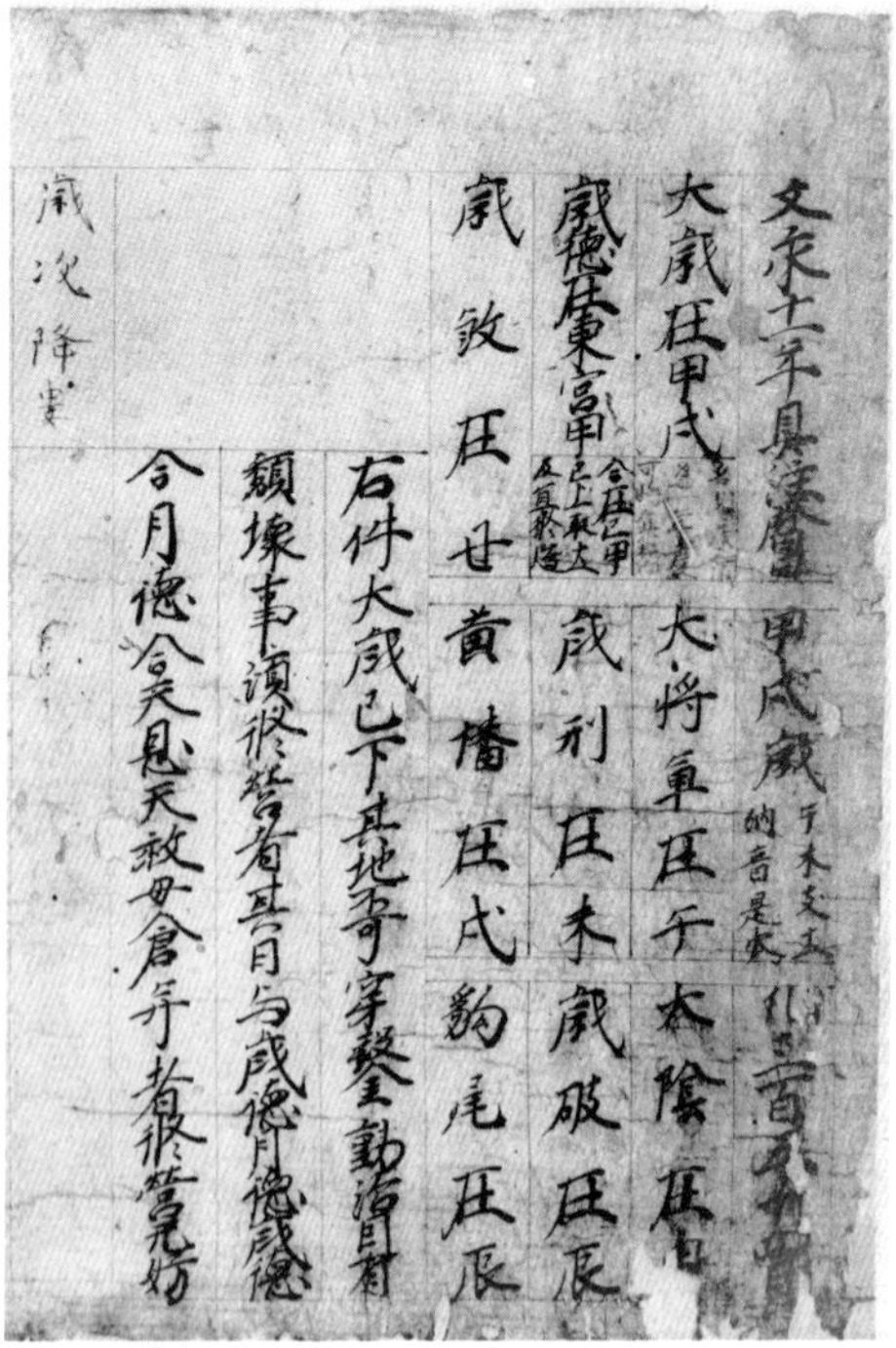

　ここでは図23および本書カバー図版に掲げた文永十一年の『兼仲卿暦記』を例に、さまざまな暦注について簡単に触れておこう。

　具注暦の冒頭（暦序）には、一行目に「文永十一年具注暦日　甲戌歳」と年次、年の干支が

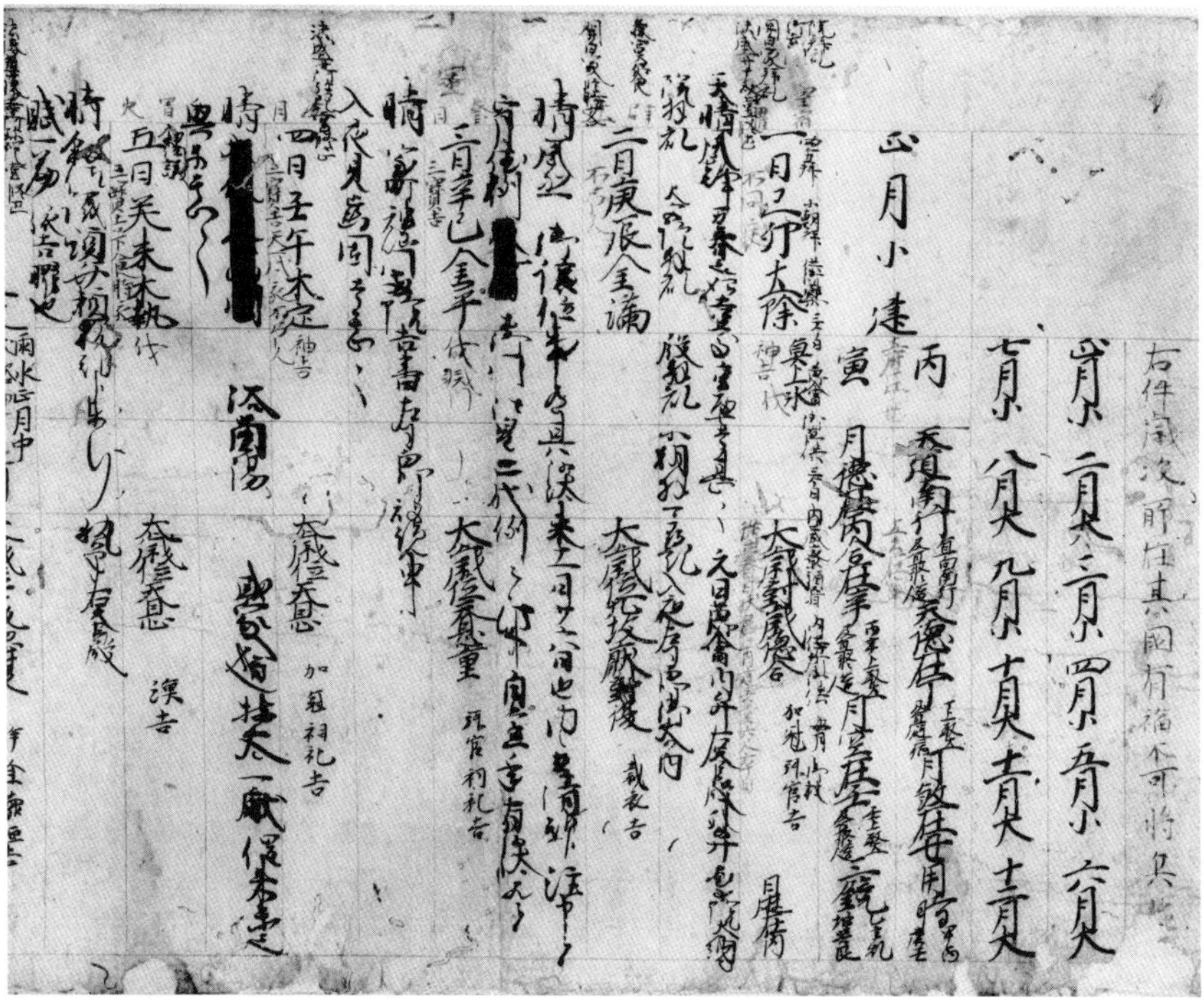

図23 『兼仲卿暦記（勘仲記）』文永11年記巻首（国立歴史民俗博物館蔵）

書かれ、その下に納音《なっちん》（木火土金水）、年間日数が記されている。二行目から四行目にかけては、その年の方位の禁忌を示す八将神《はっしょうじん》（大歳《だいさい》・大将軍・大陰《だいおん》・歳刑《さいきょう》・歳破《さいは》・歳殺《さいせつ》・黄幡《おうばん》・豹尾《ひょうび》）の位置（方角）と歳徳《としとく》（歳徳神）のいる吉方が書かれている。このうち、大歳の下には朱書で、歳徳の下には墨書で注記がある。次の三行は、それらの方角と犯土・修造等の禁忌との関係を示す定型句である。次には朱書で「歳次降婁」とあり、これを訓読すると「ほしこうろうにやどる」と訓む。これは十二年かけて公転する歳星《さいせい》（木星）がその年に赤道上のどの位置にあるかを示すもので、その位置は赤道を十二に分けた寿星・大火・析木《せきぼく》・星紀・玄枵《げんごう》・娵訾《すうし》・降婁・大梁《たいりょう》・実沈・鶉首《じゅんしゅ》・鶉火《じゅんか》・鶉尾《じゅんび》の十二次で表す。「右件歳次所在、其国有福、不可将兵抵向」は定型句である。次には二行にわたってその年の各月の大小が書かれている。

　いよいよ正月の暦注となる。月・大小の下には月建《げつけん》が「建丙寅」と記され、月殺日《がつさつにち》・月徳日《げつとくにち》等の吉凶日が二行にわたって書き込まれている。その行間には朱書で土府《どふ》・土公《どく》という地神の所在地が書かれている。

　一日以下の各日には、日付・干支および納音・十二直（建除満平定執破危成納開閉）が載せられた。日付の上の欄外には朱書で二十七宿（二十八宿から牛を除いた角《すぼし》 亢《あみぼし》 弖《とも》 房《そい》 心《なかご》 尾《あしたれ》 箕《み》 斗《ひつき》 女《うるき》 虚《とみて》 危《うみやめ》 室《はつい》 壁《なまめ》 奎《とかき》 婁《たたみ》 胃《こきえ》 昴《すばる》 畢《あけり》 觜《とろき》 参《からすき》 井《ちちり》 鬼《たまほめ》 柳《ぬりこ》 星《ほとほり》 張《ちりこ》 翼《たすき》 軫《みづかけ》）と七曜（日月火水木金土）が記され、日曜を示す「蜜」の注記がある。

　一日の「土除」の下に書かれている「魚上氷」（うおこおりをのぼる）は、二十四気をさらに分けた七十二候を記したものである。その隣には朱書で「神吉」「伐」と神吉日《かみよしび》であること、五宝日のひとつである伐日《ばつにち》に当たることが記されている。三日にある「滅門」は「大禍」「滅門」「狼藉」の三悪日のひとつに当たることを示している。これを日付の上の欄外に記入している具注暦もある。また十二直の下に入浴や爪を切る日を示す「沐浴」「除手足甲」が墨書されている日もある。下段には「大歳対歳徳合」とある。大歳の下には対・位・前・後がつくが、これは季節と干支によって決定されている。これがない日は凶会日《くえにち》という凶日になる。「歳徳合」は歳徳合日であることを示しており、二日の場合は、九坎（坎日《かんにち》）という凶日であること、出行や嫁取りを忌む厭対《えんたい》、善事には吉で仏事には凶とされる復日であることが記され、三日には天恩日に当たることと、復日とほぼ同意の重日であることが記されている。一日の暦注ではさらにその下に細字で「加冠拝官吉」と、その日に行うのがよいという項目（裁衣・祠祀・漁・壊垣《かいえん》・結婚など）が書かれている。最下段に書かれているのは日遊《にちゆう》という天一の火神の位置で、癸巳から己酉までの十七日間は屋内に、戊と己の日は屋舎の中にあるとされる。四日の日付・干支左脇には天一神の方角が「天一戌亥」と朱書で書かれ、この日が万事に吉である「三宝吉」に当たること、訪問を凶とする「不弔人」（ひととむらわず）という暦注もある。なお同類の暦注に「忌夜行」（よるゆかず）「忌遠行」（とおくゆかず）「不視病」（やまいみず）「不問疾」（やまいをとわず）がある。五日同所の「下食時亥」は亥の時だけ沐浴《もくよく》・髪剃り等の行動を慎めばよいことを示している。

六日に目を移すと、「雨水正月中」と、**二十四気**の記載がある。各月は本書付録の「二十四気・七十二候表」の通り節気と中気に分けられている。暦注の多くは一日から晦日という月の区切り方ではなく、節から次の節の前日までをひと月とする節月《せつづき》に基づいていることが多いので注意を要する。十二月に立春を迎えていることも少なくない。二十四気がその年の何月何日に当たるかは湯浅吉美『増補日本暦日便覧』（汲古書院）で知ることができる。そのほか、日の入り・日の出の時刻と昼夜の長さなども書き込まれている。

なお、具注暦の巻末には前年十一月一日の日付と暦を作製した陰陽師たちの連署がある（図24参照）。

②**行事暦注**　具注暦に、陰陽師が書き入れた暦注以外に、日記本文とは異なる注記が付されていることがある。藤原師輔が『九条殿遺誡』の中で「年中の行事は、ほぼ件の暦に注し付け、日ごとに視るのついでに先ずその事を知り、兼ねて以て用意せよ」と述べている年中行事に関する行事予定のメモがそれに当たる。暦を受け取った記主自身が書き入れる場合もあったし、家人等が書き込むこともあった。この書き込みを「家司《けいし》書《がき》」「行事暦注」と呼んでいる。なお、文永十一年（一二七四）の『兼仲卿暦記』の場合、筆跡は記主藤原兼仲自身とみられる。行事暦注に書き入れられた年中行事は時代によってもかなりの異同がある。遠藤基郎《えんどうもとお》氏によれば、清涼殿《せいりょうでん》に置かれた年中行事障子を規範テキストとした十一世紀と外記中原氏がつくった年中行事書をテキストとする十二世紀との間に大きな変化があるという。

【目録と首付】

日記の巻頭には、その巻（冊）所収の記事内容を摘出した**目録**が付されていることもある。多くの場合、目録の記述は、日記本文の肩の部分に小書きで本文内容を「○○○○事」と書き入れた、いわゆる首付《くびつけ》と連動している（図7参照）。**首付**（首書《くびがき》）は日記の記事を検索するための見出しであり、目録は日記をさらに使いやすくするための目次であった。首付は日記を使う子孫などの後人が書き入れたものが多いが、『明月記』のように記主自身が書き加えているものもある。

直接的に内容に関わる文字列情報ではなく、その本の書誌に関わる文字列情報をここで説明する。記主自身が記したものもあるが、多くは伝来の過程で記された文字列である。そのため、その本の伝来についての重要な情報をもたらすことが多い。

2　書誌的文字列情報

【題】

①題の位置　まず、記された題の位置によって、外題《げだい》、内題、尾題《びだい》に分けられる。

　a**外題**　表紙に記されている題で、**題簽**《だいせん》（題箋）に書かれて貼り付けられている場合と、直接表紙に書き入れられている場合とがある。前者を「題簽書《だいせんがき》」、後者を「打付書《うちつけがき》」と呼ぶ。題簽は表紙の中央に貼られている場合と表紙の左側に貼られている場合とがあり、枠があるものもある。枠には、一本の線で囲まれた単郭、二本の線で囲まれた双郭、太さの違う二本の線で囲まれた子持ち郭などの種類がある。

　b**内題**　表紙よりも内側、本紙の第一紙などに書かれた題である。改装されて後補表紙がつけられている場合には、原表紙が一紙目になっていて、本来の外題が現状では内題となっていたり、原表紙の題の部分が切り取られて見返しに貼られているということも少なくない。かつては外題によって題名が付けられることが多かったが、後補の場合が少なくないことから、現在の書誌学では、内題によって題名を付けるのが一般的である。

　c**尾題**　本文末尾に記された題である。古記録の場合、尾題を備えるものは必ずしも多くない。

②題名　古記録の題名には、記主自らが記したものと、後人が付したものとがある。自筆本の日次記の場合、その年次や月日のみを記主が記していることが多い。同じ季節の三ヶ月分がまとまっているときには「〇〇〇年　春」のよ

うに年と季節を記すこともある。別記・単独記の場合には、行事名や年月日が入る。日次記では、国立歴史民俗博物館所蔵田中本『中御門宣光記《なかみかどのぶみつき》』の原表紙の「日記譲位　院御所之事」、宮内庁書陵部所蔵九条家本『後己心院御記《のちのこしんいんぎょき》』（九条《くじょう》忠基《ただもと》）原表紙の「記録」、東京大学史料編纂所所蔵『実隆公記』の外題「雑記文明七　夏」「活套大永七　十月」などのように「日記」「記録」「雑記」「活套」等の日記を表す一般名詞を記していたり、『実隆公記』外題の「愚記文明六」「愚暦文明十五年春」、田中本『言国卿記《ときくにきょうき》』の外題「愚記文明四年十二月」のように謙称を記しているものがある。別記でも、宮内庁書陵部所蔵『公衡公記《きんひらこうき》』は原表紙に「乾元二御産愚記　第二四月」と謙称を用いている。

後人が題を付す場合には、その日記を利用する上で、誰の日記であるかを特定させる必要があるから、年次のみならず、日記や記主の固有名詞を記している。別記・単独記の場合には、もちろんその行事名も必要である。日記の題名には多彩なバリエーションがある。同じ記主の日記が「兵範記《ひょうはんき》」「人車記《じんしゃき》」「平兵部記《へいひょうぶき》」など、本によって異なる題を付されていることも珍しくない。ここでは、橋本義彦氏の分類［橋本c］を参考に、いくつか紹介しておこう。

a 記主の地位（官職）・名（諱《いみな》・称号）・居所にちなむ名称　まず記主の諱に地位に応じた敬称を加えたものに、三条西実隆の『実隆公記』、藤原為房の『為房卿記』、平定家の『定家朝臣記』、藤原重隆《しげたか》の『重隆記《しげたかき》』などがある。平信範の『人車記』は諱の偏旁をとったもの、中山定親『薩戒記』は諱の反切《はんせつ》（字音を組み合わせる表音法、唐風反名）による。名に由来するものとしては、記主の氏名《うじな》を付した大江匡房『江記』、平親信《ちかのぶ》『平記《へいき》』もある。ついで官職名をつけたものに、三台（大臣）からきている藤原頼長『台記』、春宮権大夫《とうぐうごんのたいふ》藤原資房《すけふさ》の『春記《しゅんき》』、官職名と諱を組み合わせた左大弁源経頼《つねより》の『左経記《さけいき》』、兵部卿平信範の『兵範記』などがある。記主への称号からつけられた藤原宗忠（中御門右大臣）『中右記』、藤原経房（吉田中納言）『吉記』、近衛政家《まさいえ》（後法興院殿）『後法興院記《ごほうこういんき》』、諡号《しごう》による藤原忠平《ただひら》『貞信公記《ていしんこうき》』、藤原実頼《さねより》『清慎公記《せいしんこうき》』もある。記主の居所によるものには永昌坊《えいしょうぼう》（四条）に住んだ藤原為隆の

『永昌記《えいしょうき》』がある。

b尊称に由来する名称　子孫が祖先の日記に対して用いた尊称がそのまま日記の題名として定着したものである。摂関家の日記に多く、藤原忠実の『殿暦』、藤原兼実の『玉葉』『玉海《ぎょくかい》』、藤原良経の『殿記《でんき》』などがある。

c自称・謙称に由来する名称　自身の日記を謙遜して付けた題名が、そのまま日記の固有名詞として定着したものである。藤原資経《すけつね》の『自暦記《じれきき》』、藤原実房の『愚昧記』、西園寺公名《きんな》の『管見記《かんけんき》』などがある。

d一般的な語を付した名称　記主を示す語や尊称・自称にも由来しない題名である。藤原定家の『明月記』や、伏見宮貞成王の『看聞日記』がその代表だろう。

【識語】

記主・筆者・伝領者（所蔵者）などが書き加えたメモを**識語**《しきご》といい、その位置によって端書《はしがき》、奥書《おくがき》の別がある。

①**端書**　巻頭にある識語である。紙背にある場合は**端裏書**《はしうらがき》と呼ぶ。『後法興院記』（近衛政家）『後法成寺関白記』（近衛尚通）のように巻頭に記主の署名・花押がある場合もある。巻子本の端裏書に原題や所収年次がメモされていることも多い。端裏書がある場合は、その段階では表紙が付いておらず、端裏部分が紙を巻いたもっとも外側に位置していたことを示している。

②**奥書**　巻末にある識語である。後人による二次的な文字列情報であることが多いが、別記・単独記の場合には記主自身が記した場合もある。例えば、国立歴史民俗博物館所蔵田中本『八幡宮愛染王御修法雑記《はちまんぐうあいぜんおうみしほざつき》』には「于時応永廿三年臘月下旬、如形注之、西洞老侶隆源法印七十六」（時に応永二十三年臘月下旬、形のごとくこれを注す。西洞老侶隆源法印七十六）という記主自身の奥書がある。写本の場合、その底本にすでに加えられていて本文とともに書写された奥書のことを「**本奥書**《ほんおくがき》」と呼ぶ。写本の伝来過程を伝える貴重な情報である。

奥書には月の異称が用いられたり、上旬・下旬を「上澣《じょうかん》（浣）」「下澣《かかん》（浣）」と表記することも多い。便宜のために、よく用いられる月の異称を左に掲げておく。その他の異名もあるので日本史辞典類の付録にある「月の異名表」などを参照されたい。

正月	二月	三月	四月	五月	六月	七月	八月	九月	十月	十一月	十二月
端月	仲春	姑洗	卯月	仲夏	末夏	孟秋	仲秋	季秋	孟冬	仲冬	極月
孟春	中和	清明	孟夏	蕤賓	林鐘	初秋	南呂	窮秋	冬初	六呂	臘月
上陽	仲鐘	季春	仲呂	茂林	季夏	夷則		無射	主英		窮冬
鶯花			清和								大呂

後人による奥書はその内容によって次のように分類することが可能である。

a **一見奥書**　子孫がその日記を見たり、目録をとったりしたときにその旨を記している奥書である。国立歴史民俗博物館所蔵『兼仲卿暦記』文永十一年記には「正安五年後十月十一日、肝要等取目六了、左司郎〈花押〉」(正安五年後十月十一日、肝要等目六を取りおわんぬ。左司郎〈花押〉)、「正中二年四月廿一日、重一見了、前参議〈花押〉」(正中二年四月廿一日、重ねて一見しおわんぬ。前参議〈花押〉)の一見奥書がある(図24)。

b **書写奥書**　日記を写した筆者が、その日付や署名を加えたものである。書写したときの状況、本の伝来などについて記していることもある。田中本『山槐記』には「永享第四暦夷則仲七之日、令書写者也」、同『三長記』には「右文之奥書者甘露寺親長卿手蹟也、然而雖悪筆、予依所労、為早速命助筆令書写了、予又雖悪筆、貴御記之間、重而可染禿毫而已、藤経広〈花押〉」(右文の奥書は甘露寺親長卿の手蹟なり。しかれども悪筆といえども、予所労により、早速のため助筆に命じて書写せしめおわんぬ。予また悪筆といえども御記を貴ぶの間、重ねて禿毫《とくごう》を染むべきのみ。藤経広〈花押〉)とある。

図24　兼仲卿暦記　文永11年記巻末（国立歴史民俗博物館蔵）

c 校合奥書　その写本を他の写本で校合した際に書き入れた奥書である。同『山槐記』には「文化二年十一月、与正親町入道前大納言校合了、中宮大夫公修」（文化二年十一月、正親町入道前大納言と校合しおわんぬ。中宮大夫公修）という奥書がある。

d 相伝奥書　その本を入手したこと、人に譲ったことを記した奥書である。同『三長記』古写本には「長兼卿記、文明十二年五月之比、或仁給之、親長（花押）」（長兼卿記、文明十二年五月のころ、或る仁これを給う。親長〈花押〉）という甘露寺親長の相伝奥書がある（図25）。

e 修補奥書　その本を修理したこと、改装したことを記した奥書である。同『大理《だいり》秘記《ひき》』には「大理秘記竹林院入道左府記、弘安二年、此書乾元々年、雖一巻、依令修補、為大巻故、又分而為二巻、右之奥書親長卿筆、分一巻為三巻之由也、其内之一巻也、残二巻令紛失、連々可尋出歟、正保三年冬令修復畢、権大納言（花押）」（大理秘記〈竹林院入道左府記、弘安二年、この書、乾元元年〉、一巻といえども、修補せしむるにより、大巻たるの故、また分かちて二巻となす。右の奥書〈親長卿の筆〉、一巻を分かちて三巻となすの由なり。その内の一巻なり。残り二巻紛失せしむ。連々尋ね出すべきなり。正保三年冬修復せしめおわんぬ。権大納言〈花押〉）と、甘露寺親長が修補に際して大巻の巻子本を分巻し、その一巻をさらに勧修寺経広が修理したことが記されている（図26）。

【印記】

巻頭・巻末などに捺された蔵書印や紙継ぎ目裏に捺《お》された印などである。江戸時代の写本では署名部分の花押代わりに捺されている場合もある。これも本の旧蔵者を探る重要な情報の一つである。

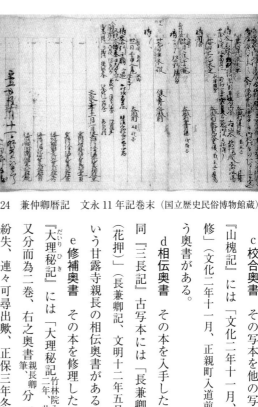

①形式　印記の形式は、郭（枠）の単複、朱・墨、方・長方・円・楕円などの形状、陽刻（文字部分を残してある彫り方）・陰刻（文字部分を削る彫り方）の別などの構成要素がある。

②印文　印に彫られている文字である。個人名（諱・雅号等）が記されたもの、家名が記されたものなどがある。家名が記されたものでも、柳原家の「柳原庫」の印文をもつ蔵書印は使用者によって若干の違いがあるといわれている。久我《こが》家の「宇宙」など変わった印文もある。

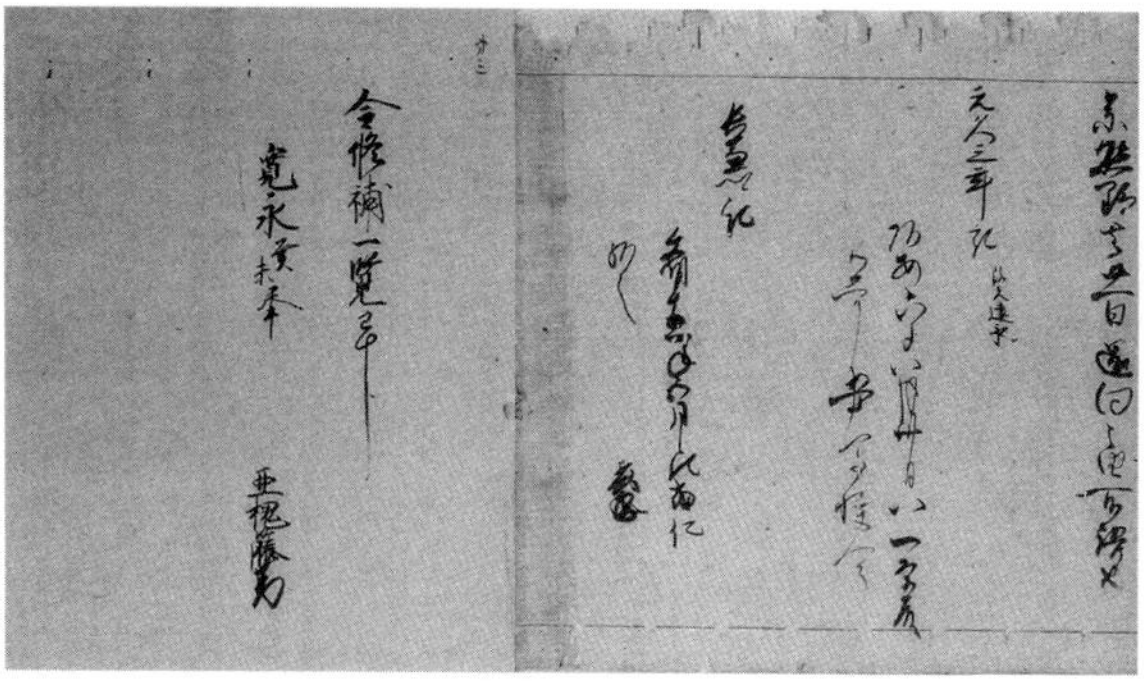

図25　田中本『三長記』奥書　弘安6年の校合奥書、文明12年の相伝奥書、寛永20年の修補奥書が記されている。（国立歴史民俗博物館蔵）

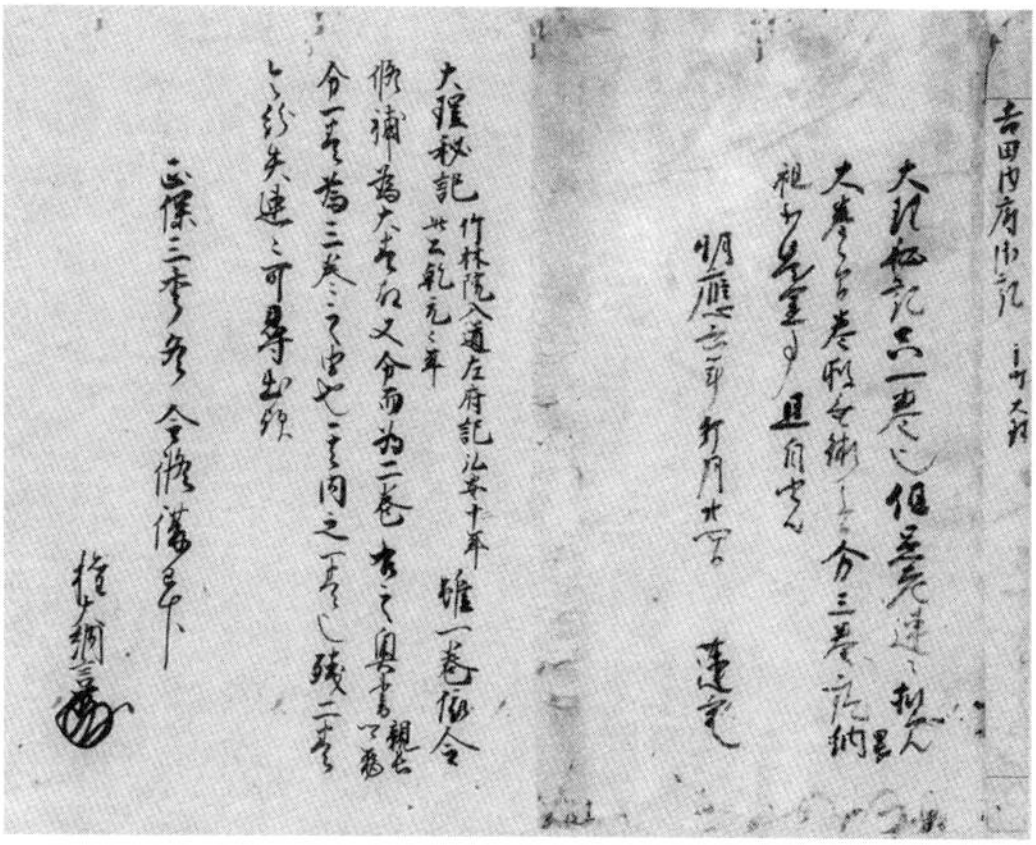

図26　田中本『大理秘記』の修補奥書　「吉田内府御記」の尾題をもつ本紙に別紙を継いで、二つの奥書がそれぞれ記されている。（国立歴史民俗博物館蔵）

印文を集めた蔵書印譜は多数出版されており、検索に役立つものも多い。総合的なものとしては、渡辺守邦・島原泰雄編『蔵書印提要』（青裳堂書店）、渡辺守邦・後藤憲二編『増補新編蔵書印譜』（青裳堂書店）、小野則秋『日本乃蔵書印』（臨川書店）があり、『国史大辞典』（吉川弘文館）の蔵書印の項目の別刷図版も有益である。所蔵機関ごとに出されている『図書寮叢刊　書陵部蔵書印譜』上下（明治書院）、『改訂増補内閣文庫蔵書印譜』（国立公文書館）などもある。それぞれ所蔵者・印文の索引を備えている場合が多いが、それらを統合した「既刊蔵書印影索引編」（『国文学研究資料館文献資料部調査報告』三・四）は利用の便に優れている。最近まで国文学研究資料館が電子図書館内で公開していた「蔵書印データベース」は、人文情報学研究所の「蔵書印ツールコレクション」に組み込まれた。

四　古記録の媒体と読みとり情報の限界

今日私たちはさまざまな形で古記録と接することができる。その背景には、所蔵機関の公開性が高まったこと、写真印刷技術の高度化、史料集刊行の盛行と質的向上などがあげられよう。記事内容を知るだけなら活字本でこと足りることが多いし、読み下し本があれば一層わかりやすい。しかし、史料として引用するにはそのままでは不安があるし、史料学的な目で利用するのはほとんど不可能な場合が多い。古記録の媒体それぞれがもっている情報には利用者の利点と限界がある。「古記録を知る」の最後として、それぞれの媒体の特質についてふれておく。

1　活字本

塙保己《はなわほき》一《いち》の『群書類従』を嚆矢として、近藤瓶城《こんどうへいじょう》『史籍集覧』、続群書類従完成会の『続群書類従』、黒川真頼《くろかわまより》らの『史料大観』、笹川種郎《ささかわたねお》・矢野太郎『史料通覧』『史料大成』、国書刊行会『続々群書類従』『国書刊行会叢書』、帝国大

学文科大学『文科大学史誌叢書』など、明治〜昭和戦前期の叢書には多くの古記録が収められ、平泉澄《ひらいずみきよし》校訂『後法興院記』（至文堂）、三条西公正《さんじょうにしきんおさ》ら校訂『実隆公記』（太洋社）などの単行本も刊行されていた（史料通覧・史料大成を中心に史料大観・文科大学史誌叢書に所収された古記録や単行本を加えて、現在は『増補史料大成』『増補続史料大成』〈臨川書店〉が刊行されている）。戦後、東京大学史料編纂所から『大日本古記録』（岩波書店）の刊行が始まり、つづいて宮内庁書陵部の『図書寮叢刊』（養徳社・明治書院）、『史料纂集』（続群書類従完成会・八木書店）、『日本史史料叢刊』（和泉書院）など、古記録の形態的情報にも留意した優れた活字本が刊行されるようになった。これらの活字本は、校訂注や説明注を付しているほか、上部欄外に「標出」と呼ばれる内容要約を備えており、最終巻末に索引が付されていることも多い。『冷泉家時雨亭叢書別巻　明月記』は、冷泉家本ほかの自筆本を底本としたことに特徴があるが、戦前に刊行された国書刊行会本の一ページ二段を踏襲した組み版で、校訂注・説明注、標出はない。また、学術雑誌や紀要等に古記録の翻刻が載せられることも多い。古記録の活字本刊行の歴史とその特徴については、高橋「中世漢文日記の刊行と史料学」を参照されたい［高橋g］。

さらに進んで『明月記』『玉葉』『花園天皇日記』は訓読（読み下し）本が公刊されており、『御堂関白記』『玉葉』『明月記』『空華《くうげ》日用工夫略集《にちようくふうりやくしゅう》』『政基公旅引付《まさもとこうたびひきつけ》』のように注釈までも刊行されている日記がある（『玉葉』は元暦元年のみ）。古代の日記については、『御堂関白記』『小右記《しょうゆうき》』『権記《ごんき》』の現代語訳が刊行されており、中世の日記でも、『家忠日記《いえただにっき》』『上井《うわい》覚兼日記《かくけんにっき》』の現代語訳が刊行され、『看聞日記』の現代語訳も雑誌連載されている。しかし、その訳文は、あくまでも訳者の解釈であり、解釈の根拠は示されていない。誤解・曲解も少なくないから、利用には慎重を期すべきだろう。現代語訳の普及を求める研究者もいるが［松薗e］、学術的な観点から言えば、安易に利用しない方がいい。『明月記』や『玉葉』『水左記《すいさき》』で試みられている学術的な注釈とは一線を画すべきである。

活字本は内容的文字列情報を読みとるには優れている。底本選定の善し悪し、翻刻レベルでの誤読・誤植はあるが、読みやすさという点で活字には大きな魅力がある。しかし、様式的情報のうちの書様式（文字の大きさ、書体、配列、界線などの情報）を得ることは難しいし、史料学的な利用に堪える形態的情報を読みとることはほとんど不可能である。自筆本の紙背文書まで翻刻した『大日本古記録』は紙背との関連という関係情報を得ることができるが、それ以外の関係情報を得ることは難しい。他の活字本ではなおさらである。

活字本で使用されている符号など、翻刻の際の約束事は、「凡例」「例言」として第一冊あるいは各冊の冒頭に載せられていることが多い。活字本を利用する際には、目を通しておきたい。同じ叢書でも書目によって若干の異同があるので注意が必要である。また、活字本の有無については、『国史大辞典』（吉川弘文館）の皆川完一「記録目録」や五味文彦編『日記に中世を読む』（吉川弘文館、一九九八年）巻末の尾上陽介・末柄豊「中世古記録（日記）関係文献目録抄」などによって知ることができ、本書付録の「中世主要古記録一覧」にも刊本のデータを収めている。

近年では、活字本の全文データベース化が行われ、東京大学史料編纂所の「古記録フルテキストデータベース」、国立歴史民俗博物館の「記録類全文データベース」がウェブ上で利用できる。『史料纂集』も電子化が行われ、法人利用限定ながら、ジャパンナレッジでの公開が始まった。古典ライブラリーの「修訂訓注明月記データベース」もある。全文データベースは、用例の検索にはとても便利だが、原本が持つ情報をかなり切り捨てた上で作られた活字本から、さらに多くの情報をそぎ落として、文字列情報に特化したものに過ぎない。その点を踏まえた上で、利用して欲しい。

2　影印本・複製本

戦前から尊経閣文庫や宮内省図書寮、立命館などによって古記録の複製本（コロタイプ）が刊行され、史料編纂所などによる乾板写真撮影、レクチグラフ（複写用カメラ）による史料写真作成なども行われていた。戦後も宮内庁書陵部やお茶の水図書館所蔵本の複製本が出され、近年では『天理図書館善本叢書』『新天理図書館善本叢書』『尊経閣善本影印集成』『東京大学史料編纂所影印叢書』（以上、八木書店）、『陽明叢書　記録文書篇』『京都大学史料叢書』（以上、思文閣出版）、『冷泉家時雨亭叢書』（朝日新聞社）、『内閣文庫所蔵史籍叢刊　古代中世篇』（汲古書院）という良質の影印本が刊行されて、比較的手軽に利用できるようになっている。また各所蔵機関から紙焼き写真の頒布を受けることも容易になってきたし、東京大学史料編纂所に行けば、多くの古記録の写真帳を閲覧することができる。現在では、国立公文書館・国立国会図書館・宮内庁書陵部・東京大学史料編纂所・京都大学附属図書館・早稲田大学図書館・西尾市岩瀬文庫など、所蔵貴重書の画像を紙背も含めてウェブ上で公開する機関も増えてきた。国文学研究資料館の電子図書館「国書データベース」を通じて見られる大学図書館や地方図書館の画像もある。

影印本・複製本の文字列情報は、読みづらい崩し字で書かれているものもあって、必ずしも得やすいとは言えない。しかし、活字本の誤読・誤植を正せることも少なくないから、文字列情報を得る上でも有益である。さらに、文字列以外の墨継ぎや文字間の空白などの情報が解釈に資することも多い。この点については、本書の補論を参照していただきたい。

古記録を史料として用いる際には、影印本等で活字本を校合して使うことを勧めたい。影印本からは、活字本からは得られない書様式の情報を得ることができ、形態的情報もある程度は読みとることができる。影印本によっては、紙背が収められていないものもあるが、東京大学史料編纂所の写真帳は、文字がある面はほとんど撮影されており、紙背との関係情報に接することができる。

3　原本・写本

一度原本を見ると、やはり原本（写本）を見ないといけないと思うほど情報量は計り知れない。写真では読み切れない重ね書きされた部分の解読、紙の状態や法量など、原本ならではの文字列情報・様式的情報・形態的情報は多い。紙背との関係も一目瞭然である。写本の場合、写本そのものの情報と、原本がもっていた情報を写本がどれだけ残しているかということは違うから、その点に留意する必要はある。

多くの所蔵機関で資料目録（蔵書目録）を刊行していたり、カード式の目録を見ることができる。なかには旧蔵者ごとの目録や調査報告書を出しているところもあるから、かなりの関係情報を引き出すことが可能である。国立公文書館・宮内庁書陵部・国立歴史民俗博物館・東京大学史料編纂所・京都大学附属図書館を始めとして所蔵資料のデータベースを公開する機関も多くなってきた。かつては『国書総目録』『古典籍総合目録』（以上、岩波書店）を使って検索していた所蔵者情報が、現在では国文学研究資料館の「国書データベース」で簡単に検索でき、同館が画像データを有している場合にはリンクも張られていて、そこからの閲覧も可能になった。また、天理図書館のように、すでに入手困難となった目録を電子データで公開している所蔵機関もある。しかし、原本の閲覧には条件や閲覧の仕方に多くの制約があるし、情報を引き出す能力が研究者の知識・感性・力量によることは言うまでもない。

【参考文献】


相田二郎『日本の古文書』（岩波書店、一九四九年）。

網野善彦「史料学の発展のために」（『日本中世史料学の課題』弘文堂、一九九六年、初出一九九三年）。

石井　進「史料論の視点」（『中世史を考える』校倉書房、一九九一年、初出一九七六年）。

石上英一『日本古代史料学』（東京大学出版会、一九九七年）。

石田実洋「古記録と『九条殿遺誡』」（『日本歴史』七九三、二〇一四年）。

榎原雅治「日記とよばれた文書」（『日本中世地域社会の構造』校倉書房、二〇〇〇年、初出一九九六年）。

遠藤基郎「年中行事認識の転換と「行事暦注」」（十世紀研究会編『中世成立期の政治文化』東京堂出版、一九九九年）。

小口雅史「内記日記と外記日記」（山中裕編『古記録と日記　上巻』思文閣出版、一九九三年）。

尾上陽介　a「『民経記』と暦記・日次記」（五味文彦編『日記に中世を読む』吉川弘文館、一九九八年）。

尾上陽介　b「天理図書館所蔵『明月記』治承四五年記について」（『明月記研究』四、一九九九年）。

尾上陽介　c「『明月記』原本の構成と藤原定家の日記筆録意識」（『明月記研究』五、二〇〇〇年）。

尾上陽介　d『中世の日記の世界』（山川出版社、二〇〇三年）。

川瀬一馬『日本書誌学用語辞典』（雄松堂書店、一九八二年）。

宮内庁書陵部編『特別展示会図録　書写と装訂―写す　裁つ　綴じる―』（宮内庁書陵部、二〇〇二年）。

倉本一宏　a『『御堂関白記』を読む』（講談社、二〇一三年）。

倉本一宏　b「日記が語る古代史」（倉本一宏編『日本人にとって日記とは何か』臨川書店、二〇一六年）

黒板勝美「日本古文書様式論」（『虚心文集』六、吉川弘文館、一九四〇年）。

黒田日出男編『週刊朝日百科日本の歴史別冊　絵画資料の読み方』（朝日新聞社、一九八八年）。

国立歴史民俗博物館編『企画展示図録　中世の日記』（国立歴史民俗博物館、一九八八年）。

五味文彦『藤原定家の時代』（岩波書店、一九九一年）。

近藤好和「「日記」という文献―その実態と多様性―」（倉本一宏編『日記・古記録の世界』思文閣出版、二〇一五年）。
斎木一馬「日本古記録学の提唱」（『古記録の研究』吉川弘文館、一九八九年、初出一九四七年）。
佐藤進一「中世史料論」（『日本中世史論集』岩波書店、一九九〇年、初出一九七六年）。
末柄　豊「『実隆公記』と文書」（五味文彦編『日記に中世を読む』吉川弘文館、一九九八年）。
杉本一樹「古代文書と古文書学」（『日本古代文書の研究』吉川弘文館、二〇〇一年、初出一九九八年）。
高橋一樹「中世史料学の現在」（『岩波講座日本歴史　第21巻史料論』岩波書店、二〇一五年）。
高橋秀樹 a「明月記」（山中裕編『歴史物語講座六　時代と文化』風間書房、一九九八年）。
高橋秀樹 b「解題　記録類」（国立歴史民俗博物館編『田中穣氏旧蔵典籍古文書目録［古文書・記録類編］』国立歴史民俗博物館、二〇〇〇年）。
高橋秀樹 c『中世の家と性』（山川出版社、二〇〇四年）。
高橋秀樹 d「いくさの情報と記録」（『源義経とその時代』山川出版社、二〇〇五年）。
高橋秀樹 e「古記録と仮名日記」（『平安文学史論考』武蔵野書院、二〇〇九年）。
高橋秀樹 f「藤原兼仲『勘仲記』を観る」（『国学院雑誌』一二二―一一、二〇二一年）。
高橋秀樹 g「中世漢文日記の刊行と史料学」（『歴史評論』八七四、二〇二三年）。
滝川政次郎「事発日記と問注記」（『律令諸制及び令外官の研究』角川書店、一九六七年、初出一九五六年）
田島　公「文庫論」（『岩波講座日本歴史　第22巻歴史学の現在』岩波書店、二〇一六年）。
玉井幸助『日記概説』（目黒書店、一九四五年）。
土田直鎮「古代史料論　記録」（『奈良平安時代史研究』吉川弘文館、一九九二年、初出一九七六年）。
戸田芳実『中右記』（そしえて、一九七九年）。
富田正弘 a『古文書料紙原本にみる材質の地域的特質・時代的変遷に関する基礎研究』（研究代表富田正弘、一九九五年）。
富田正弘 b「中世史料論」（『岩波講座日本通史　別巻3史料論』岩波書店、一九九五年）。

橋本義彦　a「部類記について」（『平安貴族社会の研究』吉川弘文館、一九七六年、初出一九七〇年）。
橋本義彦　b「外記日記と殿上日記」（『平安貴族社会の研究』吉川弘文館、一九七六年、初出一九六五年）。
橋本義彦　c「古記録について」（『平安の宮廷と貴族』吉川弘文館、一九九六年、初出一九八九年）。
林　陸朗「正倉院古文書中の具注暦」（山中裕編『古記録と日記　上巻』思文閣出版、一九九三年）。
藤本孝一　a『日本の美術四三六　古写本の姿』（至文堂、二〇〇二年）。
藤本孝一　b『日本の美術四五四　『明月記』』（至文堂、二〇〇四年）。
益田　宗「暦に日記をつける―古記録の研究序説―」（『歴博大学院セミナー　新しい史料学を求めて』吉川弘文館、一九九七年）。
松井輝昭「古代・中世における文書の管理と保存」（安藤正人・青山英幸編『記録史料の管理と文書館』北海道大学図書刊行会、一九九六年）。
松薗　斉　a「出家と日記の終わり」（『王朝日記論』法政大学出版局、二〇〇六年、初出一九八七年）。
松薗　斉　b『日記の家』（吉川弘文館、一九九七年）。
松薗　斉　c「王朝日記の展開」（『王朝日記論』法政大学出版局、二〇〇六年、初出一九九九年）。
松薗　斉　d「王朝日記の〝発生〟」（『王朝日記論』法政大学出版局、二〇〇六年、初出二〇〇一年）。
松薗　斉　e「漢文日記の現代語訳をめぐって・ノート」（『愛知学院大学文学部紀要』五一、二〇二二年）。
水野　祐「日本最古の記録　伊吉博徳書」（『日本歴史「古記録」総覧　上』、新人物往来社、一九八九年）。
村井章介「中世史料論」（『中世史料との対話』吉川弘文館、二〇一四年、初出一九九九年）。
桃　裕行　a「記録」（『古記録の研究　上』思文閣出版、一九八八年、初出一九五一年）。
桃　裕行　b「『北山抄』と『清慎公記』」（『古記録の研究　上』思文閣出版、一九八八年、初出一九七四年）。
森田　悌　a「殿上日記」（山中裕編『古記録と日記　上巻』思文閣出版、一九九三年）。
森田　悌　b「事件の日記」（山中裕編『古記録と日記　上巻』思文閣出版、一九九三年）。
山下有美「文書と帳簿と記録」（『古文書研究』四七、一九九八年）。

山中　裕　a「『九暦』と『九条年中行事』」（『平安時代の古記録と貴族文化』思文閣出版、一九八八年、初出一九五七年）。
山中　裕　b「かな日記・女流日記」（山中裕編『古記録と日記　上巻』思文閣出版、一九九三年）。
山本信吉「藤原定家の筆跡について―『明月記』自筆本を中心に―」（『國華』一二三九、一九九九年）。
横井　清『室町時代の一皇族の生涯』（講談社、二〇〇二年、初出一九七九年）。
米田雄介「日次記に非ざる日記について」（『高橋隆三先生喜寿記念論集　古記録の研究』続群書類従完成会、一九七〇年）。
和田英松「日記に就いて」（『日本歴史「古記録」総覧　上』新人物往来社、一九八九年、初出一九一三年）。

第二部

古記録を読む

―漢文日記を読む前に―

では具体的に古記録を読んでいこう。基本的には活字本を使い、公開されている史料画像などを補助的に用いて読んでいく。漢文体の史料を読むに際して、いくつかの注意事項を述べておこう。文書史料などを通じて漢文に慣れているという方は、この部分を読み飛ばしていただいて構わない。

本書では特別な用語等を除き、常用漢字を中心とする字体、いわゆる新字を用いている。最近では新字を使った史料集も刊行されるようになったが、増補史料大成・大日本古記録・史料纂集など、現在刊行されている多くの活字本は、原則として正字（旧漢字）を用い、一部の文字については異体字を使用するという編纂方針をとっている。正字と常用漢字の字体が類似しているものはまだわかりやすいが、「當（当）」「盡（尽）」などのようなものは正字を知っていないと読めない。知らない漢字が出てきたら、面倒でも、まず漢和辞典を引くという習慣を身につけることが必要だろう。異体字は史料集の凡例（例言）を確認しておけば、およそ事は足りる。

もう一つは読み下したときの仮名遣いについての問題である。本書ではいわゆる「現代仮名遣い」を用いた。これには、いわゆる「歴史的仮名遣い」を用いるべきであるという異論もある。しかし、「歴史的仮名遣い」が江戸時代の学者契沖《けいちゅう》が万葉集研究のなかでつくりだした仮名遣いであるということを考えると、必ずしもそれに縛られる必要はないと考えているからである。もちろん、わかりやすくしたいという本書の趣旨によるものでもある。

読者の中には、漢文史料にあまり接したことがないという方も多いだろう。古文の勉強は助動詞を覚えさせられたことくらいしか記憶にないという人もいるだろう。漢文や古文を高等学校でほとんど学んでない学生が、大学の史学科に入学してくることも少なくない時代である。そうした人々にとっては、活字本があっても、多くは返り点が付されていない白文であり、読みこなすのは難しい。本書で、返り点や助動詞の使い方について詳しく説明する余裕はないが、漢文史料を読むためのヒントだけは示しておこう。

漢文史料の文字はパーツ（部品）、返り点は設計図だと思っていただきたい。最初から設計図が用意されていれば（返り点がふられていれば）、組み立てやすいし、パーツだけしか用意されておらず、自分で設計図を書かなくてはならないとなるとかなり難しい。そのときには、まず一文字ずつのパーツから文字の塊（単語・熟語）を見つけだすことが第一歩となる。その文字の塊の中でも、特に動詞として使われそうな文字に着目しておくとよい。そして、主語＋述語＋目的語という基本的な文法（誰が何を何した）と、およその文章としての意味を思い浮かべながら、返り点という設計図を書き入れ、文字の塊という部品を、助詞（てにをは）という接着剤で組み立てる作業を行っていくのである。

たとえば、「中納言参詣賀茂」という文があったとしよう。まずはこれを「中納言」「参詣」「賀茂」という文字の塊（単語）にわける。この中で動詞になりそうなものは「参詣」だろう。動詞になりそうな「参詣」の前にある「中納言」は主語らしいし、後ろの「賀茂」は目的語になりそうである。したがって、この三つの単語を「中納言」「賀茂」「参詣」の順番で読めば良い。「中納言参二詣賀茂一」と返り点を入れてみよう。動詞が熟語の場合には、二字の真ん中に二点を入れ、間を―でつないでおく。これで設計図ができあがった。これを助詞（てにをは）という接着剤でつなげると、「中納言は賀茂に参詣した」となる。ただ、古記録の文体では主語を示す「は」「が」を省略し、動詞（助動詞）は過去・現在という時制を区別せず、現在形を用いる。また、文語文で「参詣」をサ変動詞にすると「参詣す」になる。このあたりがはみ出した接着剤を落としたり、塗装仕上げをしたりという工程に当たるだろうか。最後の仕上げを終えると、この文章はようやく「中納言、賀茂に参詣す」となるのである。

説明していくと長くなるが、慣れてくると以上のことが頭のなかで瞬時に行えるようになる。古文につきものだった助動詞も五つ六つ知っていれば何とかなるし、その接続や活用も言い回しや文章のリズムに慣れてくれば自然と身に付いてくる。古記録の読みは、八割の慣れと、二割の感性である。まずは慣れることを心がけよう。本書も、最初は手取り足取りで、慣れるにしたがって次第にレベルを上げていくこととしよう。

なお、日本史史料の訓読に関する参考書としては、苅米一志『**日本史を学ぶための古文書・古記録訓読法**』（吉川弘文館、二〇一五年）が刊行されている。

古記録の文体については、峰岸明『**変体漢文（新装版）**』（吉川弘文館、二〇一一年）が唯一の概説書である。語彙についても『御堂関白記《みどうかんぱくき》』や『小右記《しょうゆうき》』からさまざまなものを取り上げている。旧版は巻末に索引がなく使いづらかったが、新装版では索引が付いた。古記録の訓みについて知るには役立つ本である。同氏の大著『平安時代古記録の国語学的研究』（東京大学出版会、一九八六年）や築島裕『平安時代に於ける漢文訓読語につきての研究』（東京大学出版会、一九六三年）には巻末索引があって、そこから語句の説明にたどり着けるので、その点便利である。佐藤喜代治『**角川小辞典　日本の漢語**』（角川書店、一九七九年）や伊地知鐵男『**日本古文書学提要**』（新生社、一九六九年）の「**古記録用語特殊解**」、峰岸明編『**平安時代記録語集成**』（吉川弘文館、二〇一六年）にも古記録に頻出する語彙が取り上げられている。その漢字をどう読んだらいいか、悩んだときには、その文字の古訓を調べてみるといい。中世前期の古記録を読む上では平安末期につくられた漢和字典『類聚名義抄《るいじゅみょうぎしょう》』の訓みがひとつの基本となる。中世後期ではそれに加えて『倭玉篇《わごくへん》』などの字典もある。『類聚名義抄』は、正宗敦夫編『類聚名義抄』（風間書房）など数種類の本が刊行されており、『倭玉篇』も北恭昭編『倭玉篇五本和訓集成』（汲古書院）が刊行されている。思い当たる訓みの候補があれば、音引きの辞典『伊呂波字類抄《いろはじるいしょう》』（風間書房）や『節用集《せつようしゅう》』（『五本対照改編節用集』勉誠社）などを使って確認を取ることもできる。しかし、いずれも高価であるし、慣れないと使いにくい。その点、『**学研漢和大字典**』『**学研新漢和大字典』（学習研究社）や『大字源』（角川書店）は各親字に『類聚名義抄』などの古辞書から採用した古訓の欄が設けられているので、これを利用するのが手軽である。さらに読みにこだわるならば、築島裕編『訓点語彙集成』全十冊（汲古書院、二〇〇七～九年）や、佐藤喜代治『『色葉字類抄』略注』全三冊（明治書院、一九九五年）で訓を確認するといい。

記事の内容を理解する上で心がけたいのは、その行動の主語は誰かということを常に念頭に置いておくことである。特に儀式などの記事の場合、儀式を指揮する上卿、担当の弁官や史以下の役人たち、列席した公卿らの行動が複雑に記され、しかも主語が省略されている場合も少なくない。儀式の流れをふまえ、命令などの働きかけとそれを受けての動きを、どこからどこまでが誰の動きなのか的確におさえていかないと、正確に内容を理解することができない。また、来訪者の発言や伝達事項を引用している場合、引用部分とそれに対する記主の感想・意見との切れ目が明確でないこともある。こうした部分にも注意したい。そして、その場面、人々の動きや会話のやりとりをイメージするといい。そのためにも、絵巻物や復元図、復元物の写真などの資料に日ごろから接して欲しい。絵巻物の中では『年中行事絵巻』『平治物語絵巻』（ともに『日本の絵巻』中央公論社、一九八七～八八年）や『春日権現験記《かすがごんげんげんき》』（『続日本の絵巻』中央公論社、一九九一年）、図集としては『類聚雑要抄《るいじゅざつようしょう》』（『平安時代史事典』別巻、角川書店。『類聚雑要抄指図巻』中央公論美術出版、一九九八年）、『公事録附図《くじろくふず》』（『図説　宮中行事』同盟通信社、一九八〇年）、写真集では京都御所や宮廷装束に関連したものが参考になる。たとえば井筒雅風『日本服飾史〈男性編〉』『日本服飾史〈女性編〉』（光村推古書店、二〇一五年）などもあるが、かなり役立つのが高等学校の国語総合や古典の副教材で、『新訂総合国語便覧』（第一学習社）は、お勧めである。宮内庁書陵部「書陵部所蔵資料目録・画像公開システム」から『公事録附図』、東京国立博物館画像検索から『旧儀式図画帖』の画像を検索・表示できるようになった。是非参照して欲しい。

コラム1　調べる書棚①――日本語・漢語を調べるための辞典――

（1）『日本国語大辞典　第二版』全一四冊（小学館、二〇〇〇～二〇〇二年）

通称『にっこく』。まずは基本中の基本、最初の一歩である。電子辞書の『広辞苑』で済ませようなど、所詮無理であり、この辞典を見ないことには始まらない。第二版が出たことで初版の二〇冊本、縮刷版の一〇冊本の安価な古書が手に入るようになったが、やはり第二版（五〇万項目）の利用を勧める。初版（四五万項目）や、第二版をもとにした精選版（三〇万項目）を買っても、二度手間になるだけである。揃いで二〇万円を超える価格は学生にはちょっと「高嶺（高値）の花」だが、一生学問と付き合っていこうと思うなら、アルバイトをして買うだけの価値はある。古書ならば半額以下で手に入ることもある。第二版の編纂には多くの歴史研究者が加わったことで、歴史的語句の語釈、用例が格段によくなった。辞典にとって、用例は命である。用例のしっかりしていない辞典（辞典風のもの）は信頼に足らない。その点、一番古いと思われる用例を掲げるという一貫した姿勢は、利用する方からもわかりやすい。もう一点、初版に較べて画期的なのは、別巻として漢字索引がついたことである。史料用語や儀式に出てくる言葉には、難訓と思われるものが少なくないから、電子辞書やスマホの辞書では検索できない読みは多い。そんなときに画数で引ける索引は重宝する。また日本語として通常の読みと、歴史用語の読みが違う場合もある。通常の読みで出ていても、しっくりする意味がないときには別の読みがないかどうか、索引を確認してみるのもいいだろう。

大学図書館の多くが加入しているオンライン辞書サイト、ジャパンナレッジでウェブ上の利用も可能である。これによって検索が容易で便利になったが、やはり辞書は本の形で使いたいものである。

（2）『角川古語大辞典』全五冊（角川書店、一九八二～一九九九年）

『にっこく』で事足りると思いきや、そうはいかない。所詮、人が作ったものであるから、余り適切ではない語釈や用例もある。『角川古語』（または『古語大』とも称される）は『にっこく』より項目数こそ少ないが、こちらの語釈の方がぴったりすることが少なくない。語釈という点では、とても出来のいい辞典である。『角川古語』は、いわゆる歴史的仮名遣いによる配列になっているから、「かん」が「くわん」だったり、「しょう」が「しやう」「せう」だったりと、歴史的仮名遣いの知識が必要になるが、馴れるまでは、いくつかあたりをつけて引いてみて欲しい。逆にそれが勉強にもなるだろう。

ＣＤ-ＲＯＭ版（角川書店、二〇〇二年）があり、Windows 7までは動作したが、Windows 10以降では動作しなくなってしまった。それに代わり、ジャパンナレッジのコンテンツの一つとなったが、現在は法人利用のみとなっている。

（３）『時代別国語大辞典　室町時代編』全五冊（三省堂、一九八五～二〇〇一年）

高価な割りには、ちょっと地味な辞典である。でも捨てがたい語釈があったり、『にっこく』や『角川古語』には載っていない用例があったりという魅力もある。例えば、中世後期の記録にもよく「自愛々々」と出てくる「自愛」ということば。『中華若木詩抄《ちゆうかじやくぼくししよう》』の同じ用例を引いていても、「人や物を大事にすること。珍重すること。また、それに値するさま」（『日本国語大辞典　第二版』）、「たいそう気に入るさま」（『角川古語大辞典』）、「当面の状況を、我が意にかなったものとして満足し喜ぶこと」（『時代別国語大辞典』）という語釈の違いがある。古記録の世界から見ると、『時代別国語大辞典』の語釈は、かなりいい。中世後期の史料を読むには必見であるが、中世前期の史料を読む場合でも参考になることが多々あり、見ておいて損はない。なお、ほかには『上代編』一冊があるだけで、平安時代編（中古編）や鎌倉時代編はない。

（４）『古語大鑑』全四冊（既刊二冊）（東京大学出版会、二〇一一年～）

さらに高額な辞典。二〇一六年に完結する予定であったが、なかなか続刊がでない。長年積み上げられてきた国語学分野の訓点語研究の成果を取り込み、鎌倉時代までの用例に重点を置いているという特徴がある。収録語数は約四万語とされるから、『にっこく』の一〇分の一以下である。とりあえず引く辞書ではなく、語句と高度な格闘するための辞書になるのだろう。第一巻の附録には、公家官制（尾上陽介）、武家職制（高橋典幸）、図解・描かれた服飾（藤原重雄）、禁中における主要年中行事（遠藤珠紀）、日本の年号（小倉慈司《おぐらしげじ》）も収められている。

いずれの辞典も古記録からの用例は十分なものではない。使われているのは活字化されている一部の書目に限られている。そのために活字本や写本の誤字を見過ごした誤った用例に基づく語釈という場合もある。古記録での用法が辞典の語釈とぴったりしないことは多々あるから、最終的には公開されている全文データベースを利用したり、自身で活字本や写本をめくって用例を検索し、その記主の用法を踏まえて、文脈に適した意味を考えることが必要である。

（5）『大漢和辞典』縮写版全一三冊（大修館書店、一九六六〜一九六八年）＋語彙索引（同、一九八九年）＋補巻（同、二〇〇〇年）

これも基本中の基本。多くの説明を必要としない諸橋轍次《もろはしてつじ》の偉業である。小さな漢和辞典を使っても、結局は『大漢和』に出ている漢語かどうか、ということが問題になるので、最初からこれを使った方がいい。現在は語彙索引・補巻を加えた全一五冊の修訂版が出ているが、判型が大きく、場所をとってしまう。漢詩文・漢籍の研究者にとっては修訂版と旧版とで大きな異同があるのかもしれないが、古記録を読む分には旧版で十分であろう。古書店で安価に購入できるA5判型全一三冊の縮写版を勧めたい。ただし、『語彙索引』と『補巻』は別途購入することになるが、こちらは修訂版と同じサイズで、縮写版はない。『語彙索引』は調べようとしている言葉の該当ページが一目瞭然なので便利だが、最後に刊行された補巻は全一三冊の本巻や語彙索引と連関が図られていないこともあり、使いづらく、利用の機会は少ない。最近、USBメモリに入ったデジタル版が刊行された。ジャパンナレッジでも公開され、語彙検索機能も付加された。

（6）『漢語大詞典』全一三冊（漢語大詞典出版社、一九八六年）

『大漢和』に対抗し、それを上回る規模で出されたといわれる中国語の辞典である。語釈も当然中国語だが、「的」が「の」だという位の知識があれば、漢文を読む感じで、おおよその内容を理解することはできる。『大漢和』と比較して、長所としては、用例が豊富である点（『大漢和』にはあまり用いられていない元・明代の用例もある）、同じ用例でも広い範囲で文章を採録しているので用例の文脈が読み取れることがあげられる。それに語釈が『大漢和』よりいい場合もある。一方、短所としては、親字は繁字体（正字）なのに熟語や語釈は簡略体なので、馴れないと「この字何だ？」ということになること、熟語の配列が画数順になっており、『大漢和』の五十音順に馴れていると使いづらく、その親字の熟語を頭から追って言葉を探していくという事態になってしまうことがある。元版全一三冊を全三冊八〇〇〇ページ弱に組み直した縮印本もある。二冊の簡編や一冊の普及本はまったくの簡略版なので購入の際には注意が必要である。

中国製のＣＤ－ＲＯＭ版があり、日本語版のＯＳ上でも使えるとのことである。しかし、今後ＯＳが変わると使えなくなる可能性もあるので、購入は慎重に。

花園大学禅文化研究所が編纂した『多効能漢語大詞典索引』（漢語大詞典出版社、一九九七年）があり、逆引きもできて便利。ただし、縮印本にはページ数が対応していない。

（7）『学研漢和大字典』（学習研究社、一九七八年）

一冊本の漢和辞典としてお勧めなのが、藤堂明保編『学研漢和大字典』である。現在はＪＩＳ水準の文字番号などに対応した『学研新漢和大字典』という新版が出ている。親字や熟語の数は到底『大漢和』に及ばないので、ちょっとした親字の読みを調べる場合に使える。この辞典の最大の長所は「古訓」欄があること。『大漢和』には「古訓」欄などないから、これを見るために私はこの辞典を使っていると言っても過言ではない。この「古訓」欄には『和名《わみょう》類聚抄《るいじゅしょう》』『類聚名義抄《るいじゅみょうぎしょう》』『新撰字鏡《しんせんじきょう》』といった平安時代に作られた古辞書の訓が載っている。古辞書の訓を簡便に調べるのには最良の辞典がこれである。なお、『学研漢和大字典』は『Super 日本語大辞典　全ＪＩＳ漢字版』（学習研究社、二〇〇二年）というＣＤ－ＲＯＭに収録されているが、これには「古訓」欄がない。

コラム2　調べる書棚②――日本語・漢語の調べ方いろいろ――

（8）古辞書いろいろ

ある漢字や熟語が中世にはどう読まれていたのか。それを知る手がかりの一つが古辞書と呼ばれる史料群である。古辞書を使うことを知ったのは大学院の博士課程前期の時、教えてくださったのは田中稔《たなかみのる》先生だった。平安時代から室町・戦国時代にはさまざまな辞書が作られており、『新撰字鏡』『和名類聚抄』『類聚名義抄』『色葉《いろは》字《じ》類抄《るいしょう》』『節用《せつよう》集《しゅう》』『下学集《かがくしゅう》』『日葡《にっぽ》辞《じ》書《しょ》』などがその代表的なものである。また、それぞれに諸本があり、多くの影印本や集成本が刊行されている。古辞書の概要については西崎亨編『日本古辞書を学ぶ人のために』（世界思想社、一九九五年）などが参考になる。なかでも、中世前期の記録類を読む上で参考になるのは一二世紀ごろに作られた『類聚名義抄』（観智院本）だろう。新天理図書館善本叢書（八木書店）で精巧なカラーの影印本が刊行されたが、使いやすさという点では、仮名索引・漢字索引がついている正宗敦夫編『類聚名義抄』全二冊（風間書房、一九五四～五五年）がお勧めである。同じ出版社から正宗編で『和名類聚鈔』全二冊（索引あり）と『伊呂波字類抄』（十巻本）全一冊（索引なし）も出ている。室町時代の辞典『節用集』にはいろいろな本があるが、五種類の本を集成した亀井孝編『五本対照改編節用集』（謄写一〇冊、私家版、一九六〇～七〇年。のち勉誠社より二冊本で公刊）が便利。そして、時代は下るが、結構侮れないのが『邦訳日葡辞書』（岩波書店）である。

（9）佐藤喜代治氏の著作三題

ここで是非ご紹介したいのが国語学者佐藤喜代治《さとうきよじ》氏の三種類の著作である。まずは、角川書店から出されていた「角川小辞典」シリーズの『日本の漢語』（一九七九年）と『字義字訓辞典』（一九八五年）。前者は「漢語概説」から始まり、古代・中世・近世・近代の代表的な漢語を取り上げて、漢籍や歴史史料・文学作品などを駆使しつつ、読みや語義を詳しく解説している。例えば「古代の漢語」では「勘定」「不孝」「窮屈」「景迹」「期」「経営」「左右」「術無し」「牢籠」など、「中世の漢語」では「境界」「高名」「覚悟」「時宜」「生涯」「進止」「分際」「物騒」などなど。記録や文書を読んでいる人には惹き付けられるような項目だろう。とても勉強になる。後者は常用漢字と人名用漢字に採用されている文字を取り上げて、漢籍などから字音や字義を解説し、古辞書等から字訓や人名に使われる際の「名乗」を紹介している。二冊とも古書店で見かけたら是非買った方がいいと自信を持って勧めたい。そしてもう一つが『色葉字類抄』略注』全三冊（明治書院、一九九五年）。こちらは前田本・黒川本という三巻本『色葉字類抄』をもとに、そこに掲載されている言葉について、他の古辞書や漢籍・和書などをも使って、その字訓や用例を解説したもの。高価な本ではあるが、知らないことが満載されている。巻下（第三冊）の巻末には索引もついているから、そこから知りたい言葉を検索することもできる。

(10) 国語学の研究書いろいろ

しばらく前まで記録語の研究書といえば築島裕《つきしまひろし》氏の『平安時代の漢文訓読語につきての研究』（東京大学出版会、一九六三年）・同『平安時代語新論』（東京大学出版会、一九六九年）、峰岸明《みねぎしあきら》氏の『平安時代古記録の国語学的研究』（東京大学出版会、一九八六年）・同『変体漢文』（東京堂出版、一九八六年）くらいしかなかったが、小《お》山登久《やまのりひさ》氏・中山緑朗《なかやまろくろう》氏の著作を手始めに、穐田《あきた》定樹《さだき》・遠藤好英・辛島美絵・清水教子・西田直敏・堀畑正臣《ほりはたまさおみ》・三保忠夫・田《た》中草大《なかそうた》の各氏の著作など、古記録のみならず古文書までも研究対象にした研究書が出版されるようになった。良心的な多くの本には「語彙索引」が付されていて、辞典的な使い方も可能になっている。築島裕編『訓点語彙集成』全九冊（汲古書院、二〇〇七～九年）、峰岸明『平安時代記録語集成』全二冊（吉川弘文館、二〇一六年）という語彙集成が刊行された。これらの活用は今後の課題である。国語学でどんな研究があるかは、国文学研究資料館編『国文学年鑑』（至文堂）や同館が公開している電子資料館の「国文学・アーカイブズ学論文データベース」などを利用して調べることが可能で、本書巻末の「中世古記録関係文献目録」にも「記録体・記録語」の文献を収めた。

(11) 用語集

まだ『日本国語大辞典』（小学館）が刊行されていない頃、辞書には載っていない史料用語の用語集がいくつか作られた。たとえば、『斉木一馬著作集一　古記録の研究　上』（吉川弘文館、一九八九年）に再録されている「国語史料としての古記録の研究―記録語の例解―」「記録語の例解―国語辞典未採録の用字・用語―」である。これは用例もきっちりとあげられており、優れている。同じく用例を載せているものとしては、貴志正造編『全訳吾妻鏡』（新人物往来社）の別巻に収められた「吾妻鏡用語注解」（一〇〇ページ強の分量）がある。こちらは『日本国語大辞典』刊行後なので、『にっこく』その他の辞典や古辞書類を参考にして作られている。また、伊地知鐵男『古文書学提要下巻』（新生社、一九六九年）の「第三部　古文献利用の便蒙」の中には「古記録用語特殊解（案）」という五〇ページほどの用語集が収められている。用例が載っていないのは大きな難点であるが、簡便な用語集として手元にあると便利。私も学生時代にはこれを両面コピーしたものを持ち歩いていた。最近も記録・文書の用語辞典や用語集を載せた入門書が刊行されているが、まったくと言っていいほど用例が載せられていないので、私は信用していない。

（12）漢籍由来の語を調べる

『大漢和』『漢語大詞典』といえども万能ではない。使われている熟語そのものが出ていなかったり、適切な用例が載っていないこともある。そんなときに便利なのが、台湾の中央研究院が公開している「漢籍全文資料庫」や台湾師大図書館の「寒泉」などの全文検索サイトである。前者では二十五史や十三経を検索でき、後者では全唐詩が引ける。まずはこれらを利用してみるとよい。

また、漢詩を作るための用語集・用例集ともいえる韻府《いんぷ》類を使うと熟語が出ていることもある。代表的なものは『佩文韻府《はいぶんいんぷ》』や『駢字《べんじ》類編《るいへん》』で、前者は縮印したものが明治時代に吉川弘文館から三冊本で出ているが、今日広く用いられているのは、上海古籍出版社の四冊本か、台湾商務印書館の索引本七冊である。後者には中国書店の一二冊本＋索引がある。

例えば、『玉葉』元暦元年（一一八四）三月十八日条に引用されている「藤枝扣松関」という一節。『大漢和』には「藤枝」の熟語はなく、「松関」には「自然の松樹をそのまま門にしたもの」として、唐順之《とうじゅんし》「松関詩」の「照松関」、孟郊《もうこう》「退居詩」の「幽幽扣松関」、鄭谷《ていこく》「七祖院小山詩」の「…扣松関」が用例として掲載されていた。『漢語大詞典』にもそのものズバリの用例は出ていない。そこで、『索引本佩文韻府』の「関」の字の熟語「松関」の用例を見たが、これも該当するものなし。ということで、最後の手段で『駢字類編』を見ると、「松」の熟語「松関」の中に「藤杖」を伴う用例が出ていた。出典は許渾《きょこん》の「重游欝林寺道元上人院詩」ということなので、『全唐詩』（中華書局）で、許渾の詩を探すと、「重遊欝林寺道玄上人院」の題の詩に「藤杖叩松関」が載っていた。本来「杖」だったのが、どこかで「枝」に変わってしまったのだろう。子息藤原良通《よしみち》の夢のお告げに出てきた漢詩の一節の出典は、この詩だった。拙著『玉葉精読—元暦元年記—』（和泉書院、二〇一三年）の二二三頁には、典拠の結論しか載せていないが、こういう調べ方をした上での結論だったのだ。ググったり、データベースを利用するのが有効なこともあるが、このケースのように「枝↓杖」「扣↓叩」という文字の違いがあると、ヒットしないので、やはり本を使って調べることも大事である。

典拠に関するテキストとしては、唐代の詩は『全唐詩』二五冊＋補編三冊（中華書局）、詩以外の文章は『全唐文』一一冊＋作者索引一冊（中華書局）があり、それ以前の時代については『先秦漢魏晋南北朝詩』三冊（中華書局）と『全上古三代秦漢三国六朝文』四冊（中華書局）がある。これでだいたいはカバーできるだろう。さらに、日本の古典と切っても切り離せない『白氏文集《はくしぶんしゅう》』や『文選《もんぜん》』については、字句検索の便をともなう平岡武夫・今井清編『白氏文集歌詩索引』（同朋社、一九八九年）や『索引本文選』『文選索引』（ともに中文出版社）がある。ただし、『白氏文集』のテキストとしては、最新の研究成果を取り入れている『白居易詩集校注』全六冊、『白居易文集校注』全四冊（ともに中国古典文学基本叢書、中華書局）がよいとされる。なお最近、明治書院の新釈漢文大系『白氏文集』の注釈全一六冊が完結した。その他のテキストや参考文献については、池田温編『日本古代史を学ぶための漢文入門』（吉川弘文館、二〇〇六年）が参考になる。

(13) ちょっとマニアックな字典たち

漢籍を研究対象にしている人々にはよく知られているが、日本史研究者にはあまり知られていない辞典（字典）を紹介しておこう。いずれもまさに「字典」で、漢字の意味に拘っている。まずは、田中慶太郎『支那文を読む為の漢字典』（研文出版）。一九四〇年に初版が出て、そのまま版を重ねている息の長い字典である。例言によれば、中華民国時代に上海商務印書館が刊行した『学生字典』を邦訳し、反切《はんせつ》・詩韻・説文部首順位（漢字学の基本文献『説文解字』における掲載箇所を示す）を新たに加えたとのことである。内容は、各文字の意味を記すのみで、熟語は出ていないが、その意は簡にして要の一言に尽きる。

江戸時代の儒学者たちは、漢文を学ぶための手引書をいろいろと作った。代表的なものは『漢語文典叢書』全七冊（汲古書院）に入っているが、それにも収録されている荻生徂徠《おぎゅうそらい》『訳文筌蹄《やくぶんせんてい》』や伊藤東涯《いとうとうがい》『操觚字訣《そうこじけつ》』は明治時代に須原屋書店から活字本が出ていた。前者（明治四十一年刊）は同じ訓を持つ漢字でも、それぞれの文字でどのようなニュアンスの違いがあるのかを記した字典で、訓の五十音順に配列されている。ただし、ほとんど用例はない。後者（明治三十九年刊）は助字や語辞などに分類した上で、五十音配列し、用例を掲げて文字の意味を説明している。この二冊は『同訓異義辞典』の書名で、名著普及会からも復刻版が出ているし、国立国会図書館デジタルコレクションにも掲載されている。どれだけ活用できるかはともかく、なるほどと思うことは少なくない。現在刊行されている新釈漢文大系（明治書院）などの凡例を見ても、漢文の読みそのものは、江戸時代に版行された本やそれに拠った明治時代の本の読みを踏襲していることがほとんどのようである。本当ならば室町時代の清家《せいけ》訓点本《くんてんぼん》などに遡らなくてはいけないのだろうが、現実にはそうなっていない。逆に言うと、江戸時代の儒学者の読みや知識を無視できないということでもある。

こうした字典、元をたどれば『説文解字注』（上海古籍出版社ほか）があるし、『漢語大字典』全八冊（四川辞書出版社・湖北辞書出版社）もある。

第一章　玉葉を読む

古記録を読んでいく実例として、まずは藤原兼実《ふじわらのかねざね》の『玉葉《ぎょくよう》』を取り上げる。その理由は、内容の面白さもさることながら、活字本である国書刊行会編『玉葉』（名著刊行会）に返り点が付されていて、漢文の返り点について多少の知識がある人なら読みやすいこと、良質の底本を用い詳しい傍注・頭注を付した宮内庁書陵部編『図書寮叢刊　九条家本玉葉』（明治書院）も刊行されていること、索引や全文データベースなどの工具類がそろっており、同時代史料にも恵まれていることにある。最近、最善本である九条家本の画像も宮内庁書陵部のウェブサイト「書陵部所蔵資料目録・画像公開システム」から閲覧できるようになった。

『玉葉』を読んでいく上で、多賀宗隼『玉葉索引』（吉川弘文館）や高橋秀樹『玉葉精読』（和泉書院、二〇一三年）の解説は兼実とその周辺についての理解の助けになるし、龍福義友『日記の思考』（平凡社、一九九五年）や加納重文『明月片雲無し』（風間書房、二〇〇二年）所収の『玉葉』に関する論考は、兼実の動向や日記に対する意識を知る上で参考になるので、目を通しておくといいだろう。

また、活字本を利用する際には、必ず巻頭の「凡例」「例言」を読んでおくこと。そこには、その活字本が用いている文字や記号など、活字化に際しての約束事が記されている。

日記を読む前に、『玉葉』の概要と、記主藤原兼実（九条兼実）について辞典類で調べておこう。藤原兼実は摂関家の藤原忠通《ただみち》の子として久安五年（一一四九）に生まれた。『愚管抄《ぐかんしょう》』を書いた慈円《じえん》の同母兄で、兄基実《もとざね》・基房《もとふさ》、甥基通《もとみち》が摂政・関白を勤める中、長く右大臣の地位にあったが、治承・寿永内乱期に平家や源義仲《よしなか》に与《くみ》した基房・基通が失脚すると、文治元年（一一八五）源頼朝に擁立されて内覧《ないらん》となり、翌年には後鳥羽天皇の摂政となった。しかし、建久七年（一一九六）源通親《みちちか》らのクーデターによって失脚して、晩年は法然に厚く帰依した。日記は十六歳で内大臣に任じられた長寛二年（一一六四）から五十七歳の元久二年（一二〇五）までの記事が残っている。室町時代には子孫の一条家に自筆清書本八合（合は箱を数える単位）が伝わっていたが、現存しておらず、宮内庁書陵部が所蔵する九条家伝来の鎌倉時代清書本五十冊が最善本である。

兼実は後白河院や平清盛に対して批判的な態度をとっていて政務の中枢とは疎遠であったし、摂政・関白となった文治以後も後白河院と牽制しあう立場に立つことが多かったから、政治動向については第三者的記述が多いが、自ら参加した儀式、あるいは人々から故実を尋ねられた作法などについては極めて詳細な記述を行っている。特に除目《じもく》・叙位《じょい》に関する記事の詳細さは他に例を見ないほどである。また、様々な情報ネットワークを通じて兼実のもとにもたらされた伝聞記事も多い。その大半は後白河院周辺の信頼できる筋からもたらされた情報であり、頼朝の挙兵やその動向、対朝廷交渉を伝える記事などは貴重である。自らの感慨を述べ、一言居士ぶりを発揮している個所も多く、日記には時代の大きな転換期に生きた人物像が映し出されている。『御堂関白記《みどうかんぱくき》』『後二条師通記《ごにじょうもろみちき》』『殿暦《でんりやく》』など摂関家歴代の日記、その後の近衛家系の日記が比較的簡略で、微細なことは家司《けいし》の日記に委ねることが多いのに対して、『玉葉』の詳細さは摂関家の日記としてはやや異質とも言える。これは摂関家の傍流に位置し、家記を相伝していなかった兼実が自ら「家」を興し、自身の日記をその基礎財産としようとした意識の現れであろう。兼実の摂政・関白就任は偶然の所産であり、『玉葉』は節会《せちえ》の内弁や儀式の上卿《しょうけい》を勤める大臣の日記であることに本質があると言えよう。

ここでは、伝聞を中心とする治承・寿永内乱期の記事を取り上げる。ひとまず、読点のふり方、返り点は国書刊行会本による（国書刊行会本は並列点「・」を用いていない）。

1　頼朝の挙兵――治承四年（一一八〇）九月三日条――

治承四年九月三日条

三日壬子、陰晴不レ定、申刻以後雨下、（中略）伝聞、熊野権別当湛増謀叛、焼二払其弟湛覚城、及所領之人家数千宇一、鹿瀬以南併掠領了、行明同意云々、此事去月中旬比事云々、又伝聞、謀叛賊義朝子、年来在二配所伊豆国一、而近日事二凶悪一、去比凌二礫新司之先使一、時忠卿知行之国也、凡伊豆、駿河、両国押領了、又為義息、一両年来住二熊野辺一、而去五月乱逆之刻、赴二坂東方一了与力、彼義朝子大略企二謀叛一歟、宛如二将門一云々、

この年、兼実は三十二歳、従一位右大臣の地位にあった。まずは、中略の前、天候の部分までを読み下してみよう。「三日壬子、陰り晴れ定まらず。申の刻以後雨下る」となる。

干支の読み方は、訓読みの「みずのえね」が本筋かもしれないが、音読みの「じんし」でも構わない（→古記録便覧）。ただし、訓読する場合、「きのえ・ひのえ・つちのえ・かのえ・みずのえ」はそのまま十二支とつなげて読むが、「きのと・ひのと・つちのと・かのと・みずのと」は十二支との間に「の」を入れて読む。たとえば、「乙丑」は「きのとのうし」である。この訓みは室町時代の仮名暦などから明らかであるが、現在刊行されているほとんどの辞典・便覧類の干支表には「の」が入っていない。

「雨下」は「雨ふる」と読み慣わしているが、「雨くだる」と読む可能性もあることは第一部第四章六九頁で述べたとおりである。

現代語訳するまでもない内容であるが、時間のことにだけ触れておきたい。「申の刻」は、一日二十四時間を十二支で表した九番目である。子を午前零時とすると、申は午後四時ということになるが、申は午後四時という点ではな

く、前後一時間ずつ、二時間の幅を指す時間表記であることに注意したい。「午後三時から五時の間」というのが正確な表現である。午後三時に近い方を「申の始め」、午後五時に近い方を「申の斜め」とやや限定的に記したり、ひとつの時を四つに分けて、「申の一点（刻）」「申の三点（刻）」などと示すこともある。また、日付の変わり目は、亥と子の間ではなく、丑と寅の間にある。したがって、「昨日子の刻より、今日卯の刻まで」というのは六時間ほどしか経ていないことになる。時間については本書付録の古記録便覧に「時刻表」を載せておいた。

中略の次の二行は、「伝え聞く、熊野権別当湛増謀叛し、その弟湛覚の城、及び所領の人家数千宇を焼き払う。鹿瀬以南しかしながら掠領しおわんぬ。行明同意すと云々。この事、去月中旬の比《ころ》の事と云々」と訓む。ここで、いくつかの言葉・事項を調べなくては内容を理解することはできない。「謀叛」したという「熊野権別当湛増」と弟「湛覚」、「同意」したという「行明」が人を指していることは想像がつくだろう。「湛覚」という表記からすると「湛増」という部分が名前らしい。「貴族の名前ではなさそう。お坊さんらしい」という勘が働けばしめたものである。それでは、試しに図書館にある『国史大辞典』（吉川弘文館）、『平安時代史事典』（角川書店）などの日本史辞典を見てみよう。すると『国史大辞典』に「平安・鎌倉時代前期の紀伊熊野山の僧で同新宮別当」の湛増が出ている。生没年・記述内容から見てこの人物で間違いないだろう。これで「熊野権別当」が熊野山の権別当という肩書きだということもわかった。権別当という肩書きについて和田英松『新訂官職要解』（講談社学術文庫）などを使ってさらに調べてもいいだろう。『国史大辞典』に載っていない湛覚も『平安時代史事典』の方に出ていた。説明の中にはこの『玉葉』の記事のことも出てくる。参考史料として「熊野別当系図」（続群書類従）が掲げられているので、それで系譜関係を確認しておくといい。もうひとりの「行明」、この名前は俗人か僧侶か悩んでしまう。多賀宗隼『玉葉索引』（吉川弘文館）を見てみると、「人名の部（俗人）」の中に「行明　治承四　九・三」を採録している。しかし、先ほど「熊野別当系図」を手にした人は熊野別当の一族に「行」の字を通字とする人々が多数いたことに気がついていただろうか。

『玉葉』の記事内容でも熊野での出来事と解釈できそうである。系図に行明の名は見えないが、同じ「ギョウミョウ」と読める「行命」がいる。父行範の注記には「妻ハ為義女也」とあって、行命が平安末期の人物であることを示している。そこで『玉葉索引』の「人名の部（僧侶）」で「行命」を引くと、養和元年（一一八一）十月十一日条と元暦二年（一一八五）五月二十一日条に登場することがわかる。それらの記事に当たってみると「熊野行命法眼」「行命熊野別当」と記されている。どうやら「行明」は「行命」のことらしい。貴族の日記では、地方の地名や地方在住の人の名などは、耳で聴いた音に思いついた字を宛てて表記することがあるので注意を要する。また、人名索引が万全でないことも気に留めておいて欲しい。なお、『国史大辞典』は、多くの大学図書館が契約している辞書・事典サイト、ジャパンナレッジでも利用できる。『平安時代史事典』にはCD-ROM版があり、Windows 11でも動作する。

「鹿瀬以南」の「鹿瀬《ししがせ》」は「以南」という表記からして地名であろう。それも熊野周辺の地名ではないかということが想像される。都道府県別の地名辞典として、『日本歴史地名大系』（平凡社）、『角川日本地名大辞典』（角川書店）が刊行されているので、和歌山県の冊を調べてみよう。平凡社版は江戸時代以前の地名を中心に地域別に配列し、角川書店版は現代地名を含んで五十音順に配列している。それぞれ一長一短があるので、うまく利用したい。ともにジャパンナレッジのコンテンツとなっている（『角川日本地名大辞典』は法人契約のみ）。古い辞典ではあるが、吉田東伍『増補大日本地名辞書』（冨山房）の地名考証も侮れない。

言葉としては「謀叛」「所領」「宇」「併」「掠領」などを調べておくといいだろう。古記録に出てくる言葉は、『広辞苑』（岩波書店）などの一冊本の辞書には出ていないこともあるから、図書館にある『日本国語大辞典　第二版』（小学館）、『角川古語大辞典』（角川書店）、『大漢和辞典』（大修館書店）を見ておきたい。「辞書に出ていませんでした」と言うのは、これらの大型辞典を見たあとのことである。これらの辞典を見ると、同じ言葉にいくつもの意味が載っている。そのときには、まず用例を見て、調べようとする日記が書かれた時代に使われていたかどうかを確認する（『日本国語大辞典』には、原則として一番古い用例が載っている）。もし用例が福沢諭吉や夏目漱石の作品だったら、前近代にはその意味では使われていないと考えていいだろう。つぎは、該当しそうな用例のある語意の中から、文意に沿った意味を選ぶことになる。「しかしながら」を例とすると、〔副詞〕①すべて。②けっきょく。〔接続詞〕しかし。このうち、「鹿瀬以南…奪い領有した」のなかの「しかしながら」の意味として適当なのは、「①すべて」になろう。

「謀叛《むほん》」は、律の規定では、天皇の殺害、国家転覆の罪である「謀反《むへん》」と区別され、亡命・敵前逃亡・投降の罪であるが、この時代にはほとんど区別なく、朝廷に対する反逆の意味で用いられている。

「云々」は、普通「～とうんぬん」と読み慣わしている。これを「～としかじか」と読む人もいる。文末に付けて、そこまでが伝聞であることを示したり、人が話した内容であることを示す場合に用いる。兼実の場合には、複数の情報源からの情報を列記する際、情報ごとのかたまりの区切りにも用いている。

次の部分は、返り点通りでは「また伝え聞く。謀叛の賊義朝の子、年来配所伊豆国に在り。しかるを近日凶悪を事とし、去る比新司の先使〈時忠卿知行の国なり〉を凌礫《りょうれき》し、およそ伊豆・駿河、両国押領しおわんぬ。また為義の息、一両年来熊野辺りに住む。しかるを去る五月の乱逆の刻《とき》、坂東の方に赴きおわり与力す。かの義朝の子大略謀叛を企つるか。あたかも将門のごとしと云々」と読める（注記は〈　〉に入れて表記した。以下同じ）。ただし後半部分は「赴二坂東方二了、与三力彼義朝子一、大略企二謀叛一歟」と読点・返り点の位置を変え、「坂東の方に赴きおわり、かの義朝の子に与力す。大略謀叛を企つるか」とした方がいいだろう。

この中でまず述べておきたいのは「而」の語についてである。漢文では「しこうして」と読むことが多いが、仮名文書や古辞書などを参考にすると、順接（そこで、その上、の意）では「しかるに」「しかも」、逆説（けれども、ところが、の意）では、「しかるを」と読むようである（『玉葉精読』六五頁参照）。ここでは、逆説的に用いられているので「しかるを」と訓んでおく。「了」は、そこで文章が切れるときには「おわんぬ」、読点のあとに文章が続くときには「おわり」「おわりて」と訓む。「畢」「訖」も同じ訓で、行為・動作等の完了を示す語である。

「義朝」「為義」は『玉葉索引』から源義朝《よしとも》・源為義《ためよし》のことだとわかる。同じく「将門」は平将門、「時忠卿」は平時忠《ときただ》である。「卿」は三位以上の貴族に対する称号であるから、公卿の人名録である『新訂増補国史大系　公卿補任』（吉川弘文館）の治承四年条から氏や官位・官職、初出の仁安二年（一一六七）条などからそれまでの経歴を調べることもできる。「為義」を『新訂増補国史大系　尊卑分脈』（吉川弘文館）で調べれば、為義の子息で熊野辺りに住んでいたのが源行家《ゆきいえ》であることがわかるだろう。『公卿補任』『尊卑分脈』ともに索引巻があるので、人名を調べるときにはこれをうまく利用しよう。『尊卑分脈』の索引を引くと、同名異人が多数載っている。その人物の注記や周辺の人物の注記から、経歴や在世した時期を判断し、慎重に人名比定をする必要がある。新訂増補国史大系はジャパンナレッジの追加コンテンツとなっているが、これらの書目は本の形で調べた方がいい。国立国会図書館がデジタル公開している故実叢書本『尊卑分脈』は誤りが多いので注意を要する。

「新司」は新任の国司という意味である。国司について調べたいときは、鎌倉時代までならば『日本史総覧Ⅱ古代二・中世一』（新人物往来社）所収の「国司一覧」（宮崎康充・菊池紳一）を見るといい（平治元年〈一一五九〉以前なら宮崎康充編『国司補任』〈続群書類従完成会〉がさらに詳しい）。それによれば、この時の伊豆国司は平時兼《ときかね》で、時忠は知行国主という存在であったことがわかる。現代語訳は以下のようになるだろう。

また伝え聞くところでは、謀叛を起こした賊徒源義朝の子が、数年来配流地である伊豆国にいた。ところが、この頃もっぱら凶悪となり、先頃新しい国司が赴任に先立って派遣した使を踏みにじり、ほぼ伊豆・駿河の両国を押し取ってしまった。また、為義の息子はこの一、二年熊野辺りに住んでいた。ところが去る五月の謀叛の時に関東へ赴き、その義朝の子に味方した。おおかた謀叛を企てたのだろう。まるで平将門のようだという。

「去る五月の乱逆」が何を指すかは、『日本史年表』（岩波書店）などの年表類を見てもわかるだろう。もちろん以《もち》仁王《ひとおう》の挙兵を指す。以仁王の挙兵から源頼朝挙兵にいたる動向は、『日本の歴史』（中央公論社、小学館ほか）などの通史類・概説書に詳しい。同時代の東国の情勢を伝える『吾妻鏡《あずまかがみ》』（高橋秀樹編『新訂吾妻鏡』和泉書院。『新訂増補国史大系　吾妻鏡』吉川弘文館）などをあわせてみると、「新司の先使を凌礫し」たというのは山木《やまき》兼隆《かねたか》を討ったことを指すことがわかるだろう。ただし、挙兵時に頼朝が伊豆・駿河を占拠したことはなかったから、頼朝の挙兵がかなり大げさに京都へ伝えられていたことになる。東国で起きた反乱事件の報に接し、人々の脳裏に浮かんだのが二百五十年前の平将門の乱だったというのは、当時の貴族の感覚を知る上でも興味深い。

続きの記事本文を掲げよう。この部分、国書刊行会本では意味の通じない所もあるので、九条家本の画像を確認し、図書寮叢刊本を参考にして、文字を本文中に［　］に入れて補い、校訂を〔　〕で傍らに示した。一部読点を変えている。

凡去年十一月以後、天下不レ静、是則偏以二乱刊一、欲レ鎮二海内一之間、夷戎之類不レ怖二其威勢一、動起二暴虐之心一、将来又不レ可二鎮得一事歟、依二大乱一、得二国家一之主、必以二仁恵一服レ遠者也、今則刑戮猥而仁義永発〔廃〕、天下之災、殊挙レ足可レ待、不レ必下只〔如〕以二十念之功力一生中九品之上刹上、庶幾只在二期〔斯〕南無安養教主一、阿弥陀如来莫レ誤二来迎引摂［之］誓一、愚身仕二朝廷一而幾年、丹府雖レ思二社稷一、纏二宿疲一而多レ日、黄泉只在二旦暮一、現即憑二春日之明神一、当恐二仰西方之教主一、仏神合レ力、現当成願而上〔已〕、

最初の部分は「およそ去年十一月以後、天下静かならず。これ則ち偏《ひとえ》に乱刑をもって、海内を鎮めんと欲するの間、

夷戎の類《たぐい》その威勢を怖れず、ややもすれば暴虐の心を起こす。将来また鎮め得《う》るべからざる事か」と読む。「凡」は話を切り出すときの言葉で、「だいたい」「そもそも」の意味である。副詞で用いられている「動」は「ややもすれば」と訓み、「なにかにつけて」「どうかすると」と訳す。「之間」（〜の間）は時間や空間の幅を示すこともあるが、「〜ので」の意味で使われることが多い。ここでもその意味で使われている。

「欲鎮海内之間」の「之」を「の」と読むかどうか。多くの歴史研究者は「海内を鎮めんと欲するの間」と、「の」を入れて読んでいる。しかし、国語学の分野では、連体形の連体格助詞の「之」がつながる場合は、「之」を読まない。すなわち「海内を鎮めんと欲する間」と読むのが一般的である。中世前期ではこうした「之」は読まれておらず、これを読むようになるのは十六世紀初めであるという（小林芳規「「花を見るの記」の言い方の成立追考」『文学論藻』一四、一九五九年）。仮名本である南部本『東鏡』（八戸市立図書館所蔵）もこうした「之」は読んでいない。しかし、「兮」「矣」などの不読助字を本文にはほとんど用いない古記録が、あえて「之」を高い頻度で記していることも考えて、本書ではこうした「之」を読んでおくことにする（『玉葉精読』六八頁参照）。

「鎮」「得」はともに動詞で、ひとまとまりの語を形成しているが、辞典類を見ても「鎮得」という熟語はない。そういう場合は、訓読して「鎮め得る」と読ませる。古記録にはこうした二字動詞が多い。現代語訳は次のようになる。

そもそも去年の十一月から世の中は騒がしい。これはとりもなおさず（平家が）もっぱら度を超した刑罰を行って国内を鎮めようとしたので、東国の武士のような者どもが平家の力を怖れず、どうかすると荒くむごたらしいことを考える。（こうしたことでは）将来もまた鎮めることはできないだろう。

ここで、去年十一月というのは、治承三年（一一七九）十一月十五日の平清盛によるクーデタを指している。『日本史年表』よりも細かい事象を知りたいときには、東京大学史料編纂所編『史料綜覧』（東京大学出版会）が役立つ。治承三年は同書の第三巻に当たる。『史料綜覧』は年月日ごとに出来事（綱文《こうぶん》と呼ばれる）が記され、その典拠が挙げてある本で、同編『大日本史料』（東京大学出版会）が刊行されていない時代の出来事を調べるのには不可欠である。東京大学史料編纂所のウェブサイトでは未刊部分を含む「大日本史料総合データベース」も公開されている。実は、この「去年十一月」の部分、九条家本の画像を見ると「去年十二月」になっている。ただ、内容的には十一月が正しいだろう。九条家旧蔵の古写本とはいえ、誤字はあるので要注意である。

次の文章は、難しい漢語や仏教語が多いので、一字一句辞書を引いた方がいい。仏教語については国語辞典や漢和辞典のほかに、各種の仏教語辞典も刊行されている。なかでも石田瑞麿『例文仏教語大辞典』（小学館）は日本の古典をふまえた項目や用例をとっているので、哲学的でやや難解な説明を施す『望月仏教大辞典』（世界聖典刊行協会、電子版DVD-ROMは方丈堂出版より刊行）や中村元『仏教語大辞典』（東京書籍）などの仏教辞典よりも使いやすい。『例文仏教語大辞典』もジャパンナレッジで検索できる。意味が通じるような文章にするには助詞を補うのが難しいが、読み下すと以下のようになる。

> 大乱により、国家の得るの主、必ず仁恵をもって遠きを服する者なり。今すなわち刑戮猥《けいりくみだ》りにして仁義永く廃《すた》る。天下の災い、殊に足を挙げて待つべし。ただ十念の功力をもって九品《くほん》の上刹《じょうせつ》に生ずるに如《し》かず。庶幾《こいねが》わくはただかく南無安養教主に在り。阿弥陀如来来迎引摂《らいごういんじょう》の誓いを誤るはなし。愚身朝廷に仕えて幾年、丹府《たんぷ》社稷《しゃしょく》を思うといえども、宿疲を纏《まと》いて日多く、黄泉ただ旦暮に在り。現には即ち春日の明神を憑《たの》み、当には西方の教主を恐れ仰ぐ。仏神力を合わせ、現当成願するのみ。

ここに出てくる語句のうち、まず「不如」は「しかず」と訓み、及ばない、劣るという意味で用いられる。「庶幾」はしばしば用いられる語で、「こいねがう」あるいは「こいねがわくは」と訓み、切に望むというような意味である。また「社稷」は国家や朝廷の意味を示す語としてよく用いられる。「而已《のみ》」は句末に添えて限定の意味を表す助字である。「足を挙げて待つ」は『日本国語大辞典』にも見えないが、『玉葉』や『明月記』の用例を参照すると、抵抗もできずに甘受せざるを得ない状態になったことを意味するようである（高橋秀樹「足を挙げて待つべし」『日本歴史』七〇四、二〇〇七年）。辞典を駆使して、この部分の現代語訳をしてみて欲しい。

2　源氏、都へ——寿永二年（一一八三）七月二十二日条——

頼朝はいったん石橋山の戦いで敗れ、安房に逃れるものの、東国の武士たちを組織して態勢を立て直し、鎌倉に本拠を定めた。平維盛《これもり》を総大将とする官軍を富士川の戦いで破ったあとは、自身は鎌倉に残って政権基盤をつくり、弟範頼《のりより》・義経《よしつね》を平家追討軍の大将にあてた。一方、頼朝のいとこに当たる源（木曽）義仲は北陸道方面に勢力を築き、西進して都をめざし、寿永二年（一一八三）七月には京都の手前、近江国まで兵を進めた。次は義仲軍の入京と平家の都落ちを伝える記事を読んでいこう。兼実は三十五歳、従一位右大臣である。国書刊行会本を図書寮叢刊本で校訂した本文を掲げ、返り点は一部付けなおしている。

寿永二年七月二十二日条

廿二日、甲申、朝間天陰、辰以後晴、卯刻人告、江州武士等已入京、六波羅辺物騒無レ極云々、又聞、入京非二実説一、西地武士等登二台嶽一、集二会講堂前一云々、日来登山之僧綱等併下京、但座主一人不二下京一云々、無動寺法印同以下京、又聞、十郎蔵人行家入二大和国一、住二宇多郡一、吉野大衆等与力云々、仍資盛・貞能等不レ赴二江州一、相二

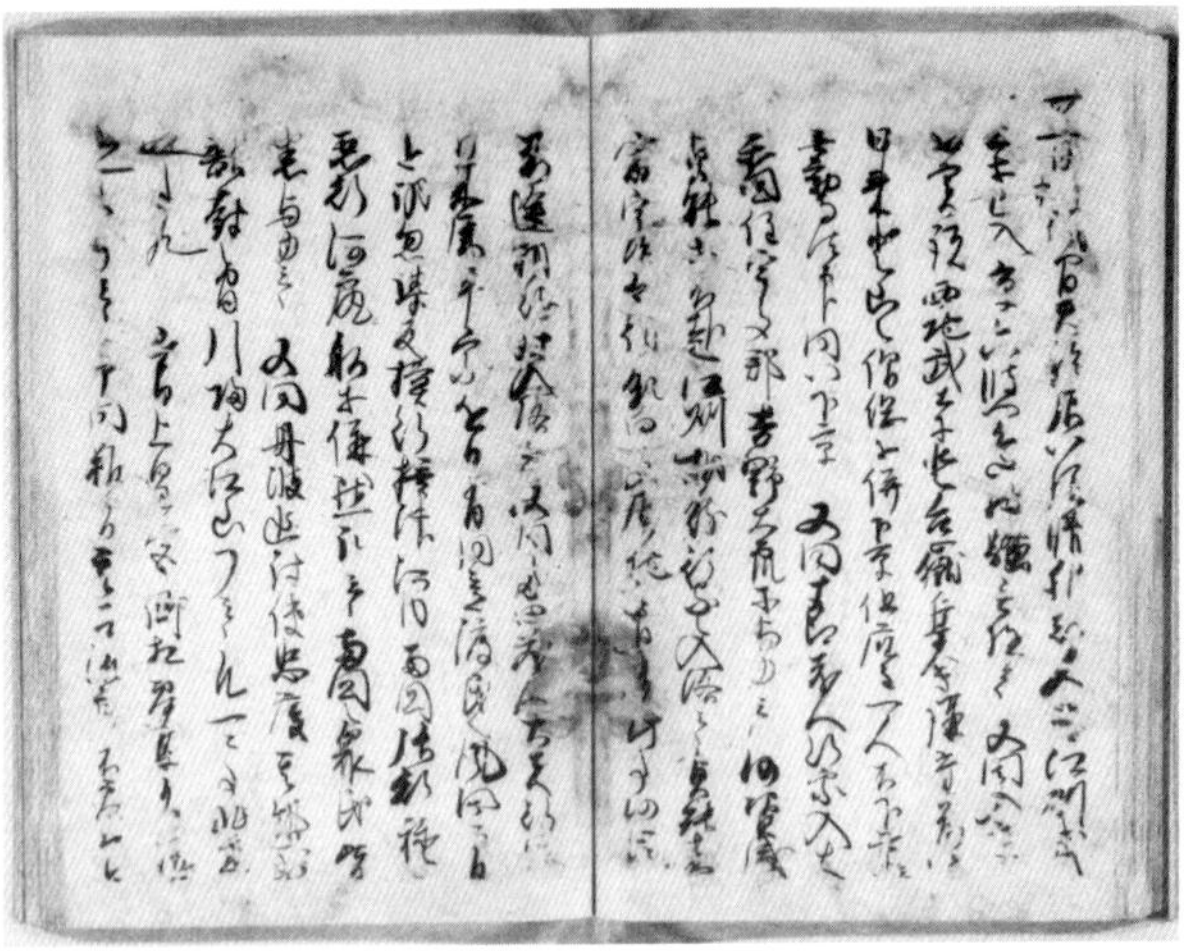

図 27　九条家本『玉葉』寿永 2 年 7 月 22 日条（宮内庁書陵部蔵）

待行家之入洛二云々、貞能去夜宿二宇治一、今朝欲レ向二多原地一之間、有二此事一、仍止二彼前途一、相二待此入洛一云々、又聞、多田蔵人大夫行綱日来属二平家一、近日有下同二意源氏一之風聞上、而自二今朝一忽謀反、横二行摂津・河内両国一、張二行種々悪行一、河尻船等併点取云々、両国之衆民皆悉与力云々、又聞、丹波追討使忠度、其勢非二敵対一之間、引二帰大江山一了云々、凡一々事、非二直也事一歟、今日上皇宮卿相参集、有二議定之事一云々、予同雖レ有二其召一、依レ疾不参、今日可レ有レ行二幸同宮一之由、雖レ有二其議一、依レ為二復日一延引、明後日可二臨幸一云々、

まず、最初の部分の読みは次のようになる。

朝間天陰り、辰以後晴る。卯の刻人告ぐ。江州の武士等すでに入京す。六波羅《ろくはら》辺りの物騒極まり無しと云々。また聞く。入京実説に非ず。西の地の武士等、台嶽に登り、講堂の前に集会《しゅうえ》すと云々。日来《ひごろ》登山の僧綱等しかしながら下京す。ただし座主《ざす》一人下京せずと云々。無動寺法印同じくもって下京す。

「江州」は近江国を指す。六波羅は日本史辞典や地名辞典に出ているだろう。京都の地名はまず『日本歴史地名大系　京都市の地名』『同　京都府の地名』（平凡社）を見るといい。また、『角川日本地名大辞典　京都府』下（角川書店）の「平安京」の特別項目、京都市編『京都の歴史』２（学芸書林）の折り込み地図は、貴族たちの邸宅を調べるときにも役立つし、古代学協会編『平安京提要』（角川書店）にも有益な情報が盛り込まれている。辞典の項目に採用されていない地名の中には、『新修京都叢書』（光彩社、臨川書店）所収の地誌に出ているものもある。同書には索引があるので、引いてみるといい。江戸時代の地誌のひとつを翻刻した『新訂都名所図会』（ちくま学芸文庫）の図版が役に立つこともある。「西地」は、『玉葉』元暦元年（一一八四）正月二十日条などによれば、琵琶湖から南に流れ出る瀬田《せた》川西岸の地を指すらしい。京都の貴族は、瀬田川を境に、東は外、西は内と認識していたようである。「西の地の武士等」は、その地を掌握した源氏の武士をいう。

「台嶽」は『日本国語大辞典』を見ると、「台山」に同じとあり、台山を引くと、比叡山延暦寺の別称と出ている。僧綱も辞書や日本史辞典に出てくる。身分の高い延暦寺の僧侶は、普段は大津坂本の里坊や京都の坊で暮らしており、仏事があると比叡山に登るのが一般的であった。座主は比叡山の長にあたる天台座主《てんだいざす》のことである。園城寺《おんじょうじ》（三井《みい》寺《でら》）の僧が天台座主に任命されることもあったが、延暦寺の反対により数日で解任された。天台座主が誰かは、「天台座主記」（群書類従ほか）を見るとわかる。このときの天台座主は僧正明雲《みょううん》（源顕通《あきみち》の子）であった。なお、『群書類従』『続群書類従』補任部には、「僧官補任」「東大寺別当補任」「東寺長者補任」など諸寺社の長の名簿が収められている。『京都府立総合資料館紀要』一八（一九九〇年）の「諸寺別当幷維摩会天台三会講師等次第」も利用価値が高い。本書付録にも中世主要寺院の長官の一覧表を収めているので、参照して欲しい。

「無動寺法印」はある人物の通称である。無動寺に所属する「法印」という僧位の人物を指す。『玉葉索引』は人名の異称・別称索引がないので、別の方法で人名を比定しなくてはならない。福田豊彦監修『吾妻鏡・玉葉データベース　CD-ROM版』（吉川弘文館）の玉葉人名索引を利用できる場合は、年月日で検索をかけることも可能であるが、現在のＯＳ環境ではこのソフトは使えないから、ここでは違う方法を紹介しておこう。中世においては、法印という最高の僧位を有する僧侶はそれほど多くない。法印・法橋・法眼の僧位、僧正・僧都・律師の僧官をもつような高僧は「僧綱補任」に掲載されている。欠けている部分が多いが、寿永三年（一一八三）・元暦二年（一一八五）分は「僧綱補任残闕」（『大日本仏教全書　伝記叢書』、電子版DVD-ROMは方丈堂出版より刊行）によって一覧することができる。寿永三年の「法印」には二十八名が掲載されているが、無動寺は比叡山の一寺であるから、「山」と注記されている静賢・尊澄・円良・慈円・実修・弁雅・実宴・実全・忠雲・澄憲・顕真・澄雲の十二人の僧侶に絞り込むことができる。その上で各人名を『玉葉索引』で当たるか、佐藤亮雄編『僧伝史料』（新典社）で検索するといい。手間はかかるが、「無動寺法印」が記主兼実の弟慈円を指すことがわかるだろう。なお、「僧綱補任」を人名順に並べ替えた平林盛得・小池一行編『僧歴綜覧　増訂版』（笠間書院）もあり、僧名から出身寺院や年齢等を知ることができる。

僧侶を調べる道具に、法系を示した血脈《けちみゃく》と呼ばれる系図がある。真言系の僧侶については、『真言宗全書　第三十九巻』（真言宗全書刊行会。電子版は小林写真工業より刊行）所収の『血脈類集記』『野沢《やたく》血脈集』、天台の園城寺系僧侶については『園城寺文書　第七巻』（園城寺）所収の「寺門伝法灌頂血脈譜」がある。いずれも索引があり、僧名から検索することができる。天台の延暦寺系のこうした史料は公刊されていないが、『天台電子仏典』（天台宗典編纂所）として、『大正新修大蔵経』『天台宗全書』などに収められていた『門葉記《もんようき》』などの天台系の史料がテキストファイル化されていて、これを利用して僧名を検索することも可能である。

この部分を現代語訳すると以下のようになろう。

朝の間、空は曇っていたが、辰（午前七時〜九時）以降は晴れた。卯の刻（午前五時〜七時）に人が告げるには、近江国の武士たちは残らず都に入った。六波羅あたりの騒ぎは甚だしいということである。また聞くには、武士の入京は本当のことではない。（瀬田川の）西の地の武士たちが比叡山に登って講堂の前に集まっているということである。このところ山に登っていた僧綱たちはすべて都に下りてきた。ただし天台座主明雲一人が都に下りていないということである。無動寺法印慈円は同じく都に下りてきた。

さて、次の部分は都を伺う源氏方の源行家と、それを迎え討とうとする平貞能《さだよし》らの動向を伝える。

また聞く。十郎蔵人行家大和国に入り、宇多郡に住す。吉野の大衆等与力すと云々。よって資盛・貞能等江州に赴かず、行家の入洛を相待つと云々。貞能去る夜宇治に宿し、今朝多原の地に向かわんと欲するの間、この事有り。よってかの前途を止め、この入洛を相待つと云々。

行家・資盛・貞能については、『玉葉索引』で姓氏を調べ、『平安時代史事典』などの辞典や『尊卑分脈』で系譜や事績を確認すればいいし、地名も該当府県の地名辞典を引くと出てくるだろう。「資盛・貞能等」など、複数列挙したあとの「**等**」は、そのほかを省略したことを意味するのではない。「資盛・貞能等」は資盛と貞能の二人のみを指しているので注意が必要である。「相待」の「**相**」は、ここでは「ともに」の意味もあるが、動詞につく「相」には語調をととのえるために添えられ、特定の意味を示さないものも多い。地名には宛字が多いことは先に述べたとおりで、ここでも「宇多郡」は「宇陀《うだ》郡」、「多原」は「田原」である。「大衆」は「だいしゅ」と訓み、一山の僧侶集団を意味する。下に動詞を伴う時の「**欲**」は、補助動詞で、動詞の未然形とつなげて「〜せんと欲す」と読み、「〜しようとする」の意味になる。ここでは「向かう」が動詞だから、「向かわんと欲す」と読む。「前途」は行く先という意味であるが、ここでは前方に行くことの意味で用いているようである。ここまでの現代語訳は次のようになる。

また聞くには、源行家は大和国に入って宇陀郡に居を構えた。これには吉野金峯山の僧侶たちが味方したということである。そこで、平資盛・平貞能は近江国に行かずに、行家の入京をともに待ったということである。貞能は昨夜宇治に泊まり、今朝、田原の地に向かおうとしていた時に、行家の動きがあった。そこで田原に向かうことを止め、行家の入京を待ったということである。

次の部分、多田行綱や「忠度」は人名、「摂津」「河内」「河尻」「丹波」「大江山」は国名および地名である。多田行綱の称に用いられている「**蔵人大夫**」は、六位蔵人から五位に叙爵し、現在は官職に就いていない者の称である。詳細はコラム3を参照していただきたい。河尻《かわじり》は、瀬戸内海を航行する海船から淀川の川船への積み替え・乗り換えが行われた淀川河口の要衝であり、古記録にもしばしば登場する。大江山は丹波・丹後国境にある山で、酒呑童子《しゅてんどうじ》伝説でも知られる。「**日来**」は「にちらい」と音読してもいいが、「ひごろ」と訓読することが多い。「月来《つきごろ/げつらい》」「年来《としごろ/ねんらい》」も同様である。「**日者**」と書いて「ひごろ」と読ませることもある。「点取」は「点ず」「取る」という二つの動詞を合わせた語で、「点じ取る」と読み、選んで没収・徴発するという意味である。「点ず」という動詞は「選ぶ」の意味で用いられることが多い。「**非直也事歟**」は「ただなることに非ざるか」と読む。「**匪直也事也**」（ただなることにあらざるなり）という表現も頻繁に使われる。その部分の読み下しを掲げておく。

また聞く。多田蔵人大夫行綱日来平家に属し、近日源氏に同意するの風聞有り。しかるを今朝よりたちまちに謀反す。摂津・河内両国を横行し、種々の悪行を張行す。河尻の船等しかしながら点じ取ると云々。両国の衆民、皆悉く与力すと云々。また聞く。丹波の追討使忠度、その勢敵対に非ざるの間、大江山に引き帰しおわると云々。およそ一々の事、ただなる事に非ざるか。

最後の部分は次のように読み下す。

今日上皇宮に卿相参集す。議定の事有りと云々。予同じくその召し有りといえども、疾により不参。今日同宮に行幸有るべきの由、その議有りといえども、復日たるにより、明後日臨幸すべしと云々。

「予《よ》」は古記録のなかの第一人称として一般的な語である。「余」と表記する場合もある。ついで第一人称としてよく用いられるのは「下官」である。このころの日記では『台記《たいき》』が「余」の表記を用い、『兵範記《ひょうはんき》』が「下官」を用いている。「依」は理由を示す「より」で、下から返って「〜により」となる。この文字を接続詞の「よって」として用いることはほとんどない。接続詞の「よって」に使われる文字は「仍」が一般的である。「復日」については七二頁参照のこと。「行幸」は天皇が出かけること、移動することで、天皇のみに用いられる言葉であるから、主語が省略されていても天皇が主語である。それに対して上皇や女院が出かける場合には、「御幸」を用いる。この二つの言葉には明確な使い分けがあり、同じ天皇に関する言葉でも「勅」が上皇の仰せ・命令を指す場合にも用いられるのとは異なる。神武天皇から孝明天皇の時代までの天皇の在所については、詫間直樹編『新皇居行幸年表』（八木書店）があり、それによれば安徳天皇がこのとき行幸した院御所は法住寺殿《ほうじゆうじどの》である。

平安時代中後期、重要な国政事項は、内裏にある近衛の陣に公卿が集まって開かれた陣定《じんのさだめ》（仗議《じょうぎ》ともいう）で話し合われ、その結果は定文《さだめぶみ》に記録されて天皇や摂政に奏上、あるいは関白に内覧された。しかし、次第に関白の直廬《じきろ》や上皇御所での議定が増え、特にこの内乱期には、後白河院のもとで会議が開かれたり、数人の公卿のもとに使者が遣わされて参考意見を聴取することが多かった。この時期の議定のあり方については美川圭『院政の研究』（臨川書店、一九九六年)、同『公卿会議』(中央公論新社、二〇一八年)や下郡剛『後白河院政の研究』(吉川弘文館、一九九九年)などの研究があり、議論が盛んである。

3　平家の都落ち——寿永二年(一一八三)七月二十五日・二十六日条——

次は平家の都落ちを記す二十五日条と兼実の行動を記す二十六日条を読んでいこう。まずは二十五日条の前半部分の原文と読み下しを示すので、読み下しに従って返り点を付けてみよう。

寿永二年七月二十五日条(前半)

廿五日、〈丁亥〉、晴、寅刻人告云、法皇御逐電云々、此事日来万人所庶幾也、而於今之次第者、頗可謂無支度歟、子細追可尋聞、卯刻重聞一定之由、仍女房等少々遣山奥小堂之辺、余・法印相共〈他僧達同之、〉向堂、〈最勝金剛院、〉候仏前、此間、定能卿来、尋出幽閑之所、密々隠置了、及巳刻、武士等奉具主上、向淀地方了、志在鎮西云々、前内大臣已下一人不残、六波羅・西八条等舎屋不残一所、併化灰燼了、一時之間、煙炎満天、昨者称官軍欲追討源氏等、今者違背□君指辺土逃去、盛衰之理、満眼満耳、悲哉、生死有漏之果報、誰人免此難、恐而可恐、慎而可慎者也、摂政自然遁其殃、逃去雲林院〈信範入道堂辺、〉方了云々、或人告云、法皇御登山了、人々未参、暫有秘蔵云々、平氏等皆落了之後、定能卿参山了、付件卿申参入如何之由了、

【読み下し】

二十五日〈丁亥〉、晴れ。寅の刻人告げて云く、法皇御《ご》逐電《ちくてん》と云々。この事日来《ひごろ》万人の庶幾《こいねが》う所なり。しかるを今の次第においては、すこぶる支度無しと謂うべきか。子細追って尋ね聞くべし。卯の刻重ねて一定の由を聞く。

よって女房等少々山奥の小堂の辺りに遣わす。余・法印相共に〈他の僧達これに同じ〉堂〈最勝金剛院〉に向かい、仏前に候す。この間、定能卿来る。幽閑の所を尋ね出だし、密々に隠し置きおわんぬ。巳の刻に及び、武士等主上を具し奉り、淀の地方に向かいおわんぬ。志鎮西に籠もるに在りと云々。前内大臣巳下一人も残らず。六波羅・西八条等の舎屋一所も残らず、しかしながら灰燼に化しおわんぬ。一時の間、煙炎天に満つ。昨《きのう》は官軍と称し源氏等を追討せんと欲し、今は□君に違背し辺土を指して逃げ去る。盛衰の理、眼に満ち耳に満つ。悲しきかな、生死有漏《うろ》の果報、誰人かこの難を免れん。恐れて恐るべし。慎みて慎むべき者なり。摂政自然その殃《わざわい》いを遁れ、雲林院〈信範入道の堂の辺り〉の方に逃げ去りおわると云々。或る人告げて云く、法皇御登山おわんぬ。人々未だ参らず。暫く秘蔵有りと云々。平氏等皆落ちおわるの後、定能卿山に参りおわんぬ。件《くだん》の卿に付し参入如何の由を申しおわんぬ。

まず、「云」は「いわく」あるいは「いう」と訓む。「〜が言うには」と、そこから発言の引用が始まる。発言部分の終わりには「云々」や「者」（てえり＝といえり）がくることが多い。現代使われる「　」（カギ括弧）に相当する。しかし厳密な直接話法ではなく、記主の立場から敬語表現を加えることもあるので、注意を要する。この文章では、最初の「云」は「法皇御逐電云々」の部分が人の告げた内容で、「此事…可尋聞」はそれに対する兼実の感慨、次の「或人告云」は「法皇御登山…有秘蔵云々」がその内容に当たる。「頗」（すこぶる）には、少し・いささか、という意味と、たいそう・はなはだ、という意味の両様があるので、文意全体の中で判断しなくてはならない。「支度」は「見込み」や「心づもり」の意味から準備の意味に広がって用いられた。場合によっては「予算」「経費」などの意味もある。「一定《いちじょう》」は「確定すること」「はっきりとすること」で、副詞として「確実に」「きっと」の意味で使われることもある。ここでは名詞、あるいはサ変動詞「一定す」として用いられている。「女房等」の「等」は、ここでは列挙した後の「等」ではないので、「女房（仕女）たち」という複数の意味である。「具」はともなう、連れるという意味の動詞で、「ぐす」とサ変動詞として読み慣わしている。「主上」は天皇のこと。ここでは安徳天皇を指す。「自然」は「じねん」と訓む。おのずから、ひとりでに、という意味である。「秘蔵」は、じっと隠れている、もしくは黙っているという意味だろう。誰それに付して、という場合の「付」は、介して、託しての意味である。

地名・寺院名などは、これまでにあげた辞典等で調べてみよう。人名の定能は『玉葉索引』を引けば藤原定能《さだよし》であることがわかる。『尊卑分脈』で系譜を、『公卿補任』でこのときの地位を確認しておこう。兼実の室とは兄弟の関係にあったこともわかるだろう。兼実に対する奉仕者の一人であり、後白河院との間を取り結ぶ貴重な人物であった。平家が都からいなくなった後、比叡山の後白河院のもとに駆けつけた定能を介して、兼実は参入すべきかどうかを院に申し入れている。信範入道も同様の方法で平信範であることがわかるだろう。前内大臣や摂政などの公卿クラスの人物は『公卿補任』の寿永二年条を見ればいい。七月二十五日段階では前内大臣が平宗盛《むねもり》、摂政が藤原基通である。基通が信範の堂の辺りに逃げたというのは、信範が忠通・基実・基通に代々家司として仕えてきた関係を頼ってのことであった。後白河院・平清盛に重用されて摂関の地位にいた基通に対して、摂関家の傍流に位置し、大臣であった兼実は快く思っていない。本来、平家都落ちの道連れとなるところをうまく逃れた基通に対する冷たい視線は、「自然」の語にも込められている。

この後白河院の法住寺殿脱出と平家の都落ちについては、藤原経房《つねふさ》の『吉記《きつき》』（高橋秀樹編『新訂吉記』和泉書院、『増補史料大成』臨川書店）同年七月二十五日条や『延慶本平家物語』（勉誠出版、汲古書院）に詳しい。あわせて記事を見比べるといいだろう。

寿永二年七月二十五日条（後半）

申刻落武者等又帰京、敢不信用之処、事已一定也、貞能称一矢可射之由云々、或又奉具主上及剣璽・賢所等、欲赴鎮西、而不可無臣下、仍為取具可然之公卿也云々、怖畏雖無限、忽不及計略、仰天任運、奉念三宝之処、帰京之武士等、以此最勝金剛院可構城郭由、下人来告、仍遣人令見之処、已少々来赴云々、非可同居、非可追却、仍周章相伴女房少々、其残隠山奥小堂了、向日野辺之処、源氏已在木幡山云々、仍忽宿稲荷下社辺、狼藉不可勝計、然而参社頭奉法施了、自然之参詣、可謂機縁歟、此辺猶有怖畏云々、仍明暁欲向日野、今朝此事已前、法印被帰白河房了、今之間送使者云、可来我房、今夜相具欲登山者、依有路次之恐、不行向、寄宿家之為体、凡卑之至、未曾有、身無一過、今遇如此之難、宿業可悲、

【読み下し】

申の刻落武者等また帰京す。敢えて信用せざるのところ、事すでに一定なり。貞能、一矢射るべきの由を称すと云々。或いはまた主上及び剣璽《けんじ》・賢所《かしこどころ》等を具し奉り、鎮西に赴かんと欲す。しかるを臣下無かるべからず。よって然るべきの公卿を取り具せんがためなりと云々、怖畏限り無しといえども、忽ちに計略に及ばず。天を仰ぎ運に任す。三宝を念じ奉るのところ、帰京の武士等、この最勝金剛院をもって城郭に構うべき由、下人来り告ぐ。よって人を遣わし見せしむるのところ、すでに少々来り赴くと云々、同居すべきに非ず、追却すべきに非ず。よって周章し女房少々〈その残り山奥の小堂に隠しおわんぬ〉を相伴い、日野の辺りに向かうのところ、源氏すでに木幡《こはた》山に在りと云々。よって忽ちに稲荷下社の辺りに宿す。狼藉勝《あ》げて計《かぞ》うべからず。然れども社頭に参り法施し奉りおわんぬ。自然の参詣機縁と謂うべきか。この辺りなお怖畏有りと云々。よって明暁日野に向かわんと欲す。今朝この事已前、法印白河房に帰られおわんぬ。今の間使者を送りて云く、我が房に来るべし。今夜相具し登山せんと欲す、てえり。路次の恐れ有るにより、行き向かわず。寄宿の家の体《てい》たらく、凡卑の至り、未曽有《みぞう》。

身一過無く、今かくのごときの難に遇う。宿業悲しむべし。

「非可追却」の部分、九条家本には「可」の文字がないが、図書寮叢刊本は異本により「可」を補っている。

まずは語句の説明からしておこう。「敢《あえて》」は下に打ち消しの語を伴うと、一向に〜ない、まったく〜ない、の意味になる。「已」は「すでに」と訓む。「既」も用いられることがあるが、圧倒的に「已」を用いることが多い。なお「已」の文字は、「已上」「已下」「已前」「已後」と「以」と同じ使い方をすることがある。「賢所」は本来、神鏡を祀る場所で、内侍《ないし》が祇候したので内侍所とも称された。平安京内裏では温明殿《うんめいでん》の母屋の一部屋であったが、温明殿全体を賢所・内侍所という場合もある。さらに神鏡そのものを賢所・内侍所とも言った。ここでも、鏡そのものを指して「賢所」と記している。「城郭」というと、一般的には恒常的に用意されている山城を思い浮かべてしまうが、近年の研究によると、この時期の「城郭」は非日常的な紛争・戦闘状態になったときに構築されるもので、城郭を構えるとは、逆茂木《さかもぎ》や垣楯《かいだて》によって区画された空間をつくり出し、そこに籠もって戦う意志を明らかにすることであった（中澤克昭『中世の武力と城郭』吉川弘文館、一九九九年）。「不可勝計」は数え切れないという意味で、「あげてかぞうべからず」あるいは音読みして「しょうけいすべからず」と訓む。「法施《ほうせ》《ほっせ》」「機縁《きえん》」はいずれも仏教語で、前者は神仏に対して経を読み、法文を唱えること、後者は深い縁で結ばれていることを意味する。伏見神社の社頭でのことであるから、違和感があるかもしれないが、神仏混合のこの時代にあっては神社で経を読むことも珍しくない。「猶」はやはりの意味で用いられる。「為体」は「ていたらく」と訓み、様子・有様・状態を表す。

ここの記事でも地名・寺社名が多く出てくるので確認して欲しい。古記録を読む上で、空間認識は必要だから、地図を使って位置や登場人物の動きを押さえよう。日本古典文学大系（岩波書店）や日本古典文学全集（小学館）の『平家物語』には、参考地図として、この時代の京都周辺の地図が掲載されているから、これらを利用するといいだろう。兼実は法性寺《ほっしょうじ》（最勝金剛院はその一角）におり、南東の日野に向かおうとしたが、その南の宇治木幡《こはた》まで源氏の軍勢が来ていることを知って南西に進路を変え、伏見へと向かったのである。その間、鴨川の東の白河の里房に戻っていた慈円からの使者が来て、慈円の房に身を寄せ、ともに比叡山の後白河院のもとに向かうように誘われるが、白河まで行くことすら危険で覚束ないと誘いを断っている。弟であっても高僧である慈円に対しては、尊敬の助動詞「被」を用いている。伏見では、稲荷神社の近くにある庶民の家を借りて宿としたのだろう。寝殿造の立派な住まいに慣れ親しんだ兼実にとっては初めての経験だったらしく、身の定めとあきらめつつも粗末な民家に驚きを隠さない。

【現代語訳】

午後三時から五時ごろ、平家の落ち武者たちがまた都に戻ってきた。全然信用しなかったのだが、その事はもう確実である。平貞能は一矢を射て報いようと言っているとのことだ。あるいはまた安徳天皇と三種の神器（剣・璽・鏡）を伴って九州に向かおうとしたが、臣下がいないというわけにもいかないので、ふさわしい公卿を連れて行くためであるということである。恐ろしいことと言ったらこの上ないけれども、すぐにははかりごとを巡らすこともできない。天を仰いで運に身を任せるしかない。仏を念じていたところ、帰京した武士たちがこの最勝金剛院に城郭を構えようとしていることを、下人が来て告げた。それで人を派遣して見させたところ、すでに少し武士たちが来ているという。武士と同居したくはないし、追い返すこともできない。そこで慌てて仕女を少々〈その残りは山奥の小堂に隠しておいた〉を連れて日野の辺りに向かったところ、源氏の武士たちはもう木幡山にいるということであった。それで急いで伏見の稲荷下社の辺りに宿をとった。理不尽なことと言ったら数え上げられないほどである。けれども社頭に参詣して法文を唱えた。予期しない参詣は仏が結んでくれた縁というべきだろうか。この辺りはやはりおそれがあるということである。そこで明日の明け方、日野に向かおうと思っている。今朝このことが起こる前に、法印慈円が白河の房にお帰りになった。今になって使者を送ってきて言うには、「私の房に来たらよろしいでしょう。今夜一緒に比叡山に登ろうと思います」ということであった。行く道すがら恐れがあるので、行かなかった。寄宿した家の有様は、卑しいことといったら、今まで経験したこともないほどである。私の身には一つも罪はないのに、今このような災難に遭ってしまった。前世の悪行の報いを悲しく思う。

寿永二年七月二十六日条

廿六日、戊子、晴、払暁欲レ向二日野一之間、依レ切二塞其路一、不レ能二首途一、此間昨日帰京武士等、無レ成而又逃去了、帰京之本意、未レ知二其詮一、武勇之尪弱、所行之尾籠、奇異之至、取レ喩無レ物、辰刻帰二法性寺一、巳刻定能卿送レ札云、御参事奏聞了、早可レ有二御参一、入道関白同所レ被二参入一也云々、楚忽出立、未刻登山、烏帽直衣、前駈・共人相幷八人、各騎馬在二車前一、季経・経家参二会坂下一、侍四五人、中終就二西坂下一、自二九条一牛三頭也、手輿遅引之間、暫経レ程、酉刻輿・々舁等到来、無動寺法印沙汰也、即乗レ輿登二西坂一、共人皆悉歩行、坂口五六町猶騎馬、前駈等歩二輿前一、於二路頭一逢二源納言一、相二具其息兼忠一、舁二居輿一、退二共人一謁談、納言云、神璽・宝劔・内侍所、賊臣悉奉盗取了、而無二左右一可レ追二討平氏一之由、被二仰下一之条、甚不便、先可レ有二劔璽安全之沙汰一、仍奏二聞此旨一、有二勅許一、以二親宗御教書一遣二多田蔵人大夫行綱之許一了、此事猶荒沙汰也、仍内々可レ被レ仰二遣女院若時忠卿件卿伴レ賊云々、之許一之由、重以奏聞、可レ然之由有レ仰云々、即過了、戌刻到二東塔南谷青蓮院一、先レ是院主法印被レ座、自二無動寺一只今被レ渡云々、件房伝領之後未レ渡、今日依レ為二吉曜一、即用二移徙一之由所レ談也、余暫休息之後、参二法皇御所一、円融房、是座主房也、路之間、前駈等取二松明一前行、其程四五町許也、余烏帽直衣、乗二手輿一、以二定能卿一入二見参一、依レ召参二御前一暫祇候、粗申レ所レ思了、劔璽及源氏入京之間事也、雖レ有二和讒之恐一、蓋是存レ忠、於二納否一者在二叡慮一、勅定曰、依レ聞下可レ被レ引二率西海一之由上、所二密行一也云々、余奉レ問二両条之不審一、一者神璽紛失事、〔去治承四年之比、被二盗取一之由有二其聞一、〕一者三条宮存否事、仰曰、両事共不レ知二真偽一、但風聞之旨、共以不実歟、〔璽不レ失、宮不レ存之由也、〕小時退出了、

【読み下し】

二十六日〈戊子〉、晴れ。払暁日野に向かわんと欲するの間、その路を切り塞ぐにより、首途にあたわず。この間昨日帰京の武士等、成ら無くしてまた逃げ去りおわんぬ。帰京の本意、未だその詮を知らず。武勇の尫弱《おうじゃく》、所行の尾籠、奇異の至り、喩《たとえ》を取るに物無し。辰の刻法性寺に帰る。巳の刻、定能卿札を送りて云く、御参の事奏聞しおわんぬ。早く御参有るべし。入道関白同じく参入せらるる所なりと云々。楚忽に出立す。未の刻登山す〈烏帽直衣《えぼしのうし》〉。前駈・共人相幷《あわ》せて八人、おのおの騎馬し車前に在り〈季経・経家、坂下《さかもと》に参会す〉。侍四五人。申の終わり西坂下に就く〈九条より牛三頭なり〉。手輿遅引の間、暫く程を経る。酉の刻輿・々舁《こしかき》等到来す〈無動寺法印の沙汰なり〉。即ち輿に乗り西坂を登る。共人皆悉く歩行す〈坂口五六町なお騎馬す〉。前駈等輿の前を歩く。路頭において源納言〈その息兼忠を相具す〉に逢う。輿を舁《か》き居《す》え、共人を退けて謁談す。納言云く、神璽・宝剱・内侍所、賊臣悉く盗み取り奉りおわんぬ。しかるを左右《そう》無く平氏を追討すべきの由、仰せ下さるるの条、甚だ不便《ふびん》なり。先《ま》ず剱璽安全の沙汰有るべし。よってこの旨を奏聞す。勅許有り。親宗の御教書《みぎょうしょ》をもって多田蔵人大夫行綱の許に遣わしおわんぬ。この事なお荒沙汰《あらざた》なり。よって内々女院もしくは時忠卿〈件の卿賊に伴うと云々〉の許に仰せ遣わさるべきの由、重ねてもって奏聞す。然るべきの由仰せ有りと云々。即ち過《よぎ》りおわんぬ。戌の刻東塔南谷の青蓮院に到る。これより先、院主法印座せらる。無動寺より只今渡らると云々。件の房伝領の後未だ渡らず。今日吉曜たるにより、即ち移徙《いし》を用うの由談ずる所なり。余暫く休息するの後、法皇御所〈円融房。これ座主の房なり〉に参る。路の間、前駈等松明《たいまつ》を取り前行す。その程四五町許りなり。余烏帽直衣。手輿

に乗る。定能卿をもって見参に入る。召しにより御前に参り暫く祇候す。粗《あらあ》ら思う所を申しおわんぬ。釼璽及び源氏入京の間の事なり。和讒の恐れ有りといえども、蓋《けだ》しこれ忠を存す。納否においては叡慮に在り。勅定《ちょくじょう》に曰く、西海に引率せらるべきの由を聞くにより、密行する所なりと云々。余両条の不審を問い奉る。一は神璽紛失の事〈去る治承四年の比、盗み取らるるの由その聞こえ有り〉。一は三条宮の存否の事、仰せて曰く、両事共に真偽を知らず。ただし風聞の旨、共にもって不実か〈璽失わず、宮存せざるの由なり〉。小時退出しおわんぬ。

「**不能**」は「あたわず」と訓み、その下に来る行為が不可能であることを意味する。下にくる行為を名詞として訓んで「〜にあたわず」「〜あたわず」と読む。あるいは動詞として訓んで「〜こと」を補い、「〜することあたわず」と読んでもいい。ここの場合であれば、「首途にあたわず」「首途あたわず」あるいは「首途することあたわず」となる。「首途」は音読すれば「しゅと」、訓読すれば「かどで」である。「**烏帽直衣**」は、これで「えぼしのうし」と訓む。**直衣**と呼ばれる衣装に、かぶり物として烏帽子をつけた装束である。軽装である直衣には、本来、烏帽子を用いるが、上級貴族の中には勅許を得て直衣での参内を許される者もおり、その場合には冠を着用した。これを「**冠直衣**」と呼ぶ（→コラム4）。「**取喩無物**」は「たとえをとるにものなし」と訓む。あるいは「**無物于取喩**」と表記されることもある。「**所〜也**」は古記録にはよく用いられる表現で、〜の部分には動詞や助動詞・動詞が入り、「〜するところなり」となる。ここは「所被参入也」であるから、「参入せらるる所なり」と訓む。「**相并**」は、「あいあわせて」と訓む。この「并」は「併」と同義である。「**并**」は古記録に頻出するが、多くの場合は並列を示す「并」（ならびに）として用いられる。「自＋（地名）」の「**自**」は「より」である。同様の「自」は地名のほかにも時刻を表記する場合にも用いられる。それらの「自」に対応するのが「**至**」で、「〜にいたる」あるいは「〜にいたるまで」と訓む。「昇居」は動詞「舁く」と「居う」を組み合わせたものである。「居」は人間の行動を表す自動詞の場合だと、座るという意味の「居《きょ》す」「居《お》る」だが、物に対する動作を表す他動詞の時は、置くという意味の「居う」となる。「**無左右**」は「そうなし」「そうなく」と訓む。「左右」で「とこう」「とかく」と訓むと教わったこともあるが、仮名文書等を見ても「さう」と表記されており、「とこう」「とかく」という用例はないようである。「あれこれ言わずに」という意味で、「すぐに」「ただちに」と意訳してもいいだろう。「**不便**」は「ふべん」ではなく、「ふびん」と訓む。「なり」を補って、形容動詞として「ふびんなり」と訓んでもいい。「不都合であること」「あわれむべきこと」を示している。

ここに出てくる「親宗御教書」は、親宗を命令主体とする奉書形式の文書ではなく、親宗が奉じた奉書形式の文書の意味である。後白河院の「勅許」を得て文書が発給されているから、この「御教書」は親宗が奉じた後白河院の院宣のことであろう。「荒沙汰」はおそらく「あらざた」と訓み、粗雑な処理、乱暴な処置というような意味なのだろう。「**沙汰**」は政務の処理、費用負担、取扱い、議論を経ての決定、指図、裁判など多様な意味をもつ言葉である。その文脈に応じて語意を考えなくてはいけない。「**若**」は「もしくは」と訓む。「**先是**」は「これよりさき」と訓み、次の記事がそれまでの記述よりも、時間的に先行すること、さかのぼることを示し、「これよりも前に」という意味で使われる。「**先之**」と表記することも多い。「まずこれ」と読むのは内容的にも誤りなので注意したい。「**移徙**」は引っ越し、転居のことで、音読みでは「いし」、訓読みでは「わたまし」となる。単なる移動ではなく、陰陽師の勘申に基づく日時の決定や儀式・行列がともなった。「**見参**」は「けんざん」あるいは「けざん」「げんざん」と訓む。多くの場合は「入」という動詞を伴って「見参に入る」と使われる。従者が主人に参入したことを報告する行為である。直接面会するのではなく、人を介して申し入れるのが一般的である。「**蓋**《けだし》」は「まさに」「本当に」の意味をもつ助字で、「たぶん」「きっと」の意味もある。「**小時**」は、少しの時間の経過を示す時に用いる。

次は人物である。定能は既出。「入道関白」は、関白経験者で、すでに出家している者を指す。出家すると『公卿補任』には記載されなくなるので、寿永二年条だけからは見つからない。『公卿補任』の関白あるいは前関白の欄を寿永二年からさかのぼって出家の記事を探し、人名比定する方法もあるが、関白ならば日本史辞典や本書付録にも一覧表が出ているので、それを手がかりに寿永二年に生きている関白経験者を探す方法もある。この時点での「入道関白」は兼実の兄、藤原基房しか該当しない。季経・経家・親宗・時忠は『玉葉索引』と『尊卑分脈』を使って調べよう。「無動寺法印」は既に七月二十二日条で調べたとおり、弟慈円のことである。この二十六日条後半の「院主法印」も慈円であることは、記事内容からもわかるだろう。「源納言」は「げんなごん」「げんのうごん」と訓み、源氏の大納言ないし中納言を指す。人物の名称の時は大納言と権大納言、中納言と権中納言を区別しないので注意したい。では、『公卿補任』を見てみよう。源氏の大・中納言は源定房《さだふさ》しかいない。しかし、息として記されている源兼忠《かねただ》を『尊卑分脈』で引くと定房の子とはなっておらず、雅頼《まさより》の子である。雅頼は寿永二年には前権中納言であった。この「源納言」は雅頼を指すと考えた方がいいだろう。本来ならば「前源納言」と記されるべき所である。時折、「前」を省略してしまうことがあるので、人名比定は慎重に行いたい。「女院」も辞典や本書付録の一覧表を見るといい。寿永二年に生きている女院は、上西門院（鳥羽天皇皇女統子内親王）・八条院（鳥羽天皇皇女暲子内親王）・建礼門院（高倉天皇中宮平徳子）の三人である。このうち平家（平時忠ら）と行動をともにしているのは、平清盛娘の建礼門院であるから、ここでは彼女が該当する。ちなみに時忠は、徳子の中宮時代の中宮大夫で、院号宣下の後は女院庁の別当を勤め、都落ちした平家一門の中で、朝廷（後白河院）側から見て話が通じると考えられていた。彼は「賊」に伴われた存在であり、彼自身が「賊」とは位置づけられていない点も注目される。「三条宮」は以仁王のことを指す。『平安時代史事典』で「三条宮」を引くと、「高倉宮」を参照するように、「高倉宮」を引くと、以仁王のことだとわかる。同時代史料の人名索引で、異称から検索できるものには、御家人制研究会編『吾妻鏡人名索引』（吉川弘文館）や高橋秀樹編『新訂吉記　解題・索引編』（和泉書院）、桃崎有一郎編『山槐記・三長記人名索引』（日本史史料研究会）、平家物語・源平盛衰記などを含む加納重文・中村康夫編『日本古代文学人名索引』全五冊（望稜舎）があり、いずれも「三条宮」が掲出され、「以仁王」を見るよう示されている。兵範記輪読会編『兵範記人名索引』（思文閣出版）も二〇一三年の改訂増補版で「通称・異称名索引」が付いた。なお、皇室系図の代表である「本朝《ほんちょう》皇胤《こういん》紹運録《じょううんろく》」（群書類従）の以仁王には「高倉宮」という注記が付されている。

これらの図書は、大学図書館には収められていることが多いので、CiNii Reseach（https://cir.nii.ac.jp/）など、インターネットを利用して所蔵図書館を検索してみるといいだろう。また、国立歴史民俗博物館では、『兵範記』『山槐記』などの全文データベースを公開している。利用者登録が必要だが、ダウンロードした申請書類に記入してメール添付で送ると、IDとパスワードを記した許可書が郵送されてくるというだけの手続きなので、利用をお勧めする。東京大学史料編纂所も「古記録フルテキストデータベース」を公開しており、『大日本古記録』や『図書寮叢刊』所収の古記録類を検索できる。

地名・寺社名については、日野・法性寺・無動寺は既出である。「坂下」は大津の坂本のことで、比叡山への登り口に当たる。京都の貴族たちにとって、「山」といえば比叡山のことであったから、「登山」とあれば、比叡山に登ることだし、「山僧」と書けばそれは比叡山の僧侶を表した。東塔《とうとう》南谷《みなみだに》青蓮院《しょうれんいん》、円融房（坊）も比叡山内の寺院である。比叡山の子院については「叡岳要記」「山門堂舎記」（群書類従）などの寺誌に詳しく、これらの史料に基づいてまとめられた武覚超『比叡山諸堂史の研究』（法蔵館、二〇〇八年）は有益である。

【現代語訳】

晴れ。明け方日野に向かおうとしたところ、そこへの道が切りふさがれていたために、出発することができなかった。この間、昨日帰京した武士たちが都に入ることを果たせずにまた逃げ去った。帰京の本意がどこにあるのか、いまだに理由がわからない。武勇のか弱いこと、行いの愚かなこと、奇妙なことと言ったら、喩えようもないほどである。辰の刻に私は法性寺に帰った。巳の刻藤原定能が書状を送ってきて言うには、「兼実が後白河院のもとに伺うということは院に申し上げました。早くお越しください。入道関白藤原基房も同じくいらっしゃるところです」ということである。慌てて出発し、未の刻に比叡山に登った〈装束は烏帽子直衣であった〉。前駆・供人はあわせて八人、それぞれ馬に乗って私の牛車の前を進んだ〈藤原季経・藤原経家は坂本で合流した〉。侍は四、五人であった。申の刻の終わり頃、西坂本に着いた〈九条から牛三頭を使った〉。手輿の到着が遅れたので、暫く時間が経過した。酉の刻になって輿と輿舁がやって来た〈無動寺法印慈円の手配である〉。そこで輿に乗り、西坂を登った。供人はみなすべて歩いた〈坂の登り口五、六町はやはり騎馬であった〉。前駆たちは輿の前を歩いた。道のほとりで源雅頼〈子息兼忠を連れていた〉に会った。輿をおろし、供人を退けて話をした。雅頼が言うには、「神璽・宝剣・神鏡は、賊臣平家がすべて盗み取っていってしまいました。ところが、すぐにその平家を追討するようにと、後白河院からの仰せがあったことは、非常に不都合です。まずは剣璽を安全に迎え取る方策を施すべきでしょう。そこでその旨を院に奏上して勅許を得、平親宗の奉じた院宣を多田行綱のもとに遣わしました。このことはやはり乱暴な処置でしょう。そこで、内々に建礼門院か平時忠〈時忠は平家の賊徒と一緒に行動しているということです〉のもとに命令を伝えられた方がよろしいでしょうということを、重ねて院に申し上げました。それがいいだろうとの院の仰せがありました」ということである。そうして雅頼とすれ違って、戌の刻に比叡山東塔南谷の青蓮院に到着した。これ以前に青蓮院主法印慈円がいらっしゃっていた。無動寺からたった今お渡りになったということである。青蓮院を伝領してからいまだお渡りになっていなかったが、今日が吉日だというので、すぐに引っ越しの儀をなされたとお話になった。私はしばらく休んだあと、後白河法皇の御所〈円融房。これは天台座主の宿房である〉に行った。道を行く間、前駆たちが松明を掲げて前を歩いた。その距離は四、五町ほどであった。私は烏帽子直衣の装束で、手輿に乗っていった。藤原定能を介して参入したことを申し入れた。院からの召しがあったので、御前に行き、しばらく控えた。おおよそ思うところを申し上げた。剣璽および源氏の入京に関することである。中傷の恐れがあったけれども、まさにこれは忠義の思ってのことであった。私の考えを受け入れるかどうかは後白河院のお考え次第である。院がおっしゃるには、「瀬戸内海に連れて行かれると聞いたので、ひっそりと向かったのである」ということであった。私は二項目のはっきりとしないことをお尋ねした。一つは、神璽の紛失のことである〈去る治承四年の頃、盗み取られたと言うことを耳にしていた〉。もう一つは、三条宮以仁王の生死のことである。院がおっしゃるには、二つとも真偽のほどは知らない。ただし噂はともに根も葉もないことだろう〈璽は無くなっていないし、宮も生きていないということである〉。しばらくして退出した。

4　安徳から後鳥羽へ――寿永二年（一一八三）八月二日・三日・十八日条――

寿永二年八月二日条

二日、（甲午）、天晴、伝聞、摂政有二ヶ条之由緒、不可動揺云々、一者、去月廿日比、前内府及重衡等密議云、奉具法皇可赴海西、若又可参住法皇宮云々、聞如此之評定、以女房（故邦綱卿愛物、白川殿女房冷泉局）密告法皇、可被報此功云々、一者、法皇艶摂政、依其愛念可抽賞云々、雖為秘事、希異之珍事、為令知子孫、所記置也、又聞、入道関白、乍帯病（瘧病）、参宿院御所北対、以前中納言師家（生年十二歳）可為摂籙之由泣所望、天気不許之云々、今日前源中納言来、談世上事、此次語云、去六月一日、主上自南殿南階令落溜下給、以外怪異也、蔵人親資奉抱上、陣辺上官一両見之、深以秘蔵云々、

【読み下し】

天晴る。伝え聞く、摂政二ヶ条の由緒有り。動揺すべからずと云々。一は、去月二十日の比、前内府及び重衡等密議して云く、法皇を具し奉り海西に赴くべし。もしくはまた法皇の宮に参住すべしと云々。かくのごときの評定を聞き、女房〈故邦綱卿の愛物。白川殿の女房冷泉局〉をもって法皇に密告す。この功に報《むく》いらるべしと云々。一は、法皇、摂政に艶す。その愛念により抽賞すべしと云々。秘事たりといえども、希異の珍事、子孫に知らせしめんがため、記し置く所なり。また聞く、入道関白、病〈瘧病〉を帯しながら、院の御所の北の対に参宿す。前中納言師家〈生年十二歳〉をもって摂籙《せつろく》となすべきの由泣いて所望す。天気《てんき》これを許さずと云々。今日前源中納言来る。世上のことを談ず。この次いでに語りて云く、去る六月一日、主上、南殿《なでん》の南の階《きざはし》より溜《たまり》下《した》に落ちしめ給う。もってのほかの怪異なり。蔵人親資抱き上げ奉る。陣の辺りの上官《しょうかん》一両これを見る。深くもって秘蔵すと云々。

「前内府」は先に「前内府」と出てきた平宗盛であるし、重衡も『公卿補任』や『尊卑分脈』を使えばその弟であることがわかるだろう。「海西」は瀬戸内海を指す。「法皇宮」が具体的には法住寺殿であったことは、七月二十二日条で調べた通りである。「邦綱卿」は、『公卿補任』や『尊卑分脈』から藤原邦綱とわかる。「愛物」は「あいぶつ」と音読みし、ここでは愛人のことを意味する。白川殿〈白河殿〉は、『平安時代史事典』を見ると、平盛子のことだとわかる。彼女は平清盛の娘で、摂政藤原基実に嫁し、基実の死後、摂関家の所領を押領したとして、兼実からは口撃の対象となっている女性である。冷泉局を『玉葉索引』は平清盛の女として収録しているが、後白河院の女房となった清盛の女〈『玉葉』養和元年正月三十日条〉と白河殿の女房とを混同してしまっている。同じ女房名であっても出仕先が異なっていれば別人であるから、人名比定の際には注意したい。『類聚名義抄』の「艶」の古訓は、動詞だと

「いろう」、形容動詞だと「なまめいたり」などがある。意味を考えると、「なまめく」と訓みたいところだが、『類聚名義抄』『節用集』などの古辞書類には「艶」を動詞の「なまめく」と訓ませているものがない。また、築島裕編『訓読語彙集成』（汲古書院）によると、醍醐寺本『遊仙窟《ゆうせんくつ》』の訓点に「におわす」という動詞としての訓みがあるようである。ただ、この『玉葉』の「艶」をどう訓んでいいか判断がつかないので、ここではとりあえず音読みし、サ変動詞「艶す」としておいた。後白河院や白河院、藤原頼長など、院政期の何人かの為政者は男色家としても知られている。基通が摂政の地位を保つ理由のひとつとして、兼実は後白河院が基通に恋愛感情を持っていたことをあげているように、男色関係は政治に大きな影響を与えていた。この事例をはじめ、男色関係と政治との関わりについては五味文彦『院政期社会の研究』（山川出版社、一九八四年）で考察されている。「秘事」であるはずのこの話を日記に書き留めた兼実の意識は、基通に対する敵意とも言える感情の発露であり、糾弾でもあった。「子孫に知らせしめんがため、記し置く所なり」という文言からは、日記が自身のために書き留めておくものではなく、子孫へのメッセージとして書き残すものであることがわかるだろう。

「入道関白」は既出の藤原基房である。「瘧病《ぎやくびよう》」は「おこり」「わらわやみ」とも称された病気である。病名については、服部敏良『日本史小百科　医学』（近藤出版社、のちに東京堂出版）に「古典に記されている病気」の一覧があり、同『王朝貴族の病状診断（新装版）』（吉川弘文館、二〇二〇年）の巻末には病名索引がある。代表的な病気については、それぞれ本文中にも解説が施されている。もう少し詳しく知りたいときには、同『平安時代医学史の研究』『鎌倉時代医学史の研究』（ともに吉川弘文館）を参照するといい。さらには調べたいときには、日本古典全集（日本古典全集刊行会）のなかに収められている丹波康頼《たんばのやすより》『医心方《いしんぼう》』が参考になる。服部氏によれば、「瘧病」は今日のマラリアのことであるという。ただし、この時代、体内での病気の進行や病気の原因までは明らかではないから、ほとんどは外的症状による分類で病名が記されている。

基房は病をおして後白河院の御所に宿候し、子息師家の「摂籙」すなわち摂政就任を涙ながらに懇望したが、後白河院はそれを受け入れなかった。「天気《てんき》」は、普通は天皇の意向・ご機嫌の意味であるが、この記事のように上皇の場合にも用いられる。

「今日」以降は話が変わるので、改行されている。改行されていたり、一字下げが行われている記事は、それ以前とは質的に異なることがあるから、その点にも留意したい。「前源中納言」は先に「源納言」と出てきた源雅頼、「主上」は安徳天皇である。「南殿」はこの時期の内裏正殿である紫宸殿のことで、南面していることから「南殿《なでん》」の通称がある。それに対して清涼殿は「御殿《ごてん》」とも呼ばれる。なお、鳥羽殿や法住寺殿のように複数の区画の御所から構成されている場合、北の区画を「北殿」、南の区画を「南殿」と呼んだ。この場合は「みなみどの」であって、「なでん」とは呼ばない。

「南階」は紫宸殿の額が掲げられている「額の間」にあたる正面の階段を指す。この階段から南庭を経て承明門へと続く路は天皇のみが使える「馳道《ちどう》」であった。安徳天皇がそこから落ちたと言うのは皇位から転落を暗示する。次の八月三日条も含めて、平家の都落ちとともに、こうした話が堰を切ったようにあふれ出しているのは興味深い。雨水が溜まる「溜下」に落ちたということが安徳天皇の入水を暗示しているとまで読みたくなってしまうが、この記事が後年挿入されたことが証明されない限り、深読みに過ぎるだろう。

蔵人を調べる場合、蔵人頭と五位の蔵人ならば、「職事補任」（群書類従）を見ればいいが、六位の蔵人は掲載されていない。他の記録類から探し当てなくてはならなかったが、現在では市川久編『蔵人補任』（続群書類従完成会）が刊行され、後鳥羽天皇時代までの蔵人頭・五位の蔵人・六位の蔵人が同書で一覧できるようになっている。これを使えば、「蔵人親資」とあるのは、同じ「ちかすけ」と訓む平親輔の誤りであることがわかる。親輔は『尊卑分脈』によると、平信基《のぶもと》の男である。「陣」すなわち近衛陣は、左近陣が日華門《にっかもん》、右近陣が月華門《げっかもん》にあった。「上官」は「政官」のことで、史生《ししょう》など太政官の下級役人を指す。「一両」は一人二人の意味である。

【現代語訳】

伝え聞いたところによると、藤原基通の摂政の地位は二つの理由があって揺るぎないという。一つの理由は、七月二十日のころ、前内大臣平宗盛と平重衡が密議して言うに、後白河法皇を連れて瀬戸内海に行こう。あるいは法皇の御所に住んでしまおう、ということであり、このような合議を聞いて、基通は、女房〈故藤原邦綱の愛人で、藤原基実室の白河殿の女房であった冷泉局〉を通じて後白河院に密告した。その功績に報いようということである。もう一つは、法皇が基通に気持ちをほのめかした。その愛しいと思う心から引き立てたということである。秘密のことであるけれども、希なる異様な珍事であり、子孫に知らせるために記し置いておく。また聞くには、藤原基房が瘧病をおして、院の御所の北の対に参って宿仕した。藤原師家〈十二歳〉を摂政にして欲しいと泣いて切望した。院の心はそれを許さなかったということである。

今日源雅頼がやって来た。世の中のことについて話をした。このついでに雅頼が語って言うには、去る六月一日に安徳天皇が紫宸殿の南の階段から溜まりの下に落ちた。とんでもない怪異である。蔵人親補が天皇を抱き上げた。近衛の陣の辺りにいた太政官の官人が一人二人これを見ていた。厳重に秘密にしたということである。

寿永二年八月三日条

三日、乙未、天陰、伝聞、蔵人長正説、去比、内裏板敷上牛昇臥、及数刻、長正見之追下了云々、又昼御座上狐糞をまり置云々、今日午刻頭弁兼光為御使来云、解官事、法皇勅歟、又内々可被仰歟、問大外記両人之処、頼業申云、只可載宣奉勅、不可有法皇字、師尚申云、只内々被仰外記、追可被成宣旨云々、申云、師尚申状穏便歟、猶可有宣旨者、可載皇勅也、只奉勅之条不甘心、此次、申京中畿外狼藉可被止之子細、立条々理令申了、是和讒也、更不存可被用之由、只為存忠也、

【読み下し】

天陰る。伝え聞く〈蔵人長正の説〉、去る比、内裏の板敷きの上に牛昇り臥す。数刻に及ぶ。長正これを見て追い下ろしおわんぬと云々。また昼御座《ひのおまし》の上に狐糞をまり置くと云々。今日午の刻頭弁兼光《とうのべんかねみつ》御使として来りて云く、解官の事、法皇の勅か。また内々に仰せらるべきか。大外記両人に問うのところ、頼業《よりなり》申して云く、ただ宣奉勅と載すべし。法皇の字有るべからず。師尚《もろひさ》申して云く、ただ内々に外記に仰せられ、追って宣旨を成さるべしと云々。申して云く、師尚の申状穏便か。なお宣旨有るべくんば、皇勅と載すべきなり。ただ奉勅の条甘心せず。この次いで、京中畿外の狼藉止めらるべきの子細を申す。条々の理を立てて申さしめおわんぬ。これ和讒なり。さらに用いらるべきの由を存せず。ただ忠を存せんがためなり。

まず『蔵人補任』で寿永二年の蔵人を調べると、長正は源となっている。『尊卑分脈』では、藤原隆綱の子で、源長綱（政綱）の養子になったと注記されている長正（長政）が、世代的には適合しそうであるが、注記には「皇嘉門院蔵人」とあるのみで、天皇の蔵人であったことを示す「蔵」の記載はなく、やや疑念がある。そこで『玉葉索引』で長正を引いてみると、藤原で採用しており、治承三年（一一七九）には院の蔵人から内の非蔵人（蔵人の見習い）になったという記事を載せる藤原光経の子長正が出てくる。『尊卑分脈』には「蔵」の注記もあるから、この人物の方が適当であろう。こうした補任類は、必ずしも万全でないので、典拠史料や他の史料に当たって確認する作業が必要である。

「追下」の部分、国書刊行会本や図書寮叢刊本は「退下」と読んでいる。しかし、「退」としている文字は、九条家本では、この後の「追可被成宣旨」の「追」と同じ字が書かれている。内容的にも、牛を動かす行為は「追う」がいいだろう。比較的信頼されている図書寮叢刊本といえども万全ではない。どの活字本もその程度だと思って利用した方がいい。

昼御座は、内裏清涼殿にある天皇の御座である。清涼殿の平面図は日本史辞典の付録などにもついているが、和田英松『新訂建武年中行事註解』（講談社学術文庫）所収の「日中行事」に「古清涼殿図」が収められている。本書付録にも紫宸殿・清涼殿図や内裏図・大内裏図を収めておいた。内裏の各殿舎については、裏松固禅《うらまつこぜん》『大内裏図考証』（新訂増補故実叢書）や、『古事類苑』居処部（吉川弘文館）に詳しい。『古事類苑』は、国文学研究資料館・国際日本文化研究センターが全文検索データベースを公開しており、ジャパンナレッジの全文検索を利用して検索し、版面を表示することもできる。

「まり置」の「まる」は、排泄の意味の語で、排泄器の「おまる」はここからきている。「放」の字をあてることもあるが、古訓にはない。当てるべき漢字がないので、漢文日記の中でも仮名表記されたのだろう。このほか、漢文日記の中で仮名表記されることが多いのは、和歌や、口語の直接引用である。天皇が座る昼御座は皇位の象徴であり、それが霊力を持ち稲荷神の使いでもあるといわれる狐の糞で汚されたというのは、安徳天皇が不徳であり、天皇として不適格であると考えられ始めたことを意味するのだろう。

頭弁兼光は、藤原兼光である。蔵人頭と左中弁を兼ねていた。弁官を帯している人物を調べるには、「弁官補任」（群書類従・続々群書類従）があり、その欠を補った飯倉晴武編『弁官補任』（続群書類従完成会）、底本を改めた飯倉晴武・田島公編『新訂増補弁官補任』（八木書店）も刊行されている。

大外記の二名は、そのあとに出てくる清原頼業・中原師尚のことである。この時期の外記について「外記補任」

（続群書類従）があるが、井上幸治編『外記補任』（続群書類従完成会）も刊行されているので、これを利用するとよい。

ここで、頼業や師尚が言っているのは、解官の際に作成される文書様式についてである。安徳天皇の都落ちによって、天皇が存在せず、本来ならば天皇の命を受けて発給する形をとる文書をどのような文言を用いて発給するかが問題となっているのである。頼業は「宣す、勅を奉るに…」がよく、わざわざ「法皇」の命令だとは記す必要がないと主張し、師尚は内々に外記に命じて、外記が承る形式の宣旨を追って作成すればいいと述べている。兼実が院に申し上げた考えは、宣旨の形式にするという点では師尚の考えに同意するが、その場合には「皇勅」の語を入れるべきで、「勅を奉るに」とだけ記すのはよくないというものであった。宣旨は天皇の意志を奉書形式で伝える文書で、天皇の勅が上卿に伝えられてから作成される奉勅の宣旨と、勅によらず上卿の判断によって作成される上宣の宣旨とがあり、内容によって上卿から弁官を通じて作成されるものと、外記を通じて作成されるもの、その他があった。宣旨の種類や発給手続きについては、「伝宣草《でんせんそう》」（群書類従）「宣旨類《せんじるい》」（続群書類従）などの故実書に載せられており、それらを分析した五味文彦『院政期社会の研究』（山川出版社、一九八四年）、早川庄八『宣旨試論』（岩波書店、一九九〇年）などの研究がある。「奉」の字は、これまで読んできた部分では「たてまつる」として出てきたが、ここでは「うけたまわる」として用いられている。身分的に下から上へ作用する「たてまつる」と、下から見て上から下へと作用する「うけたまわる」では、同じ文字を使いながらもまったく作用の方向が異なり、意味も異なってしまう。その対象がどちらに作用した方がいいかを考えなくてはならない。たとえば、「奉仰」「奉院宣」のような上位者の命令は「うけたまわる」ものであり、「たてまつる」ものではない。「奉」は、古記録を読む上では気をつけたい語の一つである。

最後に、安徳天皇の次の天皇を選考する過程を伝える八月十八日条を取り上げよう。

寿永二年八月十八日条

十八日、庚戌、終日雨降、今日議定之趣、追可尋記之、定無異議歟、近代之作法而已、静賢法印以人伝云、立王事、義仲猶欝申云々、此事、先始以高倉院両宮被卜之処、官・寮共以兄宮為吉之由占申之、其後、女房丹波御愛物遊君、今八号六条殿、夢想云、弟宮四宮、信隆卿外孫也、有行幸、持松枝給之由見之、奏法皇、仍乖卜筮、可奉立四宮之様思食云々、然間、義仲推挙北陸宮、仍入道関白・摂政・左大臣・余四人、応召三人参入、余依疾不参、彼三人各被申云、北陸宮一切不可然、但武士之所申不可不恐、仍被行御卜、可被従彼趣、松殿ハ一向不及占、可被仰子細於義仲云々、余只奉勅定之由申了、仍折中被行御占之処、今度、第一四宮、依夢想事也、第二三宮、第三北陸宮、官・寮共申第一最吉之由、第二半吉、第三始終不快、以占形遣義仲之処、申云、先以北陸宮可被立第一之処、被立第三無謂、凡今度大功、彼北陸宮御力也、争黙止哉、猶申合郎従等、可申左右之由申云々、凡勿論之事歟、不能左右々々、凡初度卜筮与今度卜筮、被立替一二之条、甚有私事歟、卜筮者不再三、而此立王之沙汰之間、数度有御卜、神定無霊告歟、小人之政、万事不一決、可悲之世也、又聞、摂政被鍾愛法皇事、非昨今事、御逃去以前、先五六日密参、以女房冷泉局為媒云々、自去七月御八講之比、有御艶気、七月廿日比、被遂御本意、去十四日参入之次、又有艶言・御戯等云々、事体、御志不浅云々、君臣合体之儀、以之可為至極歟、古来無如此之蹤跡、末代之事、皆以珍事也、勝事也、被報密告之思、其実只起自愛念云々、今日大将送札云、去夜夢想、春日大明神告仰云、不審申事、余運事、日来之間、中心疑之歟、其告云々、更不可有疑、即夢中思之、信伏無極云々、幼少之心底思此事、尤可憐々々、此夢又可信々々、

【読み下し】

十八日。〈庚戌〉。終日雨降る。今日の議定の趣、追ってこれを尋ね記すべし。定めて異議無きか。近代の作法のみ。静賢《じょうけん》法印人をもって伝えて云く、立王の事、義仲なお鬱し申すと云々。この事、先ずはじめ高倉院の両宮

をもって卜《うらな》わるるのところ、官・寮共にもって兄宮吉たるの由これを占い申す。その後、女房丹波〈御愛物の遊君、今は六条殿と号す〉の夢想に云く、弟宮〈四宮、信隆卿の外孫なり〉行幸有り。松の枝を持ち給うの由これを見て、法皇に奏す。よって卜筮《ぼくぜい》に乖《そむ》き、四宮を立て奉るべきの様思《おぼ》し食《め》すと云々。然る間、義仲北陸宮を推挙す。よって入道関白・摂政・左大臣・余の四人、召しに応ずる三人参入す。余疾により参らず。かの三人おのおの申されて云く、北陸宮一切然るべからず。但し武士の申す所恐れざるべからず。よって御卜《みうら》を行われ、かの趣に従わるべし。松殿は一向に占いに及ばず、子細を義仲に仰せらるべしと云々。余只勅定を奉るの由申しおわんぬ。よって折中に御占《みうら》を行わるるのところ、今度、第一四宮〈夢想の事によってなり〉、第二三宮、第三北陸宮。官・寮共に第一最吉の由を申す。第二半吉、第三始終不快。占形《うらがた》をもって義仲に遣わすのところ、申して云く、先ず北陸宮をもって第一に立てらるべきのところ、第三に立てらるるは謂れ無し。およそ今度の大功、かの北陸宮の御力なり。争《いかで》か黙止せんや。なお郎従等に申し合わせ、左右を申すべきの由申すと云々。およそ勿論の事か。左右あたわず、左右あたわず。およそ初度の卜筮と今度の卜筮と、一二を立ち替わるるの条、甚だ私事有るか。卜筮は再三せず。しかるをこの立王の沙汰の間、数度御卜有り。神定めて霊告無きか。小人の政《まつりごと》、万事一決せず。悲しむべきの世なり。また聞く、摂政、法皇を鐘愛せらるる事、昨今の事に非ず。御逃去の以前、先ず五六日密かに参る。女房冷泉局をもって媒《なかだち》となすと云々。去る七月の御八講《ごはっこう》の比より、御艶気有り。七月廿日の比、御本意を遂げらる。去る十四日参入の次いで、また艶言・御戯《おたわむれ》等有りと云々。事の体《てい》、御志浅からずと云々。君臣合体の儀、これをもって至極となすべきか。古来かくのごときの蹤跡《しょうせき》無し。末代の事、皆もって珍事なり。勝事《しょうじ》なり。密告の思いに報いらる。その実ただ愛念より起こると云々。今旦大将札を送りて云く、去る夜の夢想に、春日大明神告げ仰せて云く、不審申す事〈余の運の事、日来の間、中心これを疑うか。その告げと云々〉更に疑い有るべからず。即ち夢中これを思うに、信伏極まり無しと云々。幼少の心底にこの事を思う。もっとも憐れむべし、憐れむべし。この夢また信ずべし、信ずべし。

「追可尋記之」「追可尋記也」は、日記にしばしば見られる常套句である。「追」は「逐」を用いることもある。後日書き込んだことを示す「後聞」で書き始められる記事が載せられている場合も少なくない。日記には時間をおいて、後から情報を書き込むことも多く、自筆本で残る『勘仲記《かんちゅうき》』などを見ると、最後の部分の記事が、一行程度の行間に小さな文字で二行補書されていたり、墨色が異なっていることから後の書き入れであることがわかる個所もある。「追可尋記」と書いたあと、数行分をあらかじめ空けてある部分もあり、そこに記事を書き入れている場合と、情報を手に入れられずに空行のまま残されている場合がある。写本では、こうした部分は通常の行間になおされてしまうから情報入手の時間差はわからなくなってしまう。自筆本のみが伝えることのできる貴重な非文字列情報である。

「定〜歟」は「きっと〜だろう」の意味である。「近代」の語は「近代之作法」「近代之法」「近代之例」のような形で、儀式のやり方や秩序が混乱していたり、本来の姿が衰退しているのを嘆く文脈で用いられることが多い。『玉葉』における「近代作法」「近代之作法」の用例を勘案すると、議定のもち方そのものではなく、議定の場における作法が「近代」のやり方であることに対する兼実の不満や嘆きの気持ちを表したものなのであろう。

静賢法印は『尊卑分脈』などによれば、藤原通憲《みちのり》（信西《しんぜい》）の男にあたる天台山門系の僧侶で、院の御願寺の上座や執行を歴任した後白河院の近臣の一人であった。「高倉院両宮」のうち、兄宮は三宮惟明、弟宮は四宮尊成（のちの後鳥羽天皇）を指す。尊成の母は藤原信隆の娘で、尊成即位後に叙位されて殖子の名をもち、院号を贈られて七条院と号した。

「卜」は訓読では「うらなう」、音読では「ぼくす」と訓む。亀の甲羅や鹿などの骨を焼いて吉凶を占うことである。このほか占いには、陰陽師が式盤を用いたり、筮竹を用いたものもあった。天皇や朝廷に関する占いはとくに「御ト」と称された。「官・寮」は、占いを行う二つの機関のことで、神祇官と陰陽寮を省略した言い方である。ここでは並列点が打ってあるからわかりやすいが、活字本によっては「官寮」となっており、「官僚」のことかと誤解しやすい。また占いに関する記事では「官」といえば神祇官を指すが、政務に関する記事など一般的には太政官を指して「官」ということが多いので注意が必要である。占いの結果が現れた甲羅や骨を、あるいは占いの結果、解釈、対応などを記した文書を「占形」という。なお、卜占については東アジア怪異学会編『亀卜』（臨川書店、二〇〇六年）、式占については小坂眞二『安倍晴明撰『占事略決』と陰陽道』（汲古書院、二〇〇四年）に詳しい。

女房丹波は後白河院の女房である。「御愛物遊君」とあるように、もとは江口あたりの遊女で、後白河院の愛人となり、その後宮に入って「六条殿」と呼ばれた。「夢想」は夢に見ることであるが、当時、夢は神仏の示現と考えられて重視されていた。夢の内容として、尊成が「行幸」したというのは天皇の行為であることを示し、また持っていた「松枝」は神のよりしろとされるものであるから、尊成に神の加護があることを示している。この夢想を聞いて、後白河院は占いの結果に背いて尊成を立てたというのである。このときの天皇擁立と丹後の夢想について、『平安時代史事典』の「丹波」の項目では、後白河院の寵妃丹後局高階栄子との混乱から生じた誤りとするが、『玉葉』にも記されるところであるから、一概に誤りとすることはできない。なお、尊成が選ばれた理由を、『延慶本平家物語』や『愚管抄』は占いの結果とともに、尊成が後白河院に対して人見知りしなかったことをあげている。

こうした動きに対して、京都を制圧していた源義仲は、以仁王の遺児である北陸宮の擁立をはかった。そのため後白河院は、入道関白基房・摂政基通と左大臣藤原経宗、右大臣兼実の四人に諮問すべく、彼らを御所に呼んだ。兼実は病のために参入しなかったが、残りの三人は召しに応じて参入し、それぞれ、「北陸宮はまったくよろしくない。ただし武士（義仲）の申し入れであるから、恐ろしい。そこで占いをして、その結果に従いましょう」、松殿すなわち基房は「占いなどせずに、詳しい事情を義仲にお話になったらよろしいでしょう」という意見だった。参入しなかった兼実も「ただただ院の決定に従います」という自身の考えを申し入れた。「折中」は「二つの相反する主張・意見・先例・法理などを調和させ、新たな結論を導き出すこと」という法律用語で、この時代の法家などによってよく用いられた。ここでは四人の意見の中から、もう一度占いをしようという結論を導きだし、今回は、丹波の夢想があった尊成が第一、第二が惟明、第三が北陸宮というエントリーで、占いをしたところ、神祇官・陰陽寮ともに第一が最吉、第二が半吉、第三はまったくの不快という結論が出た。その占形を義仲のもとに遣わしたら、義仲は「北陸宮を第一としてエントリーすべきであり、平家を都から追い落とした功績のある北陸宮を第三とするのはまったく謂われがない。どうして黙っていられようか。郎従たちと相談して、あれやこれや申し入れをしよう」と述べたという。

それに対して兼実は、義仲が郎従を率いて力ずくでやってくるであろうことを、「およそ勿論のことか。左右あたわず、左右あたわず」（ほぼ自明のことだろう。どうすることもできない）と嘆いているが、義仲の言い分にも理解を示していて、最初の占いと今度の占いとで、エントリーの一番二番の順を入れ替えるとは、ひどく恣意に満ちており、しかも占いは何度もするものではないのに、今回の皇位継承に関しては数回占いをしており、きっと神のお告げもないだろう、と述べている。ここでは「一二」は、一番二番という順番の意味で使われているが、「不能一二」（つまびらかにあたわず）など、記録語では「一二」を「つまびらか」と訓ませる場合があることを知っておきたい。次の「小人の政、万事一決せず」とは、再度の占いを提案した摂政基通に対する非難の可能性もあるが、『玉葉』では後白河院周辺の院近臣を指して「小人」と称していることが多いので（高橋秀樹『玉葉精読』一二二頁）、やり方をたびたび変更した彼らに対する批判ととることが妥当だろう。そして、基通への非難は再び後白河院との男色関係に及ぶ。

基通が法皇を深く愛されたことは昨日や今日のことではなく、院が法住寺殿から逃げ出す以前に、五、六日密かに参って、先の冷泉局に間を取りもってもらって院に接近した。**御八講**とは死者の忌日（命日）に合わせて追善のために行う法華八講の仏事のことで、『史料綜覧』によれば、七月には白河天皇のための法勝寺御八講（三日〜七日）と建春門院平滋子のための最勝光院御八講（八日～十二日）が行われていた。院の御幸があり、摂政も参入しているのは、『吉記』によると、七月七日の法勝寺御八講結願日である。最勝光院御八講初日は院の御幸があったものの、摂政は参入していない。このころから後白河院の「御艶気」があり、七月二十日頃に二人の関係は成就され、ふたたび八月十四日の参入の時に、「艶言」「御戯」があったというのである。兼実はこれを「君臣合体の儀はこれに極まった」と皮肉っている。「**蹤跡**」は先例のこと、「**勝事**」は滅多にない異常な出来事を指す。辞書には、めったにない良いことの意味で出ていることもあるが、古記録では悪い意味で用いることがむしろ多い。

この日の朝早く、「大将」が手紙を送ってきた。大将とは兼実の子息右大将良通《よしみち》である。良通は夢の中で藤原氏の氏神の春日大明神のお告げがあったことを伝えてきた。疑わしく思って神に申し上げていたことについて、決して疑ってはならないという告げだったという。良通が「送りて云く」につづく文章の中ではあるが、「余の運の事」と注記されている「余」とは兼実のことを指す。「云く～云々」のなかの人称は必ずしも直接話法の人称ではないので注意したい。兼実の運の事とは、新帝即位の時には摂政の地位につくこと指している。「**中心**」とは心中、心の中の意味である。基通と後白河院の話を聞いて、心の中ではもう望みが薄いと疑いかけていた事柄であった。良通が氏神春日大明神のお告げであるから、信じることは疑いないと手紙をよこしてきたのを見て、幼い子息が心の底から自分のことを思ってくれていることに感激し、その夢を信じたいと思う兼実であった。兼実周辺の人々の夢の話は元暦元年記に多いから、『玉葉精読』を参照されたい。

翌々日の二十日、次の天皇は四宮尊成と決まった。摂政も引き続き基通である。兼実は参入せず、三種の神器が無く、譲位の形もとらない「希代の珍事」である践祚の様子を良通や兼光からもたらされた情報をもとに記録している。夢破れた兼実は二十一日から本人が「万死一生」というほどの重病に陥り、しばらく床につく。頼朝の推挙によって兼実の夢が叶い、摂政・氏長者の地位に昇るのは、それから二年半後の文治二年（一一八六）三月のことであった。

コラム3　ふたつの「大夫」

人名を表記する際の「大夫《たいふ》」には大きく二つの意味がある。ひとつは「修理大夫」「中宮大夫」「左京大夫」「大膳大夫」などの官職名で、「○○職」と名のつく役所の長官を指すものである。「○○職」ではない役所名に大夫がつく場合、蔵人大夫や民部大夫・式部大夫・兵衛大夫・左衛門大夫などは、位が五位であることを示す「大夫」である。ただし、民部大夫は五位である民部省の役人という意味ではない。各役所の判官《じょう》（丞・尉）などの六位相当の官職を有していた人物は、五位に叙されると、六位相当の官職を辞さなくてはならなかった。官職名で人を呼ぶことが一般的だった貴族社会においては、そのあと官職に就かなかった場合、「もと民部丞で今は五位に叙されて民部丞を辞めた人」という意味で「民部大夫」と称されたのである。蔵人も同様で、蔵人には「六位の蔵人」と「五位の蔵人」があったが、五位に叙されると前者から後者へ自動的に昇進したわけではなく、蔵人を辞さなくてはいけなかった。蔵人大夫あるいは「蔵人五位」は、「もと六位の蔵人で、五位に叙されて蔵人を辞め、今は官職を有していない人」を指している。検非違使の判官（尉）は六位相当で、通常は五位になると辞任したが、特別に天皇から宣旨が出されて、なお検非違使の職に留まる場合があった（これを叙留という）。その場合は、五位の検非違使の尉という意味で「大夫尉」「大夫判官」と呼ばれた（「大夫」が職名の上につく）。大夫史も五位の位を有している太政官の史《し》で、史の巡爵《じゅんしゃく》で五位に叙されて辞職した史大夫とは異なる。このあたりの関係は、やや複雑なので注意したい。

なお、平安時代後期以降、叙爵と言えば、五位に叙されることを指し、六位以下に叙されるということはなかった。この時代の史料に見える「六位」とは、六位に叙された者を指すのではなく、五位に叙されていない官人をひとくくりにして呼んだ称である。

【参考文献】橋本義彦『平安貴族』（平凡社、二〇二〇年、元版一九八六年）

コラム4　男子公卿の装束

男子公卿の装束は正装が**束帯**《そくたい》、それに次ぐのが**衣冠**《いかん》で、参内や儀式への参加にはこのどちらかを用いるのが一般的であった（その中間の布袴《ほうこ》という装束もあった）。ともに上着は**袍**《ほう》で、四位以上は黒、五位は赤、六位は縹《はなだ》と、位によって色が決まっていることから**位袍**とも呼ばれる。文官は腋を縫い合わせてある**縫腋袍**《ほうえきのほう》、武官は腋が開いている**闕腋**《けつてきの》**袍**《ほう》であり、かぶり物には冠を用いた（武官でも公卿の場合は縫腋袍を用いた）。違いは束帯が下着として下襲《したがさね》や半臂《はんぴ》・衵《あこめ》・下袴《したばかま》をつけて、表袴《うえのはかま》をはき、下襲の裾《きょ》を長く引いて、袍の上には石帯《せきたい》・平緒《ひらお》などの飾りを施すのに対して、衣冠は下襲・半臂などを省略し、袴は下袴の上に指貫《さしぬき》をはき、石帯・平緒などはつけなかった（位袍に指貫をはき、石帯・平緒をつけるのが布袴である）。笏《しゃく》も束帯を着た時の持ち物である。文官でも帯剣を許されているものは、束帯の場合には太刀をはいた。

束帯や衣冠に対して、**直衣**《のうし》は、やや日常的な装束である。上着は袍であるが、位袍ではなく、季節や年齢に応じた色目・地質・文様の盤領《まるえり》の縫腋袍を用いた（位袍に対して、雑袍と呼ばれた）。下着には単《ひとえ》・衣《きぬ》・下袴をつけ、指貫をはいた。指貫の裾には括《くくり》と呼ばれる紐がついており、足首のところで紐をくくるのを下括《げくくり》、膝下でくくるのを上括《しょうくくり》と称した。直衣の時のかぶり物は、通常は**烏帽子**《えぼし》であるが、上級貴族が宣旨を得て、直衣での参内を許された場合には、冠をつけて参内した。これを烏帽子直衣に対して、冠直衣という。

さらに簡略な服装として**狩衣**《かりぎぬ》があった。本来は狩猟に出かけるときに用いる服装であったが、行幸・御幸などに供奉する時の服装として用いられた。一般には布（麻布）の材質を用いたことから**布衣**《ほうい》とも呼ばれた。上着は盤領闕腋の襖《あお》の一種で、袴は括袴あるいは狩袴などを用いた。かぶり物は立烏帽子または風折烏帽子である。

どのようなときに、どのような装束を着るか、装束のTPOはとても重要であったから、古記録には装束の記載は多い。束帯・衣冠・直衣を構成する衵・衣などの各パーツを、色と織り・文様などで修飾して説明するのが一般的で

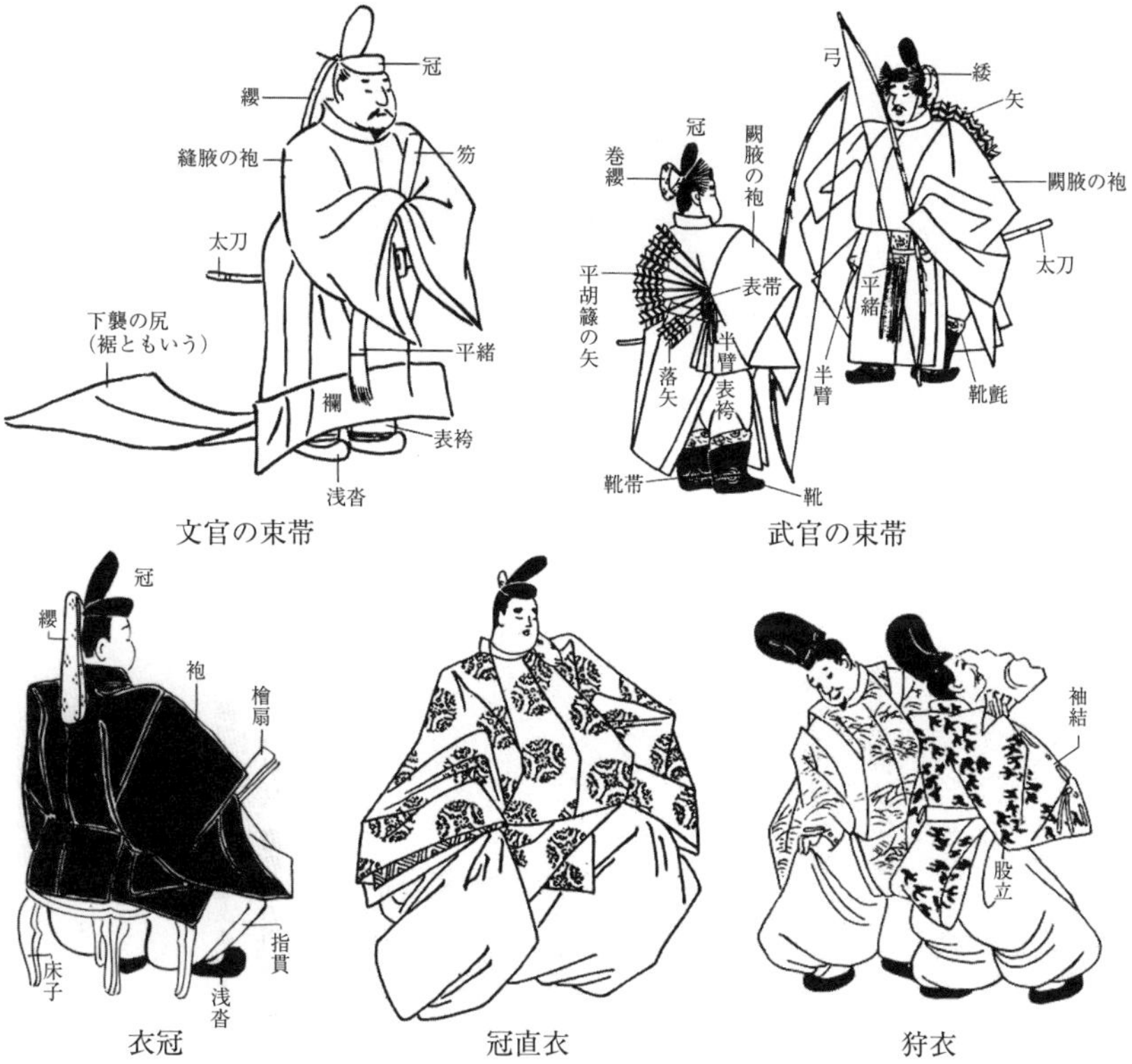

図 28 『有職故実図典』（吉川弘文館）より

ある。活字本では読点を間違えていることも少なくないので、注意が必要である。

【参考文献】歴世服装美術研究会編『日本の服装』上（吉川弘文館、一九六三年）、鈴木敬三編『古典参考図録・古典参考資料図集』（国学院高等学校、一九八四年改訂増補）、同監修『復元の日本史　王朝絵巻』（毎日新聞社、一九九二年）、同監修『有職故実大辞典』（吉川弘文館、一九九六年）。

第二章　民経記を読む

公事を記録し、それを自身や子孫の参考に資するのが日記の第一の目的であったから、公事に関する記事こそが日記の中心である。公事の種類は多く、節会・除目や各種神事仏事等の恒例年中行事と、即位・大嘗会や改元などの臨時公事があった。同じ公事の記録でも、記主の地位によって公事とのかかわり方は異なり、大臣や大納言・中納言であれば、上卿や参列の公卿の立場で記すことが多いであろうし、参議であれば、その職務である執筆作法などに力点が置かれるだろう。しかし、何と言っても公事の実務を担うのは蔵人・弁官クラスの中流貴族である。多くの場合、その記事は詳細であり、一挙手一踏足までもが記されていることも少なくない。登場人物の動きが細かくて複雑な記事は、ともすれば難解で、必要がなければ、読みとばしたいと思うこともあるだろう。しかし、古記録の本質が公事の記録であることを考えると、これを読まないと古記録を読んだことにならないといっても過言ではない。

院政期にも『為房卿記《ためふさきようき》』『中右記《ちゆうゆうき》』『永昌記《えいしようき》』『兵範記』『吉記』などのすぐれた蔵人・弁官の日記があるが、ここでは鎌倉時代の日記の中から藤原経光《つねみつ》の『民経記《みんけいき》』を取り上げることとする。『民経記』は大日本古記録として質の高い活字本が刊行されているので、利用しやすいことがその理由の一つである。また、自筆本が伝来しているので、その影印（紙焼き写真）がもたらしてくれる情報も多いだろう。国立歴史民俗博物館の館蔵資料データベースで史料画像を見ることもできるが、ウェブ上の画像は小さく、これを使った判読はかなり難しい。同館や東京大学史料編纂所などに架蔵されている写真帳の閲覧を勧める。

藤原経光は、日野流藤原氏の出身で、建暦二年（一二一二）藤原頼資《よりすけ》と源兼資《かねすけ》女との間に生まれた。日野流藤原氏は、侍読《じどく》や文章博士《もんじょうはかせ》などを勤める儒者の家系で、蔵人・弁官・検非違使の佐《すけ》などを経歴し、およそ権中納言を極官とした。その一方で、摂関家の家司や院司としても活動している。経光の父頼資は、文章博士や侍読こそ経なかったが、その父兼光や兄資実《すけざね》同様に蔵人・弁官などの実務型貴族の道を歩んだ。経光も、安貞二年（一二二八）蔵人となり、天福元年（一二三三）には、右少弁・右衛門権佐を兼ねて、いわゆる「三事兼帯《さんじけんたい》」の栄誉に浴した。その後、蔵人頭、参議を経て、権中納言・民部卿に昇り、文永十一年（一二七四）に六十三歳で没している。後堀河天皇皇女室町院に年預《ねんよ》院司として三十年余り仕え、近衛流摂関家（近衛家・鷹司《たかつかさ》家）に奉仕して、「殿中の元老」とも称されていた。長子兼頼《かねより》は早世したが、次子兼仲《かねなか》、その子光業《みつなり》らも同様の道を歩み、子孫は広橋《ひろはし》の家名を称して、室町時代には武家《ぶけ》伝奏《てんそう》として大きな発言力を持った。なお、日記の名『民経記』は民部卿経光の名に由来する。

『民経記』（『経光卿記』『中光記』などの名称もある）は、嘉禄二年（一二二六）から文永七年（一二七〇）までの記事が現存しており、自筆の暦記《れきき》・非暦日次記・別記、計四十八巻が広橋家・藤波家・岩崎家・東洋文庫を経て、現在、国立歴史民俗博物館に所蔵されている。『民経記』の詳細については、『大日本古記録　民経記十』（岩波書店）所収の解題、『企画展示図録　中世の日記』（国立歴史民俗博物館、一九八八年）、尾上陽介「『民経記』と暦記・日次記」（『日記に中世を読む』吉川弘文館　一九九八年）、財団法人東洋文庫編『岩崎文庫和漢書目録』（東洋文庫）、『広橋家旧蔵典籍古文書目録』（国立歴史民俗博物館）などを参照されたい。

ここでは、「天福元年正月記」の中から、代表的な公事である踏歌節会《とうかのせちえ》と県召除目《あがためしじもく》の記事を取り上げた。さらに、この増補改訂版では「天福元年四月記（下）」の中から政始《まつりごとはじめ》（外記政《げきせい》）の記事を追加した。この年、経光は二十二歳、正五位下、蔵人・治部少輔の地位にあり、正月の除目で少輔を辞して右少弁を兼ねた。この時期の史料は東京大学史料編纂所編**『大日本史料』第五編（東京大学出版会）**にほとんどが収められているので、関連史料を探したり、前後の動きを知るには、これを活用するといいだろう。

1　踏歌節会――天福元年（一二三三）正月十六日条――

まずは踏歌節会の記事である。節会は、節日など重要な日に天皇が群臣を集めて行う饗宴で、正月一日の元日節会、同七日の白馬《あおうま》節会、同十六日の踏歌節会、五月五日の端午《たんご》節会、七月七日の相撲《すまい》節会、九月九日の重陽《ちようよう》節会、十一月の豊明《とよのあかり》節会の恒例の節会と、立后、任大臣などの臨時の節会があったが、院政期に相撲節会は途絶え、行われても天皇の臨席を見ない節会もあった。後醍醐天皇の著した『建武年中行事』（和田英松『新訂建武年中行事註解』講談社学術文庫）には、元日節会・白馬節会・踏歌節会・豊明節会の四つが取り上げられている。講談社学術文庫版は現在入手困難だが、古記録を読む上では手元にあると便利な一冊である。なお、『建武年中行事註解』のような戦前に刊行された図書は、**国立国会図書館デジタルコレクション**（http://dl.ndl.go.jp/）でも閲覧することができる。ただし、戦後刊行の新版で、校訂し直されているものも多いから、利用には注意を要する。とくに史料集の場合は、それが顕著である。

踏歌とは足で地を踏み、拍子をとって歌う集団舞踏で、中国唐代の行事が、天武・持統朝のころ、日本に移入されたもので、踏歌節会はそれと在来の歌垣《うたがき》習俗とが結びついて成立した行事と言われている（山中裕『平安朝の年中行事』塙書房、一九七二年）。平安時代には男踏歌が正月十四日に、女踏歌が同十六日に行われるようになっていたが、男踏歌は永観元年（九八三）を最後に行われなくなり、以後は十六日の女踏歌のみとなった。『建武年中行事』の踏歌節会の項目を見ると、まず「十六日、踏歌節会、三献までは元日にことならず」とあり、三献までの儀式内容については元日節会の項目で詳述されている。『西宮記《さいきゆうき》』『北山抄《ほくざんしよう》』『江次第《ごうしだい》（江家次第《ごうけしだい》）』などの儀式書も同様であるから、儀式書を参考とするときには元日節会の項目も参照したい。これらの儀式書は『新訂増補故実叢書』（明治図書・臨川書店）に収録されているほか、新しい翻刻が『神道大系』（神道大系編纂会）としても刊行されている。『古事類苑』

歳事部（吉川弘文館）には、これら儀式書の記事を始め、主要な史料が集められているので便利である。元日節会・白馬節会については中田武司編『元日節会研究と資料』（おうふう、一九九四年）、同編『白馬節会研究と資料』（桜楓社、一九九〇年）もある。また、阿部猛ほか編『平安時代儀式年中行事事典』（東京堂出版）には儀式の内容や意義が要領よくまとめられている。儀式書における元日節会・白馬節会・踏歌節会の記載内容を詳細に解説した近藤好和『宮廷儀礼の文化史』（臨川書店、二〇一七年）もあるので、参考になるだろう。ウェブ公開されている東京国立博物館所蔵『元日節会図』も理解を助けてくれる。

『民経記』の記述で省略されている部分は、必要に応じて前述の儀式書で補いながら読んでいくと、儀式の流れや人々の動きがわかりやすい。ここでもそうして読んでいこう。また、一日分の記事が長いので、適当な分量に区切って読んでいく。大日本古記録は、追記や修正の跡を傍書で示しており、本文と区別できる組版をしてくれている。自筆本ではこうした修正過程から記主の筆録意識を読み取ることが可能となる。決して誤りではないのに、経光がなぜこの部分に文字を挿入したのか、書き替えたのかを考えながら読むと、より深い読み取りができる。ただし、本書では、版面の複雑さを回避するために、大日本古記録が示している重ね書きの下の文字に関する傍注は省略した。

天福元年正月十六日条（1）

十六日、辛酉、雨降、午刻参殿下、御出云々、次参近衛殿、以大隅前司信房入見参、権大納言被参、束帯、餝剣、魚袋、節会可踏歌節会参之料歟、謁大外記師兼掃部頭師光・吉田神主兼直宿禰等、世事雑談、次参内、入女房見参、只今今夕節会御装束等相装之程也、寺前大僧正被参、次参院、殿下令候給、以女官入女房見参、信盛参入、斎宮帰京条々可申事等多云々、予帰華、

【読み下し】

雨降る。午の刻殿下に参る。御出と云々。次いで近衛殿に参る。大隅前司信房《のぶふさ》をもって見参に入る。権大納言参らる〈束帯、飾剣《かざりだち》、魚袋《ぎょたい》。節会に参るべきの料か〉。掃部頭師光《かもんのかみもろみつ》・吉田神主兼直《かねなお》宿禰等に謁し、世事雑談す。次いで参内し、女房の見参に入る。ただ今今夕の節会の御装束等相装うの程なり。寺の前大僧正参らる。次いで参院す。殿下候せしめ給う。女官をもって女房の見参に入る。信盛《のぶもり》参入す。斎宮《さいぐう》帰京の条々、申すべき事等多しと云々。予帰《き》華《ひつ》す。

この日の昼頃、経光はまず摂政藤原（九条）教実《のりざね》のもとに赴いた。教実は出かけているということだった。「御出」の「御」は教実に対する敬語表現である。貴人の行動には「御」がつくことが多い。一方で自身の行動に「御」をつけることはない。古記録における「御」の字は、行動の主体を考える上で重要なカギであるから、留意して欲しい。この「御出」は出かけるの意であり、経光に対応するためにお出ましになったという意味ではない。お出ましの場合には「出御《しゅつぎょ》」を用いることが多い。

次に前関白太政大臣藤原家実《いえざね》の邸宅近衛殿に参上し、大江信房を通じて参上の旨を申し上げた（なお、「見参」については第一章で述べた）。そこへ権大納言藤原家良《いえよし》がいらっしゃった。束帯以下の注記は家良の着ていた装束の説明である。束帯を着し、左腰に飾り太刀をはき、右腰に魚袋を付けるという正装であったので、経光は「節会可参之料歟」すなわち、節会にいらっしゃるための装束だろうかと推察している。記録の中の「料」は多くの場合、「〜のためのもの」という意味で用いられる。さらに掃部頭中原師光と吉田神主卜部《うらべの》兼直に会って、世間話・雑談をした。この部分、経光はいったん大外記師兼《もろかね》と雑談したと書き、人名部分を消して掃部頭師光・吉田神主兼直宿禰の二人に書き直している。勘違いで記してしまったか、後日この部分を記したために、他日のことと混乱してしまったかだろう。

「宿禰《すくね》」は小槻《おづき》氏・卜部氏などが有する姓《かばね》で、諱《いみな》（実名）に姓（朝臣・宿禰・真人《まひと》など）をともなう人名表記は、その人物が四位であることを示す（コラム5）。

なお、登場する人名はいずれも『尊卑分脈』で確認できる。ただし、権大納言がなぜ家良に比定できるかについては、人名比定方法の一端として示しておきたい。この年の『公卿補任』を見ると、正月十六日段階で権大納言の官を有するのは、藤原基家《もといえ》・藤原家良・藤原実親《さねちか》・藤原家嗣《いえつぐ》・源通方《みちかた》・源高実《たかざね》の六名である。このうち、兼官がある家嗣と通方は、それぞれ「右大将」「中宮大夫」と呼ばれるから、この二人は該当しない。可能性があるのは基家・家良・実親・高実の四名である。この四人について、大日本古記録の人名索引や東京大学史料編纂所の**古記録フルテキストデータベース**を使って、この前後に使われている通称を調べてみる。基家は「九条大納言基家」（寛喜三年〈一二三一〉四月九日条）、実親は「三条大納言実親卿」（寛喜三年正月二十五日条）、高実は「九条新大納言高実卿」（天福元年正月二十四日条）で、「権大納言」が通称で用いられるのは「家良」であることがわかる（天福元年正月二十二日条）。比較的信頼性の高い大日本古記録であっても、人名比定の裏付けを取る必要はある。

次いで経光は四条天皇の閑院内裏に参り、内裏の女房を通じて見参をした。ちょうどこの日の夕方から行われる踏歌節会の鋪設を行っているときであった。「**装束**」は服装のことも指すが、儀式の際の会場の鋪設・室礼も装束といった。「装束す」と動詞として用いられることもある。ここでは深入りしないが、経光が「装」の右上に「相」の字を補っている意義を考えると、さらなる高次元の史料読みができるようになる。

閑院内裏の復元平面図は、太田静六『**寝殿造の研究**』（吉川弘文館、一九八七年）に収録されているので、これを見ながら儀式の進行と人々の位置関係を追っていくといい。同書には他の里内裏や貴族邸宅の復元図も載せられている。必ずしも万全な復元とは言えないが、参考になる。

その場に寺の前大僧正良尊《りようそん》が来た。「**寺**」は寺門のことで、すなわち園城寺（三井寺）を指した。「山」といえば比

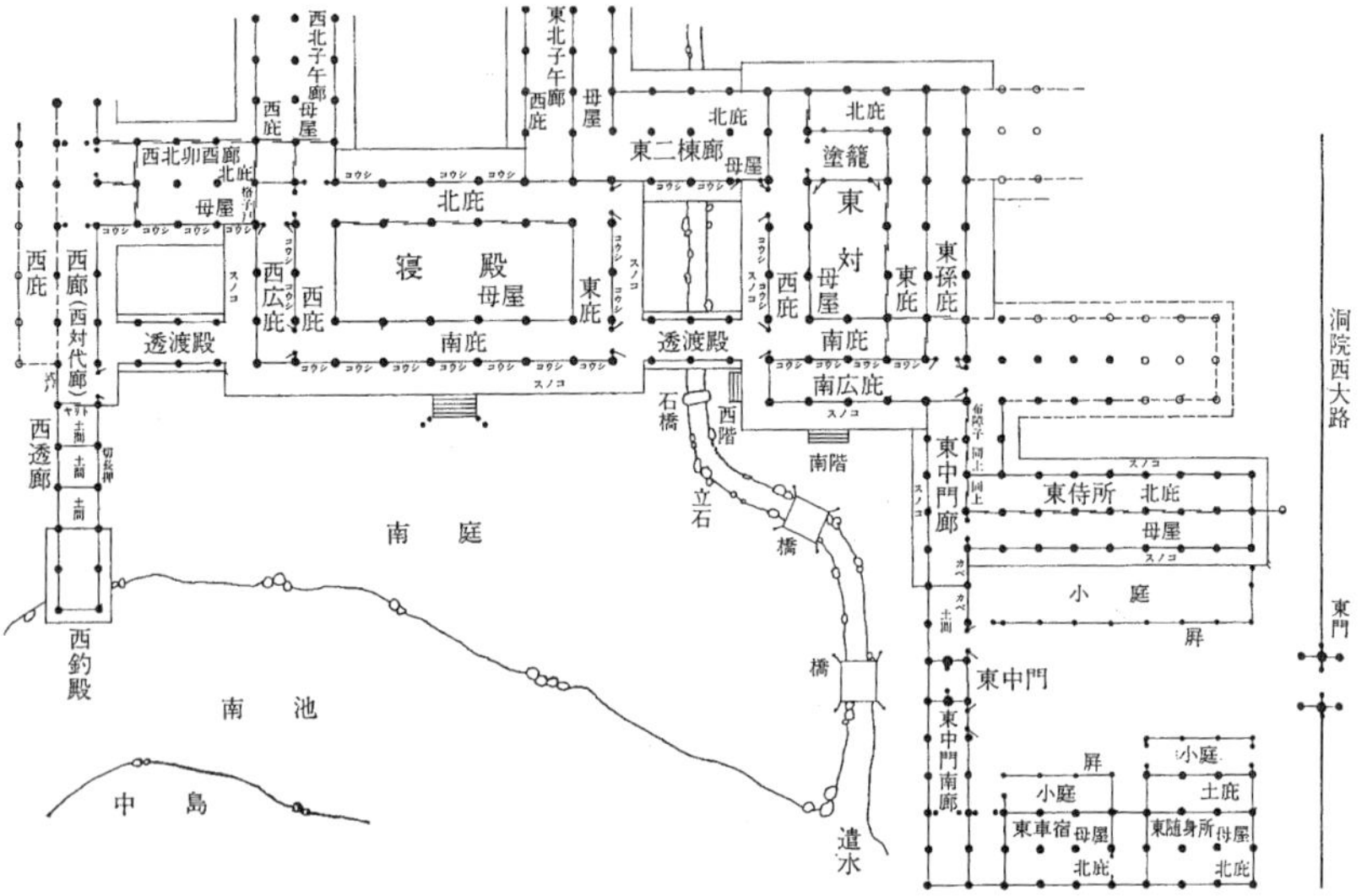

図29　平安末期の閑院第復原図（主要部）（太田静六『寝殿造の研究』吉川弘文館）

叡山（延暦寺）、「寺」といえば園城寺である。良尊は藤原（九条）良経の子息で、摂政教実の叔父に当たる人物であり（『尊卑分脈』）、寛喜二年から二年間は園城寺長吏を勤めていた（「僧官補任」群書類従。本書付録「古記録便覧」）。経光は、その次に参院した。院は四条天皇の父、後堀河上皇である。譲位後の後堀河院は、藤原実氏《さねうじ》の冷泉富小路《れいぜいとみのこうじ》亭を御所としていた（『百錬《ひゃくれん》抄《しょう》』貞永元年〈一二三二〉十月十四日条）。院のところには摂政教実が控えていた。「令～給」は、二重敬語で、きわめて丁寧な表現である。経光は「女官」（ここでは院の女房の意味）を通じて見参した。そこへ藤原信盛が参入してきた。信盛は後段に「左少弁信盛」と出てくるので、『新訂増補弁官補任』（八木書店）と『尊卑分脈』で姓氏と出自を確認できる。後堀河天皇の譲位で退下した伊勢斎宮利子内親王の帰京に関する事柄について、院に申し上げることが多いということであった。経光は、院御所を退出して家に帰った。「帰華」の「華」とは、いばらの意味で、自分の家を、いばらで門をつくった貧しい家と謙遜していう言葉である。文字としては「帰畢」と記されることもあり、その場合には「帰り畢んぬ」のつもりで記したのか、「華」の草冠を省略して、あるいは誤写によって「畢」になっ

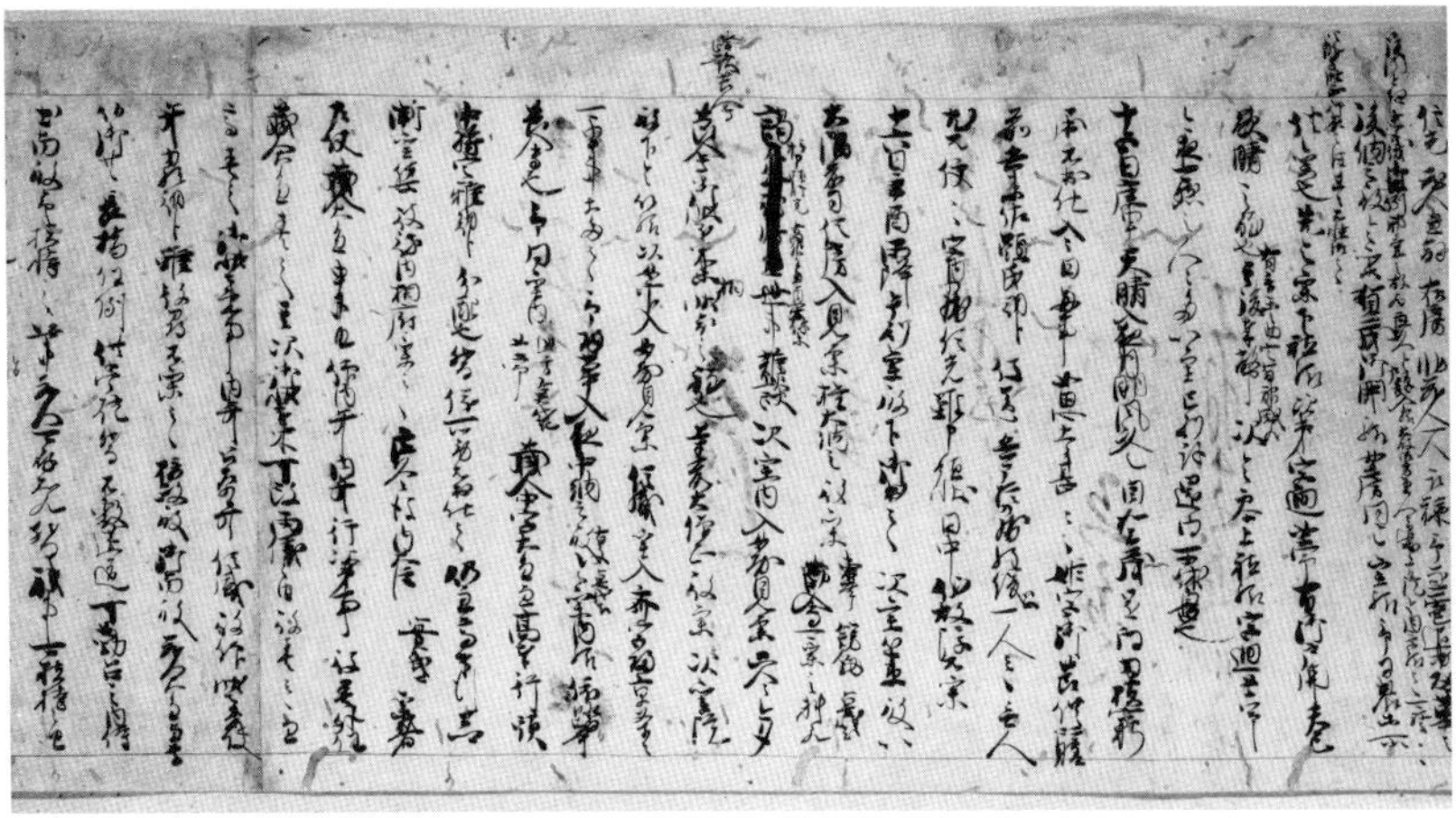

図 30　『民経記』天福元年正月 16 日条（国立歴史民俗博物館蔵）

てしまったのか、判断が難しい。自分の家の謙称としては「蓬屋《ほうおく》」（蓬で屋根を葺いた粗末な家）という言い方もある。

なお、本文二行目の行頭右傍の「踏歌節会」という書き入れは、後人が書き込んだ首付であり、訓読に際しては省略してしまっても構わない。

天福元年正月十六日条（2）

入夜中納言殿有文、魚袋、令参内給、依踏歌節会也、予同参内、巡方・魚袋如常、蔵人中宮大進兼高奉行、頭中将定雅朝臣分配也、然而依所労不出仕云々、仍兼高奉行、公卿漸参集、被待内相府参云々、良久之後、内大臣実氏公、参着左仗、蔵人大進申事由、仰内弁、内弁行次第事、被奏外任、蔵人大進奏之、其次、御装束可改雨儀之由被奏云々、兼高奏之、御装束事、内弁召左少弁信盛被仰、装束使弁為経朝臣雖被尋不参云々、

【読み下し】

夜に入り中納言殿〈有文、魚袋〉参内せしめ給う。踏歌節会によってなり。予同じく参内す〈巡方・魚袋、常のごとし〉。蔵人中宮大進兼高《かねたか》奉行す。頭中将定雅朝臣の分配なり。然れども所労によ

り出仕せずと云々。よって兼高奉行す。公卿ようやく参集す。内相府の参を待たると云々。やや久しきの後、内大臣〈実氏公〉左仗に参着す。蔵人大進、事の由を申し、内弁を仰す。内弁次第の事を行う。外任を奏せらる。蔵人大進これを奏す。その次いで、御装束、雨儀に改むべきの由奏せらると云々。兼高これを奏す。御装束の事、内弁左少弁信盛を召し仰せらる。装束使の弁為経朝臣尋ねらるといえども、不参と云々。

夜になって「中納言殿」が参内なされた。追記された「有文、魚袋」はその装束の説明である。ここでの「有文」は「有文巡方」の略で、石帯に施された銙《か》（金銀や石・玉の飾り）に文様が入っているということである。経光は中納言に対して「殿」の敬称を付け、最上級の敬語を用いている。中世前期の日記において、「殿」と敬称を付けるのは、記主の年長の近親者か主筋の家の人物に対してである。天福元年の中納言（権中納言を含む）のうち、その条件に合うのは父の権中納言頼資である。経光は踏歌節会のために参内する頼資とともに参内したのであった。この時の父の装束についても記しているのは、後に自身や子孫がその立場になった時のことを思って、追記したのだろう。踏歌節会の奉行を勤めた蔵人は、蔵人中宮大進藤原兼高である。本来は、頭中将藤原定雅に公事分配されていたが、所労により不出仕だったために、兼高が代わったのであった。年中行事については一年分の担当奉行が前もって定められていた。これを「公事分配」という。

公卿たちがようやく集まってきたが、「内相府」すなわち内大臣藤原（西園寺）実氏の参入を待っているとのことであった。「良久之後」は「ややひさしきののち」「ややひさしくしてののち」と訓む。「良久」だけで「ややひさしくして」と使うこともある。やって来た実氏は「左仗」（左近衛陣の座）に着いた。大日本古記録本は「参著」と表記している。これは正字優先主義を採る大日本古記録が「着」は「著」の俗字であるという考え方に基づいて「著」を用いているためである。常用漢字では「着」と「著」を区別しているので、ここは「参着」と読み替えていい。

料金受取人払郵便

本郷局承認

6427

差出有効期間
2026年1月
31日まで

郵便はがき

113-8790

東京都文京区本郷7丁目2番8号

吉川弘文館 行

愛読者カード

本書をお買い上げいただきまして、まことにありがとうございました。このハガキを、小社へのご意見またはご注文にご利用下さい。

お買上**書名**

＊本書に関するご感想、ご批判をお聞かせ下さい。

＊出版を希望するテーマ・執筆者名をお聞かせ下さい。

お買上書店名　区市町　書店

ふりがな ご氏名	年齢　　　歳　　男・女
〒 □□□-□□□□ ご住所	電話
ご職業	所属学会等
ご購読 新聞名	ご購読 雑誌名

今後、吉川弘文館の「新刊案内」等をお送りいたします(年に数回を予定)。
ご承諾いただける方は右の□の中に✓をご記入ください。　□

注 文 書

月　　日

書　　名	定　価	部　数
	円	部
	円	部
	円	部
	円	部
	円	部

配本は、○印を付けた方法にして下さい。

イ．下記書店へ配本して下さい。

（直接書店にお渡し下さい）

（書店・取次帖合印）

書店様へ＝書店帖合印を捺印下さい。

ロ．直接送本して下さい。

代金（書籍代＋送料・代引手数料）は、お届けの際に現品と引換えにお支払下さい。送料・代引手数料は、1回のお届けごとに500円です（いずれも税込）。

＊お急ぎのご注文には電話、FAXをご利用ください。
電話 03−3813−9151（代）
FAX 03−3812−3544

正月十六日に行われる踏歌節会の記事に出てくることはめったにないが、正月一日の元日節会の記事では節会の前に着陣に関する記事を記していることがある。大臣以下の公卿たちは、位階や官職に変動があると、陣座に着して、弁官・史・蔵人にもってこさせた官方・蔵人方の吉書を見る儀礼を行った。これを**着陣**と呼ぶ。着陣を済ませていないと、陣座での儀礼に参加できなかったので、十二月末の除目で昇進すると、元日節会に参加したとしても、陣座に集合できなくなってしまう。そこで、元日節会がはじまる直前に着陣儀礼を行うこともあったのである。

「蔵人大進申事由、仰内弁」は、踏歌節会奉行の兼高が実氏に対して、理由を説明して内弁を命じたという意味である。その言葉は、『江次第』によると、「内弁に候え」あるいは「内弁に仕れ」だったのが、院政期頃には単に「内弁」となったという。命じるという意味の「**仰**《おおす》」を五位の蔵人が内大臣に対して用いているのは奇異に感じるかもしれないが、この「仰」は天皇の命を蔵人が伝えているという意味の「仰」であるから、大臣に対しても「仰」となるのである。『建武年中行事』の元日の節会には「内弁の内大臣、陣の座につきてことを行ふ〈もし第一の人にあらずして、位次の大臣ならば、内弁に候ふべきよしを職事をもて仰せらる、なり〉」とある。**内弁**は、節会などの重要行事の際に承明門内の内裏で行事を統括した大臣の役職で、一上《いちのかみ》（第一の大臣）である左大臣が勤めるのが本来で、左大臣に故障があるときには右大臣や内大臣が勤めた。左大臣以外が勤める場合に、上記のような手続きを取ったのである。

「内弁行次第事」は、内弁が外任奏《げにんのそう》以下、式次第通りに行ったことを言っているのだろう。**外任奏**は、節会に列席する在京中の国司の名を記したもので、外記につくらせて蔵人を通じて天皇に奏聞した。この年は、儀式が雨儀で行われることになったので、それに合わせた室礼《しつらい》に改めることも加えて奏上した。室礼のことについては、内弁実氏が左少弁信盛を呼んで命じた。本来この役を勤めるべき装束使（**装束司**。行幸や朝儀・公事に際して設営や鋪設を担当する役職）の弁である藤原為経を探したが、不参ということであったので信盛に命じたのであった。

最後の文章では、「被」が尊敬の助動詞か受け身の助動詞か、「装束使弁為経朝臣」が主語なのか飛び出した目的語なのかを判断するのが難しい。「装束使弁為経朝臣」を目的語とみれば、「被」は尊敬の助動詞で、尋ねた主語は内弁ということになる。一方、「装束使弁為経朝臣」を主語とみれば、彼の行為に尊敬の助動詞は付かないから、「被」は受け身の助動詞ということになる。この時代の古記録において「被」が受け身の助動詞として用いられることは少なく、大半が尊敬の意味で用いられているので、ここでは主語の内弁に対する尊敬の助動詞として解釈した。

天福元年正月十六日条（3）

摂政殿御南殿、蔵人大進兼高候御共、長橋任例供掌燈、然而不敷筵道、可勧召之内侍出南殿、予扶持之、此事蔵人可存知歟、然而職事可扶持之由有殿仰之故也、蔵人兼嗣脂《指》燭前行、内侍参南殿簾中了、御装束、懸御簾如七日儀、階間御簾左右供掌燈、其外掌燈如常、近衛引陣、左、中将資季朝臣以下五六輩、右、中将有教朝臣以下五六輩、依雨儀所陣中門也、権大納言家良卿・左衛門督具実卿・中宮権大夫実有卿・藤中納言殿・二位宰相経高卿・左宰相中将実世卿・修理大夫資頼卿・新宰相有親朝臣等着外弁、左少弁信盛・少納言長成等同候之、内弁着宜陽殿兀子、雑色官人頼峯着束帯相従、此間、摂政殿於東階辺御見物、予候之、

【読み下し】

摂政殿南殿に御す。蔵人大進兼高御共に候す。長橋《ながはし》例に任せ掌燈《しょうとう》を供す。然れども筵道《えんどう》を敷かず。召しを勧むべきの内侍南殿に出ず。予これを扶持《ふち》す。この事蔵人存知すべきか。然れども職事扶持すべきの由殿の仰せ有るの故なり。蔵人兼嗣《かねつぐ》脂燭《しそく》を指し前行す。内侍南殿の簾中に参りおわんぬ。御装束、御簾《みす》を懸けること七日の儀のごとし。階《きざはし》の間《ま》の御簾の左右に掌燈を供す。その外の掌燈常のごとし。近衛陣を引く〈左、中将資季《すけすえ》朝臣以下五六輩、右、中将有教《ありのり》朝臣以下五六輩〉。雨儀により、中門に陣する所なり。権大納言家良卿・左衛門督具実《ともざね》卿・中宮権大

夫実有《さねあり》卿・藤中納言殿・二位宰相経高《つねたか》卿・左宰相中将実世《さねよ》卿・修理大夫資頼《すけより》卿・新宰相有親《ありちか》朝臣等外弁に着す。左少弁信盛・少納言長成《ながなり》等同じくこれに候す。内弁宜陽殿《ぎようでん》の兀子《ごつし》に着す〈雑色官人頼峯《よりみね》束帯を着し相従う〉。この間、摂政殿東の階の辺りにおいて御見物。予これに候す。

摂政教実は紫宸殿にいた。動詞としての「御」は「おわす」「おわします」と訓む。教実のもとには、兼高が供として控えた。紫宸殿と清涼殿を結ぶ長橋にはいつも通りに掌燈がともされたが、通行のための筵《むしろ》は敷かれなかった。この節会で召しの役を勤めることになっている内侍（掌侍《ないしのじょう》）が紫宸殿に出てきた。経光はその介添えを勤めた。「此事蔵人可存知歟」の「蔵人」は、次に「然而職事可扶持之由」とあって、経光が行ったことを考えると、職事（ここでは蔵人頭と五位蔵人）ではない、六位蔵人のみを指すのだろう。六位蔵人が承知していて行うべきことだろうと経光には思われたのに、「職事が扶持をしなさい」という摂政殿の仰せがあったので、経光が行うことになったというのである。六位蔵人兼嗣が脂燭をもって前を行き、内侍は紫宸殿の簾中に入っていった。本来の次第では、天皇が筵の敷かれた長橋を経て北西の戸から紫宸殿に入った。内侍が剣璽をもち、蔵人頭が裾を引き、蔵人が靴などを持って女官とともに付き従うことになっている。三歳の四条天皇が出御することは不可能だったから、内侍だけが紫宸殿に入ったのであろう。紫宸殿の舗設は、「七日儀」の通りに御簾を懸け亘してあった。「七日儀」は、正月七日に行われた白馬節会のことを指す。その舗設については『江次第』の「七日節会装束」に詳しい。それによると、通常は紫宸殿の母屋九間のうちの四間に壁代《かべしろ》の帷《とばり》をかけたが、天皇が臨席しない場合には母屋に錦額《きんがく》の御簾を懸けたという。階段にあたる間の左右には掌燈をともし、そのほかの掌燈はいつも通りであった。

近衛の将が陣を引いた。『北山抄』には「時刻、南殿に御す。左右近衛、南の階の東西に陣す」と、その場所が示されている。左近衛の陣には中将藤原資季以下の五六人（少将・将曹・将監など）、右近衛の陣には中将有教以下の五六人が列した。この日は雨儀で行われたので、南庭ではなく、中門の中に陣を引いた。藤原家良・源具実・藤原実有・藤原頼資・藤原経高・藤原実世・藤原資頼・藤原有親の諸卿が外弁に着した。左少弁信盛と少納言菅原長成の二人もそこに同じく控えた。**外弁**とは、承明門内の行事を統括する内弁に対して、承明門の外で諸事を執り行う役で、公卿の中から複数選ばれた。『公事録附図』には、元日節会の近衛の陣や外弁の座が描かれている。

内弁の実氏は宜陽殿の兀子に着した。実氏には雑色の頼峯が従っていた。『江次第』には「先ず陣の座の後ろにおいて靴を着するの後、近仗の警声を聞き、壇上より南行してこれに着す」とある。「官人」と注記された頼峯は、警《けい》蹕《ひつ》した近衛の官人に当たるのだろう。古記録で単に「官人」と出てくるのは、近衛府の下級官人か検非違使である。頼峯については、同時代の『明月記』にも藤原（近衛）兼経の随身の番長（衛府のトネリの長）「頼岑」と出てくる（今川文雄『新訂明月記人名索引』河出書房新社）。名に「頼」の字を用いていることからすると、秦氏の可能性が高いが、菊亭家本「秦氏系図」（丹生谷哲一『日本中世の身分と社会』塙書房、一九九三年）には見えない。兀子は四脚の四角い腰掛けで、『江次第』によると、宜陽殿の西庇の北から第四間の砌《みぎり》の上に置かれた。

この間のできごとを、摂政教実は紫宸殿の東の階のあたりで見物していた。経光もそこに控えていた。

天福元年正月十六日条（４）

内侍臨東檻、予扶持之如常、自屛風北妻所出也、内弁謝座昇、開門、闈司着、内弁召舎人、(二音、頗微音歟、如何、)少納言長成就版、(大夫君達召セ、内弁宣、敷尹少納言唯出、公卿権大納言以下列標下、内弁宣侍座、群臣再拝、謝座、酒正授空盞、群臣再拝、謝酒、酒正取空盞、群臣参上着座、)。一献之後、内弁内大臣早出、左衛門督勤［続］次内弁、毎事優美也云々、国栖奏如常、此間摂政殿令退下直廬給、内侍予扶持帰参御殿了、二献、御酒勅使、(二位宰相、)三献、立楽、

【読み下し】

内侍、東の檻《おばしま》に臨む。予これを扶持すること常のごとし。屏風の北妻より出ずる所なり。内弁謝座し昇る。開門。闈司《いし》着す。内弁舎人を召す〈二音。すこぶる微音《びいん》か。如何〉。少納言長成版に就く。内弁宣す、「大夫君達召せ」。少納言唯出。公卿権大納言以下、標の下に列す。内弁宣す、「侍座《しきいん》」。群臣再拝す〈謝座〉。酒正空盞を授く。群臣再拝す〈謝酒〉。酒正、空盞を取る。群臣参上し着座す。一献の後、内弁内大臣早出す。左衛門督続内弁を勤む。毎事優美なりと云々。国栖奏《くずのそう》常のごとし。この間、摂政殿直廬に退下せしめ給う。内侍、予扶持し御殿に帰参しおわんぬ。二献、御酒《みき》の勅使〈二位宰相〉、三献、立楽。

内侍が紫宸殿の東庇にある屏風の北の妻（端）から出て南行し、東の欄干に臨み、鰭袖《はたそで》を振って内弁に召しを伝えた。内弁実氏は謝座（二拝）をして昇ったとあるが、これを『江次第』『建武年中行事』等で補うと、内侍の召しをうけた内弁は、起座して微音で称唯する。**称唯**は「おお」と返事をすることで、「しょうい」の訓みだと「譲位」につながるとして、音倒して「いしょう」と訓んだ。宜陽殿の兀子から壇上、軒廊を経て、「練り」と呼ばれる作法を伴う足運びで進んで、左近衛の陣の南のほとりに到り、西に向いて一揖し、乾（北西）に向いて再拝（二拝）し、再び一揖して、軒廊《こんろう》を経て紫宸殿の東の階から昇り、母屋の座に着くのが本儀であったが、雨儀の場合には、近衛の陣までは行かず、兀子の前で謝座（二拝）した。揖《ゆう》、拝ともに拝礼の作法であるが、拝が腰を折って頭を下げるのに対して、揖は手を袖の中に入れて笏を持ち、笏と一緒に上体を前に傾けるものであった。

堂上に昇った内弁は、振り向いて「開門つかまつれ」と命じた。左右の将曹が近衛を率いて承明門に向かい、門と腋門を開き、また左右兵衛がその外側の建礼門を開いた。近衛の官人が軒廊の端あたりまでやってきて、門を開けた旨を報告した。宮城諸門の鎰《かぎ》の管理をおこなう女官である闈司二人が弓場殿《ゆばどの》の方から承明門の左右の腋に着した。内

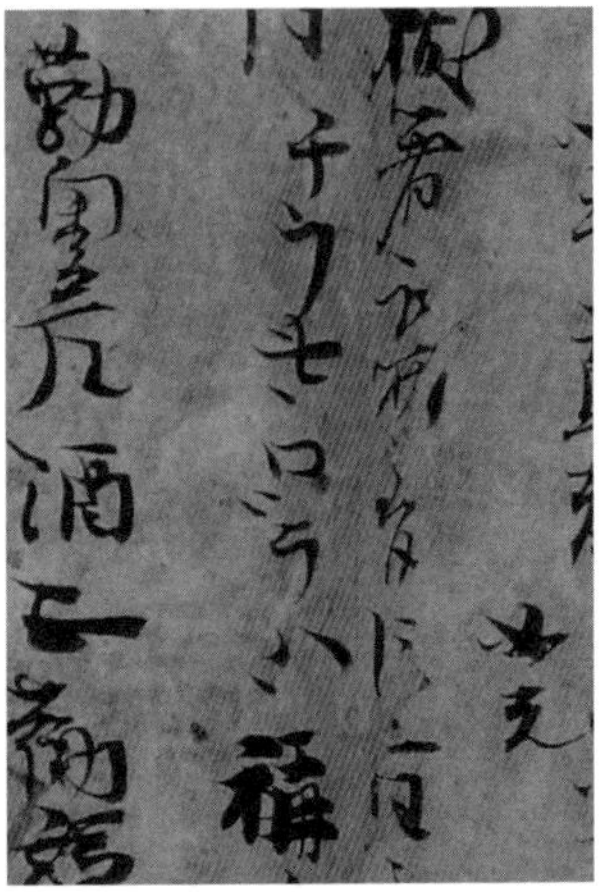

図31　『元日白馬節会部類記』嘉禄元年正月1日条の「チフサワラハ」に付された声点（国立歴史民俗博物館蔵）

弁が「闈司座にまかりよれ」と命じたのを近衛の官人が伝え、闈司が座に着くと官人がそれを報告したのであった。ただし、閑院内裏には南門がないので、南庭に承明門代を仮設していた。この間の出来事がこの日記では「開門、闈司著」と短く表現されている。大日本古記録では「闈司」と表記されているが、自筆本の画像では「圍司」と書かれている。史料上はこちらの表記の方が多いようである。

内弁は舎人を召した。その召し方は、とても小さな声で、二声で呼んだ。二声（二音）とは、二度発声して相手を呼ぶこと（尾上陽介「記録語「二音」」『日本歴史』七〇四、二〇〇七年）で、「トーネーリー、トーネーリー」と小さな声で二度呼んだのである。微音であることに、経光は「如何」と疑問を呈しているが、『建武年中行事』には「笏を近くあて、息をちらさず」と注記されており、小さな声でよかったようである。舎人を召したのは少納言を召すためであった。儀式書によれば、大舎人四人がそれに応えて承明門の外で声を合わせて称唯した。少納言菅原長成が門から走って入ってきて、南庭に置かれた版位《へんい》のところに位置した。内弁は少納言に対して「大夫君達召セ」（もうちきんたちめせ）と命じた。儀式の記事では、何と発声するのか、発声を音として書き留めておきたい場合には、この「召セ」のように仮名交じりで表現する。

こうした音声の世界を記録する方法のひとつとして「声点《しょうてん》」と呼ばれるアクセント記号を付すことがあった。文字に付した点の位置で音の高低を示すのである。藤原頼資の『元日白馬節会部類記』（国立歴史民俗博物館所蔵広橋本）では、儀式の際のセリフにこの声点が付されている（図31）。声点の概要は、秋永一枝「『熊野御幸記』の声点」（『国宝熊野御幸記』八木書店、二〇〇九年）を参照して欲しい。

少納言は称唯して門外に出、公卿たちを召した。外弁にいた権大納言以下の公卿たちは承明門代の左から入り、南庭の標（木製の目印）のもとに異《い》位重行《いじゅうぎょう》（二位の大納言の横に二位の中納言、その後列に三位の中納言、その横に三位の参議、その横に散三位、後列に四位の参議が並ぶというように、位階の違いを第一として、官職の違いも加味して並ぶこと）で北面西上（北を向いて西を上首として）に列した。『元日白馬節会部類記』には、嘉禄元年（一二二五）の元日節会における異位重行の列立方法が図示されている（図32）。公卿が列すると、内弁は「侍座」と声に出して命じた。故実叢書本『江次第』は「宣侍座」と表記し、元日節会では「オホセテイハクシキサニ」、踏歌節会では「ヲホスシキヰ二」とふりがなを振っているが、『建武年中行事』は仮名で「しきゐん」とだけ記している。『民経記』で挿入符号を用いて書き込んだ最初の「内弁宣」の後に「敷尹」と書いたのを消しているのは、次の「内弁宣」のところと間違えたからであろう。そうすると鎌倉時代には「しきいん」と発音されたとしていいだろう。

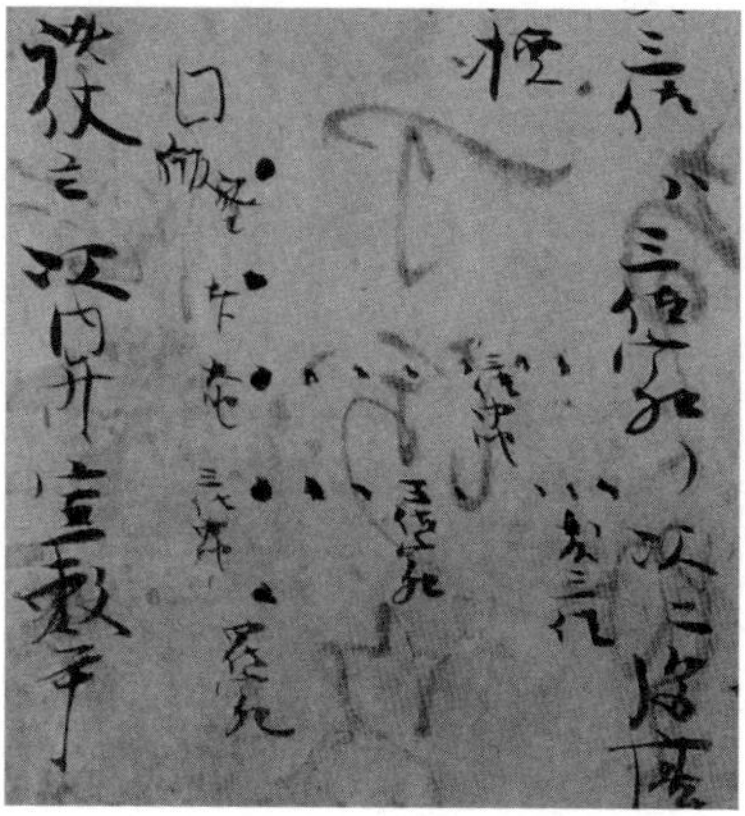

図32　『元日白馬節会部類記』嘉禄元年正月1日条の異位重行図（国立歴史民俗博物館蔵）

公卿たちは堂上の着座を許されたことに対して、礼の意を表すために再拝（二拝）した。この再拝を**謝座**といった旨が『江次第』にも記されている。軒廊から出てきた造酒正が「空盞《こうざん》《くうさん》」を第一の公卿に授け、公卿たちはもう一度再拝した。この再拝は、酒を賜ったことを謝すもので「**謝酒**」と呼ばれ、造酒正が帰るときに行った。造酒正が空盞を取って戻ると、公卿たちは軒廊の東二間から紫宸殿に上がって着座した。

天皇の臨席する節会では、この後、内弁が御膳を供することを命じ、役送《やくそう》の采女《うねめ》が御厨子所《みずしどころ》から運んだ中盤（食器を載せた中くらいの大きさの台）二つを、草墪《そうとん》に着した陪膳の采女が受け取り、懸けられていた覆いを取って**台盤**《だいばん》（食器などを置く四脚の台。テーブル）に置いて、八盤（酢・酒・塩・醤《ひしお》、餛飩《こんとん》・索餅《さくべい》・餲餬《かっこ》・桂心《けいしん》）を盛った御膳を内膳が供した。臣下は、内弁の命で餛飩を賜った。餛飩を居えおわると、公卿のうち大弁宰相が内弁に気色（合図）し、内弁も天皇の合図を伺った。天皇は「御箸下《くだ》る」という行為をした。箸を鳴らしたり、扇を箸の台に当てて音を出すことで、食べたことを示した（実際には食べなかった）。臣下もそれに従って箸を下した。次に、アワビの羹《あつもの》、御飯以下を供し、臣下には飯汁を賜い、「三節御酒」と称される酒を供した後、一献《いっこん》の儀礼となった。采女が天皇に酒を供し、臣下には、造酒正が盃をもち、内竪《ないじゅ》が瓶子をもって従い、「平らかに」と唱えて、各人に勧めた。

天皇の臨席がなかったこの天福元年の踏歌節会では、御膳のことは記されておらず、一献から記載されている。一献が終わると、内弁の内大臣実氏が早退してしまった。内弁はその役を他の公卿に引き継いだ。引き継いだ公卿を続《つぎ》内弁《ないべん》という。このときには左衛門督源具実が続内弁を勧めた。具実の所作は何事につけても優美であったという。吉野地方の土着民である国栖の歌笛の系譜を引くとされる、恒例の国栖の歌笛が承明門代の外で演じられた。この間、摂政教実は、直廬に退き、内侍も経光が扶持をして御殿（清涼殿）に帰った。

二献が行われ、次には「御酒勅使二位宰相」と記されている。これは内弁が起座して磬屈《けいくつ》し、「大夫に御酒給わん」と申し上げ、天皇の許しを得ると、内弁が参議一人を召し（官職名を訓読みして呼んだ）、召された参議は起座して称唯し、内弁の後ろに進み出る。内弁がその参議に「大夫達に御酒給え」と命じると、その参議は称唯、揖して東の階から軒廊に降りて、外記を召し、勅使となる侍従の名を記した交名《きょうみょう》を受け取って座に戻った。この参議の役を勤めたのが二位宰相経高であって、経高が御酒勅使だったわけではない。三献の後、楽人によって、万歳楽《まんざいらく》・地久《ちきゅう》・雅殿《がてん》・延《えん》喜楽《ぎらく》が演奏された（左楽《さがく》と右楽《うがく》が交互に演奏された）。雅楽については、『日本音楽大事典』（平凡社）、『雅楽事典』（音楽之友社）をはじめ、日本音楽の事典や入門書も多いが、歴史的な内容をふまえたものとして、ここでは芸能史研究会編『日本の古典芸能2　雅楽』（平凡社、一九七〇年）と遠藤徹『雅楽を知る事典』（東京堂出版）をあげておく。

ここまでの儀式は、元日節会に同じであり、この後、踏歌節会独自の儀礼となる。

天福元年正月十六日条（5）

坊家別当代左衛門督奏図、別当納言不参之間、内弁奏事由云々、是定例也、右中将（別当代）有教朝臣勤取次、次妓女依雨儀昇西階、兼列参御膳宿内、於南殿南庇三匝、女官等可移御酒具等母屋之処、懈怠了、不敵也、兼高不存知歟、如何、女嬬立南簀子脂燭、此妓女后宮御乳母・典侍・掌侍等所沙汰進也、兼高相尋致沙汰、諸卿下殿拝舞、復座、内弁左衛門督就弓場奏宣命、此間中納言殿御退出、予同退出了、宣命使可尋記、此後事非幾者歟、（依）雨儀、版位置宜陽殿壇上、群臣拝宜陽殿代土間也、禄所東中門、外弁床子東中門南腋東面、儲之者例也、

【読み下し】

坊家別当代左衛門督図を奏す〈別当納言不参の間、内弁、事の由を奏すと云々。これ定例なり〉。別当代右中将有教朝臣、取次を勤む。次いで妓女《ぎじょ》、雨儀により西の階を昇る〈兼ねて御膳宿《おものやどり》内に列参す〉。南殿の南庇において三匝《そう》。女官等、御酒具等を母屋に移すべきのところ、懈怠しおわんぬ。不敵なり。兼高存知せざるか。如何。女嬬、南簀子の脂燭を立つ。この妓女、后宮の御乳母・典侍・掌侍等沙汰し進《たてまつ》る所なり。兼高相尋ねて沙汰を致す。諸卿、下殿して拝舞し、復座す。内弁左衛門督、弓場に就き宣命を奏す。この間、中納言殿御退出。予同じく退出しおわんぬ。宣命使、尋ね記すべし。この後の事、幾らも非ざる者か。雨儀により、版位、宜陽殿の壇上に置く。群臣の拝、宜陽殿代の土間なり。禄所、東中門、外弁の床子、東中門の南腋〈東面〉にこれを儲くるは例なり。

「坊家」とは、内教坊《ないきょうぼう》のことである。女歌や踏歌を伝習して、妓女・倡女《しょうじょ》を養成する機関で、大納言・中納言が別

当に選ばれて統括し、その下に預や師などが置かれていた。このときは、別当の納言が不参だったので、続内弁の左衛門督具実が別当代として「図」を奏上した。このやり方がこの時期には定例になっていたらしい。『江次第』にも「別当参内せざれば、内弁これを奏す」とある。この「図」については、『北山抄』に「次いで内教坊別当、舞妓の奏を進む〈先ず奏を取り披見す。後に文杖を取りてこれを挿し参上す。これ踏歌図なり。別当署せず。中宮・東宮献ずる所の妓女、同じくこの内に在り。ただし中宮御別処はこれを献ぜず〉」とある。右中将有教が取り次ぎを勤めた。『江次第』では「別当少将、階の下においてこれを授く。進奏の儀、見参等のごとし」とある。『江次第』の元日節会の見参は、外記が進めた見参と内記がつくった宣命を内弁が見て、それぞれにいったん返した後、外記・内記を従えて階の下に到り、外記が宣命を取って見参と共に文杖に差し挟み、内弁に渡した。内弁は堂上に昇り、内侍に渡してこれを奏上し、天皇が見終わって返給された見参を外記に返すというものであった。見参の儀の外記に当たる役が有教の勤めた取り次ぎだったのだろう。ただし、踏歌図は、御所に留められ、返給されなかった。

内弁が座に戻った後、妓女が出てくる。妓女が南庭をめぐるコースは、一条兼良《いちじょうかねよし》の『江次第抄《ごうしだいしょう》』（続々群書類従）に図示されており、『新訂建武年中行事註解』にも引用されている。ただし、このときの儀式は雨儀だったので、妓女は前もって紫宸殿の西にあった御膳宿の内に列していて、そこから西の階を昇り、紫宸殿の南庇を三周回った。妓女の踏歌に際して、女官たちが酒宴で用いた酒具等を庇から母屋に移すべきだったのに、それをしなかった。経光はこれを指弾し、奉行の兼高が知らなかったからだろうかと、首を傾げている。『江次第』には「雨儀の時、御酒具、御屏風の内にこれを移さしむ。妓女、南庇において簀子を加え輪を造る」とある。内侍所に属して掃除・点灯などを司る女嬬が南簀子に脂燭（松の木を細く割って先に油をしみこませた小型の照明具）を立てて明かりをともした。

妓女は内教坊のほか、后宮や天皇の御乳母、典侍などからも献じられていた。内教坊そのものは十二世紀初めまでに衰退していたので、この時期には内教坊所属の妓女は存在しておらず、奉行の兼高が后宮の御乳母・典侍・掌侍の

図 33　『公事録附図』「踏歌節会宣命拝之図」（宮内庁書陵部蔵）

もとを回って、彼女たちに仕える女性を出してもらっていた。

「進」には「タテマツル」の古訓がある。口語を載せる『名《みよう》語記《ごき》』は「マイラス」と読む字に「進」を挙げているが、『訓点語彙集成』に「マイラス」の古訓は見えない。

公卿たちは紫宸殿から降りて、踏歌を見せてもらったことに謝意を表す拝舞をした。これを女楽の舞、舞妓の拝とも呼んだ。その作法については『国史大辞典』（吉川弘文館）の「拝舞」の項などに記されている。拝舞を終えた公卿たちはもとの座に戻り、内弁の具実は、紫宸殿と校書殿《きょうしょでん》の間にある弓場殿で内記がつくった宣命を奏上した。その宣命の文例は、内記の故実書「柱史抄《ちゅうししょう》」（群書類従）に載せられている。

ここで頼資が退出したので、経光も同じく退出した。そのため、その後の儀式を見聞しておらず、「誰が宣命使を勤めたのか、聞いて書き留めておこう。その後の儀式はどれほどのものでもなかったろう」と記している。雨儀であったので、宣命使が紫宸殿から降りて位置する版位が南庭ではなく、宜陽殿の壇上に置かれたこと、同じく紫宸殿から降り、列立して再拝する公卿たちの位置が左近衛の陣の南あたりではなく、宜陽殿代の土間であったことも記されている。禄所を東中門に設けたこと、外弁が座る床子を東中門の南腋に東向きに設けたことは、いつも通りであった。里内裏での儀式は、門や殿舎の位置が内裏と異なることに注意したい。

経光が見ていない儀礼は、儀式書によると次のようになる。宣命を返給された内弁は紫宸殿の座に戻り、参議一人を呼んで宣命を与えた。この参議を宣命使という。内弁以下は列立し、近衛たちも起立した。宣命使も紫宸殿から降りて版につき、揖して笏を装束に差し挟んで宣命を披き、宣命をやや捧げ上げて、宣命を二段に分けて読み上げた。そのたびごとに公卿らは拝舞した。宣命使は座に戻り、内弁以下の公卿たちも座に戻り、その後、退出した。

天福元年正月十六日条（6）

明日斎宮帰京伊世幣可被発遣之由有沙汰、而射礼并高倉院御国忌之間、有予儀〔議〕被延引云々、自本何明日之由有沙汰乎、奉行職事忠高有若亡也、如何、

【読み下し】

明日斎宮帰京の伊世幣、発遣せらるべきの由沙汰有り。しかるを射礼《じゃらい》ならびに高倉院御国忌《こき》の間、予議有りて延引せらると云々。もとより何《いか》で明日の由沙汰有るか。奉行職事忠高有若亡《うじゃくぼう》なり。如何。

ここからは別の話題となる。伊勢斎宮利子内親王の帰京を伊勢神宮に報告するための伊勢奉幣使《ほうへいし》発遣を明日にするということが決められたが、明日十七日は射礼という年中行事がおこなわれることと高倉天皇の国忌に当たるという理由でためらわれ、延期された。もともと何で十七日に行うということにしたのか、経光は奉行職事の忠高の無能ぶりを非難している。**国忌**は、歴代天皇や皇妃の命日（忌日）で、延喜式で固定され、その後、一部加除が行われた制

度であったが、一般的にはそれにかかわらず、天皇・皇后の忌日のことを国忌と称した。高倉天皇も他の天皇同様、遺言によって国忌を置くことを辞退しているから、正式な国忌のことではない。「予議」は、あらかじめ相談すること、躊躇することの両義があり、ここでは後者になる。「有若亡」は「あれどもなきがごとし」の意味で、存在意味をもたないこと、無能なこと、非礼なことを表す。

以上が、「天福元年正月記」の十六日条であるが、この年の『民経記』には暦記も存在する。念のために、暦記の正月十六日条を見ておこう。

天福元年正月暦記十六日条

『軫土』十六日、踏歌節会『三吉、忌遠行』辛酉、木危望沐浴、『神吉』下、除手足甲、侯需内、大歳後、月徳合解除吉

雨降、参殿下、参近衛殿、以信房入見参、参内、

参院、入夜帰参内、

踏歌節会事、蔵人大進奉行、

内弁、内大臣、外弁権大納言・左衛門督次内弁、・中宮権大夫・藤中納言殿・二位宰相・左宰相中将・修理大夫・新宰相、

近衛左資季朝臣以下、・右、有教朝臣以下、依雨儀毎事不見及、召内侍、予扶持之、

【読み下し】

雨降る。殿下に参る。近衛殿に参る〈信房をもって見参に入る〉。参内。

参院。夜に入り内に帰参す。

踏歌節会の事〈蔵人大進奉行〉。

内弁〈内大臣〉、外弁権大納言・〈次内弁〉左衛門督・中宮権大夫・藤中納言殿・二位宰相・左宰相中将・修理大夫・新宰相。近衛左〈資季朝臣以下〉・右〈有教朝臣以下〉。雨儀により毎事見及ばず。内侍を召す〈予これを扶持す〉。

暦記には、経光自身の行動を中心に、非暦日次記の前半に当たる部分の概略が記されていると言っていいだろう。

2　県召除目（摂政直廬儀）――天福元年（一二三三）正月二十二日〜二十九日条――

次は**春除目**（県召除目）に関する正月二十二日からの一連の記事を取り上げる。官職を任命するための儀式である除目には、定例のものとして、主に地方官を任命する春の県召除目と、中央官司の役人を任命する秋の**京官除目**がある。ほかにも、**小除目**とも呼ばれる臨時除目や、立皇太子・立后などに際して行われる立坊除目・宮司除目、賀茂祭に従事する役人を任命する祭《まつり》除目などがある。それぞれによって微妙にやり方が異なるし、摂政がいる場合には「直《じき》廬《ろ》の儀」で行われるなど大きく異なる。それぞれの儀式次第は『江次第』などの総合的な儀式書に詳しいし、『**除目抄**』（『図書寮叢刊　九条家本除目抄』明治書院）や『**魚魯《ぎょろ》愚抄《ぐしょう》**』（『史料拾遺　魚魯愚鈔』臨川書店）などの除目書はさらに詳細である。また『**古事類苑**』政治部・官位部にも関連する多くの史料が収められている。そうした中でも、和田英松『新訂建武年中行事註解』（講談社学術文庫）の注解はわかりやすく、役に立つ。最近、『明治大学図書館所蔵三条西家本除目書』（八木書店）という史料集も刊行された。

天福元年正月二十二日条（1）

廿二日、丁卯、天晴、日暖、自今日被始行県召除目、蔵人頭右大弁親俊朝臣奉行、申文内覧如法辰一点可参之由、昨日夕被相触、不審之間、内覧可為何所哉之由今朝相尋了、可為一条殿云々、巳刻参殿下、〈中文三通、内覧所調也、〉為〈左大弁宰相範輔卿・〉。蔵人弁祗候、頭弁未参、左大弁納言所望事奔波云々、予以但馬権守以良釈奠散状所内覧也、上卿以下催具了、山陵使日次〔以〕風記申入之処、可為二月廿八日之由被仰下、頭弁良久之後参入、中文二百通許〔為〕内覧被用意、人々所望書状如雨脚付頭弁、毎事速成敗歟、不便々々、頭中将参入、蔵人大進所労云々、良久之後、摂政殿〈御直衣、〉出御客亭、次中文内覧、頭右大弁親俊朝臣〈中文結申退之時、有揖、〉・頭中将定雅朝臣〈帯剣・笏、中文五通、〉・蔵人右少弁忠高〈中文五通、帯剣・笏、平緒、〉・予等候之、蔵人弁又覧▨〔政所〕中文、不結申如例、中将資季朝臣・右馬権頭有長朝臣以下近習人々群集見物、事了入御、

【読み下し】

天晴る。日暖かし。今日より県召除目を始行せらる。蔵人頭右大弁親俊《ちかとし》朝臣奉行。中文内覧如法辰の一点に参るべきの由、昨日の夕に相触れらる。不審の間、内覧何所《いずこ》たるべきかの由今朝相尋ねおわんぬ。一条殿たるべしと云々。巳の刻殿下に参る〈中文三通、内覧のために調うる所なり〉。左大弁宰相範輔《のりすけ》卿・蔵人弁祗候す。頭弁未だ参らず。左大弁納言所望の事奔波《ほんぱ》すと云々。予、但馬権守以良をもって釈奠《せきてん》の散状内覧する所なり。上卿以下催し具しおわんぬ。山陵使《さんりょうし》の日次《ひなみ》、風記《ほのき》をもって申し入るるのところ、二月二十八日たるべきの由仰せ下さる。頭弁やや久しきの後参入す。中文二百通ばかり内覧のために用意せらる。人々所望の書状、雨脚のごとく頭弁に付す。毎事速やかに成敗するか。不便々々。頭中将参入す。蔵人大進所労と云々。やや久しきの後、摂政殿〈御直衣〉客亭に出御す。次いで中文内覧。頭右大弁親俊朝臣〈中文結ね申して退くの時、揖有り〉・頭中将定雅《さだまさ》朝臣〈剣・笏を帯す。中文五通〉・蔵人右少弁忠高〈中文五通。剣・笏を帯す。平緒〉・予等これに候す。蔵人弁また政所中文を覧す。結《かた》ね申さざること例のごとし。中将資季朝臣・右馬権頭有長《ありなが》朝臣以下の近習の人々群集し見物す。

事おわりて入御す。

この日から県召除目が始まった。奉行の蔵人は、頭右大弁の平親俊であった。除目での任官を希望する者からの申状（奏状）を摂政に内覧する儀があるので、いつも通り辰の一点に参入するようにとの連絡を、昨日の夕刻に受けた経光は、不審に思って何処で内覧の儀を行うのかということを今朝尋ねたのであった。摂政藤原教実の邸宅である一条殿で行うとの返事であった。経光は、巳の刻に一条殿に行った。経光自身も任官を希望しており、依頼を受けたものと合わせて、内覧のための申文三通を用意していた。一条殿に着くと、参議左大弁の平範輔と蔵人右少弁の忠高が祗候していたが、頭弁の親俊はまだ参入していなかった。左大弁範輔は中納言への昇進を望んでおり、駆けつけたという。「奔波」は押し寄せるの意。除目の内覧が始まるまでの間に、経光は摂政家の申次を勤める但馬権守橘以良を通じて、二月に行われる釈奠の散状（役を勤める人々の名簿）を摂政に見せた。釈奠の上卿以下はすべて催し済みだった。山陵使を発遣する日時を「風記」（上申文書の様式のひとつ）で摂政に申し入れたところ、二月二十八日にするようにとの仰せがあった。頭弁の親俊がしばらくしてから参入した。親俊は申文二百通ばかりを内覧のために用意していた。人々の任官希望の書状・申状が雨霰と親俊に託される。経光は「事ごとに速やかに処理するのだろうか」と憐れんでいる。頭中将定雅は参入したが、蔵人大進は所労で来ないということであった。

しばらくして直衣を着した摂政教実が一条殿の客亭に出てきて、除目申文の内覧が行われた。頭親俊・定雅、忠高・経光の四人の蔵人が祗候した。親俊の注記にある「結申」は、「かたねもうす」と訓み、申文の事書部分など文書の一部を確認のために読み上げることを指す。『新訂建武年中行事註解』は「かたね」を「束ね結ぶこと」と解するが、誤りである。忠高はまた摂政家政所の申文を摂政に見せた。「覧」は、蔵人弁忠高が見たのではなく、忠高が摂政教実に見せたことを示す動詞である。摂政家政所の申文の際は、結ね申さないのが例であるという。この一条殿客亭で行われた内覧の儀式を藤原資季・源有長以下の教実の近習が見物していた。一連の儀式が終わると、教実は客亭から居住空間の方へと戻った。

天福元年正月二十二日条（2）

予参内、為撰定申文也、頃之頭弁・蔵人弁参内、予於台盤所入女房見参、頭弁参直廬、予等同之、只今直廬供除目御装束、職事左近大夫将監兼綱奉仕之、次頭弁（奥、）・頭中将（端、）・蔵人弁端、・予奥、着公卿休所、蔵人兼嗣・非蔵人等候其末、次撰定申文、先付荒短冊如例、抑蔵人弁忠高（帯剣、）為家司接此所云々、雖為職事為家司祗候之時、不撰定申文、只祗候云々、此事尤以不審、職事・家司相兼人撰定申文定事也、治承光長卿兼職事為家司祗候之時、不撰定申文云々、頭弁無其謂之由雖相触、不承引、此事不存知者也、中外記、史、式部・民部丞等申文、中靭負・兵衛馬允（尉）等申文等付短冊如常、袖書申文等予加袖書、中宮大夫（源朝臣）。二合申、臨時内給、二通、蔵人所、父職譲子申文二通、加袖書了、此間蔵人大進兼高（称所労遅参、）参入、加袖書、大略撰定了、蔵人兼嗣取目六、以大間先書入如常、其後可付小短冊云々、予此後退出、相触頭弁了、于時日迫連石之間也、予帰宅休息、有所労気、仍不帰参、其由相触頭弁了、休息、後聞、権大納言家良、・中宮大夫通方、・新藤中納言家光、・二位宰相経高、・左宰相中将（左大弁範輔、）実世、・新宰相有親朝臣、等参仕云々、蔵人弁忠高勤召、筥文右中弁時兼朝臣時兼朝臣依位次上臈（上）列上、・左中弁為経朝臣・権弁光俊朝臣・蔵人弁忠高等候之、勧盃頭弁親俊朝臣、瓶蔵人兼嗣云々、火櫃・衝重如例、衝重陪膳殿四位家司左中弁為経朝臣勤之云々、左大弁候執筆、今度除目人々昇進事、或無沙汰之由有其聞、或又有種々説等、尤以不審々々、

【読み下し】

予参内す。申文を撰定せんがためなり。しばらくして頭弁・蔵人弁参内す。予、台盤所において女房の見参に入

る。頭弁直廬《じきろ》に参る。予等これに同じ。ただ今直廬に除目御装束を供す。職事左近大夫将監兼綱《かねつな》これを奉仕す。次いで頭弁〈奥〉・頭中将〈端〉・蔵人弁〈端〉・予〈奥〉公卿の休所に着す。蔵人兼嗣《かねつぐ》・非蔵人等その末に候す。次いで中文を撰定す。先ず荒短冊を付すこと例のごとし。そもそも蔵人弁忠高〈帯剣〉家司《けいし》としてこの所に接《まじわ》ると云々。職事《しきじ》たりといえども家司として祗候するの時、中文を撰定せず。ただ祗候すと云々。この事もっとももって不審なり。職事・家司相兼ぬる人中文を撰定するは定事《さだめごと》なり。治承の光長卿職事を兼ね家司として祗候するの時、中文を撰定せずと云々。頭弁その謂われなきの由相触るといえども承引せず。このこと存知せざる者なり。外記、史、式部・民部の丞等を申す中文、靫負《ゆげい》・兵衛の尉、馬允等を申す中文等に短冊を付すこと常のごとし。袖書《そでがき》中文等、予袖書を加う〈中宮大夫源朝臣二合申す。臨時内給《二通》、蔵人所、父の職子に譲る中文二通、袖書を加えおわんぬ〉。この間蔵人大進兼高参入し〈所労と称して遅参す〉、袖書を加う。大略撰定しおわんぬ。蔵人兼嗣目六を取る。大間《おおま》をもって先ず書き入るること常のごとし。その後小短冊を付すべしと云々。予この後退出す。頭弁に相触れおわんぬ。時に日迫って連石の間なり。予帰宅し休息す。所労の気有り。よって帰参せず。その由頭弁に相触れおわりて、休息す。後聞す、権大納言〈家良〉・中宮大夫〈通方〉・新藤中納言〈家光〉・二位宰相〈経高〉・左大弁〈範輔〉・左宰相中将〈実世〉・新宰相〈有親朝臣〉等参仕すと云々。蔵人弁忠高召しを勧む。筥文《はこぶみ》右中弁時兼朝臣・左中弁為経朝臣〈時兼朝臣位次上臈により上に列す〉・権弁光俊朝臣・蔵人弁忠高等これに候す。勧盃頭弁親俊朝臣、瓶蔵人兼嗣と云々。火櫃・衝重《ついがさね》例のごとし。衝重の陪膳殿上四位の家司左中弁為経朝臣これを勤むと云々。左大弁執筆に候す。今度の除目人々昇進の事、或いは無沙汰の由その聞こえ有り。或いはまた種々の説等有り。もっとももって不審々々。

経光は、一条殿を出て参内した。蔵人として、除目の中文の中から任官させる者を選ぶためであった。しばらくして頭弁親俊と蔵人弁忠高が参内してきた。経光は清涼殿西庇の台盤所で女房を通じて参上の旨を申し上げた。台盤所の性格については、秋山喜代子『中世公家社会の空間と芸能』（山川出版社、二〇〇三年）を参照されたい。親俊が摂政の直廬に行き、経光らもそれに従った。たった今、直廬に除目用の舗設をしたところであった。それを担当したのは職事左近大夫将監源兼綱であるが、この「職事」とは、蔵人のことではなく、摂関家侍所別当の別称としての「職事」である。親俊以下、蔵人頭・五位蔵人の四人が公卿休所の端・奥それぞれの座に座り、さらにその末席に六位蔵人の兼嗣と非蔵人（蔵人の見習いで、雑事を勤める）たちが祇候した。ここで申文撰定が始まる。『江次第』の「秋除目〈摂政時儀〉」「摂政時叙位事」などで補いながら、説明していこう。

参集した蔵人のうち、忠高は、実際に申文を撰定する蔵人として座に加わったのではなく、摂政家の家司（政所別当）の識者として、撰定の遂行を見守るために参加したのであった。「接」には、「まじわる」という古訓があり、ここでは「まじわる」と訓んでおいた。家司を兼ねている蔵人が家司の立場で祇候する時には、撰定に加わらず、ただ祇候するだけという説に、経光は不審を感じていた。この「職事」は先ほどと違い、蔵人の意味である。経光は、家司と蔵人を兼ねている者も撰定に加わるのは当然だと考え、撰定に加わらないのは謂われがないと頭弁に伝えたが、頭弁は治承年間の藤原光長が撰定に加わらなかった例を出して、承引しなかった。経光は、親俊の無知を非難している。

まず申文に短冊を付ける作業が行われた。短冊には荒短冊と小短冊の別があり、除目の種類ごとの項目を書き付けて、申文の緒に結びつけた。この短冊は中山定親《なかやまさだちか》の日記『薩戒記《さつかいき》』に図示されていて、『建武年中行事註解』の県召除目の項にも引用されている。

外記・史・式部丞・民部丞の任官を希望する申文、靫負尉（衛門尉）・兵衛尉・馬允を希望する申文にもいつものように短冊を付けた。また、内給・臨時給・二合によって京官を希望するものには短冊を付けるのではなく、文書の端裏に「袖書」を記した。経光が「中宮大夫源朝臣二合申」「臨時内給」などの文字をそれぞれに書いた。短冊を付けるものと、袖書を記すものの別は、『九条家本除目抄』（図書寮叢刊）の春除目第一に示されている。これらの申文は、硯の蓋を裏返しにしてそこに盛った。

院・女院・皇妃以下公卿までがもつ官人推薦権を御給《ごきゅう》あるいは給と呼ぶ。諸国の目《さかん》など二分の官一人分と、史生など一分の官一人分の推薦権をあわせて、掾《じょう》などの三分の官一人を推薦することを二合という。

この間に、所労と称して遅刻してきた兼高が座に加わり、袖書を加えて、およそ撰定を終えた。そして六位の蔵人である兼嗣が、これらの申文の目録を取った。いつも通りに、任ずべき闕官を書き上げた大間に書き入れる形式だった。その後で、申文に小短冊を付けることになっていたが、経光はここで頭弁に伝えて席を外してしまった。自宅に戻って少し休んで再び出勤するつもりでいたが、具合が芳しくなかったので、帰参せず、その旨を頭弁に触れて、そのまま休んでしまった。

その後行われた除目の出席者等は「後聞」という形で書き込まれている。儀式内容は『民経記』に記されていないので、『江次第』『建武年中行事』などの儀式書や『吉記』養和元年三月二十四日条などから概略を復元しておこう。

直廬に摂政の座、執筆の座、大臣の座、納言・参議の座を敷いた。本来は清涼殿で行われるが、摂政の儀の時には摂政の直廬が用いられた。公卿が陣座に着座し、摂政が直廬の座に着座した。摂政の出御がない時には布袴を簾中に置いて、摂政がいるかのごとく見立てた。まず蔵人頭あるいは五位の蔵人が陣座に出て、上卿に摂政の命を伝えた。その詞は『吉記』に「今日より除目の議を行わるべし。諸司に召し仰せよ」とある。命令を伝えた蔵人は直廬にいる摂政にそれを報告した。また同じく陣座にいる公卿を直廬に召した。上卿の大臣が外記を呼んで「筥文候え」と命じると、外記が硯・筆・墨が入った硯筥と文書が入った筥文を持って、日華門から入り宜陽殿南の小庭に列した。それ以前に外記が「闕官帳」を進め、蔵人が摂政の座の前に置いていた。大臣以下の人々は起座し、承香殿の後ろを経て、直廬が設けられている凝華舎《ぎょうかしゃ》に到り、次々と昇殿して着座した。弁官以下はその殿舎の東側の地に立ち、弁は笏を装束に差し挟み、筥を取って揖して昇殿した。そこまで筥を持ってくるのは、外記や史生の役であった。弁は膝をついて進む膝行《しっこう》で昇り進み、筥を執筆の座の前に置き、笏を抜いて揖をせずに退いた。もちろん直廬が設けられている殿舎は一様でなく、里内裏の場合には隣接する邸宅に設けられていることもあったので、このあたりの人々の動きは異同がある。

普通の除目は左大臣もしくは大臣が執筆を勤めるが、直廬の儀では左大弁が勤めた。摂政の「左大弁此方爾」という仰せをうけた左大弁は、微音で称唯し、参進して執筆の座に着き、まずは第一の筥の文書を開き見、次いで闕官帳を開き見て、膝行して闕官帳の入った筥を摂政の前に置いた。摂政はその闕官帳を見て返給した。もとの座に戻った執筆の左大弁に「早く」と促すと、左大弁は巻物状の大間を取り、それを繰《く》りながら、任人を書き入れた。巻子（巻物）を巻くことを繰るという。まずは式部・民部・兵部の三省からの申請分、次に院宮給・公卿給の順であった。その際、左大弁は摂政からそれぞれ短冊の付された申文を賜り、任官が決定した申文にはかぎ形の印を付け（勾《かぎ》を懸く、という）、必要な注記を加えて、三通以上ある場合には紙縒《こより》で結んだ。この任官が決定した申文を成文《なりぶみ》、それを束ねたものを成柄《なりがら》といった。

その間に、火櫃や折敷《おしき》（あるいは衝重《ついがさね》）・高坏に盛られた饗饌《きょうせん》（内蔵寮が調えた）が諸大夫によって運び込まれる。蔵人頭が摂政に盃を勧め、五位蔵人が瓶子を持って酌をして、一献の勧盃が行われた。

今回は大臣が参入せず、権大納言家良以下が参仕し、五位蔵人忠高が召す役を、時兼・為経・光俊・忠高の四人の弁官が筥文の役を勤めた。時兼は右中弁、為経は左中弁で官職としては左中弁の方が上であるが、官位の高下を第一とするので、位次が高い時兼の方が上に列した。勧盃は蔵人頭親俊、瓶子を取る役は六位蔵人の兼嗣であった。摂政の座の前に衝重を置く陪膳の役は摂政家の家司でもある為経が勤めたということであった。

天福元年正月二十三日条

廿三日、戊辰、天晴、（中略）其後予参内、依除目第二日也、（中略）今夜笏文弁官不足、予可勤仕之由、頭弁相触、承了之由返答了、良久之後、公卿少々着仗座云々、頭弁申事具之由、次殿下出御々座、蔵人右少弁忠高参進、於陣召公卿、次新藤中納言〈家光、〉・左大弁〈範輔、兼参直盧候公卿休所、〉・修理大夫〈資頼、〉・新宰相〈有親朝臣、〉等参入〔自直盧西門〕、〔叙位・除目〕参着御前、次権右中弁光俊朝臣・蔵人中宮大進兼高・蔵人右少弁忠高〈剣・笏、〉等列立直盧南砌、〈東上北面、此間弁官北上東面列立、而今度光俊朝臣為上首如此列立、〉〈予笏文刻限可〔進出〕取之由相存者也、〔予〕可列立之由有其催、然而刻限可進出之旨相存之由返答了、〉外記等持笏文列立、〈北上東面〉光俊朝臣揖離列立上、〈西面、東立蔀前、無揖、〉〔令立〕取笏文参進、〔於沓脱下弁侍取沓直裾、〕〈沓脱下脱沓了、〉自第二間膝行参進、置笏文退、於長押上抜笏、次蔵人大進〔兼高〕立上取笏文如常、〔於沓脱下小舎人取沓、沓脱下脱沓、〕参進儀同前、退時於長押下抜笏、次蔵人弁〈忠高、〉参進、〔取笏文〕〈於沓脱上脱沓、予如此存知了、尤可然歟、〉於長押上抜笏退、予此後自沓脱下立前庭、〔着沓、出納親清献之、持笏、〕〈西面、〉〈立蔀前、〉次外記持来笏文、予指笏取笏文、次外記退立、予参進昇沓脱、〔故祖父入道殿并納言殿於沓脱上令脱御了、所追其例也、〕於其所脱沓、〈小舎人久直取沓、〉次参進昇弘庇長押、斜行至第一間、西柱東方膝行、〈三歩、〉次〔懸笏於長押、〕取直笏文置之、〈以笏右肩引直了、笏自北南へ四合所並置也、〉次逆行、〈不幾、〉向東角方抜笏、〈抜笏、雖聊不伏者作法也、〉次立左足向西方、右足浮天即向西、退去了、至第三〔取〕笏人、自二間参進者例也、次依召執筆左大弁範輔卿移着円座、次第如常、縿大間之間、置火櫃・衝重、〈殿職事等役之、〉殿下御前衝重四位家司〔殿上〕光俊朝臣為陪膳、〔前木工権頭〕盛長以下五六許輩役之、此間及半更、〔有〕顕官挙、新藤中納言参進、賜申文披封、次第如例、此間人々漸退出歟、〔不事了之以前早出、不敵也、〕奉行職事并予所祇候也、予又依有労事、相触頭弁退出、于時半夜鐘声頻報之程也、此後事無指事、可尋記、

【読み下し】

天晴る。（中略）その後予参内す。除目第二日によってなり。（中略）今夜笏文の弁不足。予勤仕すべきの由、頭

弁相触る。承りおわるの由返答しおわんぬ。やや久しきの後、公卿少々仗座に着すと云々。頭弁事具すの由を申す。次いで殿下御座に出御す。蔵人右少弁忠高参進す。陣において公卿を召す。次いで新藤中納言〈家光〉・左大弁〈範輔、兼ねて直廬に参り、公卿の休所に候す〉・修理大夫〈資頼〉・新宰相〈有親朝臣〉等直廬の西門より参入し、御前に参着す。次いで権右中弁光俊朝臣・蔵人中宮大進兼高・蔵人右少弁忠高〈剣・笏〉等直廬の南の砌に列立す〈東上北面。この間叙位・除目の弁官北上東面に列立す。しかるを今度光俊朝臣上首としてかくのごとく列立す。予筥文の刻限に進み出で取るべきの由相存する者なり。予列立すべきの由その催し有り。しかれども刻限に進み出ずべきの旨相存するの由返答しおわんぬ〉。外記等筥文を持ち列立す〈北上東面〉。光俊朝臣揖し列を離れ上に立つ〈西面。東の立蔀《たてじとみ》の前に立たしむ。揖無し〉。筥文を取り参進す〈沓脱《くつぬぎ》の下に沓を脱ぎおわんぬ。沓脱の下において弁侍沓を取り裾を直す〉。第二間より膝行し参進す。筥文を置き退く。長押《なげし》の上において笏を抜く。次いで蔵人大進兼高上に立ち筥文を取ること常のごとし〈沓脱の下において小舎人沓を取る。沓脱の下に沓を脱ぐ〉。参進の儀同前。退く時、長押の下において笏を抜く。次いで蔵人弁〈忠高〉筥文を取り参進す〈沓脱の上において沓を脱ぐ。もっとも然るべきか。予かくのごとく存知しおわんぬ〉。長押の上において笏を抜き退く。予この後沓を着し〈出納親清これを献ず〉。沓脱の下より前庭に立ち、笏を持つ〈西面。立蔀の前〉。次いで外記筥文を持ち来る。予笏を指し筥文を取る。次いで外記退き立つ。予参進して沓脱を昇る〈故祖父入道殿ならびに納言殿、沓脱の上において脱がしめ御《おわしま》しおわんぬ。その例を追う所なり〉。その所において沓を脱ぐ〈小舎人久直《ひさなお》沓を取る〉。次いで参進して弘庇《ひろびさし》の長押を昇り、斜行して第一間に至る。西柱の東方に膝行す〈三歩〉。次いで筥を長押に懸け、筥文を取り直しこれを置く〈筥の右肩をもって引き直しおわんぬ。筥、北より南へ四合並べ置く所なり〉。次いで逆行し〈幾ばくならず〉、東角の方に向かい笏を抜く〈笏を抜く。いささかといえども伏せざるは作法なり〉。次いで左足を立て西方に向ける。右足浮かべて即ち西を向き、退き去りおわんぬ。第三筥を取る人に至るまで、二間より参進するは例なり。次いで召しにより執筆の左大弁範輔卿円座に移り着す。次第常のごとし。大間を緣るの間、火櫃・衝重を置く〈殿の職事等これを役す〉。殿下御前の衝重、殿上四位の家司光俊朝臣陪膳たり。前木工権頭盛長以下五六許輩これを役す。この間半更に及び、顕官挙《けんかんのきよ》有り。新藤中納言参進し、申文を賜り封を抜く。次第例のごとし。この間人々漸く退出するか〈事おわらざるの以前に早出す。不敵なり〉。奉行職事ならびに予祗候する所なり。予また労事有るにより、頭弁に相触れて退出す。時に半夜の鐘声頻りに報ずるの程なり。この後の事指したる事無し。尋ね記すべし。

翌二十三日は除目の第二日である。院の尊勝陀羅尼供養《そんしょうだらにくよう》や祈年祭《きねんさい》の記事もあるが、ここでは省略して、除目の記事のみを読んでおこう。

経光は、除目のために参内した。除目の筥文を運ぶ弁官が四人に満たないから、その役を勤仕するようにと、頭弁親俊が連絡してきた。経光は承知した旨を返答した。しばらくして公卿たちが陣座に集まり着したということで、親俊が準備ができたことを摂政に申し上げた。摂政が直廬の座に出御し、蔵人忠高が陣に出て公卿を召した。藤原家光以下の公卿が直廬の西門から入って摂政の御前の座に着座した。このうち、範輔は前もって直廬に来ていて公卿の休所に控えていたという。弁官・蔵人の三人が、直廬の南砌に東上北面で列立した。叙位や除目の場合、弁官は北上東面に列立するのが例であったが、今回光俊は三人の上首としてこのように列立した。経光は筥文を運ぶ時間になったら、進み出て筥文を取ろうと考えていた。経光も列立するようにとの催しがあったが、自身の考えを返答して、列立しなかった。外記が筥を持って北上東面に列立した。

まず、光俊は揖して三人の列から離れ、東の立蔀の前に西面して立ち、その筥を取って参進した。沓脱の下で沓を脱いだが、そこでは弁官に従っている弁侍が沓を取り、光俊の裾を直した。光俊は第二間から膝行して進み、筥文を置いて退き、長押の上で笏を抜いた。次に兼高が普段通りに筥文を取り、光俊と同じように参進した。兼高の沓は小舎人が取った。兼高は長押の下で笏を抜いている。次の忠高は筥文を取って参進し、沓脱の上で沓を脱ぎ、筥文を置いて長押の上で笏を抜いて退いた。前二者は下で脱いでいるが、経光の承知している所作は沓脱の上で脱ぐものであった。最後の経光自身の所作については詳細である。

蔵人所の出納親清が献じた沓をはき、沓脱の下から前庭、蔀の前に西面して笏を持って立ち、外記が筥文を持ってくると、笏を衣服に差し挟んで筥文を取り、外記が退くと、経光は参進して沓脱を昇り、祖父兼光や父頼資の先例を追って沓脱の上で沓を脱いだ。このとき小舎人の久直が沓を取った。経光は参進して弘庇の長押を昇り、第一間まで斜行して、西柱から東に三歩膝行し、一旦、筥を長押に懸けて、取り直して筥文を置いた。筥の右肩の部分を引き直して、四合の筥を北から南へ並べた。置き終わって数歩膝をついて逆行した後、東角の方を向いて笏を抜いた。そのとき少しも伏せないのが作法であった。次に左足を立てて西に向け、右足を浮かせてすぐに西を向いて退いた。

摂政の召しで、執筆の左大弁範輔が円座に移り、昨日同様、常のように除目が進行された。左大弁が大間を繆っている間に、殿の職事、すなわち摂政家の侍所別当が火櫃・衝重を置いた。教実の御前の衝重は四位の家司（政所別当）でもある光俊が勤め、他の公卿の衝重は源盛長以下五六人が役を勤めた。半更の時刻になって、顕官挙が行われた。「更」は日没から日出までを五つに分けた時刻表示で、半更はその真ん中あたり、夜中に当たる。顕官挙についてては『江次第』に、「次いで公卿をして顕官を挙げしむ」とあって、「外記・史・式部丞・民部丞・左右衛門尉、以上の申文等、短冊を付けながら下し給う。執筆これを見おわりて、元のごとくこれを結び、第一の大納言に目す。納言進みてこれを取り、次第に見下し参議の座に至る。一闕三四人の申状を撰定して返上す。大納言の座に至り、さらに返し下し、参議をして一紙に書かしめ、撰定の申文を副えて返上す」と、その作法が記されている。外記・史などの主要官職の欠員について、それを希望する申文の中から公卿の撰定によって任官を決めるものであった。このときは、大納言が出席していなかったので、中納言の藤原家光が参進して上首の役を勤めた。

この顕官挙の最中に、人々は次々と退出してしまった。行事が終わる前に早出することを「不敵」と非難しつつ、経光自身も半夜の鐘が鳴るころには、所労のために退出している。

天福元年正月二十四日条

廿四日、除目入眼己巳、雨降、（中略）今夜除目入眼也、中納言殿雖御領状無御参、依有御故障也、予入夜参内祗候、摂
政殿自院未無御参、任人評定事未了歟云々、頭弁参入、毎事催行、今夜除目、関東将軍三位中将頼経卿、可任中納言之由
有風聞、其闕依何事可出来哉之由、人々成不審、若徳大寺中納言実基卿可任大納言歟、如何、不審々々、播磨
近衛殿御知行、・美濃北白川院御知行、可為院分之由有其聞、播州事、去年秋除目之時有其沙汰、而関東未左右事切歟之間、空馳過了、
去比壱岐前司大殿御使行兼自関東上洛之後、其沙汰出来、今夜遂可被任国司之由、自院被申近衛殿云々、（中略）及深更
之後、殿下出御々座、予参進弘庇、可勤召之故也、仰云、人々此ノ方へ、予欲出陣之処、源大納言候小板敷、其
外二位宰相以下徘徊南殿御後、陣座掌燈消無人、進退惟谷、可着陣之由相触源大納言之処、称故障之由、難治之
間、帰参直廬、相触頭弁、々々参進申殿下、源大納言早可被着陣由可仰遣之旨被仰下云々、頭弁以出納相触源大
納言、不可然歟、予帰参殿上、源大納言了、可着陣之由有別仰之由相触予雖不可知、除目依此事遅々、頭弁成敗不事行之間、予依勤召如此
相触了、次源大納言雅親、・二位宰相経高、・左宰相中将実世、・新宰相有親、等着座、上卿源大納言令敷軾、予出軾、依雨儀経柱内、
仰云、人々此方へ、予退、上卿召大外記師兼仰筥文事、予帰参直廬、依雨儀、源大納言以下経南殿御後、自弓場
経月華門代参直廬、此外九条新大納言以下人々少々直参直廬、不着陣、被次源大納言雅親、・九条新大納言高実、・中納言中将良実、・四条中納言隆
親、・二位宰相経高、・左大弁範輔、着御前座、等左宰相中将実世、・新宰相有親、依座狭留候休所、公卿此間殿下令睡眠給及数刻已

上、除目不《被》行得、尤以不便々々、右中弁時兼朝臣・左中弁為経朝臣・権右中弁光俊朝臣・蔵人右少弁忠高等取筥文、依雨儀列立直廬南面土庇中、東上南□外記列立西門下、《外記》擁笠参進、弁官取筥文□□□□□□□□中西面立、《令》取筥文如例、次左大弁依召移着執筆円座、繆大間之間、居火櫃・衝重、《家司》為経朝臣勤殿下衝重陪膳、中納言中将令早出給了、予依有労事相触頭弁退出了、于時暁天也、鶏鳴之程也、瀧口・所衆労帳頭弁依召持参歟、叙位続紙蔵人弁持参云々、（中略）「《（補書）除目》入眼、上卿富小路中納言盛兼卿・宰相新宰相有親朝臣・左中弁為経朝臣等云々、」

【読み下し】

（前略）今夜除目入眼なり。中納言殿御領状といえども御参無し。御故障有るによってなり。予夜に入り参内し祗候す。摂政殿、院より未だ御参無し。任人評定の事未だおわらざるかと云々。頭弁参入し、毎事催し行う。今夜の除目、関東将軍〈三位中将頼経卿〉中納言に任ずべきの由風聞有り。その闕何事により出来すべきかの由、人々不審を成す。もしくは徳大寺中納言実基卿大納言に任ずべきか、如何。不審不審。播磨〈近衛殿の御知行〉・美濃〈北白河院の御知行〉院分となすべきの由風聞有り。播州の事、去年秋除目の時、その沙汰有り。しかるを関東の左右未だ事切れざるかの間、空しく馳せ過ぎおわんぬ。去るころ大殿の御使壱岐前司行兼関東より上洛の後、その沙汰出来す。今夜ついに国司を任ぜらるべきの由、院より近衛殿に申さると云々。（中略）深更に及ぶの後、殿下、御座に出御す。予、弘庇に参進す。召しを勤むべきの故なり。仰せて云く、人々この方へ。予、出陣せんと欲するのところ、源大納言、小板敷に候す。その外、二位宰相以下、南殿の御後を徘徊す。陣座の掌燈消えて無人。進退これ谷《きわ》まる。着陣すべきの由源大納言に相触るるのところ、故障の由を称す。難治の間、直廬に帰参し、頭弁に相触る。頭弁参進し殿下に申す。源大納言早く着陣せらるべき由仰せ遣わすべきの旨仰せ下さると云々。頭弁、出納をもって源大納言に相触る。然るべからざるか。予、殿上に帰参し、着陣すべきの由別の仰せ有るの由源大納言に相触れおわんぬ。予知るべからずといえども、除目この事により遅々す。頭弁の成敗事行かざるの間、予、召しを勤むにより、かくのごとく相触れおわんぬ。次いで源大納言〈雅親〉・二位宰相〈経高〉・左宰相中将〈実世〉・新宰相〈有親〉等着座す。上卿源大納言軾《しょく》を敷かしむ。予、軾に出ず〈雨儀により柱の内を経る〉。仰せて云く、人々この方へ。予退く。上卿、大外記師兼を召し、筥文の事を仰す。予、直廬に帰参す。雨儀により、源大納言以下南殿の御後を経、弓場より月華門代を経て直廬に参る〈この外、九条新大納言以下の人々少々直《じき》に直廬に参る。着陣せられず〉。次いで源大納言〈雅親〉・九条新大納言〈高実〉・中納言中将〈良実〉・四条中納言〈隆親〉・二位宰相〈経高〉・左大弁〈範輔〉等御前の座に着す。左宰相中将〈実世〉・新宰相〈有親〉座狭きにより公卿の休所に留まり候す。この間殿下睡眠せしめ給い数刻已上に及ぶ。除目行い得られず。もっとももって不便々々。右中弁時兼朝臣・左中弁為経朝臣・権右中弁光俊朝臣・蔵人右少弁忠高等筥文を取る。雨儀により直廬の南面の土庇中に列立す〈東上南面〉。外記、西門の下に列立す。外記、笠を擁し参進す。弁官、筥文を取り□□□□□□中西面に立たしむ。筥文を取ること例のごとし。次いで左大弁召しにより執筆の円座に移り着す。大間を繆《く》るの間、火櫃・衝重を居《す》う。家司為経朝臣、殿下の衝重の陪膳を勤む。中納言中将早出せしめ給いおわんぬ。予、労事有るにより頭弁に相触れて退出しおわんぬ。時に暁天なり。鶏鳴の程なり。瀧口《たきぐち》・所衆《ところのしゅう》の労帳、頭弁召しにより持参するか。叙位の続紙《つぎがみ》、蔵人弁持参すと云々。〈中略〉除目入眼《じゅげん》、上卿富小路中納言盛兼卿、宰相新宰相有親朝臣、左中弁為経朝臣等と云々。

除目の三日目、最終日である。除目の最終日のことを「除目入眼」と称した（叙位では、叙位簿に基づき位記を作成する政務を入眼と呼んだ）。経光の父頼資は、参仕を承諾しておきながら、故障ありと称して参内しなかった。経光は夜に参内したが、摂政がまだ院から戻ってきていないと言うことだった。摂政が参院したのは任人評定、すなわち任官させる人を後堀河院と摂政との話し合いで事前に決めておくためであった。

除目の三日目には、転任・宿官・兼国などの任官が行われた。転任は、掾から介へなどの昇進人事、宿官は諸司の判官、外記・史・蔵人などから五位に叙されて受領（国司の最高責任者）の巡を待っている者を諸国の権守や介に任じること、兼国は参議以下が諸国の権守や介を兼任することである。また、公卿が受領を推薦する受領挙（公卿挙）が行われたり、除目の参考のために蔵人所に所属する瀧口や所衆の上臈の出勤簿である労帳を召すことも行われた。

除目の清書（召名《めしな》）は、文官・武官に分けて記された。それぞれ勅任の官は折堺《おりげい》のない黄紙に「勅」の文言で始まる様式で書かれ、奏任の官は折堺のある白紙に「太政官謹奏」で始まる様式で書かれた。

この日の除目では、鎌倉幕府の将軍藤原頼経《よりつね》が中納言に任じられるという噂があり、そうなると、中納言あるいは権中納言の誰かが辞めるか、より上位の者が辞めて玉突き人事の形をとって一人分の空きをつくらないといけないから、その点に関心が寄せられた。また、藤原家実の知行国である播磨国と後堀河上皇の母北白河院藤原陳子の知行国である美濃国が、後堀河上皇の院分国になるという噂もあった。知行国主が替われば、新しい国司を任じることになるので、この人事があるのかどうかも注目された。

参入した公卿のうち、最上位者の源大納言雅親が上卿を勤めることになるが、雅親がなかなか勤仕を承諾せず、摂政教実・頭弁藤原親俊・雅頼の間のやりとりも記されている。こうしたやりとりのために始まるのが遅れ、しかも途中で摂政が眠ってしまうこともあって、遅れに遅れた。経光は、体調が悪く、頭弁に伝えた上で明け方に退出した。その後のことは、「〜歟」という推量や「〜云々」という伝聞の形で記されている。除目入眼の上卿・参議・弁官の名は、後日に情報を得て、追記している。

除目は二十五日の昼頃に終わり、任人を官職ごとに書き上げた除目聞書が披露され、経光もそれを入手して日記に書き入れている。弁官への就任を望んでいた経光の願いは叶わず、「鸞台所望事雖申入、今度同無沙汰、雖存内、遺恨又難尽者也、為之如何」（鸞台《らんだい》所望の事、申し入るといえども、今度同じく無沙汰。存内といえども、遺恨また尽き難き者なり。これをなすは如何）との感想を書き加えている。その三日後の二十八日、除目の下名《おりな》が行われた。経光は二十八日、翌二十九日の日記に次のような記事を書き入れた。

天福元年正月二十八日条

廿八日、癸酉、朝間天晴、未刻以後雨降、伝聞、今夜春除目下名云々、頭右大弁親俊朝臣奉行、上卿新藤中納言家光卿参陣云々、予奉行公事成功輩、一昨日出納・小舎人等以書状告送之間、成功輩等付頭弁了、聞書可尋記、

【読み下し】

朝間天晴る。未の刻以後雨降る。伝聞す、今夜春除目の下名と云々。頭右大弁親俊朝臣奉行す。上卿新藤中納言家光卿参陣すと云々。予、公事成功の輩を奉行す。一昨日出納・小舎人等書状をもって告げ送るの間、成功《じょうごう》の輩等、頭弁に付しおわんぬ。聞書尋ね記すべし。

天福元年正月二十九日条

廿九日、甲戌、天晴、宮廻、祇候御前、祈念之処、午刻許、自京都使者到来、今夜下名、予任右少弁了云々、新藤中納言去夜為上卿奉行之間、被告送、其状自京都到来、関東将軍三位中将頼経卿任権中納言、納言殿令辞申給之故也、右中弁時兼朝臣叙三位云々、其替予任鸞台了、除目之時度々雖申入、不承分明仰、含愁参籠之処、去夜拝任了、朝恩与神恩一時計会、栄耀照瑞籬之下了、感涙難禁、忻悦不尽者也、予夕郎六个年、恒例・臨時公事、一事未懈怠、就中臨時重事出来之時、毎度奉行之、然間趨二代之聖朝了、其上坊官抽賞帯身、厳親内挙不浅辞所職、納言殿令辞申給了、今

度除目種々雖申入無沙汰、勿論之処、今度下名東風忽来、納言大切之折節也、而被辞申之間、右中丞忽叙三品、被沙汰出闕了、可然之事也、人力不及、唯奉任明神了、（後略）

【読み下し】

天晴る。宮廻り。御前に祗候し、祈念するのところ、午の刻ばかり、京都より使者到来す。今夜下名。予、右少弁に任じおわんぬと云々。（後略）

その後、二十八日条で「聞書尋ね記すべし」と書いていた「除目聞書」を入手し、料紙を二十八日条と二十九日条の間で切り、その間に聞書を写した三紙を挿入した。このような作業が行われたことが、日記原本の紙継ぎの状態から復元できる。

さて、下名とは、叙位や除目の清書が行われた後で、叙位・任官した四位以下の者についてその名を式部省（文官の場合）・兵部省（武官の場合）に伝えて、本人を叙位式・任官式に呼び出すための文書で、その文書を作成することも下名といった。除目の最終日やそれ以後に行われた。その儀式の様子は、『江次第』に「除目下名」として詳しく載せられている。また、除目の結果を清書した文書（召名）を下名と称することもあった。

しかし、この下名の記事には、聞書という形で新たな除目の結果が載せられており、本来の「下名」のみならず、実際には追加の臨時除目が行われたことが知られる。経光はその追加の除目で待望の右少弁に任じられたのである。また、鎌倉にいる征夷大将軍の藤原頼経が権中納言となったことが注目されている。なお、一旦作成された除目の清書（召名）の誤記を訂正する儀式は「直物《なおしもの》」と呼ばれている。小刀を使って文字を削ったりする作法は藤原忠親の『直物抄』に詳しい。国立公文書館デジタルアーカイブズで『直物事』と題する甘露寺本の画像が、宮内庁書陵部の

「書陵部所蔵資料目録・画像公開システム」で九条家本『直物抄』巻六の画像が公開されているほか、国立歴史民俗博物館田中本の中院通村書写本を底本とした『直物抄　第一　次第』の翻刻が『中世文献史料の複合的性格と知識の共有および継承についての研究』（東京大学史料編纂所研究成果報告二〇一七-三）に収められている。

二十九日条の後半部分には読み下し文を付していない。鎌倉幕府の将軍藤原頼経が権中納言に任じられたことで、藤原頼資・経光父子も大きな影響を蒙った。「東風」に込められている意味を考えながら、経光の感慨の部分を自身で読んで欲しい。

3　政始（外記政）――天福元年（一二三三）四月十六日条――

公事・儀式関係の最後の史料として、**政始（外記政）**に関する記事を取り上げよう。これも重要な政務であり、弁官や少納言などの実務官人層の日記には頻出する行事である。天皇が出御する朝堂院《ちょうどういん》で政務報告を聴き裁定を下す朝政は次第に形式化・儀式化していき、天皇が出御せず、公卿が聴く形の政が主流となり、平安時代中期には外記庁で行われる外記政が一般的なものとなっていた。開催回数も次第に減り、鎌倉時代にはこれも形骸化し、特別な場合にのみ行われていた。外記政は、弁官が上申して上卿の決裁を求める外記庁申文と官符に太政官印を捺す外記請印の二つの儀式から構成されている。『江次第』（新訂増補故実叢書ほか）、『結政初参記《かたなししょさんき》』（群書類従）や吉川真司氏の「申文刺文考」（『律令官僚制の研究』塙書房、一九九八年）を参考にしながら見ていこう。また、『古事類苑』の政治部には、主要な史料が網羅的に掲載されているし、経光の子兼仲の『勘仲記』正応元年（一二八八）六月二十七日条・同二年正月二十七日条にも外記政の詳しい記事があるから、あわせて見ていくといい。兼仲は父のこの外記政の記事をベースに、必要な点・不必要な点を加除する形で日記を記している。

外記庁の空間構成については、『年中行事絵巻』に「外記政始」の図、裏松固禅『大内裏図考証』（新訂増補故実叢書）に指図があるが、吉川氏の著書掲載の復原図がもっとも参考になる。

読み下し文については、参加者の発言が仮名交じりのセリフで表記されている部分を「　」に入れて示した。

天福元年（一二三三）四月十六日条（1）

十六日、庚寅、天晴、今日改元以後政始也、今日可被行大嘗会国郡卜定之間、其以前有沙汰所被行也、今日殿下《雖》御衰日、猶被行政、不可有憚之由被定仰下了、午刻着楚々束帯、如木雑色所召具也、先参院、依無便宜不達奏事、勘解由次官知宗祗候、明日前斎宮御入内事奉行、為申散状云々、予参大殿、殿下《御》同宿、堅固御物忌也、予尋出阿波《於門外》守以良、明日主上渡御斎宮御方御剣将事、頭中将定雅《以》朝臣両度対捍請文申散状、《経》院奏可催他将之由（衍）被仰下、予次参衙門、暫留車、史・弁侍参否令尋、申皆参之由、到陽明門院橋外下車、門跡構幔門、幔門南端為路、櫛笥小路以東、置路南為路、櫛笥小路以西、以置路北為路、。到外記局角垂衣裾、南折一許丈、出居弁侍追前、南折入外記門、南面頗気色入、《令》先立仮粧間一揖、史等答揖、四人列立、東上南面、《起打板座》暫相待他弁参之処、左大弁範輔卿被参、経予前被立仮粧間、北面、可着座之由左大弁被命、次下﨟史成村自壁穴伺官掌着否、次史等一揖、渡弁前着結政座、次使部取入文束、次左大弁入仮粧間着座、次《予》揖立上、北面立揖、《一》於柱下見遣結政、伺晴雨、一度、搢衣裳正笏一揖、自床子外柱下、南行、入自第三間、渡史座上、経後東折、渡座末北行、到右少弁座下、乍立深揖、不立直着座、即一揖、

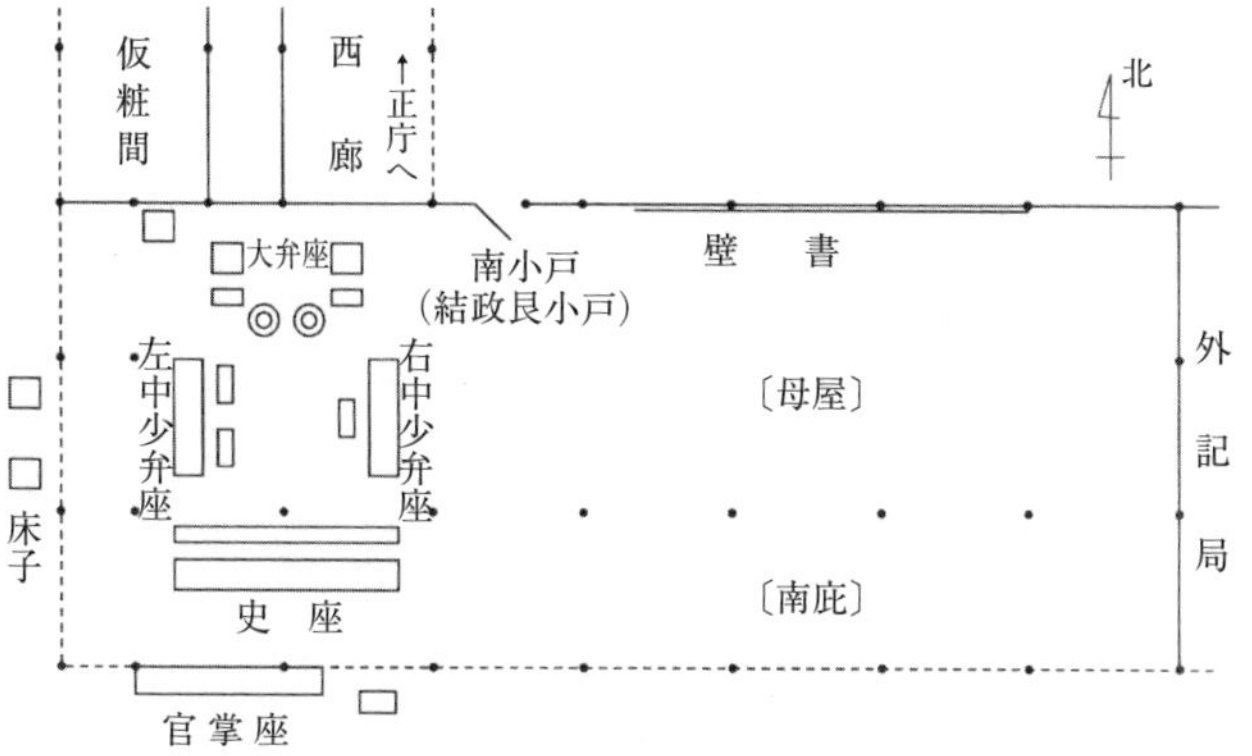

図34　結政所図（吉川真司『律令官僚制の研究』塙書房）

史答揖、弁〔他弁〕不揖者例也、弁前団扇自〔本〕置之、次左大弁暫被待他弁参、頃之権右中弁信盛朝臣参入着座、其儀如常、

【読み下し】

天晴る。今日改元以後政始《まつりごとはじめ》なり。今日大嘗会国郡卜定《こくぐんぼくじょう》を行わるべきの間、それ以前に沙汰有りて行わるる所なり。今日殿下の御衰日《ごすいにち》といえども、なお政を行わるるに、憚り有るべからざるの由定め仰せ下されおわんぬ。午の刻楚々《そそ》の束帯を着し〈如木《じょぼく》の雑色召し具する所なり〉、先ず参院す。（中略）予次いで衙門に参り、しばらく車を留め、史・弁侍の参否尋ねしむ。皆参の由を申す。陽明門の橋の外に到りて下車す。門の跡に幔門《まんもん》を構え、幔門の南端路となす。櫛笥《くしげ》小路以東、置路《おきみち》の南、路となし、櫛笥小路以西、置路の北をもって路となす。外記局の角に到り衣の裾を垂らす〈南に折ること一許丈〉。出居《でい》弁侍前を追う。南に折れ外記門を入る。南面し頗る気色し入らしむ。まず仮粧の間に立ち一揖す。史等答揖す〈四人、打板の座を起ち列立す。東上南面〉。しばらく他の弁の参を相待つの処、左大弁範輔卿参らる。予の前を経て仮粧の間に立たる〈北面〉。着座すべきの由左大弁命ぜらる。次いで下臈の史成村壁穴より官掌《かじょう》の着否を伺う。次いで史等一揖し、弁の前を渡り結政《かたなし》の座に着す。次いで使部、文束を取り入る。次いで左大弁仮粧の間に入り着座す。次いで予揖して立ち上がる。北面して立ち一揖す。柱の下において結政を見遣《や》り、晴雨を伺う〈一度〉。衣裳を摳《かか》げ、笏を正して一揖す。床子の外〈柱の下〉より南行し、第三間より入り、史の座の上を渡る。後ろを経て東に折れ、座の末を渡り北行す。右少弁の座の下に到り、立ちながら深く揖す。立ち直らず着座し、すなわち一揖す〈史答揖す。弁《他の弁》揖せざるは例なり〉。弁の前の団扇もとよりこれを置く。次いで左大弁しばらく他の弁の参を待たる。しばらくして権右中弁信盛朝臣参入し着座す。その儀常のごとし。

天福に改元されてから初めての外記政が行われた。十一月に四条天皇の大嘗会が予定されており、この日はその悠《ゆ》紀《き》国郡・主基《すき》国郡の卜定が行われることになっていたので、それに先立って行われたのであった。摂政藤原教実の衰日に当たっていたが、支障はないという裁定が下って無事に開催された。**衰日**とは陰陽道の忌み日のひとつで、生まれ年による生年衰日と年齢による行年衰日とがあったが、日本では行年衰日のみが採用されていた（土田直鎮「衰日管見」『奈良平安時代史の研究』吉川弘文館、一九九二年）。年齢と干支との関係は表の通りである。二十四歳の教実は寅・申の日が衰日であった。

衰日	年齢（数え年）									
寅・申	1 8	16	24	32 40	41 48	56	64	72 80	81 88	96
卯・酉	2 7 9	14 17	22 25 30	33 38	42 47 49	54 57	62 65 70	73 78	82 87 89	94 97
子・午	3 10	18	26	34	43 50	58	66	74	83 90	98
辰・戌	4	11 15 19	23 27	31 35 39	44	51 55 59	63 67	71 75 79	84	91 95 99
丑・未	5 6	12 13 20	21 28 29	36 37	45 46	52 53 60	61 68 69	76 77	85 86	92 93 100

（『国史大辞典』より）

蔵人右少弁の職にあった経光は、昼頃に楚々の束帯を着て、如木（堅地の布衣）を着た雑色を供にして、先ずは後堀河上皇の御所に行った。「**楚々**」を辞書で引くと、あざやか、あるいは清らかの意味しか出てこないが、古記録の用例を勘案すれば「楚々」は新品の意味である。中略部分には、摂関家の家長である藤原道家亭に行って、そこにいた摂政藤原教実（道家の子）とのやりとりが記されている。そして経光は外記庁に行った。

衙門とは外記庁の門を指す。その位置は近衛大路が大内裏と交わる陽明門を入った左手、内裏建春門の手前になる（→古記録便覧　大内裏図）。経光が牛車を留めたのは、その後の記述を考えると、大内裏の手前であったと思われる。

『結政初参記』には「陽明門の階下に到りて車を扣《ひか》う」とある。そこで、史や弁侍が来ているかどうかを尋ねた。皆来ているという報告を受けて、陽明門の橋の外側で牛車を降りた。経光は「陽明門」と書くつもりで「陽明門院」という女院の名を書いてしまった。こうした余分な誤記を衍字《えんじ》という。大日本古記録では「院」の右に（衍）という傍注を付している。「門の跡に幔門を構え、幔門の南端路となす」とあるのは、この時期すでに陽明門はなく、儀式に際してはその門跡に幔を立てて仮の門（幔門）としたことを示している。経光は幔門の南に設けられている道について、追筆で説明を加えている。櫛笥小路以東、すなわち陽明門がある東大宮大路から一本西の櫛笥小路までは置路《おきみち》の南側が通路となっており、櫛笥小路からさらに西の外記庁までは置路の北側が通路になっていた。置路とは、宮城内において大路の中央部を高く盛った通路で、勅使などが用いたものである。

外記庁の北西の角に至った経光は、角を南に曲がって一丈ほど行った所で装束（このときは束帯）の裾を下ろし、門外に控えていた弁侍に先払いをさせて左折して外記門を入った。その時、南に向いて少し合図をして入ったのであった。『江次第』第十八「外記政」には外記門の下で揖することや裾を下ろすことが記されている。一丈は約三メートル。概数で示す場合には、「一丈許」ではなく、「一許丈」と表現される。

経光が「仮粧の間」と呼ばれる場所に立って一揖すると、弁官局の史がそれに応えて揖した。『年中行事絵巻』の外記政図だと、もっとも左側が外記門で、そこを入ってすぐの人々が立っている空間が「仮粧の間」となる。その右側が西廊で、人々が列立しているのが庭、その上部の建物が正庁、庭の手前にわずかに描かれているのが結政所である。四人の史は打板の座を起って東上南面に列立していた。経光はしばらく他の弁官の参入を待っていたところ、左大弁平範輔が参入し、経光の前を通って仮粧の間に北向きで立った。経光は上臈の弁である範輔の命で仮粧の間に着座した。次に太政官の官掌が結政に着しているかどうかを下臈の史の成村が壁穴から覗き込んで確認してから、史たちは一揖し、弁官の前を通って結政の座に着した。史の座はロの字型に配置された座のうち、南側の座である。雑役に携わる下級役人の使部が申文の束を解き、左大弁が仮粧の間に着座すると、経光は揖して起立し、北に向いてさらに一揖した。仮粧の間から結政の方を見遣って天候を伺い（儀式は晴か雨かで列立の場や通り道などが異なる）、装束の裾をあげて整え、笏を正して一揖し、床子（腰掛）の外側（柱の下に当たる）から南行して、第三間から結政に入り、史の座の上手からぐるっと後ろを回って下座にいたり、そこから北行して右少弁の座（ロの字型の東側）の下で立ったまま深く揖した。立ち直らずにそのまま着座し、再び揖した。それに対して、史も答揖した。他の弁官が答揖しないのはいつも通りであった。弁官の座の前にはもとから団扇が置かれていた。左大弁はしばらく他の弁官の参入を待った。しばらくして権右中弁藤原信盛が参入した。その参入のやり方は常の通りであった。

左大弁の結政所着座については記されていないが、『結政初参記』には「大中弁参会せば、大弁よりこれに着す」とあるから、すでに着座していたものと思われる。

ここからようやく結政の儀式が始まることとなる。吉川氏によると、結政の次第は、着座に続いて、庁申文のための結文、大弁・中少弁への申文、官符・官牒・官宣旨など施行文書への加署、南所申文のための結文、退出から構成されている。結文とは、文書の事書などを決まった作法で読み上げて確認することであり、結政における申文の儀は諸司諸国の上申文書を弁官局段階で審議する政務である。

天福元年（一二三三）四月十六日条（2）

左大弁云、他弁参雖可相待、且可始歟之由被命、次左大弁仰云、座事早久、予申伝之、次下﨟史召文挿、使部持之倚壁下、次史挿可申大弁之文、懸床子端、次座頭史召上式日申文幷荒〔文脱カ〕、見之了置座前、次座頭史繆竿夾荒文、置弁前、（板敷上、）次左一史伝取式日申文結申、（乍在座結之、無与奪、不称唯、）置床子上、次下﨟史成村申文於左大弁卿、此間座頭史指寄竿於下﨟弁前、予於左方、（依有権弁、予先日史、）以左手偃手サマニ取鳥口、以右手伏手、抜《取》文持之、（当胸暫持之、両手持之、）次史引取竿置之、取笏之後予見之、見文儀、先見端、後見奥、頗押合巻之、如元猶持之、巻了頗目史方、次史寄杖於予前、如本差文、如本取笏、左手取竿、右手以文如本挿之、仰手天挿之、文中拉之、為令脱落〔不脱カ〕也、口伝云、自始頗太久巻天挿之、文下方ヲ拉久、次史繆竿取文結申、予即目史、微音称唯、次覧権右中弁信盛朝臣、其儀同前、伏手取杖、偃手抜文、其外事如常、権右中弁荒文見了、史繆竿抜取結申之後、蔵人左少弁忠高剣・平緒如常、参入、雖左弁伺晴雨、着座如常、次座頭史覧荒文、其儀如常、抜取文儀同権弁作法、次史生持来厨文、置予傍、予引寄前加署、草名、入筥、相加筆、返給、

【読み下し】

左大弁云く、他の弁の参相待つべしといえども、かつがつ始むべきかの由命ぜらる。次いで左大弁仰せて云く、「座の事早く」。予これを申し伝う。次いで下臈の史、文挿を召す。使部これを持ち壁下に倚《よせた》つ。次いで史、大弁に申すべきの文を挿《さしはさ》み、床子の端に懸く。次いで座頭の史、式日の申文ならびに荒文を召し上ぐ。見おわりて座の前に置く。次いで座頭の史、竿を繆《く》り荒文を夾《はさ》み、弁の前〈板敷の上〉に置く。次いで左一の史、式日申文を伝え取りて結ね申し〈座に在りながらこれを結ぬ。与奪無し。称唯せず〉、床子の上に置く。次いで下臈の史成村文を左大弁卿に申す。この間座頭の史竿を下臈の弁の前に指し寄す。予、左方〈権弁有るにより、予先ず史に目す〉において、左手をもって偃手《あおぎて》さまに鳥口を取る。右手をもって伏手し、文を抜き取りてこれを持つ〈胸に当てしばらくこれを持つ。両手にこれを持つ〉。次いで史竿を引き取りこれを置く。笏を取るの後、予これを見る〈文を見る儀、まず端を見、後に奥を見る。すこぶる押し合わせてこれを巻く。元のごとくなおこれを持つ〉。巻きおわりてすこぶる史の方に目す。次いで史杖を予の前に寄す。本のごとく文を差し、本のごとく笏を取る〈左手に竿を取り、右手に文をもって本のごとくこれを挿む《手を仰ぎてこれを挿む》。文の中、これを拉《ひし》ぐ。脱落せしめざらんがためなり。

口伝に云く、始めよりすこぶる太く巻きてこれを挿む。文の下方を拉ぐ〉。次いで史竿を繆り、文を取り結ね申す。予すなわち史に目す。微音称唯す。次いで権右中弁信盛朝臣に覧す《み》。その儀同前。手を伏せ杖を取る。手を偃ぎ《あお》て文を抜く。その外の事常のごとし。権右中弁荒文見おわりて、史竿を繆り、抜き取り結ね申すの後、蔵人左少弁忠高〈剣・平緒常のごとし〉参入す。左弁といえども晴雨を伺う。座に着すること常のごとし。次いで座頭の史、荒文を覧す。その儀常のごとし。文を抜き取る儀、権弁の作法に同じ。次いで史生厨文を持ち来り、予の傍らに置く。予前に引き寄せ加署し〈草名。筥に入れ、筆を相加う〉、返し給う。

結政には、①「大弁に申すべきの文」、②「式日申文」、③「荒文」の三種類があり、①は文挿に挟まれ、床子に立てかけられた後、史が大弁に申すことで決裁された。②は庁申文とも呼ばれるもので、外記政で決裁されるため、結政では内容確認（結ね申し）のみが行われた。③は史が上申して中少弁によって決裁された。

左大弁の範輔が「他の弁官の参入を待つのがよいのだが、ともかく始めた方がいいでしょう」と言い、次に「座の事早く」と命じ、経光が史にそれを伝えた。まずは①が取り扱われる。下﨟の史が文挿（文杖）を召し、使部が文挿を持ってきて壁の下に立てかけた。「倚」には「ヨセタツ」の古訓がある。次に史が①の大弁に申す予定の文を文挿に挿し、弁の座の後方に置かれた床子の端に文挿を立て懸けた。次に座頭（上首）の史が②の式日の申文と③の荒文を取り寄せた。この部分、大日本古記録の『民経記』は「次座頭史召上式日申文并荒見云々、置座前」と翻刻しているが、子息兼仲の『勘仲記』では「次座頭史召上式日申文并荒文、見之置座前」（正応元年六月二十七日条）、「次座頭史盛広召上式日申文并荒文、見了置座前」（正応二年正月二十七日条）となっている。国立歴史民俗博物館の館蔵資料データベース掲載の画像を確認しても「文」の文字はないが、「文」の字がないと意味が通じないから、脱字と判断した方がいいだろう。また伝聞を示す「云々」がここに入るのも違和感がある。「見之了」と書かれているのだろう。

「式日の申文」とは、式日である朔日・四日・十六日に申し入れる庁申文のことであり、荒文は中少弁に申し入れるもので、問題が発見される可能性があるので「荒文」と呼ばれた。

次に座頭の史は竹竿をたたんで荒文を挟み、弁の前（板敷の上）に置いた。次に左の第一の史が式日の申文を伝えとって、一部分を確認のために読み上げ、申文を床子の上に置いた。読み上げる際に、史は座ったままであったこと、「与奪」はなかったこと、史は称唯しなかったことが注記されている。ここでの「与奪」は、弁の返答を指す。

そして、大弁に対する申文と中少弁に対する申文（荒文）が行われる。下臈の史の成村が文を左大弁に申し上げた。この間に、座頭の史が竹竿を下臈の弁の前に差し出した。下臈の弁である経光は、権右中弁がいたので、自分が下臈の弁だということを示すために、先ず史に合図を送り、自分の左側において左手を偃手の形で、文を挟んでいる鳥口を取り、右手を伏手の形にして文を抜き取って持った。右手に取った文を胸に当ててしばらく持ってから両手に持ち替えた。「偃」には「アフク」の古訓があるから、「偃手」は「仰手」と同じく「あおぎて」と読み、手のひらを上に向けた形のことである。「伏手」はその逆で、手のひらを下に向けた形を言う。経光が文を抜き取ると、史は竹竿を引き取って置いた。笏を取った後に経光は文を見た。注記によれば、弁官が文を見る作法は、先ず文書の端（右側の書き始めの部分）を見た後に奥（左側の文末・年月日・署名部分）を見て、文書を折り合わせて巻き、元のように持つという手順であった。文書を巻き終わって史に少し目配せをすると、史は杖（竹竿）を経光の前に差し出した。経光は元通りに文を杖に挟んでから、やはり元のように笏をとった。その作法は、左手で竿を取り、右手に文を持って元通りに差し挟んだ。挟むときの手の形は仰手である。文を落とさないために、文の中央を押しつぶした。口伝では、はじめより文書を太く巻いて挟み、文の下の方を押しつぶすとされている。次に史は竿をたたんで文書を取り、一部を読み上げた。経光はすぐに史に決裁承認を意味する目配せをすると、史は小さな声で返事をした。

次に史は上席の弁官である権右中弁平信盛に文書を見せた。文書を見る作法は経光とほぼ同じである。杖を取る手が伏手で、文書を抜く手が偃手であったことだけが違っていた。これ以外は通常通りであった。信盛が荒文を見終わり、史が笇をたたんで、文書を抜き取り、一部を読み上げたところで、束帯に通常の剣や平緒を付けた蔵人左少弁の藤原忠高が参入してきた。左の弁官だったが、天気を伺った。左弁官が天気を確認するか否かについては、両様の説があったらしい（『吉続記』文永八年〈一二七一〉正月二十六日条）。着座する作法はいつも通りだった。次に座頭の史が忠高に荒文を見せた。その作法もいつも通りであった。文書を抜き取る時の手の形は、権右中弁信盛と同じ作法であった。次に太政官の下級役人である史生が「厨文」を持ってきて、経光の傍らに置いた。経光は前に引き寄せて署名を加え、文書を返した。その署名は草名と呼ばれる草書体だった。文書は箱に入っており、署名に用いる筆も一緒に入っていた。「厨文」は『中右記』天仁元年（一一〇八）八月二十七日条に「官符〈厨文ばかりなり〉を見る」という用例がある。

天福元年（一二三三）四月十六日条（3）

次次史生持来吉書、〈入筥、副筆、〉先覧左大弁、大弁報牒也、加署之後返給、次覧権右中弁信盛朝臣、加署返給、次左少・予等、自両方同時史生二人持来、左右趨（所）来也、（此儀）左大弁頻以被不審、然而為近例云々、予等見遣史生方、立定之後、乍筥中覧文加署、〈内案加真名、正文加草名、〉頗押出〈取笏後、可見遣史生方也、〉筥、取笏、史生進来、取筥帰去、次弁侍申時移之由、此間上卿藤中納言家光卿着庁、召使追前、次召使催大弁可着庁給之由、次官掌申云、申文、座頭史答云、申文（ム）有（利）、次座頭史結南文、次左大弁起座、着庁、次申文、大弁在座之時、史先可起、不然之時、弁先可起也、而相議左少弁之処、雖無大弁、先史可起之由相論、次史三人起座、次左少弁忠高起座、出仮粧間壁代之程、予起座、（左廻、）相共於外記門外着深沓、〈弁侍（持）来、雑色又来、於外記門南腋所着也、左少弁於外記門北西頭令着、有存旨歟、〉次左少弁・予列立壁下、〈南上西面、〉次少納言宗望立加弁上、外記・史一列、〈東上南面、〉各立定之後一揖、次少納言前行入西廊戸、当門東行下砌間、左少弁入戸下砌間、予又入戸、列立庭中版位、各一揖、五位已上一列、六位一列其後、東上北面、次上宣、召ス、先五位已下同音称唯、微、次六位等高声称唯、次少納言先揖、離列参進着床子、次左少弁揖離列西北行、立床子前一揖着座、次予又同、前人入砌之間、後人離列進入、於砌下無揖、座皆用床子、東面北上、自前着之、次外記・史同着壁下床子、次左少弁乍居摩靴、即立座前磬折申云、司ノ申セル政申給ムト申、微唯、次史三人各立床子前、結申文、次上宣、帋二枚、吉也、宮内一枚給ヘ、次弁・少納言乍居摩靴微唯、家例一度摩之、右足也、乍居微唯、次外記・史高声称唯、次史三人、如此申了、自下臈退去、次予起床子、一揖南折、柱外、右廻、入廊内退去、出廊戸間、先左足、次左少弁・少納言等退、予於外記門外改着浅履、次予帰着結政座、其後頃之左少弁又帰着、権弁云、下臈弁与上臈相共可着歟云々、予云、全不可然、可依事体也、上臈遅々之時、更不可待歟之由返答了、左少弁猶於仮粧間伺結政座方之後所着也、

【読み下し】

次いで次の史生吉書を持ち来《きた》る〈筥に入れ、筆を副う〉。まず左大弁に覧す。大弁報牒するなり。加署の後返し給う。次いで権右中弁信盛朝臣に覧す。加署し返し給う。次いで左少・予等。両方より同時に史生二人持ち来る。左右趨《わし》り来る所なり。この儀、左大弁頻りにもって不審せらる。しかれども近例たりと云々。予等史生の方を見遣り、立ち定むるの後、筥中ながら文を覧、加署す〈内案に真名を加え、正文に草名を加う〉。すこぶる筥を押し出し〈笏を取る後、史生の方を見遣るべきなり〉、笏を取る。史生進み来り、筥を取り帰り去る。次いで弁侍時移るの由を申す。この間、上卿藤中納言家光卿庁に着す。召使前を追う。次いで召使、大弁庁に着し給うべきの由を催す。次いで官掌申して云く、「申文」。座頭の史、答えて云く、「申さむ文有り」。次いで座頭の史南文を結ぬ。次いで左大弁起座し、庁に着す。次いで申文。大弁座に在るの時、史まず起つべし。然らざるの時、弁先ず起つべきなり。しかるを左少弁に相議するのところ、大弁無しといえども、先ず史起つべきの由相論す。次いで史三

人起座す。次いで左少弁忠高起座す。仮粧の間の壁代に出るの程、予起座〈左廻り〉し、相共に外記門の外において深沓を着す〈弁侍持ち来る。雑色また来る。外記門の南腋において着する所なり。左少弁、外記門の北西の頭《ほとり》において着せしむ。存旨有るか〉。次いで左少弁・予壁の下に列立す〈南上西面〉。次いで少納言宗望弁の上に立ち加わる。外記・史一列〈東上南面〉。おのおの立ち定まるの後一揖す。次いで少納言前行し西廊の戸を入る。門に当たり東行し砌の間に下る。左少弁戸を入り砌の間に下る。予また戸を入り、庭中の版位に列立す。おのおの一揖す〈五位已上一列。六位その後ろに一列す《東上北面》〉。次いで上宣、「召す」。先ず五位已下同音称唯す〈微〉。次いで六位等高声に称唯す。次いで少納言先ず揖し、列を離れ参進して床子に着す。次いで左少弁揖し、列を離れ西北に行く。床子の前に立ち一揖し着座す。次いで予また同じ。前人砌を入るの間、後人列を離れ進入す〈砌の下において揖無し〉。座皆床子を用う〈東面北上〉。前よりこれに着す。次いで外記・史同じく壁下の床子に着す。次いで左少弁居しながら靴を摩《す》る。すなわち座の前に立ち磬折《けいせつ》して申して云く、「司の申せる政申し給むと申す」〈微唯〉。次いで史三人おのおの床子の前に立ち、申文を結ぬ。次いで上宣〈紙二枚。吉なり〉、宮内一枚「給え」。次いで弁・少納言居しながら靴を摩り称唯す〈家例一度これを摩る。右足なり。居しながら微唯〉。次いで外記・史高声に称唯す。次いで史三人、かくのごとく申しおわり、下臈より退去す。次いで予床子を起ち、一揖し南に折る〈柱の外。右廻り〉。廊内に入り退去す〈廊の戸を出るの間、先ず左足〉。次いで左少弁・少納言等退く。予、外記門の外において浅履に改め着す。次いで予結政の座に帰り着す。その後しばらくして左少弁また帰り着す。権弁云く、下臈の弁と上臈と相共に着すべきかと云々。予云く、まったく然るべからず。事の体によるべきなり。上臈遅々の時、さらに待つべからざるかの由返答しおわんぬ。左少弁なお仮粧の間において結政の座の方を伺うの後着する所なり。

吉書と外記庁における中文の部分である。吉書については、吉川論文の「結政」の説明の中には見えないが、『結政初参記』に「吉書を覧る」の記述があり、その注記として「初参の人これを覧る。加階・兼官他官等の時これに同じ。尋常は然らず」とあるから、弁官に身分変動があったときに行われたものであることが分かる。また、同書によれば、初参の人が多いときには上首から順番に見た。

次席の史生が吉書（筥に入り、筥には筆も副えられていた）を持って来て、先ず左大弁に見せた。『結政初参記』にも「史生筥文を取り持ち来たり、弁の座の前左方に置く」とあり、筥の中には官符の正文・内案と筆が入っていたとも記されている。また、左の弁の時には右方に置いたとも注記されている。左大弁の吉書に用いられたのは「報牒」であった。『勘仲記』には「吉書入筥、副筆、報牒」とあるから、「報牒」はこの時の吉書に用いられた文書の様式であろう。

次に左大弁範輔が署名を加えて、史生に返した。次に史生は権右中弁信盛に見せた。信盛も署名して返した。次は左少弁忠高と右少弁経光の番である。二人に対しては二人の史生が左右から同時に走って持ってきた。「趨」には「ワシル」の古訓がある。このやり方に関しては、左大弁範輔が強い疑問を呈した。けれども、最近の例であるとい う。おそらくこれは史生の言い分なのであろう。経光は自分の所にやって来た史生に視線を送り、起座して姿勢を整えてから、筥に入ったまま中文を見て、署名を加えた。その署名の仕方が、案文には漢字で、正文には草名であったことが注記されている。これは『結政初参記』にも「正官符作り名を加う」「内案長名を書く」とある。「作り名」が草名で、「長名」が漢字である。署名を終えると、経光はやや筥を前に押し出し、笏を手にした。『結政初参記』には「事おわり、筥をもとの方に推し遣る。弁笏を取り史生の方を見遣る」とあるから、どうも本来の作法では、史生に視線を送るのは、署名前ではなく、署名して笏を取ってからのことであったらしく、注記に本来のやり方が記されている。そこに史生が進み寄り、筥を持って帰っていった。

次に弁官に奉仕する弁侍が来て「時移る」と言った。『結政初参記』によれば、古くは陰陽寮が「守辰丁」と言ったのだという。口伝によれば、「丁」の字は読まなかったとも、三字とも読んだとも言う。

この署名の間に、上卿の中納言藤原家光が外記庁にやって来た。召使が上卿の前の雑人などを払いながらの到着であった（『勘仲記』の正応二年の例では、召使ではなく、官掌が前を追っている）。その召使が、「大弁は外記庁（の正庁）に着座するように」と大弁を催した。次に官掌が「申文」と言うと、座頭の史が「申さん文あり」（申し上げる文がございます）と答えた。そして座頭の史が「南所申文」（南文）の事書部分を確認のために読み上げた。左大弁範輔は起座して、外記正庁に着座した。

経光は、弁官と史とどちらが先に立ち上がるのがいいかという話を挿入している。大弁がいるときには、史がまず立ち上がるのが当然で、大弁がいないときには、中少弁がまず立ち上がるのが当然だと経光は認識していた。このことについて、左少弁忠高に相談したところ、忠高は、大弁がいてもいなくても、まず史が立ち上がるのが当然だとの意見であった。

今回は、史三人が起座し、その後で左少弁の忠高が起座している。忠高が仮粧の間の壁代に出たあたりのタイミングで、経光が起座し、経光は左廻りして、忠高・経光の二人とも外記門の外で深沓をはいた。その沓は弁侍が外記門の外まで持ってきたものであった。経光は外記門の南脇ではいたが、忠高は外記門の北西のあたりではいた。忠高の作法について何か考えがあってのことだろうと経光は見ている。忠高も祖先が代々弁官を務めてきている家の出身であるから、先祖の故実があるのではないかと思ったのである。なお、『勘仲記』の事例を見ると、子息兼仲も外記門の南方で深沓をはいている。沓にはサンダル型の浅沓、ショートブーツ型の深沓があった。靴は革製の深沓で、上部に錦の飾りがあった。

忠高と経光は壁下に列立した。その並び方は、地位の高い忠高が南で、経光が北に立ち、二人とも西を向いた。次に少納言の宗望がやって来て忠高のさらに南に立った。一方、外記と史は、南を向いて、位の順に東から西に一列に立った。それぞれが定位置につくと、一揖した。次に少納言宗望が先頭となって順に西廊の戸を入った。門に突き当たると東に曲がり、砌の間に降りた。忠高も西廊の戸を入って砌の間に降りた。経光も戸を入って、庭中の版位（目印）に列立した。列立した少納言・弁・外記・史は、それぞれ一揖した。その並び方は、五位以上が一列で、叙爵していない者（「六位」）はその後ろに一列で並んだ。東を上として北を向く、「東上北面」という並び方であった。

次に上卿の「召す」という仰せがあった。まず五位の列に並んだ者が声を揃えて小さく「おお」と返事をし、次に叙爵していない「六位」の列の者が、大きな声で「おお」と返事した。次に五位の列の最上位にいた少納言宗望が揖してから列を離れ、進んでいって床子に座った。次に忠高が揖して列を離れ西北方向に歩き、床子の前に立って一揖してから床子に座った。次の番の経光も忠高と同じ作法をした。以後は、前の人が砌に入ったのを見計らって、後ろの人が列を離れ、進んでいった。この時、砌の下で揖をしないのが作法であった。座は皆が床子を用いた。座り方は東向きで上首が北に座るかたちである。床子には前面の方から座った。少納言・弁の着座に続いて、外記・史が壁下の床子に座った。外記・史が着しおわると、左少弁の忠高が座ったまま靴をこする所作をした。忠高はすぐに座の前に立つと、磬折と呼ばれる深いお辞儀をして、小さな声で「司の申せる政申し給わんと申す」というセリフを口にした。その後、三人の史が床子の前にすっくと立ち、確認のために申文の冒頭を読み上げた。ここで、宮内一枚について「給え」という上卿の仰せ（決裁）があった。次に弁官と少納言が靴を摩り、返事をした。経光の家の例では一度右足で靴を摩り、座ったまま返事をするのである。次に外記と史が返事した。史の三人が同じように「結ね申し」を終えて、下臈から順に退去した。経光も床子を起って一揖して南に曲がり（柱の外を通った）廊内に入り退去した（廊の戸を出る時には、左足から出た）。経光に続いて、上臈である左少弁と少納言も出た。経光は外記門の外で深靴を浅沓にはき直した。そして結政所の座に戻った。

その後しばらくして左少弁も結政所の座に戻ってきた。権右中弁が「下臈の弁は上臈と一緒に着座するはずではないでしょうか」と言った。それに対して経光は「まったく違います。状況によって変わっていいのです。上臈の弁が遅れたときには、決して待ってはいけないのではないでしょうか」と答えた。左少弁忠高はそれでもなお仮粧の間から結政所の様子を覗いてから着座した。

天福元年（一二三三）四月十六日条（4）

次請印、少納言宗望復座之後、更参勤、少外記俊平持参文書、事了官掌起座、申云、請印了ヌ、次出立、左少弁・予・史等起座、予等列立外記門前、南上東面、次史又列立、西上南面、次少納言宗望立加弁上、外記俊平立加史上、左少弁云、少納言依位次可列之由相触、宗望先例不同之由返答、次左大弁範輔卿・藤中納言家光卿起座、下臈為先、次第出外記門、左大弁立留棟樹南、北面、次上卿藤中納言出門、先揖弁・少納言、予等答揖、次揖外記・史、次南向遥揖、参議左大弁即答揖、

【読み下し】

次いで請印。少納言宗望復座の後、更に参勤す。少外記俊平文書を持参す。事おわりて官掌起座す。申して云く、「請印おわんぬ」。次いで出立。左少弁・予・史等起座す。予等外記門の前に列立す〈南上東面〉。次いで史また列立す〈西上南面〉。次いで少納言宗望弁の上に立ち加わる。外記俊平史の上に立ち加わる。左少弁云く、少納言位次により列すべきの由相触る。宗望先例不同の由返答す。次いで左大弁範輔卿・藤中納言家光卿起座す。下臈を先として、次第に外記門を出ず。左大弁棟《おうち》の樹の南に立ち留まる〈北面〉。次いで上卿藤中納言門を出で、先ず弁・少納言に揖す。予等答揖す。次いで外記・史に揖す。次いで南向きに遥かに揖す。参議左大弁即ち答揖す。

文書に太政官印（外印）を捺す請印の儀式であるが、『民経記』や『勘仲記』は記事が簡略である。『勘仲記』でも「この間請印。官掌起座し申して云く、印おわんぬ。次いで少納言・外記本の座に復す」としか記されていない。これは経光・兼仲の家系が、請印において中心的な役割を果たす少納言を経歴しないから、詳しく書き記す必要がなかったためである。同じ蔵人・弁官を経歴する家でも少納言に在任していた平信範は『兵範記』で詳細な記述を残している。『兵範記』や『山槐記』は、国立歴史民俗博物館の「記録類全文データベース」で検索できるので、利用者登録をした上で、使って欲しい。

少納言宗望が座に戻った後、この請印を勤めた。少外記俊平が文書を持ってきて、宗望による請印が終わると、官掌が起座して、「おしておわんぬ」という言葉を発した。請印儀が終わって、人々は出立した。左少弁忠高・右少弁経光・史が起座し、忠高と経光は外記門の前に列立した（並び方は南上東面）。史は西上南面に列立した。続いて少納言宗望が左少弁の上に加わり、少外記俊平が史の上に加わった。外記門出立の場面では、列立の仕方をめぐって弁官と少納言との間でしばしばトラブルが起きる。忠高が「少納言は位の順に列するのが当然でしょう」と伝えると、官次では上臈となる少納言の宗望は「先例ではそうとは限りません」と答えた。この時の忠高・経光は正五位下であった。宗望の位階は不明だが、『民経記』の人名表記を見ると、五位ではあったようである。忠高や経光よりは下位だったのだろう。

次に二人の公卿、左大弁の範輔と上卿の家光が起座して、下臈の範輔が先頭で、順に外記門を出た。範輔は棟の木の南に、北向きで立ち留まった。棟はセンダン科の高木である。『勘仲記』には「外記門を出で、建春門に当たり、棟の樹の下に立つ」とあるから、外記門と建春門との間にあった木で、『年中行事絵巻』にも外記門の外に高木が描かれている。後から門を出た上卿の家光は、弁・少納言に対して揖し、経光もそれに応じて答揖した。続いて家光は外記・史にも揖した。そして南を向き遠くにいる範輔に向かって揖した。範輔はすぐに答揖した。なお、『大内裏図考証』の外記庁の項には、外記門出立の図が掲載されている。

天福元年（一二三三）四月十六日条（5）

次左大弁即入南所門、次上卿同南行、次〈上卿〉入南所門之間、〈裾入門閾間也、〉左少弁忠高乍立見遣史方、直面問云、申シ文《フム》、史云、有リ、次少納言帰入本局、次左少弁・予相共南行、列立南所門〈北腋〉棟樹下、〈樹南、南上東面、〉為揖四位中弁也、次権右中弁信盛朝臣来相揖、予等答揖、次権右中弁北面列、左少・予南上東面列立、次弁侍於一本御書所跪申云、正倉諸司召セリ、上臈弁信盛朝臣答云、申歟、弁侍云、然か侍リ、信盛朝臣仰云、御鎰給礼、次信盛朝臣以下入門、入自南廂坤角柱南、到于沓脱下一揖、登沓脱、〈々沓、〉着座、即揖、〈第二間、正下五位也、〉次少納言宗望来着座、召大舎人、次大舎人居上卿以下盤、次申文、下臈史成村候申文、次上卿以下々箸、次少納言召大舎人、令居汁物、次少納言宗望勧盃、上卿何御酒之由不問之、左大弁盃、権弁信盛朝臣抜箸起座、自食床東渡北進受盃、還着本座、次第巡行、次令居湯、〈上卿湯居加汁物之由被難、尤有其謂、弁座不居之、〉次上卿以下抜箸取笏、予等抜箸揖起座、向沓脱又一揖、自下臈次第退、予等列立〈権尚書・左司郎・予・少納言、〉南所門外、〈北上東面、〉次上卿・宰相出門、揖弁・少納言、予等答揖、次少納言宗望離列西面立直、互進相揖、次上卿以下次第退出、〈外記門前下裾者例也、〉

【読み下し】

次いで左大弁即ち南所の門に入る。次いで上卿同じく南行す。次いで上卿南所の門に入るの間〈裾門の閾の間に入るなり〉、左少弁忠高立ちながら史の方を見遣る。直面して問いて云く、「申し文」。史云く、「有り」。次いで少納言本局に帰り入る。次いで左少弁・予相共に南行し、南所の門北腋の棟の樹の下に列立す〈樹の南。南上東

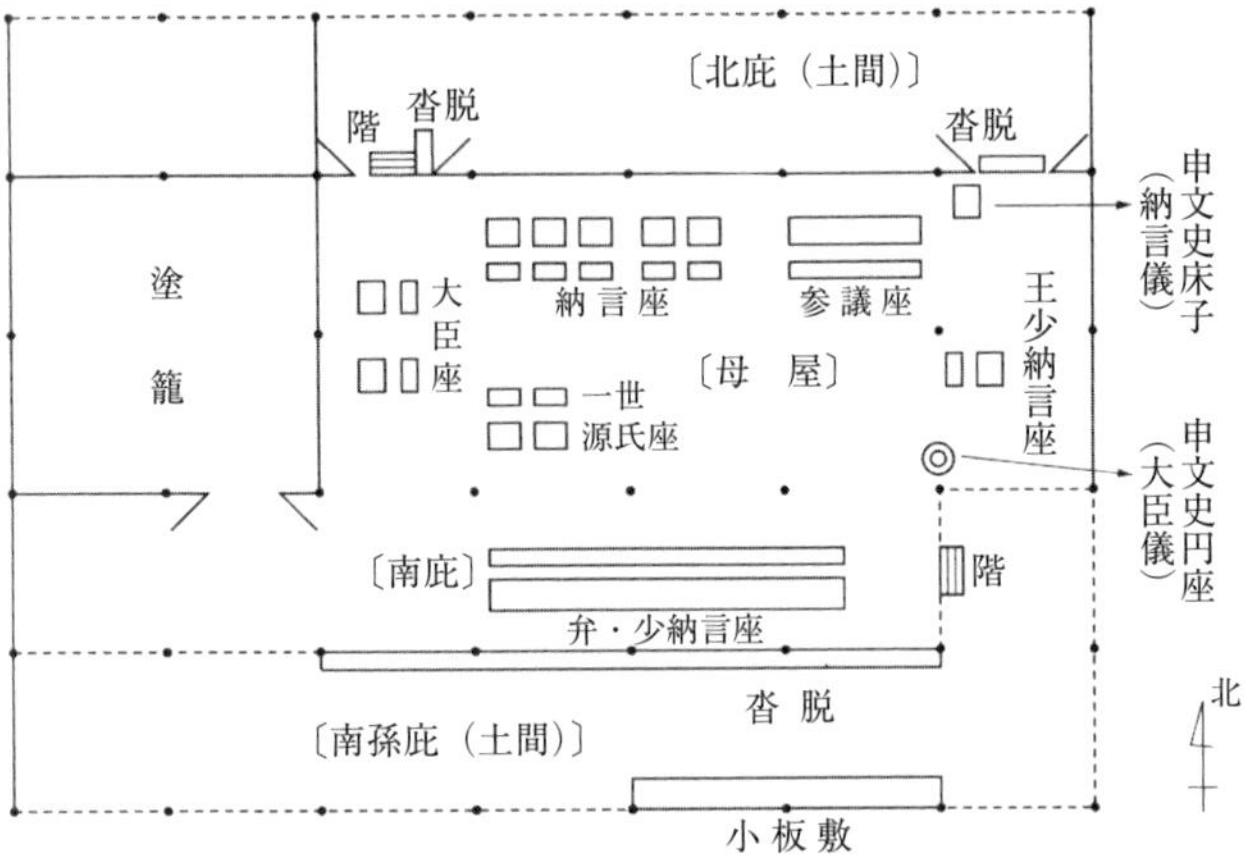

図 35　南所図（吉川真司『律令官僚制の研究』塙書房）

面〉。四位の中弁に揖せんがためなり。次いで権右中弁信盛朝臣来りて相揖す。予等答揖す。次いで権右中弁北面に列す。左少・予南上東面に列立す。次いで弁侍一本御書所において跪き申して云く、「正倉諸司召せり」。上﨟の弁信盛朝臣答えて云く、「申すか」。弁侍云く、「然か侍り」。信盛朝臣仰せて云く、「御鎰《かぎ》給われ」。次いで信盛朝臣以下門に入る。南廂の坤《ひつじさる》の角の柱の南より入り、沓脱の下に到り一揖す。沓脱を登り〈沓を脱ぐ〉、着座す。即ち揖す〈第二の間。正下五位なり〉。次いで少納言宗望来たりて着座し、大舎人を召す。次いで大舎人上卿以下の盤を居う。次いで中文。下﨟の史成村申文に候す。次いで上卿以下箸を下す。次いで少納言大舎人を召し、汁物を居えしむ。次いで少納言宗望勧盃す。上卿何の御酒の由これを問わず。左大弁の盃、権弁信盛朝臣箸を抜き起座し、食床の東より北に渡り進みて盃を受け、本の座に還り着す。次第に巡行す。次いで湯を居えしむ〈上卿湯汁物に居え加うの由難ぜらる。もっともその謂われ有り。弁の座これを居えず〉。次いで上卿以下箸を抜き笏を取る。予等箸を抜き揖して起座す。沓脱に向きまた一揖す。下﨟より次第に退く〈権尚書・左司郎・予・少納言〉。予等南所の門外に列立す〈北上東面〉。次いで上卿・宰相門を出ず。弁・少納言に揖す。予等答揖す。次いで少納言宗望列を離れ西面して立ち直る。互いに進み相揖す。次いで上卿以下次第に退出す〈外記門の前に裾を下すは例なり〉。

南所（侍従所）という建物で行われた南所申文と呼ばれる儀式の場面である。

範輔が南所の門を入り、上卿の家光も南所の門を入った。その時、上卿の束帯の裾が門の閾《しきみ》（下の横木）の間に入ってしまった。左少弁忠高は立ったまま史の方に視線を送ってから、史に顔を向けて申文の有無を尋ねた。そのセリフは「申し文《ふむ》」である。史は「有り」と答えた。『勘仲記』によれば、史は大きな声で答えることになっている。次に「少納言本局に帰り入る」とあるが、『勘仲記』には見えない。「本局」は外記局を指すと思われる。忠高と経光はともに南に歩き、南所門の北腋の棟の木の下に列立した。その位置は木の南であり、列立の仕方は南上東面である。経光は棟の木の位置を明確に示すために「北腋」の二字を後から追記している。この列立は四位の中弁に対して揖するためであった。四位の権右少弁信盛が来て揖し、それに対して五位少弁の二人も答揖した。次に信盛が北に向いて列した。忠高・経光の二人の列立は南上東面のままである。

次に弁侍が一本御書所で跪き、「正倉諸司召せり」と言った。上臈の弁官である信盛が「申すか」と答えると、弁侍は「しか侍り」と言い、信盛は弁侍に「御鎰給われ」と命じた。信盛以下は南所の門を入った。南庇の坤（南西）の角の柱の南から入って、沓脱の下まで到り、そこで一揖し、沓脱を昇り（沓脱では沓を脱いだ）、着座した。着座してすぐに揖した。その場所が第二間であったこと、そこで揖した理由が経光の正五位下の位にあったことが注記されている。つぎに少納言宗望が来て着座した。宗望は大舎人を召した。大舎人は上卿以下の盤を据えた。

ここから南所申文そのものと勧盃が行われる。下臈の史成村が申文を行った。上卿が申文を見るが、その部分は記載が省略されている。それが終わると、上卿以下が箸を下すという動作をした。節会のところで述べたように、食事の合図である。次に少納言が大舎人を召し、汁物を据えさせた。つぎに宗望が盃を勧めた。上卿が何れの御酒かと尋ねるのが例であるが、今回は尋ねなかった。ちなみに『勘仲記』では、上卿が「何れの酒ぞ」と尋ね、盃を献じる者が「顕世朝臣新賀仕る」と答えている。次に「左大弁盃」と記されているが、この間の動きは『勘仲記』に記されている。上卿が勧盃の少納言から盃を受けると、少納言はすぐに続酌《つぎしゃく》を取って酌をする。盃は次位の者に伝盃される。少納言はもとの座に戻る。左大弁が起座し、上卿の盃を受けて座に戻る。左大弁の盃は、左中弁が起座してこれを受け、もとの座に戻るとある。『民経記』の記事に戻ると、左大弁の盃は、権弁の信盛が箸を抜いて起座して食床の東から北に進んでこれを受け、信盛はもとの座に戻ったのである。盃は参加者の間を順に回った。次に湯が据えられた。これについて、上卿は汁物が据えられている状態で、湯を据え加えることを非難した。経光もこの意見に賛同している。弁の座に湯は据えられなかった。その作法は、『勘仲記』に「次いで湯を居えしむ。先ず笥の蓋を開き、竹箸を洗い、笥の蓋を覆う。次いで食しおわる」と記されている。次に上卿以下は食べ終わったことを示す「箸を抜く」という動作を行い、笏を取った。経光たちも箸を抜き揖して起座し、沓脱に向き一揖し、下﨟から順に退出した。経光らは南所門の外に北上東面に列立した。上卿と参議左大弁が門を出、列立している弁・少納言に揖すると、経光らも答揖した。次に少納言宗望が列を離れて西向きに立ち直り、経光らと互いに揖した。そして上卿以下は順に退出した。外記門の前で裾を下ろすのはいつも通りであった。

この後に続く記事では、上卿以下が内裏に向かい、陽明門代の前で列立し、次いで陣座に入って陣中文をしたことが記されている。陣中文も重要な政務であるが、このあたりで『民経記』の政始（外記政）記事を読み終えることとしよう。

コラム5　古記録の人名表記

『民経記』天福元年（一二三三）正月二十三日条で、兼高に対しては、いわゆる呼び捨ての表記であるのに、定雅に対しては「朝臣」を付けているのに着目して欲しい。これは彼らの位の違いによる。諱《いみな》（実名）に「朝臣《あそん》」を付けるのは、その人物が四位の位階を有していることを示している。公卿となっていても、四位の参議は「朝臣」と表記される。それに対して五位は諱のままである。五位に叙されていない者（いわゆる六位）は、「蔵人源兼時」のようにウジ名をともなった表記になる。三位以上の公卿に対しては、官職名や「花山院大納言」などの称号で呼ぶのが普通であるが、そこに諱を注記する場合もある。その場合には公卿であることを示す「卿」の文字を付け加えることはないが、本文中に諱を表記する時には必ず「卿」の文字がつけられている。公卿に対しては、本文中に諱のみで表記することは忌避されているようである。

十二世紀半ばごろまでは、公卿の人数もさほど多くないから、大納言や中納言、参議などは複数いても、兼官している「民部卿」などの官職名で呼んだり、「按察大納言《あぜち》」のように兼官する官職名を冠したり、また「源中納言」「新藤中納言」のようにウジ名を冠したり、新旧の別を示すことで個々人を区別することが可能であった。ところが、十二世紀末から十三世紀になると、公卿の定員が増加し、とりわけ非参議の三位や前官の公卿が激増すると、いままでの呼称方法では区別ができなくなった。そのために居所やゆかりの寺院名などをつけた「三条大納言」「勧修寺《かじゅうじ》中納言」などの称号で呼ばれる人物が増えてくる。その中にあっても古くから用いられている「藤宰相」「藤中納言」の称号はさほど家格の高くない家（諸大夫クラス）の出身者が用いる称号として使われ続けている。

原則的には現役の公卿（議政官）であるか、前官であるかは「前」の字の有無で区別されるが、しばしば「前」の字が省略されていることもあって、内容や人間関係を総合しないと人名比定を誤ってしまうことがある。先の「朝臣」「卿」をつけるかどうかという約束事も中世後期になると守られなくなる場合もあるので注意したい。

また、日本の官職制度は中国の制度を移入したものであるから、それに相当する中国の官職が存在する。そこで、大納言を「亜相」、検非違使別当を「大理」、民部卿を極官として出家している人物を「戸部禅門」と呼んだり、「甘露寺黄門」（甘露寺中納言）など称号の一部としても用いられた。日記の中で誰に対しても、こうした唐名を用いたかというと、必ずしもそうではない。藤原兼仲の『勘仲記』では、父・兄、一門の先達や主家の人々など、兼仲が尊敬している人物に対して、敬意を込めて用いている。歴史書『吾妻鏡』でもごく限られた人々にしか使っていない。今後の調査検討が必要であるが、他の日記についても同様の傾向があるという印象が強い。

【参考文献】土田直鎮「平安中期に於ける記録の人名表記法」（『奈良平安時代史研究』吉川弘文館、一九九二年）。遠藤珠紀「中世朝廷社会における公卿称号」（『中世朝廷の官司制度』吉川弘文館、二〇一一年）。

補論1　古記録読みの対話と格闘

日本中世史の分野には、さまざまな質の史料集がある。既刊の活字本を切り貼りしただけの自治体史の史料編、文書史料をとりあえず網羅的に活字化することを目指した『平安遺文』『鎌倉遺文』（以上、東京堂出版）のような文書集、底本がもつ改行などの書式の情報にはかかわりなく文字を詰め込み、時として文字そのものを「意により改む」として改変してしまう『新訂増補国史大系』（吉川弘文館）、史料原本の公開が限られていた上に、組版の技術にも限界があった戦前の『史料通覧』のほぼ再版である『増補史料大成』（臨川書店）など、現在の中世史料論のレベルからすると、そのままの利用がためらわれる史料集が今なお広く用いられている。一方で、東京大学史料編纂所の『大日本古記録』（岩波書店）や、『史料纂集』（八木書店）のように、底本の選定からこだわり、諸本を校合した上で校訂注を付し、人名や地名には説明注を施して、さらに上部欄外に記事内容を摘要した「標出」を加えているという手の込んだ史料集や、『新横須賀市史』（横須賀市）のように、可能な限り原本やその紙焼き写真から史料を採録し、史料ごとに解説を施した自治体史もある。

私も、二〇〇二年の『新訂吉記』（和泉書院、全四冊）刊行以来、『史料纂集　勘仲記』（八木書店、既刊七冊）、『新訂吾妻鏡』（和泉書院、既刊五冊）と、三種類の史料集を編纂・刊行してきた。『勘仲記』は既刊シリーズの中での刊行であるから、組版や用字などに制約があるが、独自に刊行している『新訂吉記』や『新訂吾妻鏡』は、『大日本古記録』や『史料纂集』に倣いつつも、利用しやすくて便利な史料集を目指した独自の工夫を随所に加えている。

幸いにも、学習院大学・同大学院在学中には、史料編纂所や宮内庁書陵部で記録類の編纂に携わった「記録読み」

の大家の先生方の演習がいくつもあって、多くを学ぶことができたし、私自身も史料編纂所の研究員として『大日本古記録』の編纂に関わった。また、国立歴史民俗博物館では田中穣氏旧蔵典籍古文書の原本調査に従事して、史料原本の持つモノとしての情報量の多さに気づくことができた。こうした経験が今の史料集作りにも活きている。

貴族の日記である古記録には、記主の職務を中心とする諸活動や多様な情報が書き残されている。儀礼の故実、宗教・文芸・芸能・天文に関する内容、中国の古典を踏まえた表現など、貴族たちの「知」そのものが詰まっていると言っていい。したがって、古記録の内容を理解するには、記主の感性や思考回路を理解し、彼らと「知」を共有することが本来は不可欠である。もちろん、そう簡単にできることではないが、それを目指した努力は必要だろう。

では、どんな努力が必要なのか。まずは、ひとつの日記の一年分以上の記事を通して読むこと。一通りの年中行事が出てくる一年分の記事を読むことで、彼らの一年間の生活サイクルを知り、およその記主の行動パターンや交友関係等も踏まえることができる。適切な解釈を導くためには、ある程度の分量を読んで、記主の文章スタイルや論法、用語法を理解する必要もある。逆に、論文を書くために必要な部分だけを拾って読むような読み方は好ましくない。研究者の注目を浴びる記事というのは、その日記の中でひときわ異彩を放っている記事であることが多い。記主の通常の書きぶりを知らないままでは、その記事の位置づけを見誤ってしまうことになりかねないのである。なお、古記録の解釈には、既存の辞典類の語釈が役に立たないことも少なくない。それは『日本国語大辞典』（小学館）に代表される辞典類が古記録からの用例をほとんど採っていないからである。いくつかの研究機関が公開している古記録の全文データベースなどを利用して用例を集めた上で、その時代、その日記に応じた語釈を自分で考える必要がある。

二つ目は、頭の中で記事を再現映像化してみること。映像が止まってしまうようでは、おそらく記事内容が適確に理解できていない。映像化するためには、日頃から絵巻物や装束類・建築物の写真などのビジュアル資料、儀式・祭祀等の再現映像などに接している必要がある。登場人物の地位や年齢などの情報も確認して欲しい。年寄りという印象がある大臣クラスの人物が、実は三〇代だということも少なくない。

三つ目は、私たちの知識が彼らの「知」全体に及ぶべくもないことを前提として、せめて、それを調べるためのツール（工具書・参考文献）についての知識くらいは持っておくこと。儀式書・故実書は言うまでもなく、仏教書や陰陽道書、古天文学に関する参考書、中国古典の工具書・データベースについても知っていて欲しい。

古記録読みは、記主との対話である。日記に書かれた文字列や文字列以外の情報をどれだけ読み取ることができるかは、読み手の能力にかかっている。自筆日記ともなれば、墨継ぎや微妙に空いた文字間隔から記主の息づかいを感じ取ることもできる。それは、句読点が用いられていない時代に、記主がどこで文章を区切っているかを知る手立てになるから、解釈の適切さにもつながり、記主が一筆で書いている途中に読点を打ってしまうような誤りは避けられる。文字の大きさはほとんど変わらないように見えても、文字列の中心軸を外してやや右に寄せて書いていれば、注記のつもりで書いているとわかる。塗りつぶしたり、挿入符を用いたりしている修正箇所、後日に異なる墨色や小さめの字で書き加えている文字からは、情報入手の時間的経緯や違いもわかる。それを読み取ることができるか否かは読み手の感度次第である。自筆本ではなくとも、「なぜ、こんな表現をしたの？」「ここに限ってこの字を使ったのはなぜ？」そんな対話を記主と交わす心持ちで読みたい。インタビュアーに予備知識がないと、話し手からうまく情報を引き出すことができず、言葉遣いや表情に秘められた意味を情報として感知する能力がなくては真意が摑めないのと同じで、史料読みにも「聞く力」が必要なのだ。古記録の記主を雄弁にさせるのも無口にさせるのも「聞き手」次第である。

一方、古記録読みは、闘いでもある。闘う相手は記主ではない。写本の書写者や活字本の編者・校訂者、あるいはその記事の解釈を示している先学が闘いの相手である。誤写していないか、誤読していないか、読点を打ち間違えていないか、常に疑ってかかる必要がある。複数の活字本がある場合には見比べるのが必須であるが、新しい本の校訂者が旧本の読みに違和感を持ちながらも、それに代わる成案がないために、手をつけずにそのまま残してしまうことも少なくない。書写者や校訂者と闘うためには、より質の高い写本、あるいは複数の写本との校合作業や他の記録も含めた用語法の検討が不可欠である。

古記録を史料として用いている研究者でも、古記録の常識やこの時代の人々の感覚・感性を理解しないまま解釈している人が少なくない。例えば、古記録では自発や予定の意味で使われることが多い助動詞の「可《べし》」を単純に命令の意味で解釈してしまい、省略されている主語を取り違えていることがある。名詞と動詞だけを拾っていくような、ざっくりとした解釈を提示する人もいるが、接続詞は文章構造や論理展開を理解する上で重要であるし、助動詞や副詞の意味に留意しないと、記主が伝えたがっている微妙なニュアンスは伝わってこない。「一月二月之間」を「正月・二月の期間」と解釈している論文に接したことがあったが、この時代に正月を「一月」と表記することはあり得ない。また、源頼朝が「大将軍」を望んだことを記す記事について、曽祖父頼義の称「将軍」を超えようという意識が頼朝にあったという解釈などは、先祖はその例を追うべき存在であって、決して超えたいと望む対象ではないというこの時代の意識や感性を理解していない故の誤解である。独善的な解釈に陥らないためには、ゼミや研究会などの場で、参加者がそれぞれの知識を持ち寄り、議論を闘わせながら史料を読み、知識を増やすとともに、感性を磨くことが重要であろう。

恩師からの教訓「人の仕事は疑ってかかれ」は、私の基本的な学問姿勢になっているが、それとともに、史料は、記主を始め、その時代の人びとの文体・語感、感性や意識の中で、まず解釈し、それを前提に、現代の研究者としての目や感覚で取り扱わなくてはいけないというのが、さまざまな古記録との対話や格闘を経て到達した今の認識である。

（初出『史学研究集録』第四三号、二〇一九年三月）

補論2　史料を精読するということ

歴史研究が小説や評論と異なるのは、史料に基づく立証・論証の上に成り立っている点である。そのためには史料の読解がもっとも基礎的かつ最重要な作業なのだが、これまでの歴史研究の世界では、論理や視点ばかりが重視されていて、史料読みはないがしろにされてきた。今流行りの「グローバル・ヒストリー」も聞こえはいいが、古今東西の史料を博捜、駆使した実証的な研究はほんの一握りで、各地域を対象とした論著を検証することもなく、つまみ食いした上に成り立っているものがほとんどである。果たしてこれが歴史研究なのだろうか、評論に類するものなのではないかとさえ思えてしまう。

歴史研究で論理や視点が重視されるのは、史料は読めて当たり前だからという意見もあろう。しかし、そこでいう「読める」の中身が問題になる。活字化された史料のおおざっぱな意味をとっただけで読めた気になっている人もいるし、書かれていないことまで深読みしたり、自説にひきつけた都合のいい解釈をする人もいる。それで史料が読めると言えるのか、疑いを禁じ得ない。

いまや日本古代史・中世史の分野では、文書・日記（古記録）・編纂物など、ほとんどの史料が活字化されており、それだけで研究ができてしまう。私などは学生時代に、活字史料集は目録だと思って使え、使う史料は影写本や写真帳を必ず見ろという指導を受けたが、こうした指導をする教員も少なくなってしまった。さらに全文データベースによる検索も可能になり、活字本をめくる必要すらなくなった。インターネットを使って史料を探し、スマホや電子辞書で言葉を調べる時代が到来したのである。一方で、所蔵機関による影印本（写真版）の出版やウェブ上での史料画像公開も進んで、上質な史料へのアクセスは容易になっているが、未翻刻の史料を読んだり、活字本の誤りを正すなど、文字列情報を得るための利用にとどまっていることが多く、原本や古写本が持つ文字列情報以外の情報をその画像から読み取ろうとする研究者は少ない。

私もそんな研究者の一人だったが、鎌倉時代の公家日記『勘仲記』の自筆本（国立歴史民俗博物館所蔵）をじっくり読んだことで、史料の読み方が変わった。

記主藤原兼仲の自筆本には文字列以外の様々な情報が残されており、墨継ぎや文字の大小、改行、文字間隔・行間隔などから、記主の筆録意識を読み取ることができる。たとえば、原文には句読点など付されていないが、墨継ぎや微妙な文字間隔の空け方から、記主がどこまでを一文と考えて書いているかがわかり、記主の文章のリズムや筆を運ぶ息づかいを感じ取ることができる。また、上書きや塗りつぶしで消された下の文字を読み取り、挿入・追筆をたどることで、彼の思考の軌跡を追うこともできる。

『勘仲記』には、後日情報を得て書き込むつもりであらかじめ空行を作っておくことがあり、「後聞」の情報を後から書き込んでいるところもあれば、空行のままになっているところもある。予期しなかった情報を得て、一行分しかない空きに小さな字で二行分書き込んでいる個所、後日もたらされた情報によって、数日前に書いた記事本文を修正している個所も見られる。こうした部分からは、同日条であっても、情報の入手に時間的な推移があることや記主が求めていた情報が何だったのかがわかる。

記主の筆録意識のレベルに身を置いて記事を読んでいくと、これまで見えてこなかった微妙な文体の変化や書きぶりの違いも見えるようになった。一例を挙げると、漢文体にもかかわらず、時折、兼仲が目的語を動詞の前に記すのは、その目的語を特に強調したい場合で、その時には目的語と動詞の間に若干の文字間を空けている。この兼仲の書き癖がわかれば、主語と目的語を取り違えることもないし、内容理解にも役立つ。

しかし、自筆本が持つ文字列以外の情報は、転写された段階で消滅してしまうことが多い。訂正された本文に写し改められ、無駄な行間は詰められ、やや小さな挿入文字も本文と同じ大きさで写されてしまう。そうなると、彼の筆録の過程を復元することは困難である。自筆本を親本としているような古写本には、まだ自筆本の面影が残っていることもあるが、転写が進むほど情報は消えていく。写本の場合は、誤写や、筆記者がどう理解して、あるいは理解せずに写したのかという書写意識も加わるので、それを勘案した読み方が必要になる。ただ、写本から自筆本の書きぶりを想像復元することが可能な場合もあり、文字列以外の情報がほとんど失われてしまった写本や活字本でも、記主の記述態度や筆録意識に思いを寄せ、自筆本来の様式を頭の中に描きつつ、記主の得た情報の質や方法まで考えて史料を読むと、表面的な文字列（字面）をざっと読んで訳すだけの理解とは、次元の異なる読みができるようになる。

古記録と呼ばれる漢文日記について言えば、こうした記主の筆録意識のレベルまで掘り下げた読みが精読に値すると私は考えている。辞書的には、細かいところまで丁寧に読むことが精読の語義だが、古記録の精読には、その日記全体を俯瞰した読み方、他の日記や史料をも踏まえたマクロな読みも必要である。

日記は記主の立場、属している家格によって書き残すべき内容が異なり、同じ行事について書いていても、実務者として動き回る中級官吏と、儀式を主導する上級官吏とでは視点や力点が違ってくる。したがって、その記事を書いたときに記主がどのような立場にあるのかを知っておくことが、日記を読む大前提になる。その上で、登場人物の人間関係や距離感を押さえておくことが必要だし、伝聞記事の場合は、もたらされた情報のルートと質を判断すること、感慨や人物批評は、記主の性格や言い回しというフィルターがかかっていることを意識しないといけない。こうした感覚は、まとまった分量の日記を読まないと身につかない。

可能な限り関連史料を見つけ出して、突き合わせることで初めて見えてくることもある。たとえば、ある下級官吏の日記には儀式の責任者が最後まで職務を遂行したように書かれているが、その責任者の父親の日記には彼が病のために途中で退席したと書かれているケースがあった。当然、後者の方が信用に足るのであって、前者は儀式を直接見ていない下級官吏が、事前に作成されていた儀式次第に基づいて、それが実態であったかのように書いていたのである。古記録には大型の辞典に載っていない語句や記主独特の語法も少なくないから、ミクロな読みをするためには、その日記における用例や同時代の用法を集めて語意を確定する作業が必要であるし、記主と知識を共有するまではいかなくとも、政務・儀式、服飾、和歌・管絃などあらゆる事項について調べる手段くらいは知っておかないといけない。

記主の文体に慣れた上で、感性のアンテナを立てて注意深く読んでいくと、イレギュラーな書きぶりや表現に反応できるようになる。そうすれば、記主がなぜそういう書き方をしているのかというレベルまで考えが及ぶようになるだろう。記主の意識の部分にまで分け入って読むことと、少し突き放して、その記事や日記を客観的に見つめ直すこと、この両方ができて初めて、記事を理解し、史料として利用できるように思う。

古記録の精読について述べてきたが、史料の種類が変われば、自ずと精読の意味するところは変わってくる。文書史料だと、その文書を含む史料群の性格や文書が残された意図を踏まえ、文書作成の動機を考えた上で、書かれている内容の信憑性を吟味する必要がある。複数の手になる日記・文書・伝承史料など様々な原史料を切り貼りして編纂した『吾妻鏡』（鎌倉幕府の歴史書）のような史料、しかも原本が伝わらず、様々な系統の写本で伝来している史料には、諸本論が必要だし、何が原史料として利用されたのかを考え、原史料そのままの部分と、その後字句が修正されたり付け加えられたりしている部分を見極めなくてはいけない。

史料を重視する歴史研究であるからこそ、精読しつつも、史料への過信は禁物である。数の上でも質の上でも限定された史料から構築できる歴史像には自ずと限界があることも頭の片隅に置いておかなくてはならないだろう。歴史は、史料というレンズの破片を通してスクリーンに映し出された像であって、「真実」ではないのだから。

（初出『日本古書通信』第一〇一四号、二〇一四年一月）

あとがき

古記録の入門書を書かないかという話が出たのは、月に一度行われている『勘仲記』を読む会のあとの酒席のことであった。今から六、七年前のことであったと記憶する。古文書については佐藤進一『古文書学入門』（法政大学出版局）などの良書がいくつもあるのに対して、古記録についてはそうした入門書・概説書がほとんどなく、「読み癖」「故実読み」という口伝の世界が今なお支配している現状を嘆く参加者からのお声掛かりであった。たびたびそうしたことがあったが、もちろん、それぞれ一家言をもつ先達が何人もいらっしゃるところに、とても打って出ることはできないなどと言って固辞していた。

しかし、独学で古記録を読んでいる研究者が多い中、私の場合は、学生時代に宮崎康充氏・菊池紳一氏・槇道雄氏らの諸先輩から手ほどきを受け、山中裕先生・橋本義彦先生・新田英治先生をはじめとする東京大学史料編纂所や宮内庁書陵部ご出身の多くの先生方に大学院の演習などを通じて教えを受けることができた。その後も、研究員として所属した国立歴史民俗博物館では田中教忠旧蔵記録類の原本調査を担当し、同じく史料編纂所では大日本古記録編纂の一端に関わり、さらに自身でも『吉記』や『勘仲記』の翻刻・編纂を行ったことで、それまでの活字本や影印本を利用する立場とは違う様々な知見を得ることもできた。こうした人一倍恵まれた環境を思うと、手の届かないところにいる後進たちのために何かできないか、先達たちが入門書に当たるものをなかなかお出しにならないなら、そこに踏み込んだとしても今なら若気の至りと許してもらえるのではないかと、いつしか考えるようになった。そこで意を決して、一番強くお勧めいただいていた佐藤和彦氏に出版社へのご紹介を仰いだのが本書誕生のきっかけである。

出講していた青山学院大学で本書第一部や第二部第一章の骨子となる講義をするなど、準備を進めていたが、突然、今の職場に奉職することになり、吹きすさぶ内外からの「歴史教科書問題」の嵐の中で、なかなか執筆にかかれない時期が数年続き、いつしか「若気の至り」とは言っていられない年齢になってしまった。その間、史料編纂所時代に刺激的な雑談を交わしていた尾上陽介氏の『中世の日記の世界』（山川出版社）が出るなど、少しずつ古記録をめぐる研究状況にも変化が見え始めた。私自身も『勘仲記』や『吉記』の輪読会で後輩たちに接するほか、鶴見大学大学院や大妻女子大学大学院の演習で国文学専攻の大学院生たちを相手に古記録を読むことになって、ますます入門書の必要性を感じるようになっていた。そこでようやく執筆を再開し、何とか本書の完成を見ることができた。結果として背中を押してもらった想定読者としての彼らの存在も大きい。

古記録の本文に文字列情報として書かれた内容は、かつて竹内理三氏が「公卿学」と表現された公家故実のすべてであり、当時の貴族たちの政治・社会・文化そのものであって、とても一冊の入門書に収まりきるようなものではない。その様相も時代や記主によって大きく異なる中で、取り上げた事例は極めて少ないと言わざるを得ない。そうした制約の中にあって、十二〜三世紀の日記とその文体、とりわけ蔵人・弁官クラスの日記で基礎学習をしておけば、文体の乱れた中世後期の日記も、ある程度はその応用で読むことができるだろうと思い、『玉葉』と『民経記』の記事を取り上げた。これから古記録を学ぼうという方々は、本書に答えを求めるのではなく、ここに示した調べ方やコツ、日記を見る目を手がかりとして史料に接し、必要に応じて付録に掲げた図表を活用していただきたい。本書第一部執筆に際しては、これまで適当な名称が与えられていない事項が多く、未熟な語でそれを表現している。専門家の方々にはその是非を含めてご叱正いただければ幸いである。

所蔵資料の写真掲載や図版の転載をご承諾いただいた関係機関、そして本書の出版をお引き受けいただいた東京堂出版、とりわけ様々なお世話をおかけした同編集部の松林孝至氏に、末尾ながら御礼申し上げる。

二〇〇五年一〇月

高橋秀樹

増補改訂版のあとがき

『古記録入門』（旧版）の刊行から十八年の月日が経った。それまで類書がなかったこともあって、多くの先生が、授業の教科書、演習の参考書に取り上げてくださった。その反面、書名の故か、内容の拙さからか、専門家による史料論において本書で展開した史料論が取り上げられることは少なかった。そのなかで、恩師である故山中裕先生が『学習院史学』誌上に書評を寄せてくださったこと、ともに『勘仲記』を読んできた櫻井彦・遠藤珠紀両氏が学術誌で紹介してくれたことは嬉しかった。また、古記録マニア仲間でもあった故石田実洋氏が刊行からひと月も経たないうちに、本書を読んで気づいた点を「高橋秀樹氏著『古記録入門』覚書」というファイルにまとめて送ってくれたことはありがたかった。

刊行から数年で品切れとなり、古書店では定価の二倍・三倍の売価がつくこともあったが、厳しい出版事情のなかで本書が重版されることはなかった。その間、入手が難しいので、学生に勧めることができないとの声も複数の方からお寄せいただいていた。

十数年の間に、オンライン辞書・事典検索サイト、ジャパンナレッジのコンテンツの充実、学術機関・所蔵機関による古記録の全文データベースや史料画像の公開、影印本・工具書・学術書の刊行など、古記録を読んだり、調べたりするための環境が大きく変わり、重版だけでは、この大きな変化に対応できないと感じていた。また、二年に一冊を原則とする『史料纂集　勘仲記』の刊行が始まり、定期的に自筆本の原本調査をするようになったことで、多くの新しい知見を得ることもできた。さらに、史学科の大学教員に転身し、大学院生と接する機会も増え、彼らに必要なこともだんだんとわかってきた。

そこで再版に際して、大幅な改訂と増補を試みることにした。ウェブ時代の検索ツールや史料画像に関する情報、書誌情報を最新のものにアップデートするだけでなく、事項の説明やこの十八年の調査・研究で得た知見をかなり加えた。史料の読みを改めたところもある。旧版の第二部第二章「『民経記』を読む」では、政始（外記政）の記事を宿題扱いしていたが、増補改訂版では、その解答となるような記述を一節分加えた。ほかにも、調べ方に関するコラム二編、古記録の読みや研究姿勢に関するエッセー二編を補い、付録の「古記録便覧」には「院政」表と「中世古記録関係文献目録（一九九八～二〇二一年）」を加え、図版の追加・変更も行っている。その点では「増補改訂版」の名に恥じないものになっていると思う。

今回の増補改訂版は息長く供給して欲しいという願いを込めて、長いお付き合いのある吉川弘文館に刊行をお願いした。御快諾くださった吉川弘文館と、編集部長堤崇志氏・編集担当高木宏平氏にお礼申し上げる。『愚昧記』臨模本の存在については、尾上陽介氏に教えていただいた。政始の記事については、國學院大學における最初の大学院生でもある宮内庁書陵部の小堀貴史氏から多くの助言を得た。お二人に感謝するとともに、高い次元の史料読みについてきてくれた大学院生たちにも謝意を表したい。

十年後、十五年後の古記録をとりまく状況がどうなっているかはわからないが、本書が研究者や研究者を目指す大学院生、古記録に関心をもつ多くの方々に受け入れられ、彼らを育む糧となることを願ってやまない。そのためにもお気づきの点があれば、是非お知らせいただきたい。

二〇二三年四月二十一日

高橋秀樹

高橋秀樹著

三浦義村

（人物叢書）

四六判・三〇四頁／二二〇〇円

鎌倉前期の有力御家人。幕府内の政争や実朝暗殺、承久の乱を北条氏と共に乗り切る。執権泰時と協調して新体制を支え、朝幕関係の要として朝廷や貴族からも頼りにされた。『吾妻鏡』などに史料批判を加え、実像に迫る。

北条氏と三浦氏

（対決の東国史）

四六判・二二〇頁／二〇〇〇円

有力御家人を次々と排斥した北条氏と、その唯一のライバル三浦氏、という通説は正しいのか。両者の武士団としての存在形態に留意し、『吾妻鏡』の記述を相対化する視点から検証。両氏の役割と関係に新見解を提示する。

三浦一族の中世

（歴史文化ライブラリー）

四六判・二二四頁／一七〇〇円

桓武平氏とされる、相模国随一の大豪族三浦氏の実像が今、見直されている。代々幕府の重鎮を輩出し宝治合戦でいったんは滅ぶも、佐原系三浦氏や三浦和田氏らは中世末まで存続した。一族の興亡から中世史を見つめ直す。

三浦一族の研究

A5判・三三四頁／三八〇〇円

相模国随一の大豪族、三浦一族。桓武平氏出自説をはじめ、「三浦介」の成立事情、三浦義村や宝治合戦の実像などの諸問題を、「常識」にとらわれず追究。これまでとはまったく異なる新しい三浦一族のイメージを提示する。

日本中世の家と親族

（オンデマンド版）

A5判・三三二頁／一二〇〇〇円

日本の中世社会の単位とされる「家」の究明は、きわめて重要である。摂関期から室町期までの「家」の実態と、分割相続制が嫡子単独相続制へと変質する過程を検証し、「家」をとりまく社会と国家の関わりを検討する。

吉川弘文館

（価格は税別）

著者略歴
一九六四年　神奈川県に生まれる
一九九六年　学習院大学大学院人文科学研究科博士後期課程修了、博士（史学）
現在、國學院大學文学部教授

〔主要編著書〕
『日本中世の家と親族』（吉川弘文館、一九九六年）
『新訂吉記』全四冊〈編〉（和泉書院、二〇〇二〜〇八年）
『史料纂集　勘仲記』〈共編〉既刊七冊（八木書店、二〇〇八年〜）
『玉葉精読』（和泉書院、二〇一三年）
『新訂吾妻鏡』既刊五冊〈編〉（和泉書院、二〇一五年〜）

古記録入門（増補改訂版）

二〇二三年（令和五）七月一日　第一刷発行
二〇二四年（令和六）七月十日　第二刷発行

著　者　高《たか》橋《はし》秀《ひで》樹《き》

発行者　吉川道郎

発行所　株式会社　吉川弘文館
郵便番号一一三—〇〇三三
東京都文京区本郷七丁目二番八号
電話〇三—三八一三—九一五一〈代〉
振替口座〇〇一〇〇—五—二四四番
https://www.yoshikawa-k.co.jp/

印刷＝株式会社 精興社
製本＝株式会社 ブックアート
装幀＝清水良洋

ISBN978-4-642-08435-2

索　　引

1　事項・語句

あ　行

さ　行

た　行

な　行

は　行

ま　行

や 行

ら 行

わ 行

2 書　　名

あ 行

か 行

さ 行

た　行

な　行

は　行

ま 行

や 行

ら 行

わ 行

付録　古記録便覧

干支表

五行		干支					
木《き》	兄《え》	①甲子《きのえね》《カッシ》	⑪甲戌《きのえいぬ》《コウジュツ》	㉑甲申《きのえさる》《コウシン》	㉛甲午《きのえうま》《コウゴ》	㊶甲辰《きのえたつ》《コウシン》	(51)甲寅《きのえとら》《コウイン》
	弟《と》	②乙丑《きのとのうし》《イッチュウ》	⑫乙亥《きのとのい》《イツガイ》	㉒乙酉《きのとのとり》《イツユウ》	㉜乙未《きのとのひつじ》《イツビ》	㊷乙巳《きのとのみ》《イッシ》	(52)乙卯《きのとのう》《イツボウ》
火《ひ》	兄《え》	③丙寅《ひのえとら》《ヘイイン》	⑬丙子《ひのえね》《ヘイシ》	㉓丙戌《ひのえいぬ》《ヘイジュツ》	㉝丙申《ひのえさる》《ヘイシン》	㊸丙午《ひのえうま》《ヘイゴ》	(53)丙辰《ひのえたつ》《ヘイシン》
	弟《と》	④丁卯《ひのとのう》《テイボウ》	⑭丁丑《ひのとのうし》《テイチュウ》	㉔丁亥《ひのとのい》《テイガイ》	㉞丁酉《ひのとのとり》《テイユウ》	㊹丁未《ひのとのひつじ》《テイビ》	(54)丁巳《ひのとのみ》《テイシ》
土《つち》	兄《え》	⑤戊辰《つちのえたつ》《ボシン》	⑮戊寅《つちのえとら》《ボイン》	㉕戊子《つちのえね》《ボシ》	㉟戊戌《つちのえいぬ》《ボジュツ》	㊺戊申《つちのえさる》《ボシン》	(55)戊午《つちのえうま》《ボゴ》
	弟《と》	⑥己巳《つちのとのみ》《キシ》	⑯己卯《つちのとのう》《キボウ》	㉖己丑《つちのとのうし》《キチュウ》	㊱己亥《つちのとのい》《キガイ》	㊻己酉《つちのとのとり》《キユウ》	(56)己未《つちのとのひつじ》《キビ》
金《かね》	兄《え》	⑦庚午《かのえうま》《コウゴ》	⑰庚辰《かのえたつ》《コウシン》	㉗庚寅《かのえとら》《コウイン》	㊲庚子《かのえね》《コウシ》	㊼庚戌《かのえいぬ》《コウジュツ》	(57)庚申《かのえさる》《コウシン》
	弟《と》	⑧辛未《かのとのひつじ》《シンビ》	⑱辛巳《かのとのみ》《シンシ》	㉘辛卯《かのとのう》《シンボウ》	㊳辛丑《かのとのうし》《シンチュウ》	㊽辛亥《かのとのい》《シンガイ》	(58)辛酉《かのとのとり》《シンユウ》
水《みず》	兄《え》	⑨壬申《みずのえさる》《ジンシン》	⑲壬午《みずのえうま》《ジンゴ》	㉙壬辰《みずのえたつ》《ジンシン》	㊴壬寅《みずのえとら》《ジンイン》	㊾壬子《みずのえね》《ジンシ》	(59)壬戌《みずのえいぬ》《ジンジュツ》
	弟《と》	⑩癸酉《みずのとのとり》《キユウ》	⑳癸未《みずのとのひつじ》《キビ》	㉚癸巳《みずのとのみ》《キシ》	㊵癸卯《みずのとのう》《キボウ》	㊿癸丑《みずのとのうし》《キチュウ》	(60)癸亥《みずのとのい》《キガイ》

時刻表

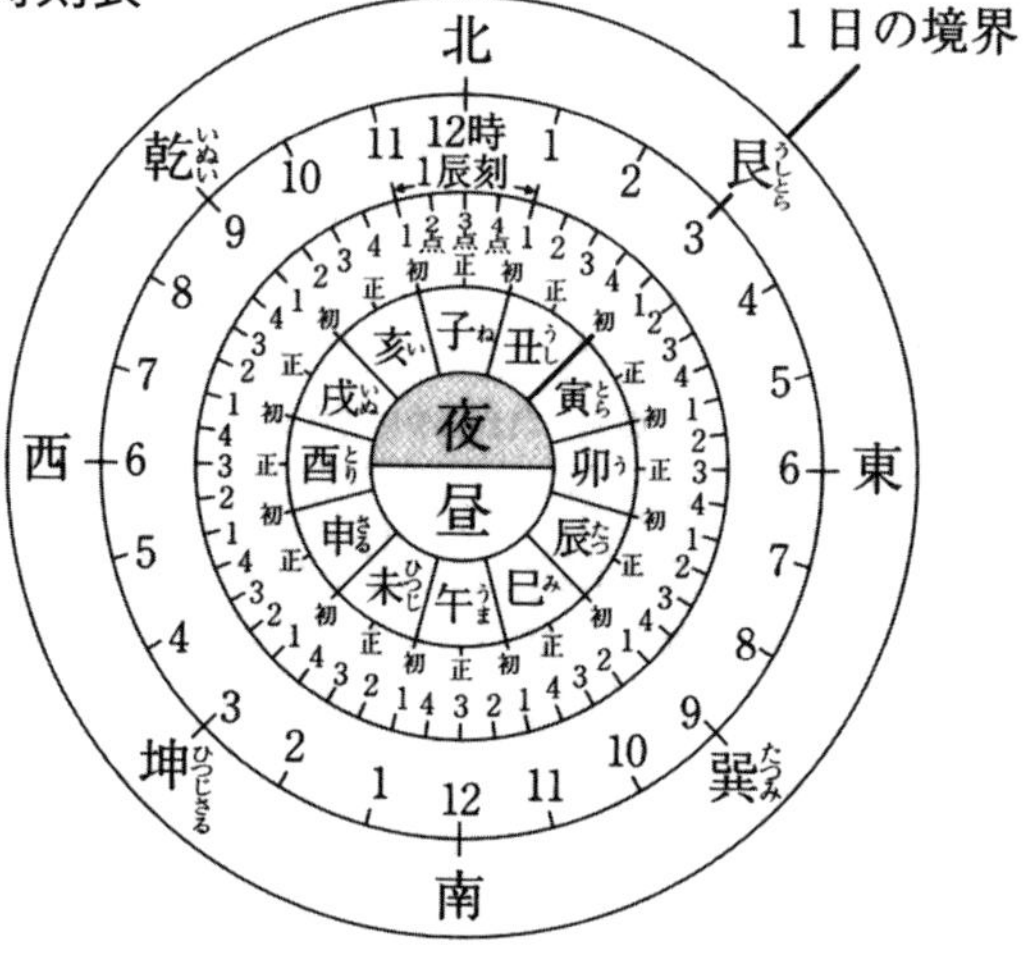

二十四気・七十二候表

季節	二十四気		七十二候
春	正月節	立春	初候　東風解凍（とうふうこおりをとく） 次候　蟄虫始振（ちっちゅうはじめてふるう） 末候　魚上氷（うおこおりをのぼる）
	正月中	雨水	初候　獺祭魚（かわうそうおをまつる） 次候　鴻雁来（こうがんきたる） 末候　草木萌動（そうもくきざしうごく）
	二月節	啓蟄	初候　桃始華（ももはじめてはなさく） 次候　倉庚鳴（そうこうなく） 末候　鷹化為鳩（たかけしてはととなる）
	二月中	春分	初候　玄鳥至（げんちょういたる） 次候　雷乃発声（かみなりすなわちこえをはっす） 末候　始電（はじめていなびかりす）
	三月節	清明	初候　桐始華（きりはじめてはなさく） 次候　田鼠化為鴽（でんそけしてうずらとなる） 末候　虹始見（にじはじめてあらわる）
	三月中	穀雨	初候　萍始生（うきくさはじめてしょうず） 次候　鳴鳩払其羽（めいきゅうそのはねをはらう） 末候　戴勝降于桑（たいしょうくわにくだる）
夏	四月節	立夏	初候　螻蟈鳴（ろうこくなく） 次候　丘蚓出（きゅういんいず） 末候　王瓜生（おうかしょうず）
	四月中	小満	初候　苦菜秀（くさいひいず） 次候　靡草死（びそうかる） 末候　小暑至（しょうしょいたる）
	五月節	芒種	初候　螳蜋生（とうろうしょうず） 次候　鵙始鳴（もずはじめてなく） 末候　反舌無声（はんぜつこえなし）
	五月中	夏至	初候　鹿角解（しかのつのおつ） 次候　蜩始鳴（ひぐらしはじめてなく） 末候　半夏生（はんげしょうず）
	六月節	小暑	初候　温風至（おんぷういたる） 次候　蟋蟀居壁（しつそつかべにおる） 末候　鷹乃学習（たかすなわちがくしゅうす）
	六月中	大暑	初候　腐草為蛍（ふそうほたるとなる） 次候　土潤溽暑（つちうるおってあつし） 末候　大雨時行（たいうときにゆく）

秋	七月節	立秋	初候　涼風至（りょうふういたる） 次候　白露降（はくろくだる） 末候　寒蟬鳴（かんぜんなく）
	七月中	処暑	初候　鷹祭鳥（たかとりをまつる） 次候　天地始粛（てんちはじめてしじまる） 末候　禾乃登（くわすなわちみのる）
	八月節	白露	初候　鴻雁来（こうがんきたる） 次候　玄鳥帰（げんちょうかえる） 末候　群鳥養羞（ぐんちょうしうをやしなう）
	八月中	秋分	初候　雷乃収声（らいすなわちこえをおさむ） 次候　蟄虫坏戸（ちっちゅうこをとず） 末候　水始涸（みずはじめてかる）
	九月節	寒露	初候　鴻雁来賓（こうがんらいひんす） 次候　雀入大水為蛤（すずめたいすいにいりこはまぐりとなる） 末候　菊有黄華（きくにこうかあり）
	九月中	霜降	初候　豺乃祭獣（おおかみすなわちけものをまつる） 次候　草木黄落（そうもくこうらくす） 末候　蟄虫咸俯（ちっちゅうことごとくふす）
冬	十月節	立冬	初候　水始氷（みずはじめてこおる） 次候　地始凍（ちはじめてこおる） 末候　野雉入水為蜃（きじみずにいりてはまぐりとなる）
	十月中	小雪	初候　虹蔵不見（にじかくれてみえず） 次候　天気上騰地気不降（てんきしょうとうしちきかこうす） 末候　閉塞而成冬（へいそくしてふゆをなす）
	十一月節	大雪	初候　鶡鳥不鳴（やまどりなかず） 次候　虎始交（とらはじめてつるむ） 末候　茘挺生（れいていいずる）
	十一月中	冬至	初候　丘蚓結（きゅういんむすぶ） 次候　麋角解（びかくげす） 末候　水泉動（すいせんうごく）
	十二月節	小寒	初候　雁北郷（かりきたにむかう） 次候　鵲始巣（かささぎはじめてすくう） 末候　野雉始雊（きじはじめてなく）
	十二月中	大寒	初候　鶏始乳（にわとりはじめてにうす） 次候　鷙鳥厲疾（しちょうれいしつす） 末候　水沢腹堅（すいたくふくけん）

内田正男『暦と時の事典』（雄山閣）による。

主要官職唐名・異称一覧

唐名のうち、中世の古記録に頻出するものに限定した。左右を省略したものもある。民部省に当たる戸部が民部卿や民部丞を指す用法が多いが、ここでは官司名として挙げておいたので、適宜読み替えていただきたい。

あ	
亜槐	大納言
亜相	大納言
う	
右府	右大臣
羽林	近衛府
か	
外史	外記
槐門	大臣
諫議大夫	参議
貫首	蔵人
翰林学士	文章博士
き	
儀同三司	准大臣
金吾	左右衛門府
け	
京兆府	左右京職
こ	
勾勘	勘解由使
黄門	中納言
戸部	民部省
工部	宮内省
さ	
宰相	参議
宰吏	国司
左府	左大臣
三槐	大臣
三台	大臣
し	
刺史	国守
司天台	陰陽寮
侍中	蔵人
執政	摂政･関白･内覧
執柄	摂政･関白･内覧
拾遺	侍従
秀才	文章得業生
少卿	少弐
少丞	少弁
相公	参議
相国	大臣
匠作	修理職
尚書	弁官
丞相	大臣
相府	大臣
親衛	近衛府
進士	文章生
せ	
夕郎	蔵人
摂籙	摂政・関白
た	
大官令	大膳大夫
大卿	大弐
太閤	太政大臣
大樹	将軍
大丞	大弁
太相国	太政大臣
大府卿	大蔵卿
大理	検非違使別当
ち	
長秋宮	皇后
柱史	内記
中書省	中務省
中丞	中弁
て	
廷尉	検非違使尉
典厩署	左右馬寮
と	
都護	按察使
都督	大宰（権）帥
な	
内府	内大臣
納言	大納言･中納言
に	
二千石	国司
は	
博陸	関白
八座	参議
幕下	左右近衛大将
ふ	
武衛	左右兵衛府
ほ	
牧宰	国司
僕射	大臣
ら	
礼部	治部省
鸞台	弁官
り	
吏（李）部	式部省
柳営	将軍

年号干支月大小表

年号の項目には改元の月日を入れた。南北朝期については、北朝年号を上段に、南朝年号を下段に示し、後者は斜体で表示した。月は閏月を丸囲み数字で示し、大小は、大の月をゴチック体で表示した。立春については、前年 12 月あるいは閏 12 月中に立春を迎える場合には、斜体で表示した。天皇の項には践祚の月日を入れた。南朝天皇については斜体で表記した。月の大小および立春の月日については湯浅吉美『増補日本暦日便覧』(汲古書院) を参照した。

年号	干支	西暦	月 **大** 小	立春	天皇
延久 4.13	己酉	1069	1 **2** 3 4 **5** 6 **7** 8 **9** **10** ⑩ **11** **12**	1.5	後三条
2	庚戌	1070	1 **2** 3 4 **5** 6 **7** 8 **9** **10** 11 **12**	*12.17*	
3	辛亥	1071	**1** 2 **3** 4 5 **6** 7 8 **9** **10** 11 **12**	*12.28*	
4	壬子	1072	**1** **2** 3 **4** 5 6 **7** ⑦ 8 **9** **10** 11 **12**	1.9	白河 12.8
5	癸丑	1073	**1** 2 **3** **4** 5 6 **7** 8 9 **10** **11** 12	*12.20*	
承保 8.23	甲寅	1074	**1** 2 **3** **4** 5 **6** 7 **8** 9 **10** 11 **12**	1.2	
2	乙卯	1075	1 **2** 3 **4** ④ **5** **6** 7 **8** 9 **10** 11 **12**	1.12	
3	丙辰	1076	1 2 **3** **4** 5 **6** 7 **8** **9** 10 **11** 12	*12.23*	
承暦 11.17	丁巳	1077	**1** 2 3 **4** 5 **6** 7 **8** **9** **10** 11 **12** ⑫	1.4	
2	戊午	1078	**1** 2 3 **4** 5 **6** 7 **8** **9** 10 **11** **12**	*⑫.15*	
3	己未	1079	1 **2** 3 4 **5** 6 7 **8** **9** 10 **11** **12**	*12.26*	
4	庚申	1080	**1** 2 **3** 4 5 **6** 7 8 **⑧** 9 **10** **11** **12**	1.7	
永保 2.10	辛酉	1081	1 **2** **3** 4 5 **6** 7 8 **9** 10 **11** **12**	*12.18*	
2	壬戌	1082	**1** 2 **3** **4** 5 6 **7** 8 9 **10** 11 **12**	*12.30*	
3	癸亥	1083	**1** 2 **3** **4** 5 **6** ⑥ **7** 8 **9** 10 11 **12**	1.11	
応徳 2.7	甲子	1084	1 **2** **3** 4 **5** 6 **7** **8** 9 **10** 11 **12**	*12.22*	
2	乙丑	1085	1 2 **3** 4 **5** **6** 7 **8** **9** 10 **11** 12	1.2	
3	丙寅	1086	**1** 2 ② **3** 4 **5** 6 **7** **8** 9 **10** **11** 12	1.14	堀河 11.26
寛治 4.7	丁卯	1087	**1** 2 3 **4** 5 6 **7** **8** 9 **10** **11** **12**	*12.24*	
2	戊辰	1088	1 **2** 3 4 **5** 6 7 **8** 9 **10** **⑩** **11** 12	1.5	
3	己巳	1089	**1** **2** 3 4 **5** 6 7 **8** 9 **10** **11** **12**	*12.16*	
4	庚午	1090	1 **2** **3** 4 5 **6** 7 8 **9** 10 **11** **12**	*12.27*	
5	辛未	1091	1 **2** **3** 4 **5** 6 **7** ⑦ 8 **9** 10 **11** 12	1.9	
6	壬申	1092	**1** **2** 3 **4** **5** 6 **7** 8 9 **10** 11 **12**	*12.20*	
7	癸酉	1093	1 **2** 3 **4** **5** 6 **7** 8 **9** **10** 11 12	1.1	
嘉保 12.15	甲戌	1094	1 2 **3** ③ **4** 5 **6** **7** 8 **9** **10** 11 12	1.12	
2	乙亥	1095	**1** 2 **3** 4 **5** 6 **7** 8 **9** **10** **11** 12	*12.23*	
永長 12.17	丙子	1096	**1** 2 3 **4** 5 6 **7** 8 **9** **10** **11** 12	1.4	
承徳 11.21	丁丑	1097	1 **①** 2 3 **4** 5 6 **7** 8 **9** **10** **11** 12	1.15	
2	戊寅	1098	**1** **2** 3 4 **5** 6 7 **8** 9 **10** **11** 12	*12.25*	
康和 8.28	己卯	1099	**1** **2** 3 **4** 5 **6** 7 8 **9** ⑨ **10** 11 **12**	1.8	
2	庚辰	1100	**1** **2** 3 **4** 5 **6** 7 8 **9** 10 **11** 12	*12.19*	
3	辛巳	1101	**1** **2** 3 **4** 5 **6** **7** 8 9 **10** 11 **12**	*12.29*	
4	壬午	1102	1 **2** 3 **4** **5** ⑤ **6** 7 **8** 9 **10** 11 **12**	1.10	
5	癸未	1103	1 **2** 3 **4** 5 **6** **7** 8 **9** 10 **11** **12**	*12.22*	
長治 2.10	甲申	1104	1 2 **3** 4 5 **6** **7** 8 **9** **10** 11 **12**	1.2	
2	乙酉	1105	**1** 2 ② **3** 4 5 **6** 7 **8** **9** **10** 11 **12**	1.13	
嘉承 4.9	丙戌	1106	**1** 2 3 **4** 5 6 **7** 8 **9** **10** 11 **12**	*12.24*	
2	丁亥	1107	**1** 2 **3** 4 **5** 6 7 **8** 9 **10** ⑩ **11** **12**	1.6	鳥羽 7.19
天仁 8.3	戊子	1108	**1** 2 **3** 4 **5** 6 7 **8** 9 **10** 11 **12**	*12.17*	
2	己丑	1109	**1** 2 **3** **4** 5 **6** 7 8 **9** 10 **11** 12	*12.28*	
天永 7.13	庚寅	1110	**1** 2 **3** **4** 5 **6** 7 **⑦** 8 **9** 10 **11** 12	1.9	
2	辛卯	1111	**1** 2 **3** 4 **5** **6** 7 **8** 9 **10** 11 **12**	*12.20*	
3	壬辰	1112	1 **2** 3 **4** 5 **6** 7 **8** **9** 10 **11** **12**	1.1	
永久 7.13	癸巳	1113	1 2 **3** ③ 4 **5** 6 **7** **8** **9** 10 **11** **12**	1.11	
2	甲午	1114	1 2 **3** 4 5 **6** 7 **8** 9 **10** **11** **12**	*12.22*	
3	乙未	1115	1 **2** 3 **4** 5 6 **7** 8 **9** 10 **11** **12**	1.4	
4	丙申	1116	**1** ① **2** 3 **4** 5 6 **7** 8 **9** 10 **11** **12**	1.15	
5	丁酉	1117	1 **2** **3** 4 **5** 6 7 **8** 9 **10** 11 **12**	*12.26*	
元永 4.3	戊戌	1118	1 **2** **3** 4 **5** 6 **7** 8 **9** ⑨ **10** 11 **12**	1.7	
2	己亥	1119	1 **2** 3 **4** **5** 6 **7** 8 **9** 10 **11** 12	*12.19*	
保安 4.10	庚子	1120	**1** 2 **3** 4 **5** 6 **7** **8** 9 **10** 11 **12**	*12.29*	
2	辛丑	1121	1 **2** 3 4 **5** ⑤ **6** **7** **8** 9 **10** 11 **12**	1.10	
3	壬寅	1122	1 **2** 3 4 **5** 6 **7** **8** 9 **10** **11** 12	*12.21*	
4	癸卯	1123	**1** 2 **3** 4 5 **6** 7 **8** 9 **10** **11** **12**	1.3	崇徳 1.28
天治 4.3	甲辰	1124	1 **2** ② **3** 4 5 **6** 7 8 **9** **10** **11** 12	1.13	
2	乙巳	1125	**1** **2** 3 **4** 5 6 **7** 8 9 **10** **11** 12	*12.24*	
大治 1.22	丙午	1126	**1** **2** **3** 4 **5** 6 7 **8** 9 10 **⑩** **11** 12	1.6	
2	丁未	1127	**1** **2** 3 **4** 5 **6** 7 **8** 9 **10** 11 **12**	*12.17*	
3	戊申	1128	1 **2** 3 **4** **5** 6 **7** 8 **9** 10 **11** 12	*12.28*	
4	己酉	1129	**1** 2 **3** 4 **5** 6 **7** ⑦ **8** **9** 10 **11** 12	1.9	
5	庚戌	1130	**1** 2 3 **4** 5 **6** **7** 8 **9** **10** 11 **12**	*12.19*	

年号	干支	西暦	月**大**小	立春	天皇
天承 1.29	辛亥	1131	1 **2** 3 4 **5** 6 **7** 8 **9** **10** **11** 12	1.1	
長承 8.11	壬子	1132	**1** 2 **3** 4 ④ **5** 6 7 **8** **9** **10** 11 **12**	1.12	
2	癸丑	1133	**1** 2 **3** 4 5 **6** 7 8 **9** **10** 11 **12**	*12.23*	
3	甲寅	1134	**1** **2** 3 **4** 5 6 **7** 8 9 **10** **11** 12 **⑫**	1.4	
保延 4.27	乙卯	1135	**1** 2 **3** 4 **5** 6 **7** 8 9 **10** 11 **12**	*⑫.15*	
2	丙辰	1136	**1** 2 **3** **4** 5 **6** 7 **8** 9 **10** 11 12	*12.27*	
3	丁巳	1137	**1** **2** 3 **4** 5 **6** **7** 8 **9** ⑨ **10** 11 12	1.8	
4	戊午	1138	**1** 2 **3** 4 **5** **6** 7 **8** **9** 10 **11** 12	*12.18*	
5	己未	1139	**1** 2 3 **4** 5 **6** 7 **8** **9** **10** 11 **12**	*12.28*	
6	庚申	1140	1 **2** 3 4 **5** ⑤ **6** 7 **8** **9** 10 **11** **12**	1.10	
永治 7.10	辛酉	1141	1 **2** 3 4 **5** 6 7 **8** **9** 10 **11** **12**	*12.21*	近衛 12.7
康治 4.28	壬戌	1142	**1** 2 **3** 4 5 **6** 7 8 **9** 10 **11** **12**	1.2	
2	癸亥	1143	**1** 2 **②** **3** 4 5 **6** 7 8 **9** 10 **11** **12**	1.13	
天養 2.23	甲子	1144	1 **2** **3** 4 **5** 6 **7** 8 9 **10** 11 **12**	*12.25*	
久安 7.22	乙丑	1145	**1** 2 **3** **4** 5 **6** 7 **8** 9 10 **⑩** 11 **12**	1.6	
2	丙寅	1146	1 **2** **3** 4 **5** 6 **7** **8** 9 **10** 11 12	*12.17*	
3	丁卯	1147	**1** 2 **3** 4 **5** **6** 7 **8** 9 **10** **11** 12	*12.27*	
4	戊辰	1148	**1** 2 3 **4** 5 **6** ⑥ **7** **8** 9 **10** **11** 12	1.9	
5	己巳	1149	**1** 2 3 **4** 5 6 **7** **8** 9 **10** **11** **12**	*12.19*	
6	庚午	1150	1 **2** 3 4 **5** 6 7 **8** 9 **10** **11** **12**	*12.30*	
仁平 1.26	辛未	1151	1 **2** **3** 4 ④ **5** 6 7 **8** 9 **10** **11** **12**	1.11	
2	壬申	1152	1 **2** 3 **4** 5 **6** 7 8 **9** 10 **11** **12**	*12.23*	
3	癸酉	1153	1 **2** **3** 4 **5** 6 **7** 8 9 **10** 11 **12** ⑫	1.4	
久寿 10.28	甲戌	1154	**1** **2** 3 **4** **5** 6 **7** 8 9 **10** 11 **12**	*⑫.15*	
2	乙亥	1155	1 **2** 3 **4** **5** 6 **7** 8 **9** **10** 11 12	*12.26*	後白河 7.24
保元 4.27	丙子	1156	**1** 2 **3** 4 **5** 6 **7** **8** 9 **⑨** 10 **11** 12	1.8	
2	丁丑	1157	**1** 2 **3** 4 **5** 6 **7** 8 **9** **10** **11** 12	*12.18*	
3	戊寅	1158	**1** 2 3 **4** 5 6 **7** 8 **9** **10** **11** 12	*12.28*	二条 8.11
平治 4.20	己卯	1159	**1** **2** 3 4 **5** ⑤ 6 **7** 8 **9** **10** **11** 12	1.10	
永暦 1.10	庚辰	1160	**1** **2** 3 4 **5** 6 7 **8** 9 **10** **11** 12	*12.21*	
応保 9.4	辛巳	1161	**1** **2** 3 **4** 5 **6** 7 8 **9** 10 **11** 12	1.3	
2	壬午	1162	**1** **2** ② **3** **4** 5 **6** 7 8 **9** 10 **11** 12	1.14	
長寛 3.29	癸未	1163	**1** **2** 3 **4** 5 **6** 7 **8** 9 **10** 11 **12**	*12.24*	
2	甲申	1164	1 **2** 3 **4** 5 **6** **7** 8 **9** 10 ⑩ **11** **12**	1.6	
永万 6.5	乙酉	1165	1 **2** 3 **4** 5 **6** 7 **8** **9** 10 **11** **12**	*12.17*	六条 6.25

年号	干支	西暦	月**大**小	立春	天皇
仁安 8.27	丙戌	1166	1 2 **3** 4 5 **6** **7** 8 **9** **10** 11 **12**	*12.27*	
2	丁亥	1167	**1** 2 3 **4** 5 6 **7** ⑦ **8** **9** **10** 11 **12**	1.8	
3	戊子	1168	**1** 2 3 **4** 5 6 **7** 8 **9** 10 **11** **12**	*12.20*	高倉 2.19
嘉応 4.8	己丑	1169	**1** 2 **3** 4 **5** 6 7 **8** 9 **10** 11 **12**	1.1	
2	庚寅	1170	**1** **2** 3 **4** ④ **5** 6 7 **8** 9 **10** 11 **12**	1.12	
承安 4.21	辛卯	1171	**1** 2 **3** **4** 5 6 **7** 8 **9** 10 **11** 12	*12.23*	
2	壬辰	1172	**1** 2 **3** **4** 5 **6** 7 **8** 9 **10** 11 **12** ⑫	1.5	
3	癸巳	1173	**1** 2 **3** 4 **5** **6** 7 **8** 9 **10** 11 **12**	*⑫.15*	
4	甲午	1174	1 **2** 3 **4** 5 **6** 7 **8** **9** 10 **11** 12	*12.26*	
安元 7.28	乙未	1175	**1** 2 **3** 4 5 **6** 7 **8** **9** ⑨ **10** **11** 12	1.7	
2	丙申	1176	**1** 2 **3** 4 5 **6** 7 **8** 9 **10** **11** **12**	*12.18*	
治承 8.4	丁酉	1177	1 **2** 3 **4** 5 6 **7** 8 **9** 10 **11** **12**	*12.29*	
2	戊戌	1178	**1** 2 **3** 4 **5** 6 ⑥ **7** 8 **9** 10 **11** **12**	1.10	
3	己亥	1179	1 **2** **3** 4 **5** 6 7 **8** 9 **10** 11 **12**	*12.21*	
4	庚子	1180	1 **2** **3** 4 **5** 6 **7** 8 **9** 10 **11** 12	1.2	安徳 2.21
養和 7.14	辛丑	1181	**1** 2 **②** 3 **4** **5** 6 **7** 8 **9** 10 **11** 12	1.14	
寿永 5.27	壬寅	1182	**1** 2 **3** 4 **5** 6 **7** **8** 9 **10** 11 **12**	*12.24*	
2	癸卯	1183	1 **2** 3 4 **5** 6 **7** **8** 9 **10** ⑩ **11** **12**	1.5	後鳥羽 8.20
元暦 4.16	甲辰	1184	1 **2** 3 4 **5** 6 **7** **8** 9 **10** **11** 12	*12.16*	
文治 8.14	乙巳	1185	**1** 2 **3** 4 5 **6** 7 **8** 9 **10** **11** **12**	*12.27*	
2	丙午	1186	1 **2** 3 **4** 5 6 **7** ⑦ 8 **9** **10** **11** 12	1.8	
3	丁未	1187	**1** **2** 3 **4** 5 6 7 **8** 9 **10** **11** 12	*12.19*	
4	戊申	1188	**1** **2** **3** 4 5 **6** 7 **8** 9 10 **11** **12**	1.1	
5	己酉	1189	1 **2** **3** 4 **④** 5 **6** 7 **8** 9 **10** 11 **12**	1.12	
建久 4.11	庚戌	1190	1 **2** 3 **4** **5** 6 **7** 8 **9** 10 **11** 12	*12.23*	
2	辛亥	1191	**1** 2 3 **4** **5** 6 **7** **8** 9 **10** 11 **12** ⑫	1.4	
3	壬子	1192	**1** 2 3 **4** 5 **6** **7** 8 **9** **10** 11 **12**	*⑫.14*	
4	癸丑	1193	1 **2** 3 4 **5** 6 **7** 8 **9** **10** **11** 12	*12.26*	
5	甲寅	1194	**1** 2 **3** 4 5 **6** 7 8 **⑧** **9** **10** 11 **12**	1.7	
6	乙卯	1195	**1** 2 **3** 4 5 6 **7** 8 **9** **10** 11 **12**	*12.18*	
7	丙辰	1196	**1** **2** 3 **4** 5 6 **7** 8 9 **10** **11** 12	*12.29*	
8	丁巳	1197	**1** **2** 3 **4** 5 **6** ⑥ **7** 8 9 **10** 11 **12**	1.11	
9	戊午	1198	**1** 2 **3** **4** 5 **6** 7 **8** 9 10 **11** 12	*12.22*	土御門 1.11
正治 4.27	己未	1199	**1** **2** 3 **4** 5 **6** **7** 8 **9** 10 **11** 12	1.3	
2	庚申	1200	1 **2** ② **3** 4 **5** **6** 7 **8** **9** 10 **11** 12	1.13	
建仁 2.13	辛酉	1201	**1** 2 3 **4** 5 **6** 7 **8** **9** **10** 11 **12**	*12.24*	

年号	干支	西暦	月 **大** 小	立春	天皇
2	壬戌	1202	1 **2** 3 4 **5** 6 7 **8** **9** **10** ⑩ **11** **12**	1.5	
3	癸亥	1203	1 **2** 3 4 5 **6** 7 **8** **9** 10 **11** **12**	*12.16*	
元久 2.20	甲子	1204	**1** 2 **3** 4 5 6 **7** 8 **9** 10 **11** **12**	*12.27*	
2	乙丑	1205	**1** 2 **3** **4** 5 6 **7** ⑦ 8 **9** 10 **11** **12**	1.9	
建永 4.27	丙寅	1206	1 **2** **3** 4 **5** 6 **7** 8 9 **10** 11 **12**	*12.20*	
承元 10.25	丁卯	1207	**1** 2 **3** **4** 5 **6** 7 **8** 9 10 **11** 12	1.1	
2	戊辰	1208	**1** 2 **3** **4** ④ **5** 6 **7** **8** 9 **10** 11 12	1.12	
3	己巳	1209	**1** 2 **3** 4 **5** 6 **7** **8** 9 **10** **11** 12	*12.23*	
4	庚午	1210	**1** 2 3 **4** 5 **6** 7 **8** **9** 10 **11** **12**	1.4	順徳 11.25
建暦 3.9	辛未	1211	1 **①** 2 3 **4** 5 6 **7** **8** 9 **10** **11** **12**	1.14	
2	壬申	1212	1 **2** 3 4 5 **6** 7 **8** 9 **10** **11** **12**	*12.25*	
建保 12.6	癸酉	1213	1 **2** **3** 4 5 **6** 7 8 **9** ⑨ **10** **11** **12**	1.7	
2	甲戌	1214	1 **2** 3 **4** 5 **6** 7 8 **9** 10 **11** **12**	*12.18*	
3	乙亥	1215	1 **2** **3** 4 **5** 6 **7** 8 9 **10** 11 **12**	*12.29*	
4	丙子	1216	1 **2** **3** 4 **5** **6** ⑥ **7** 8 9 **10** 11 **12**	1.10	
5	丁丑	1217	1 **2** 3 **4** **5** 6 **7** 8 **9** **10** 11 12	*12.22*	
6	戊寅	1218	**1** 2 **3** 4 **5** 6 **7** **8** 9 **10** **11** 12	1.3	
承久 4.12	己卯	1219	**1** 2 ② **3** 4 5 **6** **7** 8 **9** **10** **11** 12	1.13	
2	庚辰	1220	**1** 2 3 **4** 5 6 **7** 8 **9** **10** **11** 12	*12.23*	
3	辛巳	1221	**1** **2** 3 4 **5** 6 7 **8** 9 **10** ⑩ **11** **12**	1.6	九条廃帝 4.20 後堀河 7.9
貞応 4.13	壬午	1222	**1** 2 **3** 4 **5** 6 7 **8** 9 **10** **11** 12	*12.17*	
2	癸未	1223	**1** **2** 3 **4** 5 **6** 7 8 **9** 10 **11** 12	*12.27*	
元仁 11.20	甲申	1224	**1** **2** 3 **4** **5** 6 **7** ⑦ 8 **9** 10 **11** 12	1.9	
嘉禄 4.20	乙酉	1225	**1** **2** 3 **4** 5 **6** 7 **8** 9 **10** 11 **12**	*12.20*	
2	丙戌	1226	1 **2** 3 **4** 5 **6** **7** 8 **9** 10 **11** 12	1.1	
安貞 12.10	丁亥	1227	**1** 2 **3** ③ **4** 5 **6** 7 **8** **9** 10 **11** 12	1.12	
2	戊子	1228	**1** 2 **3** 4 5 **6** 7 **8** **9** **10** 11 **12**	*12.22*	
寛喜 3.5	己丑	1229	**1** 2 3 **4** 5 6 **7** 8 **9** **10** **11** 12	1.3	
2	庚寅	1230	**1** ① **2** 3 **4** 5 6 **7** 8 **9** 10 **11** **12**	1.15	
3	辛卯	1231	**1** 2 **3** 4 **5** 6 7 **8** 9 **10** 11 **12**	*12.26*	
貞永 4.2	壬辰	1232	**1** **2** 3 **4** 5 **6** 7 8 **9** ⑨ **10** 11 **12**	1.7	四条 10.4
天福 4.15	癸巳	1233	**1** 2 **3** **4** 5 6 **7** 8 **9** 10 **11** 12	*12.18*	
文暦 11.5	甲午	1234	**1** 2 **3** **4** 5 **6** 7 **8** 9 **10** 11 **12**	*12.29*	
嘉禎 9.19	乙未	1235	1 **2** 3 **4** 5 **6** **⑥** 7 **8** 9 **10** 11 **12**	1.10	

年号	干支	西暦	月 **大** 小	立春	天皇
2	丙申	1236	1 **2** 3 4 **5** **6** 7 **8** **9** 10 **11** 12	*12.21*	
3	丁酉	1237	**1** 2 **3** 4 5 **6** 7 **8** **9** 10 **11** **12**	1.2	
暦仁 11.23	戊戌	1238	1 **2** ② **3** 4 5 **6** 7 **8** 9 **10** **11** **12**	1.13	
延応 2.7	己亥	1239	1 **2** 3 **4** 5 6 **7** 8 **9** 10 **11** **12**	*12.24*	
仁治 7.16	庚子	1240	**1** 2 **3** 4 **5** 6 7 8 **9** 10 **⑩** **11** **12**	1.5	
2	辛丑	1241	1 **2** **3** 4 5 **6** 7 **8** 9 10 **11** **12**	*12.16*	
3	壬寅	1242	1 **2** **3** 4 **5** 6 **7** 8 **9** 10 **11** 12	*12.28*	後嵯峨 1.20
寛元 2.26	己卯	1243	**1** 2 **3** 4 **5** **6** 7 ⑦ **8** **9** 10 **11** 12	1.9	
2	甲辰	1244	**1** 2 **3** 4 **5** 6 **7** **8** 9 **10** 11 **12**	*12.19*	
3	乙巳	1245	1 **2** 3 4 **5** 6 **7** **8** 9 **10** **11** 12	*12.30*	
4	丙午	1246	**1** 2 **3** 4 ④ **5** 6 **7** 8 **9** **10** **11** 12	1.12	後深草 1.29
宝治 2.28	丁未	1247	**1** 2 **3** 4 5 **6** 7 **8** 9 **10** **11** **12**	*12.22*	
2	戊申	1248	1 **2** 3 **4** 5 6 7 **8** 9 **10** **11** **12** ⑫	1.3	
建長 3.18	己酉	1249	**1** **2** 3 **4** 5 6 7 **8** 9 **10** **11** 12	*⑫.14*	
2	庚戌	1250	**1** **2** 3 **4** 5 **6** 7 **8** 9 10 **11** **12**	*12.26*	
3	辛亥	1251	1 **2** **3** 4 **5** 6 **7** 8 **9** ⑨ 10 **11** **12**	1.7	
4	壬子	1252	1 **2** 3 **4** 5 **6** **7** 8 **9** 10 **11** 12	*12.18*	
5	癸丑	1253	1 **2** 3 **4** **5** 6 **7** 8 **9** **10** 11 **12**	*12.28*	
6	甲寅	1254	1 **2** 3 4 **5** ⑤ **6** **7** 8 **9** **10** 11 **12**	1.10	
7	乙卯	1255	1 **2** 3 4 **5** 6 **7** 8 **9** **10** **11** 12	*12.21*	
康元 10.5	丙辰	1256	**1** 2 **3** 4 5 6 **7** 8 **9** **10** **11** 12	1.2	
正嘉 3.14	丁巳	1257	**1** **2** 3 **③** 4 5 6 **7** 8 **9** **10** 11 **12**	1.13	
2	戊午	1258	**1** **2** 3 **4** 5 6 7 **8** 9 **10** **11** 12	*12.25*	
正元 3.26	己未	1259	**1** **2** 3 **4** 5 **6** 7 **8** 9 10 ⑩ **11** **12**	1.6	亀山 11.26
文応 4.13	庚申	1260	**1** 2 **3** **4** 5 **6** 7 **8** 9 10 **11** 12	*12.17*	
弘長 2.20	辛酉	1261	**1** **2** 3 **4** 5 **6** **7** ⑦ 8 **9** 10 **11** 12	*12.27*	
2	壬戌	1262	1 **2** 3 **4** 5 **6** **7** **8** **9** 10 **11** 12	1.9	
3	癸亥	1263	1 **2** 3 **4** 5 **6** 7 **8** **9** **10** 11 **12**	*12.19*	
文永 2.28	甲子	1264	1 **2** 3 4 **5** 6 7 **8** **9** **10** 11 **12**	*12.30*	
2	乙丑	1265	**1** 2 **3** 4 ④ 5 **6** 7 **8** **9** 10 **11** **12**	1.11	
3	丙寅	1266	**1** 2 **3** 4 5 6 **7** 8 **9** 10 **11** **12**	*12.23*	
4	丁卯	1267	**1** 2 **3** 4 **5** 6 7 **8** 9 **10** 11 **12**	1.4	
5	戊辰	1268	**1** ① **2** **3** 4 **5** 6 **7** 8 9 **10** 11 **12**	1.15	
6	己巳	1269	**1** 2 **3** 4 **5** **6** 7 **8** 9 10 **11** 12	*12.26*	
7	庚午	1270	**1** 2 **3** **4** 5 **6** 7 **8** **9** ⑨ 10 **11** 12	1.8	
8	辛未	1271	**1** 2 **3** 4 **5** 6 **7** **8** 9 **10** **11** 12	*12.18*	
9	壬申	1272	1 **2** 3 **4** 5 **6** 7 **8** **9** 10 **11** **12**	*12.28*	
10	癸酉	1273	1 **2** 3 4 5 **⑤** 6 **7** **8** 9 **10** **11** **12**	1.9	

年号	干支	西暦	月**大**小	立春	天皇
11	甲戌	1274	1 **2** 3 4 5 **6** 7 **8** 9 **10** **11** **12**	*12.20*	後宇多 1.26
建治 4.25	乙亥	1275	1 **2** **3** 4 5 6 **7** 8 **9** 10 **11** **12**	1.2	
2	丙子	1276	**1** 2 **3** ③ **4** 5 6 **7** 8 **9** 10 **11** **12**	1.13	
3	丁丑	1277	1 **2** **3** 4 **5** 6 **7** 8 9 **10** 11 **12**	*12.24*	
弘安 2.29	戊寅	1278	1 **2** **3** 4 **5** 6 **7** 8 **9** 10 ⑩ **11** **12**	1.5	
2	己卯	1279	1 **2** 3 **4** **5** 6 **7** 8 **9** 10 **11** 12	*12.17*	
3	庚辰	1280	**1** 2 **3** 4 **5** 6 **7** **8** 9 **10** **11** 12	*12.27*	
4	辛巳	1281	1 **2** 3 **4** 5 6 **7** **⑦** 8 **9** **10** **11** 12	1.8	
5	壬午	1282	**1** 2 3 4 **5** 6 **7** 8 **9** **10** **11** 12	*12.18*	
6	癸未	1283	**1** **2** 3 4 5 **6** 7 **8** 9 **10** **11** **12**	1.1	
7	甲申	1284	1 **2** 3 **4** ④ 5 **6** 7 **8** 9 **10** **11** 12	1.11	
8	乙酉	1285	**1** **2** 3 **4** 5 6 **7** 8 **9** 10 **11** 12	*12.22*	
9	丙戌	1286	**1** **2** 3 **4** **5** 6 7 **8** 9 **10** 11 **12** ⑫	1.4	
10	丁亥	1287	**1** 2 **3** **4** 5 **6** 7 **8** 9 **10** 11 **12**	*⑫.15*	伏見 10.21
正応 4.28	戊子	1288	1 **2** 3 **4** 5 **6** **7** 8 **9** 10 **11** 12	*12.26*	
2	己丑	1289	**1** 2 **3** 4 **5** 6 **7** 8 **9** **10** ⑩ **11** 12	1.7	
3	庚寅	1290	**1** 2 **3** 4 5 **6** 7 **8** **9** **10** 11 **12**	*12.17*	
4	辛卯	1291	**1** 2 3 4 **5** 6 **7** 8 **9** **10** **11** 12	*12.29*	
5	壬辰	1292	**1** 2 **3** 4 5 **6** ⑥ **7** 8 **9** 10 **11** **12**	1.10	
永仁 8.5	癸巳	1293	**1** 2 **3** 4 **5** 6 7 8 **9** **10** 11 **12**	*12.21*	
2	甲午	1294	**1** **2** 3 **4** 5 6 **7** 8 **9** 10 **11** 12	1.2	
3	乙未	1295	**1** **2** ② **3** 4 **5** 6 **7** 8 **9** 10 **11** 12	1.14	
4	丙申	1296	**1** 2 **3** **4** 5 **6** 7 **8** 9 **10** 11 **12**	*12.24*	
5	丁酉	1297	1 **2** 3 **4** 5 **6** **7** 8 **9** 10 ⑩ **11** **12**	1.5	
6	戊戌	1298	1 **2** 3 4 **5** **6** 7 **8** **9** 10 **11** 12	*12.16*	後伏見 7.22
正安 4.25	己亥	1299	**1** 2 3 **4** 5 **6** 7 **8** **9** 10 **11** **12**	*12.27*	
2	庚子	1300	1 **2** 3 **4** 5 6 **7** ⑦ **8** 9 **10** **11** **12**	1.8	
3	辛丑	1301	1 **2** 3 **4** 5 6 7 **8** **9** 10 **11** **12**	*12.19*	後二条 1.21
乾元 11.21	壬寅	1302	**1** 2 **3** 4 **5** 6 7 8 **9** 10 **11** **12**	*12.30*	
嘉元 8.5	癸卯	1303	**1** 2 **3** **4** ④ 5 **6** 7 **8** 9 10 **11** **12**	1.12	
2	甲辰	1304	1 **2** **3** 4 **5** 6 **7** 8 **9** 10 **11** 12	*12.23*	
3	乙巳	1305	**1** 2 **3** 4 **5** **6** 7 **8** 9 **10** 11 **12** ⑫	1.4	
徳治 12.14	丙午	1306	**1** 2 **3** 4 **5** 6 **7** **8** 9 **10** 11 **12**	*⑫.14*	
2	丁未	1307	1 2 **3** 4 **5** 6 **7** **8** 9 **10** **11** 12	*12.26*	
延慶 10.9	戊申	1308	**1** 2 3 **4** 5 **6** 7 **8** ⑧ **9** 10 **11** **12**	1.7	花園 8.26
2	己酉	1309	**1** 2 **3** 4 5 6 **7** **8** 9 **10** **11** **12**	*12.18*	
3	庚戌	1310	1 **2** 3 **4** 5 6 7 **8** 9 **10** **11** **12**	*12.28*	
応長 4.28	辛亥	1311	1 **2** **3** 4 5 **6** ⑥ 7 **8** 9 **10** **11** 12	1.10	

年号	干支	西暦	月**大**小	立春	天皇
正和 3.20	壬子	1312	**1** **2** 3 **4** 5 **6** 7 **8** 9 10 **11** **12**	*12.21*	
2	癸丑	1313	1 **2** **3** 4 **5** 6 **7** 8 **9** 10 11 **12**	1.2	
3	甲寅	1314	1 **2** **3** ③ **4** 5 **6** **7** 8 **9** 10 **11** 12	1.13	
4	乙卯	1315	1 **2** 3 **4** 5 **6** **7** 8 **9** **10** 11 **12**	*12.24*	
5	丙辰	1316	1 2 **3** 4 **5** 6 **7** **8** 9 10 ⑩ **11** **12**	1.5	
文保 2.3	丁巳	1317	**1** 2 **3** 4 **5** 6 **7** 8 **9** **10** **11** 12	*12.17*	
2	戊午	1318	**1** 2 **3** 4 5 6 **7** 8 **9** **10** **11** 12	*12.26*	後醍醐 2.26
元応 4.28	己未	1319	**1** **2** 3 **4** 5 6 7 **⑦** 8 **9** **10** 11 **12**	1.9	
2	庚申	1320	**1** **2** 3 4 **5** 6 7 **8** 9 **10** **11** 12	*12.20*	
元亨 2.23	辛酉	1321	**1** **2** 3 **4** 5 **6** 7 8 **9** 10 **11** 12	1.1	
2	壬戌	1322	**1** **2** 3 **4** **5** ⑤ **6** 7 **8** 9 10 **11** 12	1.12	
3	癸亥	1323	**1** 2 **3** **4** 5 **6** 7 **8** **9** 10 **11** 12	*12.22*	
正中 12.9	甲子	1324	1 ① **2** 3 **4** 5 **6** **7** 8 **9** **10** 11 **12**	1.4	
2	乙丑	1325	1 **2** 3 **4** 5 **6** 7 **8** **9** 10 **11** **12**	1.14	
嘉暦 4.26	丙寅	1326	1 **2** 3 4 5 **6** 7 **8** **9** **10** 11 **12**	*12.25*	
2	丁卯	1327	**1** 2 **3** 4 5 6 **7** 8 **9** **⑨** 10 **11** **12**	1.6	
3	戊辰	1328	**1** 2 **3** 4 5 6 **7** 8 **9** 10 **11** **12**	*12.18*	
元徳 8.29	己巳	1329	**1** 2 **3** 4 **5** 6 7 **8** 9 **10** 11 **12**	*12.29*	
2	庚午	1330	**1** 2 **3** **4** 5 **6** ⑥ 7 **8** 9 **10** 11 **12**	1.10	
元弘 8.9	辛未	1331	**1** 2 **3** 4 **5** **6** 7 **8** 9 10 **11** 12	*12.21*	光厳 9.20
正慶 4.28	壬申	1332	**1** 2 **3** 4 **5** **6** 7 **8** 9 **10** **11** 12	1.3	
2 *元弘* *3*	癸酉	1333	**1** **2** ② **3** 4 **5** **6** **7** **8** 9 **10** **11** 12	1.13	後醍醐
建武 1.29	甲戌	1334	1 **2** 3 **4** 5 **6** 7 **8** **9** 10 **11** **12**	*12.23*	
2	乙亥	1335	1 **2** 3 4 5 **6** 7 **8** **9** 10 **11** **12**	1.4	
3 *延元*	丙子	1336	**1** 2 **3** 4 5 **6** 7 **8** 9 **10** **11** **12**	*12.17*	光明 8.15
4 *2*	丁丑	1337	1 **2** 3 **4** 5 6 **7** 8 **9** 10 **11** **12**	*12.27*	
暦応 8.28 *3*	戊寅	1338	**1** 2 **3** 4 **5** 6 7 ⑦ **8** **9** 10 **11** **12**	1.8	
2 *4*	己卯	1339	1 **2** **3** 4 **5** 6 7 **8** 9 **10** 11 **12**	*12.19*	*後村上* *8.15*
3 *興国* *4.28*	庚辰	1340	1 **2** **3** 4 **5** 6 **7** 8 **9** 10 **11** 12	1.1	
4 *2*	辛巳	1341	**1** 2 **3** 4 **④** **5** 6 **7** 8 **9** 10 **11** 12	1.12	

年号	干支	西暦	月**大**小	立春	天皇
康永 4.27 *3*	壬午	1342	**1** 2 **3** 4 **5** 6 **7** **8** 9 **10** **11** 12	*12.22*	
2 *4*	癸未	1343	1 **2** 3 4 **5** 6 **7** **8** 9 **10** **11** 12	1.3	
3 *5*	甲申	1344	**1** **2** ② 3 4 **5** 6 **7** 8 **9** **10** **11** 12	1.15	
貞和 10.21 *6*	乙酉	1345	**1** 2 **3** 4 5 **6** 7 **8** 9 **10** **11** **12**	*12.25*	
2 *正平* *12.8*	丙戌	1346	1 **2** 3 **4** 5 6 **7** 8 **9** ⑨ **10** **11** 12	1.6	
3 *2*	丁亥	1347	**1** **2** 3 **4** 5 6 **7** 8 **9** 10 **11** 12	*12.17*	
4 *3*	戊子	1348	**1** **2** 3 **4** **5** 6 7 **8** 9 **10** 11 **12**	*12.29*	崇光 10.27
5 *4*	己丑	1349	1 **2** 3 **4** **5** 6 **⑥** 7 **8** 9 **10** 11 **12**	1.10	
観応 2.27 *5*	庚寅	1350	1 **2** 3 **4** 5 **6** **7** 8 **9** 10 **11** 12	*12.21*	
2 *6*	辛卯	1351	**1** 2 **3** 4 5 **6** **7** 8 **9** **10** 11 **12**	1.2	
文和 9.27 *7*	壬辰	1352	1 **2** ② 3 **4** 5 **6** 7 **8** **9** **10** 11 **12**	1.13	後光厳 8.17
2 *8*	癸巳	1353	1 **2** 3 4 **5** 6 **7** 8 **9** **10** **11** 12	*12.24*	
3 *9*	甲午	1354	**1** 2 **3** 4 5 **6** 7 8 **9** **10** ⑩ **11** **12**	1.5	
4 *10*	乙未	1355	**1** 2 **3** 4 5 **6** 7 8 **9** **10** 11 **12**	*12.16*	
延文 3.28 *11*	丙申	1356	**1** **2** 3 **4** 5 6 **7** 8 9 **10** **11** 12	*12.28*	
2 *12*	丁酉	1357	**1** **2** 3 **4** 5 **6** 7 ⑦ **8** **9** 10 **11** 12	1.9	
3 *13*	戊戌	1358	**1** 2 **3** **4** 5 **6** 7 **8** 9 **10** 11 **12**	*12.19*	
4 *14*	己亥	1359	1 **2** 3 **4** 5 **6** 7 **8** **9** 10 **11** 12	*12.30*	
5 *15*	庚子	1360	**1** 2 3 **4** ④ **5** **6** 7 **8** **9** 10 **11** 12	1.12	
康安 3.29 *16*	辛丑	1361	**1** 2 3 **4** 5 **6** 7 **8** **9** 10 **11** **12**	*12.22*	
貞治 9.23 *17*	壬寅	1362	1 **2** 3 4 **5** 6 **7** 8 **9** 10 **11** **12**	1.3	
2 *18*	癸卯	1363	**1** ① **2** 3 4 **5** 6 7 **8** **9** 10 **11** **12**	1.14	
3 *19*	甲辰	1364	**1** 2 **3** 4 5 **6** 7 8 **9** 10 **11** **12**	*12.26*	
4 *20*	乙巳	1365	**1** 2 **3** **4** 5 6 **7** 8 9 **⑨** 10 **11** **12**	1.7	
5 *21*	丙午	1366	1 **2** **3** 4 **5** 6 **7** 8 **9** 10 11 **12**	*12.18*	
6 *22*	丁未	1367	**1** 2 **3** 4 **5** **6** 7 **8** 9 **10** 11 **12**	*12.29*	
応安 2.18 *23*	戊申	1368	1 2 **3** 4 **5** **6** ⑥ **7** **8** 9 **10** 11 **12**	1.9	*長慶* *3.11*
2 *24*	己酉	1369	1 2 **3** 4 **5** 6 **7** **8** 9 **10** **11** 12	*12.21*	
3 *建徳* *7.24*	庚戌	1370	**1** 2 3 **4** 5 **6** 7 **8** 9 **10** **11** **12**	1.2	
4 *2*	辛亥	1371	1 **2** 3 ③ **4** 5 6 **7** **8** 9 **10** **11** **12**	1.12	後円融 3.23
5 *文中* *4.—*	壬子	1372	1 **2** 3 4 **5** 6 7 **8** 9 **10** **11** **12**	*12.23*	
6 *2*	癸丑	1373	1 **2** **3** 4 5 **6** 7 8 **9** 10 ⑩ **11** **12**	1.5	
7 *3*	甲寅	1374	**1** 2 **3** **4** 5 **6** 7 8 **9** 10 **11** **12**	*12.17*	
永和 2.27 *天授* *5.27*	乙卯	1375	1 **2** **3** 4 **5** 6 **7** 8 **9** 10 11 **12**	*12.27*	
2 *2*	丙辰	1376	1 **2** **3** 4 **5** 6 **7** ⑦ **8** **9** 10 **11** 12	1.8	
3 *3*	丁巳	1377	1 **2** 3 **4** 5 **6** **7** 8 **9** **10** 11 **12**	*12.19*	
4 *4*	戊午	1378	1 2 **3** 4 **5** 6 **7** **8** 9 **10** **11** 12	*12.30*	
康暦 3.22 *5*	己未	1379	**1** 2 3 **4** ④ 5 **6** **7** 8 **9** **10** **11** 12	1.11	
2 *6*	庚申	1380	**1** 2 3 **4** 5 6 **7** 8 **9** **10** **11** 12	*12.21*	
永徳 2.24 *弘和* *2.10*	辛酉	1381	**1** **2** 3 4 **5** 6 7 **8** 9 **10** **11** 12	1.4	
2 *2*	壬戌	1382	**1** ① 2 **3** 4 **5** 6 7 **8** 9 **10** 11 **12**	1.15	後小松 4.11
3 *3*	癸亥	1383	**1** **2** 3 **4** 5 **6** 7 8 **9** 10 **11** 12	*12.26*	*後亀山* *10.27—*
至徳 2.27 *元中* *4.28*	甲子	1384	**1** **2** 3 **4** **5** 6 **7** 8 **9** ⑨ 10 **11** 12	1.7	

年号	干支	西暦	月 **大** 小	立春	天皇
2 *2*	乙丑	1385	**1** 2 **3** **4** 5 **6** 7 **8** **9** 10 **11** 12	*12.18*	
3 *3*	丙寅	1386	1 **2** 3 **4** 5 **6** **7** 8 **9** **10** 11 **12**	*12.28*	
嘉慶 8.23 *4*	丁卯	1387	1 2 **3** 4 **5** ⑤ **6** 7 **8** **9** 10 **11** **12**	1.9	
2 *5*	戊辰	1388	1 2 **3** 4 5 **6** 7 **8** **9** **10** 11 **12**	*12.20*	
康応 2.9 *6*	己巳	1389	**1** 2 **3** 4 5 6 **7** 8 **9** **10** 11 **12**	1.2	
明徳 3.26 *7*	庚午	1390	**1** **2** 3 ③ **4** 5 6 **7** 8 **9** 10 **11** **12**	1.13	
2 *8*	辛未	1391	**1** 2 **3** 4 **5** 6 7 **8** 9 **10** 11 **12**	*12.24*	
3 *9*	壬申	1392	**1** 2 **3** **4** 5 **6** 7 8 **9** 10 ⑩ **11** **12**	1.5	
4	癸酉	1393	1 **2** **3** 4 **5** 6 **7** 8 **9** 10 **11** 12	*12.17*	後小松
応永 7.5	甲戌	1394	**1** 2 **3** 4 **5** **6** 7 **8** 9 **10** 11 **12**	*12.27*	
2	乙亥	1395	1 **2** 3 **4** 5 **6** 7 ⑦ **8** **9** **10** 11 **12**	1.8	
3	丙子	1396	1 **2** 3 **4** 5 6 **7** **8** **9** 10 **11** **12**	*12.19*	
4	丁丑	1397	1 2 **3** 4 5 **6** 7 **8** **9** 10 **11** **12**	*12.30*	
5	戊寅	1398	**1** 2 3 **4** ④ 5 **6** 7 **8** 9 **10** **11** **12**	1.11	
6	己卯	1399	1 **2** 3 **4** 5 6 **7** 8 **9** 10 **11** **12**	*12.22*	
7	庚辰	1400	1 **2** **3** 4 **5** 6 7 **8** 9 **10** 11 **12**	1.3	
8	辛巳	1401	**1** ① **2** **3** 4 **5** 6 7 **8** 9 **10** 11 **12**	1.15	
9	壬午	1402	1 **2** **3** 4 **5** 6 **7** 8 **9** 10 **11** 12	*12.26*	
10	癸未	1403	**1** 2 **3** 4 **5** **6** 7 **8** 9 **10** ⑩ **11** 12	1.7	
11	甲申	1404	**1** 2 **3** 4 **5** 6 **7** **8** 9 **10** 11 **12**	*12.17*	
12	乙酉	1405	1 **2** 3 4 **5** 6 **7** **8** 9 **10** **11** 12	*12.29*	
13	丙戌	1406	**1** 2 **3** 4 5 **6** ⑥ **7** 8 **9** **10** **11** 12	1.10	
14	丁亥	1407	**1** 2 **3** 4 5 **6** 7 **8** 9 **10** **11** **12**	*12.20*	
15	戊子	1408	1 **2** 3 **4** 5 6 **7** 8 **9** 10 **11** **12**	1.1	
16	己丑	1409	1 **2** **3** ③ **4** 5 6 **7** 8 **9** 10 **11** 12	1.13	
17	庚寅	1410	**1** **2** 3 **4** 5 **6** 7 **8** 9 **10** 11 **12**	*12.24*	
18	辛卯	1411	1 **2** 3 **4** **5** 6 **7** 8 **9** 10 ⑩ **11** **12**	1.5	
19	壬辰	1412	1 **2** 3 **4** 5 **6** **7** 8 **9** 10 **11** 12	*12.16*	称光 8.29
20	癸巳	1413	**1** 2 3 **4** 5 **6** **7** 8 **9** **10** 11 **12**	*12.27*	
21	甲午	1414	1 **2** 3 4 **5** 6 **7** ⑦ **8** **9** **10** 11 **12**	1.8	
22	乙未	1415	1 **2** 3 4 **5** 6 **7** 8 **9** **10** **11** 12	*12.19*	
23	丙申	1416	**1** 2 **3** 4 5 **6** 7 8 **9** **10** 11 **12**	*12.29*	
24	丁酉	1417	**1** **2** 3 **4** 5 ⑤ **6** 7 8 **9** **10** 11 **12**	1.11	
25	戊戌	1418	**1** 2 **3** **4** 5 6 **7** 8 9 **10** **11** 12	*12.23*	
26	己亥	1419	**1** **2** 3 **4** 5 **6** 7 **8** 9 **10** 11 **12**	1.4	
27	庚子	1420	1 **①** 2 **3** 4 **5** **6** 7 **8** 9 **10** 11 **12**	1.14	
28	辛丑	1421	1 **2** 3 **4** 5 **6** 7 **8** **9** 10 **11** 12	*12.25*	
29	壬寅	1422	**1** 2 3 **4** 5 **6** 7 **8** **9** **10** ⑩ **11** 12	1.7	
30	癸卯	1423	**1** 2 3 **4** 5 **6** 7 **8** **9** 10 **11** **12**	*12.17*	
31	甲辰	1424	1 **2** 3 4 **5** 6 7 **8** **9** 10 **11** **12**	*12.28*	

年号	干支	西暦	月 **大** 小	立春	天皇
32	乙巳	1425	**1** 2 **3** 4 5 **6** ⑥ 7 **8** **9** 10 **11** **12**	1.9	
33	丙午	1426	**1** 2 **3** 4 5 **6** 7 8 **9** 10 **11** **12**	*12.21*	
34	丁未	1427	**1** 2 **3** 4 **5** 6 **7** 8 9 **10** 11 **12**	1.2	
正長 4.27	戊申	1428	**1** 2 **3** **③** 4 **5** 6 **7** 8 **9** 10 11 **12**	1.13	後花園 7.28
永享 9.5	己酉	1429	**1** 2 **3** 4 **5** **6** 7 **8** 9 **10** 11 **12**	*12.24*	
2	庚戌	1430	1 2 **3** 4 **5** **6** 7 **8** **9** 10 **11** ⑪ **12**	1.5	
3	辛亥	1431	1 2 **3** 4 **5** 6 **7** **8** 9 **10** **11** 12	*12.16*	
4	壬子	1432	**1** 2 3 **4** 5 **6** 7 **8** 9 **10** **11** **12**	*12.26*	
5	癸丑	1433	1 **2** 3 4 **5** 6 7 **⑦** 8 **9** **10** **11** 12	1.7	
6	甲寅	1434	**1** **2** 3 4 **5** 6 7 **8** 9 **10** **11** **12**	*12.19*	
7	乙卯	1435	1 **2** **3** 4 5 **6** 7 8 **9** 10 **11** **12**	*12.30*	
8	丙辰	1436	1 **2** **3** 4 **5** ⑤ **6** 7 8 **9** 10 **11** **12**	1.11	
9	丁巳	1437	1 **2** 3 **4** **5** 6 **7** 8 **9** 10 11 **12**	*12.22*	
10	戊午	1438	1 **2** **3** 4 **5** 6 **7** **8** 9 **10** 11 **12**	1.4	
11	己未	1439	1 ① **2** 3 **4** 5 **6** **7** 8 **9** **10** 11 **12**	1.14	
12	庚申	1440	1 2 **3** 4 **5** 6 **7** 8 **9** **10** **11** 12	*12.25*	
嘉吉 2.17	辛酉	1441	**1** 2 3 **4** 5 6 **7** **8** 9 **⑨** 10 **11** **12**	1.6	
2	壬戌	1442	**1** 2 3 **4** 5 6 **7** 8 **9** **10** **11** 12	*12.18*	
3	癸亥	1443	**1** **2** 3 4 **5** 6 7 **8** 9 **10** **11** 12	*12.28*	
文安 2.5	甲子	1444	**1** **2** 3 **4** 5 **6** ⑥ 7 **8** 9 **10** 11 **12**	1.10	
2	乙丑	1445	**1** **2** 3 **4** 5 **6** 7 8 **9** 10 **11** 12	*12.21*	
3	丙寅	1446	**1** **2** 3 **4** **5** 6 **7** 8 9 **10** 11 **12**	1.3	
4	丁卯	1447	1 **2** ② **3** **4** 5 **6** 7 **8** **9** 10 **11** 12	1.13	
5	戊辰	1448	1 **2** 3 **4** 5 **6** **7** 8 **9** **10** 11 **12**	*12.23*	
宝徳 7.28	己巳	1449	1 2 **3** 4 **5** 6 **7** 8 **9** 10 ⑩ **11** **12**	1.4	
2	庚午	1450	**1** 2 **3** 4 5 **6** 7 **8** **9** **10** 11 **12**	*12.17*	
3	辛未	1451	**1** 2 3 **4** 5 6 **7** 8 **9** **10** 11 **12**	*12.27*	
享徳 7.25	壬申	1452	**1** **2** 3 4 **5** 6 7 **8** ⑧ **9** 10 **11** **12**	1.8	
2	癸酉	1453	**1** 2 **3** 4 **5** 6 7 **8** 9 **10** 11 **12**	*12.19*	
3	甲戌	1454	**1** 2 **3** **4** 5 **6** 7 8 **9** 10 **11** 12	1.1	
康正 7.25	乙亥	1455	**1** 2 **3** **4** ④ **5** 6 **7** 8 **9** 10 **11** 12	1.12	
2	丙子	1456	**1** 2 **3** 4 **5** **6** 7 **8** 9 **10** 11 **12**	*12.22*	
長禄 9.28	丁丑	1457	1 **2** 3 **4** 5 **6** 7 **8** **9** 10 **11** **12**	1.3	
2	戊寅	1458	1 ① **2** 3 4 **5** 6 **7** **8** **9** 10 **11** **12**	1.14	
3	己卯	1459	1 2 **3** 4 5 **6** 7 **8** **9** 10 **11** **12**	*12.25*	
寛正 12.21	庚辰	1460	**1** 2 3 **4** 5 6 **7** 8 **9** ⑨ **10** **11** **12**	1.6	
2	辛巳	1461	1 **2** 3 **4** 5 6 **7** 8 **9** 10 **11** **12**	*12.17*	
3	壬午	1462	1 **2** **3** 4 **5** 6 7 **8** 9 **10** 11 **12**	*12.28*	
4	癸未	1463	1 **2** **3** **4** 5 **6** ⑥ 7 **8** 9 **10** 11 **12**	1.10	
5	甲申	1464	1 **2** **3** 4 **5** 6 **7** 8 **9** 10 **11** 12	*12.21*	後土御門 7.19
6	乙酉	1465	**1** 2 **3** 4 **5** 6 **7** **8** 9 **10** 11 **12**	1.2	
文正 2.28	丙戌	1466	1 **2** ② **3** 4 **5** 6 **7** **8** 9 **10** 11 **12**	1.12	

年号	干支	西暦	月大小	立春	天皇
応仁 3.5	丁亥	1467	1 **2** 3 4 **5** 6 **7** **8** 9 **10** **11** 12	*12.24*	
2	戊子	1468	**1** 2 **3** 4 5 **6** 7 **8** 9 **10** ⑩ **11** **12**	1.5	
文明 4.28	己丑	1469	**1** 2 **3** 4 5 **6** 7 **8** 9 **10** **11** **12**	*12.16*	
2	庚寅	1470	1 **2** 3 **4** 5 6 **7** 8 9 **10** **11** 12	*12.26*	
3	辛卯	1471	**1** **2** **3** 4 **5** 6 7 **8** ⑧ 9 **10** **11** 12	1.9	
4	壬辰	1472	**1** **2** 3 **4** 5 **6** 7 **8** 9 **10** 11 **12**	*12.19*	
5	癸巳	1473	1 **2** 3 **4** **5** **6** 7 8 **9** 10 **11** 12	*12.30*	
6	甲午	1474	**1** 2 **3** 4 **5** ⑤ **6** **7** 8 **9** 10 **11** 12	1.11	
7	乙未	1475	**1** 2 3 **4** 5 **6** **7** 8 **9** **10** 11 **12**	*12.22*	
8	丙申	1476	1 **2** 3 4 **5** 6 **7** 8 **9** **10** **11** 12	1.3	
9	丁酉	1477	**1** ① **2** 3 4 **5** 6 **7** 8 **9** **10** 11 **12**	1.14	
10	戊戌	1478	**1** 2 **3** 4 5 **6** 7 8 **9** **10** 11 **12**	*12.25*	
11	己亥	1479	**1** **2** 3 **4** 5 6 **7** 8 9 **⑨** 10 **11** **12**	1.7	
12	庚子	1480	**1** 2 **3** **4** 5 6 **7** 8 9 **10** **11** 12	*12.18*	
13	辛丑	1481	**1** 2 **3** **4** 5 **6** 7 **8** 9 **10** 11 **12**	*12.28*	
14	壬寅	1482	1 **2** 3 **4** 5 **6** **7** ⑦ **8** 9 **10** 11 **12**	1.9	
15	癸卯	1483	1 2 **3** **4** 5 **6** 7 **8** **9** 10 **11** 12	*12.21*	
16	甲辰	1484	**1** 2 3 **4** 5 **6** 7 **8** **9** **10** 11 **12**	1.2	
17	乙巳	1485	1 **2** 3 ③ **4** 5 **6** 7 **8** **9** 10 **11** **12**	1.12	
18	丙午	1486	1 **2** 3 4 **5** 6 7 **8** **9** 10 **11** **12**	*12.23*	
長享 7.20	丁未	1487	**1** 2 **3** 4 5 **6** 7 8 **9** **10** 11 **⑪** **12**	1.5	
2	戊申	1488	**1** 2 **3** 4 5 **6** 7 8 **9** 10 **11** **12**	*12.16*	
延徳 8.21	己酉	1489	**1** 2 **3** 4 **5** 6 **7** 8 9 **10** 11 **12**	*12.27*	
2	庚戌	1490	**1** 2 **3** **4** 5 **6** 7 **8** ⑧ **9** 10 11 **12**	1.8	
3	辛亥	1491	**1** 2 **3** 4 **5** **6** 7 **8** 9 **10** 11 **12**	*12.20*	
明応 7.19	壬子	1492	1 2 **3** 4 **5** **6** 7 **8** **9** 10 **11** 12	*12.30*	
2	癸丑	1493	**1** 2 3 **4** ④ **5** 6 **7** **8** 9 **10** **11** 12	1.11	
3	甲寅	1494	**1** 2 3 **4** 5 6 **7** **8** 9 **10** **11** **12**	*12.21*	
4	乙卯	1495	1 **2** 3 4 **5** 6 7 **8** 9 **10** **11** **12**	1.3	
5	丙辰	1496	**1** 2 **②** 3 4 **5** 6 7 **8** 9 **10** **11** **12**	1.14	
6	丁巳	1497	1 **2** **3** 4 5 **6** 7 8 **9** 10 **11** **12**	*12.25*	
7	戊午	1498	1 **2** **3** 4 **5** 6 **7** 8 9 **10** ⑩ **11** 12	1.6	
8	己未	1499	**1** **2** 3 **4** **5** 6 **7** 8 9 **10** 11 **12**	*12.18*	
9	庚申	1500	1 **2** **3** 4 **5** 6 **7** **8** 9 **10** 11 12	*12.29*	後柏原 10.25
文亀 2.29	辛酉	1501	**1** 2 **3** 4 **5** 6 **⑥** 7 8 **9** **10** 11 **12**	*1.10*	
2	壬戌	1502	1 2 **3** 4 **5** 6 **7** 8 **9** **10** **11** 12	*12.20*	
3	癸亥	1503	**1** 2 3 **4** 5 6 **7** **8** 9 **10** **11** **12**	1.2	
永正 2.30	甲子	1504	1 **2** 3 ③ **4** 5 6 **7** 8 **9** **10** **11** 12	1.12	
2	乙丑	1505	**1** **2** 3 4 **5** 6 7 **8** 9 **10** **11** 12	*12.23*	
3	丙寅	1506	**1** **2** 3 **4** 5 **6** 7 8 **9** 10 **11** ⑪ **12**	1.5	
4	丁卯	1507	**1** **2** 3 **4** 5 **6** 7 8 **9** 10 **11** 12	*12.16*	
5	戊辰	1508	**1** **2** 3 **4** 5 **6** **7** 8 9 **10** 11 **12**	*12.27*	
6	己巳	1509	1 **2** 3 **4** **5** 6 **7** 8 **⑧** 9 **10** 11 **12**	1.8	
7	庚午	1510	1 **2** 3 **4** 5 **6** **7** 8 **9** 10 **11** **12**	*12.19*	
8	辛未	1511	1 2 **3** 4 5 **6** **7** 8 **9** **10** 11 **12**	*12.29*	

年号	干支	西暦	月大小	立春	天皇
9	壬申	1512	**1** 2 3 **4** ④ 5 **6** 7 **8** **9** **10** 11 **12**	1.11	
10	癸酉	1513	**1** 2 3 **4** 5 6 **7** 8 **9** **10** 11 **12**	*12.22*	
11	甲戌	1514	**1** 2 **3** 4 **5** 6 7 **8** 9 **10** 11 **12**	1.3	
12	乙亥	1515	**1** **2** ② **3** 4 **5** 6 7 **8** 9 **10** 11 **12**	1.14	
13	丙子	1516	**1** 2 **3** **4** 5 **6** 7 8 **9** 10 **11** 12	*12.26*	
14	丁丑	1517	**1** 2 **3** **4** 5 **6** 7 **8** 9 **10** ⑩ **11** 12	1.7	
15	戊寅	1518	**1** 2 **3** 4 **5** **6** 7 **8** 9 **10** 11 **12**	*12.17*	
16	己卯	1519	1 **2** 3 **4** 5 **6** 7 **8** **9** 10 **11** **12**	*12.28*	
17	庚辰	1520	1 2 **3** 4 5 **6** ⑥ **7** **8** **9** 10 **11** **12**	1.9	
大永 8.23	辛巳	1521	1 2 **3** 4 5 **6** 7 **8** **9** 10 **11** **12**	*12.20*	
2	壬午	1522	1 **2** 3 **4** 5 6 **7** 8 **9** 10 **11** **12**	1.1	
3	癸未	1523	**1** 2 **3** ③ **4** 5 6 **7** 8 **9** 10 **11** **12**	1.12	
4	甲申	1524	1 **2** **3** 4 **5** 6 7 **8** 9 **10** 11 **12**	*12.24*	
5	乙酉	1525	1 **2** **3** 4 **5** 6 **7** 8 **9** 10 **11** ⑪ **12**	1.5	
6	丙戌	1526	1 **2** **3** 4 **5** 6 **7** 8 **9** 10 **11** 12	*12.16*	後奈良 4.29
7	丁亥	1527	**1** 2 **3** 4 **5** 6 **7** **8** 9 **10** 11 **12**	*12.26*	
享禄 8.20	戊子	1528	1 **2** 3 4 **5** **6** 7 **8** **9** ⑨ **10** 11 **12**	1.8	
2	己丑	1529	1 **2** 3 4 **5** 6 **7** **8** 9 **10** **11** 12	*12.19*	
3	庚寅	1530	**1** 2 **3** 4 5 **6** 7 **8** 9 **10** **11** **12**	*12.29*	
4	辛卯	1531	1 **2** 3 **4** 5 ⑤ **6** 7 **8** 9 **10** **11** 12	1.10	
天文 7.29	壬辰	1532	**1** **2** 3 **4** 5 6 **7** 8 9 **10** **11** 12	*12.22*	
2	癸巳	1533	**1** **2** **3** 4 **5** 6 7 **8** 9 10 **11** **12**	1.4	
3	甲午	1534	1 ① **2** 3 **4** 5 **6** 7 **8** 9 **10** 11 **12**	1.14	
4	乙未	1535	1 **2** 3 **4** **5** 6 **7** 8 **9** 10 **11** 12	*12.25*	
5	丙申	1536	**1** 2 **3** 4 **5** 6 **7** **8** 9 **10** ⑩ **11** 12	1.7	
6	丁酉	1537	**1** 2 3 **4** 5 **6** **7** 8 **9** **10** 11 **12**	*12.17*	
7	戊戌	1538	1 **2** 3 4 **5** 6 **7** 8 **9** **10** **11** 12	*12.28*	
8	己亥	1539	**1** 2 **3** 4 5 **6** ⑥ **7** 8 **9** **10** 11 **12**	1.9	
9	庚子	1540	**1** 2 **3** 4 5 **6** 7 8 **9** **10** 11 **12**	*12.21*	
10	辛丑	1541	**1** **2** 3 **4** 5 6 **7** 8 9 **10** **11** 12	1.2	
11	壬寅	1542	**1** **2** 3 **③** 4 **5** 6 **7** 8 9 **10** **11** 12	1.13	
12	癸卯	1543	**1** 2 **3** **4** 5 **6** 7 **8** 9 **10** 11 12	*12.23*	
13	甲辰	1544	**1** **2** 3 **4** 5 **6** **7** 8 **9** 10 **11** ⑪ **12**	1.6	
14	乙巳	1545	1 2 **3** 4 **5** **6** 7 **8** **9** 10 **11** 12	*12.16*	
15	丙午	1546	**1** 2 3 **4** 5 **6** 7 **8** **9** **10** 11 **12**	*12.26*	
16	丁未	1547	1 **2** 3 4 **5** 6 **7** ⑦ **8** **9** 10 **11** **12**	1.7	
17	戊申	1548	1 **2** 3 4 **5** 6 7 **8** **9** 10 **11** **12**	*12.19*	
18	己酉	1549	**1** 2 **3** 4 5 **6** 7 8 **9** 10 **11** **12**	*12.30*	
19	庚戌	1550	**1** 2 **3** **4** 5 ⑤ **6** 7 8 **9** 10 **11** **12**	1.11	
20	辛亥	1551	**1** 2 **3** 4 **5** 6 **7** 8 9 **10** 11 **12**	*12.22*	
21	壬子	1552	**1** 2 **3** **4** 5 **6** 7 **8** 9 10 **11** 12	1.4	
22	癸丑	1553	**1** ① **2** **3** 4 **5** 6 **7** **8** 9 **10** 11 12	1.15	
23	甲寅	1554	**1** 2 **3** 4 **5** **6** 7 **8** **9** 10 **11** 12	*12.25*	
弘治 10.23	乙卯	1555	**1** 2 3 **4** 5 **6** 7 **8** **9** 10 ⑩ **11** **12**	1.6	
2	丙辰	1556	**1** 2 3 **4** 5 6 **7** **8** 9 **10** **11** **12**	*12.17*	
3	丁巳	1557	1 **2** 3 4 **5** 6 7 **8** 9 **10** **11** **12**	*12.28*	正親町 10.27

年号	干支	西暦	月 **大** 小	立春	天皇
永禄 2.28	戊午	1558	**1** 2 **3** 4 5 **6** ⑥ 7 **8** 9 **10** **11** **12**	1.9	
2	己未	1559	1 **2** 3 **4** 5 **6** 7 8 **9** 10 **11** **12**	*12.20*	
3	庚申	1560	1 **2** **3** 4 **5** 6 **7** 8 9 **10** 11 **12**	1.1	
4	辛酉	1561	1 **2** **3** ③ **4** **5** 6 **7** 8 9 **10** 11 **12**	1.13	
5	壬戌	1562	1 **2** 3 **4** **5** 6 **7** 8 **9** **10** 11 12	*12.24*	
6	癸亥	1563	**1** 2 **3** 4 **5** 6 **7** **8** 9 **10** 11 12 **⑫**	1.5	
7	甲子	1564	1 2 **3** 4 **5** 6 **7** 8 **9** **10** **11** 12	*⑫.15*	
8	乙丑	1565	**1** 2 3 **4** 5 6 **7** 8 **9** **10** **11** **12**	*12.26*	
9	丙寅	1566	1 **2** 3 4 **5** 6 7 **8** ⑧ **9** **10** **11** 12	1.7	
10	丁卯	1567	**1** **2** 3 4 **5** 6 7 **8** 9 **10** **11** 12	*12.18*	
11	戊辰	1568	**1** **2** 3 **4** 5 **6** 7 8 **9** 10 **11** 12	*12.29*	
12	己巳	1569	**1** **2** **3** 4 **5** ⑤ **6** 7 8 **9** 10 **11** 12	1.12	
元亀 4.23	庚午	1570	**1** **2** 3 **4** 5 **6** 7 **8** 9 **10** 11 **12**	*12.22*	
2	辛未	1571	1 **2** 3 **4** **5** 6 **7** 8 **9** 10 **11** 12	1.3	
3	壬申	1572	**1** ① **2** 3 **4** 5 **6** **7** 8 **9** 10 **11** **12**	1.14	
天正 7.28	癸酉	1573	1 2 **3** 4 5 **6** **7** 8 **9** **10** 11 **12**	*12.25*	
2	甲戌	1574	**1** 2 3 **4** 5 6 **7** 8 **9** **10** **11** ⑪ **12**	1.6	
3	乙亥	1575	**1** 2 3 **4** 5 6 **7** 8 **9** **10** 11 **12**	*12.17*	
4	丙子	1576	**1** 2 **3** 4 **5** 6 7 **8** 9 **10** 11 **12**	*12.28*	
5	丁丑	1577	**1** **2** 3 **4** 5 **6** 7 ⑦ **8** 9 **10** 11 **12**	1.10	
6	戊寅	1578	**1** 2 **3** **4** 5 **6** 7 8 **9** 10 **11** 12	*12.21*	
7	己卯	1579	**1** 2 **3** **4** 5 **6** 7 **8** 9 **10** 11 **12**	1.2	
8	庚辰	1580	1 **2** 3 **③** 4 **5** **6** 7 **8** 9 **10** 11 **12**	1.12	
9	辛巳	1581	1 **2** 3 **4** 5 **6** 7 **8** **9** 10 **11** 12	*12.24*	
10	壬午	1582	**1** 2 **3** 4 5 **6** 7 **8** **9** **10** 11 **12**	1.5	
11	癸未	1583	**1** ① 2 **3** 4 5 **6** 7 **8** **9** 10 **11** **12**	1.15	
12	甲申	1584	1 **2** 3 **4** 5 6 **7** 8 **9** 10 **11** **12**	*12.26*	
13	乙酉	1585	**1** 2 **3** 4 **5** 6 7 **8** ⑧ **9** 10 **11** **12**	1.8	
14	丙戌	1586	1 **2** **3** 4 **5** 6 7 **8** 9 **10** 11 **12**	*12.19*	後陽成 11.7
15	丁亥	1587	1 **2** **3** 4 **5** 6 **7** 8 **9** 10 **11** 12	*12.30*	
16	戊子	1588	**1** 2 **3** 4 **5** **⑤** 6 **7** 8 **9** 10 **11** 12	1.11	
17	己丑	1589	**1** 2 **3** 4 **5** 6 **7** **8** 9 **10** 11 **12**	*12.22*	
18	庚寅	1590	1 **2** 3 4 **5** 6 **7** **8** **9** 10 **11** 12	1.3	

中世諸職一覧

天皇

後三条天皇より後陽成天皇までを収めた。即位順に数字を付し、即位式を行っていない仲恭天皇（九条廃帝）および後村上天皇以下の南朝天皇には数字を付していない。後醍醐天皇については重祚とみなして二度掲げた。作成に際しては橋本義彦「天皇一覧」（『日本史総覧』新人物往来社）ほかを参照した。

即位順	諡号(別称)	諱	父	母	誕　生	立太子	践祚〈年齢〉	即　位
1	後三条	尊仁	後朱雀	禎子内親王（陽明門院）	長元7（1034）7.18	寛徳2（1045）1.16	治暦4（1068）4.19 〈35〉	治暦4（1068）7.21
			大嘗会〈悠紀・主基〉		譲　位	出家〈法名〉	死去〈年齢〉	陵　墓
			治暦4（1068）11.22〈近江・備中〉		延久4（1072）12.8	延久5（1073）4.21〈金剛行〉	延久5（1074）5.7 〈40〉	円宗寺陵
即位順	諡号(別称)	諱	父	母	誕　生	立太子	践祚〈年齢〉	即　位
2	白河	貞仁	後三条	藤原茂子	天喜1（1053）6.19	延久1（1069）4.28	延久4（1072）12.8 〈17〉	延久4（1072）12.28
			大嘗会〈悠紀・主基〉		譲　位	出家〈法名〉	死去〈年齢〉	陵　墓
			承保1（1074）11.21〈近江・丹波〉		応徳3（1086）11.26	嘉保3（1096）8.9 〈融観〉	大治4（1129）7.7 〈77〉	成菩提院陵
即位順	諡号(別称)	諱	父	母	誕　生	立太子	践祚〈年齢〉	即　位
3	堀河	善仁	白河	藤原賢子	承暦3（1079）7.9	応徳3（1086）11.26	応徳3（1086）11.26 〈8〉	応徳3（1086）12.19
			大嘗会〈悠紀・主基〉		譲　位	出家〈法名〉	死去〈年齢〉	陵　墓
			寛治1（1087）11.19〈近江・備中〉				嘉承2（1107）7.19 〈29〉	後円教寺陵
即位順	諡号(別称)	諱	父	母	誕　生	立太子	践祚〈年齢〉	即　位
4	鳥羽	宗仁	堀河	藤原苡子	康和5（1103）1.16	康和5（1103）8.17	嘉承2（1107）7.19 〈5〉	嘉承2（1107）12.1
			大嘗会〈悠紀・主基〉		譲　位	出家〈法名〉	死去〈年齢〉	陵　墓
			天仁1（1108）11.21〈近江・丹波〉		保安4（1123）1.28	保延7（1141）3.10 〈空覚〉	保元1（1156）7.2 〈54〉	安楽寿院陵
即位順	諡号(別称)	諱	父	母	誕　生	立太子	践祚〈年齢〉	即　位
5	崇徳（讃岐院）	顕仁	鳥羽	藤原璋子（待賢門院）	元永2（1119）5.28	保安4（1123）1.28	保安4（1123）1.28 〈5〉	保安4（1123）2.19
			大嘗会〈悠紀・主基〉		譲　位	出家〈法名〉	死去〈年齢〉	陵　墓
			保安4（1123）11.18〈近江・備中〉		永治1（1141）12.7	保元1（1156）7.12	長寛2（1164）8.26 〈46〉	白峯陵（讃岐）
即位順	諡号(別称)	諱	父	母	誕　生	立太子	践祚〈年齢〉	即　位
6	近衛	体仁	鳥羽	藤原得子（美福門院）	保延5（1139）5.18	保延5（1139）8.17	永治1（1141）12.7 〈3〉	永治1（1141）12.27
			大嘗会〈悠紀・主基〉		譲　位	出家〈法名〉	死去〈年齢〉	陵　墓
			康治1（1142）11.15〈近江・丹波〉				久寿2（1155）7.23 〈17〉	安楽寿院南陵
即位順	諡号(別称)	諱	父	母	誕　生	立太子	践祚〈年齢〉	即　位
7	後白河	雅仁	鳥羽	藤原璋子（待賢門院）	大治2（1127）9.11		久寿2（1155）7.24 〈29〉	久寿2（1155）10.26
			大嘗会〈悠紀・主基〉		譲　位	出家〈法名〉	死去〈年齢〉	陵　墓
			久寿2（1155）11.23〈近江・丹波〉		保元3（1158）8.11	嘉応1（1169）6.17 〈行真〉	建久3（1192）3.13 〈66〉	法住寺陵

即位順	諡号(別称)	諱	父	母	誕　生	立太子	践祚〈年齢〉	即　位
8	二条	守仁	後白河	藤原懿子	康治2 (1143) 6.17	久寿2 (1155) 9.23	保元3 (1158) 8.11 〈16〉	保元3 (1158) 12.20
			大嘗会〈悠紀・主基〉		譲　位	出家〈法名〉	死去〈年齢〉	陵　墓
			平治1 (1159) 11.23 〈近江・丹波〉		永万1 (1165) 6.25		永万1 (1165) 7.28 〈23〉	香隆寺陵
即位順	諡号(別称)	諱	父	母	誕　生	立太子	践祚〈年齢〉	即　位
9	六条	順仁	二条	伊岐氏	長寛2 (1164) 11.14		永万1 (1165) 6.25 〈2〉	永万1 (1165) 7.27
			大嘗会〈悠紀・主基〉		譲　位	出家〈法名〉	死去〈年齢〉	陵　墓
			仁安1 (1166) 11.15 〈近江・丹波〉		仁安3 (1168) 2.19		安元2 (1176) 7.17 〈13〉	清閑寺陵
即位順	諡号(別称)	諱	父	母	誕　生	立太子	践祚〈年齢〉	即　位
10	高倉	憲仁	後白河	平滋子 (建春門院)	永暦2 (1161) 9.3	仁安1 (1166) 10.10	仁安3 (1168) 2.19 〈8〉	仁安3 (1168) 3.20
			大嘗会〈悠紀・主基〉		譲　位	出家〈法名〉	死去〈年齢〉	陵　墓
			仁安3 (1168) 11.22 〈近江・備中〉		治承4 (1180) 2.21		治承5 (1181) 1.14 〈21〉	後清閑寺陵
即位順	諡号(別称)	諱	父	母	誕　生	立太子	践祚〈年齢〉	即　位
11	安徳	言仁	高倉	平徳子 (建礼門院)	治承2 (1178) 11.12	治承2 (1178) 12.15	治承4 (1180) 2.21 〈3〉	治承4 (1180) 4.22
			大嘗会〈悠紀・主基〉		譲　位	出家〈法名〉	死去〈年齢〉	陵　墓
			寿永1 (1182) 11.24 〈近江・丹波〉				寿永4 (1185) 3.24 〈8〉	阿弥陀寺陵 (長門)
即位順	諡号(別称)	諱	父	母	誕　生	立太子	践祚〈年齢〉	即　位
12	後鳥羽 (隠岐院・顕徳)	尊成	高倉	藤原殖子 (七条院)	治承4 (1180) 7.14	寿永2 (1183) 8.20	寿永2 (1183) 8.20 〈4〉	元暦1 (1184) 7.28
			大嘗会〈悠紀・主基〉		譲　位	出家〈法名〉	死去〈年齢〉	陵　墓
			元暦1 (1184) 11.18 〈近江・丹波〉		建久9 (1198) 1.11	承久3 (1221) 7.8〈良然・金剛理〉	延応1 (1239) 2.22 〈60〉	大原陵
即位順	諡号(別称)	諱	父	母	誕　生	立太子	践祚〈年齢〉	即　位
13	土御門 (阿波院)	為仁	後鳥羽	源在子 (承明門院)	建久6 (1195) 12.2		建久9 (1198) 1.11 〈4〉	建久9 (1198) 3.3
			大嘗会〈悠紀・主基〉		譲　位	出家〈法名〉	死去〈年齢〉	陵　墓
			建久9 (1198) 11.22 〈近江・備中〉		承元4 (1210) 11.25	寛喜3 (1231) 10.6 〈行源〉	寛喜3 (1231) 10.11 〈37〉	金原陵
即位順	諡号(別称)	諱	父	母	誕　生	立太子	践祚〈年齢〉	即　位
14	順徳 (佐渡院)	守成	後鳥羽	藤原重子 (修明門院)	建久8 (1197) 9.10	正治2 (1200) 4.15	承元4 (1210) 11.25 〈14〉	承元4 (1210) 12.28
			大嘗会〈悠紀・主基〉		譲　位	出家〈法名〉	死去〈年齢〉	陵　墓
			建暦2 (1212) 11.13 〈近江・丹波〉		承久3 (1221) 4.20		仁治3 (1242) 9.12 〈46〉	大原陵
即位順	諡号(別称)	諱	父	母	誕　生	立太子	践祚〈年齢〉	即　位
—	仲恭 (九条廃帝)	懐成	順徳	藤原立子 (東一条院)	建保6 (1218) 10.10	建保6 (1218) 11.26	承久3 (1221) 4.2 〈4〉	
			大嘗会〈悠紀・主基〉		譲　位	出家〈法名〉	死去〈年齢〉	陵　墓
					承久3 (1221) 7.9		天福2 (1234) 5.20 〈17〉	九条陵

即位順	諡号(別称)	諱	父	母	誕生	立太子	践祚〈年齢〉	即位
15	後堀河	茂仁	後高倉院	藤原陳子(北白河院)	建暦2 (1212) 2.18		承久3 (1221) 7.9〈10〉	承久3 (1221) 12.1
			大嘗会〈悠紀・主基〉		譲位	出家〈法名〉	死去〈年齢〉	陵墓
			貞応1 (1222) 11.23〈近江・備中〉		貞永1 (1232) 10.4		天福2 (1234) 8.6〈23〉	観音寺陵
即位順	諡号(別称)	諱	父	母	誕生	立太子	践祚〈年齢〉	即位
16	四条	秀仁	後堀河	藤原竴子(藻璧門院)	寛喜3 (1231) 2.12	寛喜3 (1231) 10.28	貞永1 (1232) 10.4〈2〉	貞永1 (1232) 12.5
			大嘗会〈悠紀・主基〉		譲位	出家〈法名〉	死去〈年齢〉	陵墓
			嘉禎1 (1235) 11.20〈近江・丹波〉				仁治3 (1242) 1.9〈12〉	月輪陵
即位順	諡号(別称)	諱	父	母	誕生	立太子	践祚〈年齢〉	即位
17	後嵯峨	邦仁	土御門	源通子	承久2 (1220) 2.26		仁治3 (1242) 1.20〈23〉	仁治3 (1242) 3.18
			大嘗会〈悠紀・主基〉		譲位	出家〈法名〉	死去〈年齢〉	陵墓
			仁治3 (1242) 11.13〈近江・備中〉		寛元4 (1246) 1.29	文永5 (1272) 10.5〈素覚〉	文永9 (1272) 2.17〈53〉	嵯峨南陵
即位順	諡号(別称)	諱	父	母	誕生	立太子	践祚〈年齢〉	即位
18	後深草	久仁	後嵯峨	藤原姞子(大宮院)	寛元1 (1243) 6.10	寛元1 (1243) 8.10	寛元4 (1246) 1.29〈4〉	寛元4 (1246) 3.11
			大嘗会〈悠紀・主基〉		譲位	出家〈法名〉	死去〈年齢〉	陵墓
			寛元4 (1246) 11.24〈近江・丹波〉		正元1 (1259) 11.26	正応3 (1290) 2.11〈素実〉	嘉元2 (1304) 7.16〈62〉	深草北陵
即位順	諡号(別称)	諱	父	母	誕生	立太子	践祚〈年齢〉	即位
19	亀山	恒仁	後嵯峨	藤原姞子(大宮院)	建長1 (1249) 5.27	正嘉2 (1258) 8.7	正元1 (1259) 11.26〈11〉	正元1 (1259) 12.28
			大嘗会〈悠紀・主基〉		譲位	出家〈法名〉	死去〈年齢〉	陵墓
			文応1 (1260) 11.16〈近江・備中〉		文永11 (1274) 1.26	正応2 (1289) 9.7〈金剛眼〉	嘉元3 (1305) 9.15〈57〉	亀山陵
即位順	諡号(別称)	諱	父	母	誕生	立太子	践祚〈年齢〉	即位
20	後宇多	世仁	亀山	藤原佶子(京極院)	文永4 (1267) 12.1	文永5 (1268) 8.25	文永11 (1274) 1.26〈8〉	文永11 (1274) 3.26
			大嘗会〈悠紀・主基〉		譲位	出家〈法名〉	死去〈年齢〉	陵墓
			文永11 (1274) 11.29〈近江・丹波〉		弘安10 (1287) 10.21	徳治2 (1307) 7.26〈金剛性〉	元亨4 (1326) 6.25〈58〉	蓮華峯寺陵
即位順	諡号(別称)	諱	父	母	誕生	立太子	践祚〈年齢〉	即位
21	伏見	熙仁	後深草	藤原愔子(玄輝門院)	文永2 (1265) 4.23	建治1 (1275) 11.5	弘安10 (1287) 10.21〈23〉	弘安11 (1288) 3.15
			大嘗会〈悠紀・主基〉		譲位	出家〈法名〉	死去〈年齢〉	陵墓
			正応1 (1288) 11.22〈近江・備中〉		永仁6 (1298) 7.22	正和2 (1313) 10.17〈素融〉	文保1 (1317) 9.3〈53〉	深草北陵
即位順	諡号(別称)	諱	父	母	誕生	立太子	践祚〈年齢〉	即位
22	後伏見	胤仁	伏見	藤原経子	弘安11 (1288) 3.3	正応2 (1289) 4.25	永仁6 (1298) 7.22〈11〉	永仁6 (1298) 10.13
			大嘗会〈悠紀・主基〉		譲位	出家〈法名〉	死去〈年齢〉	陵墓
			永仁6 (1298) 11.20〈近江・丹波〉		正安3 (1301) 1.21	元弘3 (1333) 6.26〈理覚・行覚〉	延元1 (1336) 4.6〈49〉	深草北陵

即位順	諡号(別称)	諱	父	母	誕生	立太子	践祚〈年齢〉	即位
23	後二条	邦治	後宇多	源基子（西華門院）	弘安8 (1285) 2.2	永仁6 (1298) 8.10	正安3 (1301) 1.21〈17〉	正安3 (1301) 3.24
			大嘗会〈悠紀・主基〉		譲位	出家〈法名〉	死去〈年齢〉	陵墓
			正安3 (1301) 11.20〈近江・備中〉				徳治3 (1308) 8.25〈24〉	北白河陵
即位順	諡号(別称)	諱	父	母	誕生	立太子	践祚〈年齢〉	即位
24	花園	富仁	伏見	藤原季子（顕親門院）	永仁5 (1297) 7.25	正安3 (1301) 8.24	徳治3 (1308) 8.26〈12〉	延慶1 (1308) 11.16
			大嘗会〈悠紀・主基〉		譲位	出家〈法名〉	死去〈年齢〉	陵墓
			延慶2 (1309) 11.24〈近江・丹波〉		文保2 (1318) 2.26	建武2 (1335) 11.22〈遍行〉	正平3 (1348) 11.11〈52〉	十楽院上陵
即位順	諡号(別称)	諱	父	母	誕生	立太子	践祚〈年齢〉	即位
25	後醍醐	尊治	後宇多	藤原忠子（談天門院）	正応1 (1288) 11.2	徳治3 (1308) 9.19	文保2 (1318) 2.26〈31〉	文保2 (1318) 3.29
			大嘗会〈悠紀・主基〉		譲位	出家〈法名〉	死去〈年齢〉	陵墓
			文保2 (1318) 11.21〈近江・備中〉					
即位順	諡号(別称)	諱	父	母	誕生	立太子	践祚〈年齢〉	即位
26	光厳	量仁	後伏見	藤原寧子（広義門院）	正和2 (1313) 7.9	嘉暦1 (1326) 7.24	元弘1 (1331) 9.20〈15〉	元弘2 (1332) 3.22
			大嘗会〈悠紀・主基〉		譲位	出家〈法名〉	死去〈年齢〉	陵墓
			正慶1 (1332) 11.13〈近江・丹波〉		正慶2 (1333) 5.25	観応3 (1352) 8.8〈勝光智〉	貞治3 (1364) 7.7〈52〉	山国陵
即位順	諡号(別称)	諱	父	母	誕生	立太子	践祚〈年齢〉	即位
27	後醍醐 ※重祚						元弘3 (1333) 6.5〈46〉	
			大嘗会〈悠紀・主基〉		譲位	出家〈法名〉	死去〈年齢〉	陵墓
					延元4 (1339) 8.15		延元4 (1339) 8.16〈52〉	塔尾陵(大和)
即位順	諡号(別称)	諱	父	母	誕生	立太子	践祚〈年齢〉	即位
28	光明	豊仁	後伏見	藤原寧子（広義門院）	元亨1 (1321) 12.23		建武3 (1336) 8.15〈16〉	建武4 (1337) 12.28
			大嘗会〈悠紀・主基〉		譲位	出家〈法名〉	死去〈年齢〉	陵墓
			暦応1 (1338) 11.16〈近江・備中〉		貞和4 (1348) 10.27	観応2 (1351) 12.28〈真常恵〉	康暦2 (1380) 6.24〈60〉	大光明寺陵
即位順	諡号(別称)	諱	父	母	誕生	立太子	践祚〈年齢〉	即位
南朝	後村上	義良（憲良）	後醍醐	藤原廉子（新待賢門院）	嘉暦3 (1328)	延元4 (1339) 3.—	延元4 (1339) 8.15〈12〉	
			大嘗会〈悠紀・主基〉		譲位	出家〈法名〉	死去〈年齢〉	陵墓
							正平23 (1368) 3.11〈41〉	檜尾陵
即位順	諡号(別称)	諱	父	母	誕生	立太子	践祚〈年齢〉	即位
29	崇光	興仁（益仁）	光厳	藤原秀子（陽禄門院）	建武1 (1334) 4.22	建武5 (1338) 8.13	貞和4 (1348) 10.27〈15〉	貞和5 (1349) 12.26
			大嘗会〈悠紀・主基〉		譲位	出家〈法名〉	死去〈年齢〉	陵墓
			観応1 (1350)〈近江・丹波〉		観応2 (1351) 11.7	明徳3 (1392) 11.30〈勝円心〉	応永5 (1398) 1.13〈65〉	大光明寺陵

即位順	諡号(別称)	諱	父	母	誕　生	立太子	践祚〈年齢〉	即　位
30	後光厳	弥仁	光厳	藤原秀子 (陽禄門院)	建武5(1338) 3.2		観応3(1352) 8.17　〈15〉	文和2(1353) 12.27
			大嘗会〈悠紀・主基〉		譲　位	出家〈法名〉	死去〈年齢〉	陵　墓
			文和3(1354) 11.16 〈近江・丹波〉		応安4(1371) 3.23		応安7(1374) 1.29　〈37〉	深草北陵
即位順	諡号(別称)	諱	父	母	誕　生	立太子	践祚〈年齢〉	即　位
南朝	長慶	寛成	後村上	藤原氏 (嘉喜門院)	興国4(1343)		正平23(1368) 3.—　〈26〉	
			大嘗会〈悠紀・主基〉		譲　位	出家〈法名〉	死去〈年齢〉	陵　墓
					弘和3(1383) 10以後	未詳 〈覚理・慶寿院〉	応永1(1394) 8.1　〈52〉	嵯峨東陵
即位順	諡号(別称)	諱	父	母	誕　生	立太子	践祚〈年齢〉	即　位
31	後円融	緒仁	後光厳	紀仲子 (崇賢門院)	延文3(1358) 12.12		応安4(1371) 3.23　〈14〉	応安7(1374) 12.28
			大嘗会〈悠紀・主基〉		譲　位	出家〈法名〉	死去〈年齢〉	陵　墓
			永和1(1375) 11.23 〈近江・備中〉		永徳2(1382) 4.11		明徳4(1393) 4.26　〈36〉	深草北陵
即位順	諡号(別称)	諱	父	母	誕　生	立太子	践祚〈年齢〉	即　位
南朝	後亀山	熙成	後村上	藤原氏 (嘉喜門院)		正平23(1368)	弘和3(1383) 10以後	
			大嘗会〈悠紀・主基〉		譲　位	出家〈法名〉	死去〈年齢〉	陵　墓
					元中9(1392) 閏10.5	未詳 〈金剛心〉	応永31(1424) 4.12	嵯峨小倉陵
即位順	諡号(別称)	諱	父	母	誕　生	立太子	践祚〈年齢〉	即　位
32	後小松	幹仁	後円融	藤原厳子 (通陽門院)	永和3(1377) 6.27		永徳2(1382) 4.11　〈6〉	永徳2(1382) 12.28
			大嘗会〈悠紀・主基〉		譲　位	出家〈法名〉	死去〈年齢〉	陵　墓
			永徳3(1383) 11.16 〈近江・丹波〉		応永19(1412) 8.29	永享3(1431) 3.24〈素行智〉	永享5(1433) 10.20　〈57〉	深草北陵
即位順	諡号(別称)	諱	父	母	誕　生	立太子	践祚〈年齢〉	即　位
33	称光	実仁 (躬仁)	後小松	藤原資子 (光範門院)	応永8(1401) 3.29		応永19(1412) 8.29　〈12〉	応永21(1414) 12.19
			大嘗会〈悠紀・主基〉		譲　位	出家〈法名〉	死去〈年齢〉	陵　墓
			応永22(1415) 11.20 〈近江・備中〉				正長1(1428) 7.20　〈28〉	深草北陵
即位順	諡号(別称)	諱	父	母	誕　生	立太子	践祚〈年齢〉	即　位
34	後花園	彦仁	後崇光院	源幸子 (敷政門院)	応永26(1419) 6.17		正長1(1428) 7.28　〈10〉	永享1(1429) 12.27
			大嘗会〈悠紀・主基〉		譲　位	出家〈法名〉	死去〈年齢〉	陵　墓
			永享2(1430) 11.18 〈近江・丹波〉		寛正5(1464) 7.19	応仁1(1467) 9.20〈円満智〉	文明2(1470) 12.27　〈52〉	後山国陵
即位順	諡号(別称)	諱	父	母	誕　生	立太子	践祚〈年齢〉	即　位
35	後土御門	成仁	後花園	藤原信子 (嘉楽門院)	嘉吉2(1442) 5.25		寛正5(1464) 7.19　〈24〉	寛正6(1465) 12.27
			大嘗会〈悠紀・主基〉		譲　位	出家〈法名〉	死去〈年齢〉	陵　墓
			文正1(1466) 12.18 〈近江・備中〉				明応9(1500) 9.28　〈59〉	深草北陵

即位順	諡号(別称)	諱	父	母	誕　生	立太子	践祚〈年齢〉	即　位
36	後柏原	勝仁	後土御門	源朝子	寛正5(1464) 10.20		明応9(1500) 10.25　〈37〉	永正18(1521) 3.22
			大嘗会〈悠紀・主基〉		譲　位	出家〈法名〉	死去〈年齢〉	陵　墓
							大永6(1526) 4.7　〈63〉	深草北陵
即位順	諡号(別称)	諱	父	母	誕　生	立太子	践祚〈年齢〉	即　位
37	後奈良	知仁	後柏原	藤原藤子 (豊楽門院)	明応5(1496) 12.23		大永6(1526) 4.29　〈31〉	天文5(1536) 2.26
			大嘗会〈悠紀・主基〉		譲　位	出家〈法名〉	死去〈年齢〉	陵　墓
							弘治3(1557) 9.5　〈62〉	深草北陵
即位順	諡号(別称)	諱	父	母	誕　生	立太子	践祚〈年齢〉	即　位
38	正親町	方仁	後奈良	藤原栄子	永正14(1517) 5.29		弘治3(1557) 10.27　〈41〉	永禄3(1560) 1.27
			大嘗会〈悠紀・主基〉		譲　位	出家〈法名〉	死去〈年齢〉	陵　墓
					天正14(1586) 11.7		文禄2(1593) 1.5　〈77〉	深草北陵
即位順	諡号(別称)	諱	父	母	誕　生	立太子	践祚〈年齢〉	即　位
39	後陽成	周仁 (和仁)	誠仁親王	藤原晴子 (新上東門院)	元亀2(1571) 12.15		天正14(1586) 11.7　〈16〉	天正14(1586) 11.25
			大嘗会〈悠紀・主基〉		譲　位	出家〈法名〉	死去〈年齢〉	陵　墓
					慶長16(1611) 3.27		元和3(1617) 8.26　〈47〉	深草北陵

院政

主宰者	開始年月日	終了年月日	天　　皇
白河	応徳 3(1086)11.26	大治 4(1129)7.7	堀河・鳥羽・崇徳
鳥羽	大治 4(1129)7.7	保元 1(1156)7.2	崇徳・近衛・後白河
後白河	保元 3(1158)8.11	治承 3(1179)11.20	二条・六条・高倉
高倉	治承 4(1180)2.21	治承 4(1180)12.18	安徳
後白河	治承 5(1181)1.7	建久 3(1192)3.13	安徳・後鳥羽
後鳥羽	建久 9(1198)1.11	承久 3(1221)7.6	土御門・順徳・仲恭
後高倉	承久 3(1221)7.8	貞応 2(1223)5.14	後堀河
後堀河	貞永 1(1232)10.4	文暦 1(1234)8.6	四条
後嵯峨	寛元 4(1246)1.29	文永 9(1272)2.17	後深草・亀山
亀山	文永 11(1274)1.26	弘安 10(1287)10.21	後宇多
後深草	弘安 10(1287)10.21	正応 3(1290)2.11	伏見
伏見	永仁 6(1298)7.22	正安 3(1301)1.21	後伏見
後宇多	正安 3(1301)1.21	徳治 3(1308)8.26	後二条
伏見	徳治 3(1308)8.26	正和 2(1313)10.14	花園
後伏見	正和 2(1313)10.14	文保 2(1318)2.26	花園
後宇多	文保 2(1318)2.26	元亨 1(1321)12.9	後醍醐
後伏見	元弘 1(1231)9.20	元弘 3(1333)5.17	光厳
光厳	建武 3(1336)8.15	観応 2(1351)11.7	光明・崇光
後光厳	応安 4(1371)3.23	応安 7(1374)1.29	後円融
後円融	永徳 2(1382)4.11	明徳 4(1393)4.26	後小松
後小松	応永 19(1412)8.29	永享 5(1433)10.20	称光・後花園
後花園	寛正 5(1464)7.19	文明 2(1470)12.27	後土御門

三后

名	父	母	配偶	所生	中宮	皇后宮	皇太后宮	太皇太后宮	その後〈年齢〉
章子内親王	後一条天皇	藤原道長女（威子）	後冷泉		永承1（1046）7.10		治暦4（1068）4.17	延久1（1069）7.3	延久6（1074）6.16 院号（二条院）
藤原寛子	藤原頼通	藤原頼成女（祇子）	後冷泉		治暦4（1068）4.17	永承6（1051）2.13	延久1（1069）7.3	延久6（1074）6.20	大治2（1127）8.14 死去〈92〉
藤原歓子	藤原教通	藤原公任女	後冷泉			治暦4（1068）4.17	延久6（1074）6.20		康和4（1102）8.17 死去〈82〉
馨子内親王	後一条天皇	藤原道長女（威子）	後三条		延久1（1069）7.3	延久6（1074）6.20			寛治7（1093）9.4 死去〈65〉
藤原賢子	藤原師実（実父源顕房）	源隆俊女（隆子）	白河	堀河	延久6（1074）6.20				応徳1（1084）9.22 死去〈28〉
媞子内親王	白河天皇	源顕房女（賢子）		（堀河准母）	寛治5（1091）1.22				寛治7（1093）1.19 院号（郁芳門院）
篤子内親王	後三条天皇	藤原知光女（茂子）	堀河		寛治7（1093）2.22				永久2（1114）10.1 死去〈55〉
令子内親王	白河天皇	源顕房女（賢子）		（鳥羽准母）		嘉承2（1107）12.1		長承3（1134）3.19	天養1（1144）4.21 死去〈67〉
藤原璋子	藤原公実	藤原隆方女（光子）	鳥羽	崇徳・後白河	永久6（1118）1.26				天治1（1124）11.24 院号（待賢門院）
藤原聖子	藤原忠通	藤原宗通女（宗子）	崇徳	（近衛養母）	大治5（1130）2.21		永治1（1141）12.27		久安6（1150）2.27 院号（皇嘉門院）
藤原泰子	藤原忠実	源顕房女（師子）	鳥羽			長承3（1134）3.19			保延5（1139）7.28 院号（高陽院）
藤原得子	藤原長実	源俊房女（方子）	鳥羽	近衛		永治1（1141）12.27			久安5（1149）8.3 院号（美福門院）
藤原多子	藤原頼長（実父藤原公能）	藤原俊忠女（豪子）	近衛			久安6（1150）3.14	保元1（1156）10.27	保元3（1158）2.3	建仁1（1201）12.24 死去〈62〉
藤原呈子	藤原忠通（実父藤原伊通）	藤原顕隆女（玄子）	近衛		久安6（1150）6.22	保元1（1156）10.27	保元3（1158）2.3		仁安3（1168）3.14 院号（九条院）

名	父	母	配偶	所生	中宮	皇后宮	皇太后宮	太皇太后宮	その後〈年齢〉
藤原忻子	藤原公能	藤原俊忠女（豪子）	後白河		保元 1（1156）10.27	保元 4（1159）2.21	承安 2（1172）2.10		承元 3（1209）8.12 死去〈76〉
統子内親王	鳥羽天皇	藤原公実女（璋子）				保元 3（1158）2.3			保元 4（1159）2.13 院号(上西門院)
姝子内親王	鳥羽天皇	藤原長実女（得子）	二条		保元 4（1159）2.21				応保 2（1162）2.5 院号（高松院）
藤原育子	藤原忠通（実父藤原実能）	源顕俊女（俊子）	二条	(六条養母)	応保 2（1162）2.19	承安 2（1172）2.10			承安 3（1173）8.15 死去〈28〉
平滋子	平時信	藤原顕頼女（祐子）	後白河	高倉			仁安 3（1168）3.20		嘉応 1（1169）4.12 院号(建春門院)
平徳子	平清盛	平時信女（時子）	高倉	安徳	承安 2（1172）2.10				養和 1（1181）11.25 院号(建礼門院)
亮子内親王	後白河	藤原季成女（成子）		(安徳准母)		寿永 1（1182）8.14			文治 3（1187）6.28 院号(殷富門院)
藤原任子	藤原兼実	藤原季行女（兼子）	後鳥羽		建久 1（1190）4.26				正治 2（1200）6.28 院号(宜秋門院)
範子内親王	高倉天皇	藤原成範女		(土御門准母)		建久 9（1198）3.3			建永 1（1206）9.2 院号（坊門院）
藤原麗子	藤原頼実	藤原定隆女（隆子）	土御門		元久 2（1205）7.11				承元 4（1210）3.19 院号(陰明門院)
昇子内親王	後鳥羽天皇	藤原兼実女（任子）				承元 2（1208）8.8			承元 3（1209）4.25 院号(春華門院)
藤原立子	藤原（九条）良経	藤原（一条）能保女	順徳	仲恭	承元 5（1211）1.22				承久 4（1222）3.25 院号(東一条院)
邦子内親王	後高倉院	藤原(持明院)基家女（陳子）		(後堀河准母)		承久 3（1221）12.1			貞応 3（1224）8.4 院号(安嘉門院)
藤原有子	藤原（三条）公房	藤原範季女（修子）	後堀河		貞応 2（1223）2.25	嘉禄 2（1226）7.29			嘉禄 3（1227）2.20 院号(安喜門院)
藤原長子	藤原（近衛）家実	藤原季信女	後堀河		嘉禄 2（1226）7.29				寛喜 1（1229）4.18 院号(鷹司院)

名	父	母	配偶	所生	中宮	皇后宮	皇太后宮	太皇太后宮	その後〈年齢〉
藤原竴子	藤原(九条)道家	藤原(西園寺)公経女(掄子)	後堀河	四条	寛喜2(1230)2.16				貞永2(1233)4.3 院号(藻璧門院)
利子内親王	後高倉院	藤原基家女(陳子)		(四条准母)		天福1(1233)6.20			延応1(1239)11.12 院号(式乾門院)
藤原姞子	藤原(西園寺)実氏	藤原隆衡女(貞子)	後嵯峨	後深草 亀山	仁治3(1242)8.9				宝治2(1248)6.18 院号(大宮院)
曦子内親王	土御門天皇	源有雅女				宝治2(1248)8.8			建長3(1251)3.27 院号(仙華門院)
藤原公子	藤原(西園寺)実氏	藤原隆衡女(貞子)	後深草		康元2(1257)1.29				正元1(1259)12.19 院号(東二条院)
藤原佶子	藤原(洞院)実雄	法印公審女(藤原栄子)	亀山	後宇多	文応2(1261)2.8	弘長1(1261)8.20			文永9(1272)8.9 院号(京極院)
藤原嬉子	藤原(西園寺)公相	藤原実基女(教子)	亀山		弘長1(1261)8.20				文永5(1268)12.6 院号(今出河院)
姈子内親王	後深草	藤原(西園寺)実氏女(公子)	(後宇多)			弘安8(1285)8.19			正応4(1291)8.12 院号(遊義門院)
藤原鏱子	藤原(西園寺)実兼	源通成女(顕子)	伏見	(後伏見養母)	正応1(1288)8.20				永仁6(1298)8.21 院号(永福門院)
藤原忻子	藤原(徳大寺)公孝	藤原(三条)公親女(喜子)	後二条		嘉元1(1303)9.24				延慶3(1310)12.19 院号(長楽門院)
奨子内親王	後宇多天皇	藤原忠継女(忠子)				文保3(1319)3.27			元応1(1319)11.15 院号(達智門院)
藤原禧子	藤原(西園寺)実兼	藤原孝泰女(孝子)	後醍醐		元応1(1319)8.7		元弘3(1333)7.11		元弘3(1333)10.12 院号(後京極院)
珣子内親王	後伏見天皇	藤原(西園寺)公衡女(寧子)	後醍醐		元弘3(1333)12.7				延元2(1337)1.16 院号(新室町院)
藤原廉子	藤原(阿野)公廉		後醍醐	後村上			(後村上即位後?)		正平6(1351)12.28 院号(新待賢門院)

女院

院号	名	父	母	院号宣下	宣下時の天皇	宣下以前の身分	配偶	所生	死去〈年齢〉
東三条院	藤原詮子	藤原兼家	藤原仲正女	正暦 2（991）9.16	一条	皇太后	円融	一条	長保 3（1001）⑫.22〈40〉
上東門院	藤原彰子	藤原道長	源雅信女（倫子）	万寿 3（1026）1.19	後一条	太皇太后	一条	後一条・後朱雀	承保 1（1074）10.3〈87〉
陽明門院	禎子内親王	三条天皇	藤原道長女（妍子）	治暦 5（1069）2.17	後三条	太皇太后	後朱雀	後三条	寛治 8（1094）1.16〈82〉
二条院	章子内親王	後一条天皇	藤原道長女（威子）	延久 6（1074）6.16	白河	太皇太后	後冷泉		長治 2（1105）9.17〈80〉
郁芳門院	媞子内親王	白河天皇	源顕房女（賢子）	寛治 7（1093）1.19	堀河	皇后（中宮）		（堀河准母）	嘉保 3（1096）8.7〈21〉
待賢門院	藤原璋子	藤原公実	藤原隆光女（光子）	天治 1（1124）11.24	崇徳	皇后（中宮）	鳥羽	崇徳・後白河	久安 1（1145）8.22〈45〉
高陽院	藤原泰子	藤原忠実	源顕房女（師子）	保延 5（1139）7.28	崇徳	皇后	鳥羽		久寿 2（1155）12.16〈61〉
美福門院	藤原得子	藤原長実	源俊房女（方子）	久安 5（1149）8.3	近衛	皇后	鳥羽	近衛	永暦 1（1160）11.23〈44〉
皇嘉門院	藤原聖子	藤原忠通	藤原宗通女（宗子）	久安 6（1150）2.27	近衛	皇后	崇徳	（近衛養母）	養和 1（1181）12.5〈60〉
上西門院	統子内親王	鳥羽天皇	藤原公実女（璋子）	保元 4（1159）2.13	二条	皇后			文治 5（1189）7.20〈64〉
八条院	暲子内親王	鳥羽天皇	藤原長実女（得子）	応保 1（1161）12.16	二条	准三宮		（二条准母）	建暦 1（1211）6.26〈75〉
高松院	姝子内親王	鳥羽天皇	藤原長実女（得子）	応保 2（1162）2.5	二条	皇后（中宮）	二条		安元 2（1176）6.13〈36〉
九条院	藤原呈子	藤原忠通（実父藤原伊通）	藤原顕隆女	仁安 3（1168）3.14	高倉	皇太后	近衛		安元 2（1176）9.19〈46〉
建春門院	平滋子	平時信	藤原顕頼女（祐子）	嘉応 1（1169）4.12	高倉	皇太后	後白河	高倉	安元 2（1176）7.8〈35〉
建礼門院	平徳子	平清盛	平時信女（時子）	養和 1（1181）11.25	安徳	皇后（中宮）	高倉	安徳	建保 1（1213）12.13〈59〉
殷富門院	亮子内親王	後白河天皇	藤原季成女（成子）	文治 3（1187）6.28	後鳥羽	皇后		（安徳准母）	建保 4（1216）4.2〈70〉
七条院	藤原殖子	藤原信隆	藤原信隆女（休子）	建久 1（1190）4.22	後鳥羽	准三宮	高倉	後鳥羽	安貞 2（1228）9.16〈72〉
宣陽門院	覲子内親王	後白河天皇	法印澄雲女（高階栄子）	建久 2（1191）6.26	後鳥羽	准三宮			建長 4（1252）6.8〈72〉
宜秋門院	藤原任子	藤原兼実	藤原季行女（兼子）	正治 2（1200）6.28	土御門	皇后（中宮）	後鳥羽		暦仁 1（1238）12.28〈66〉
承明門院	源在子	源通親（実父能円）	藤原範兼女（範子）	建仁 2（1202）1.15	土御門	准三宮	後鳥羽	土御門	正嘉 1（1257）7.5〈87〉
坊門院	範子内親王	高倉天皇	藤原成範女	建永 1（1206）9.2	土御門	皇后		（土御門准母）	承元 4（1210）4.12〈34〉

院号	名	父	母	院号宣下	宣下時の天皇	宣下以前の身分	配偶	所生	死去〈年齢〉
修明門院	藤原重子	藤原範季	平教盛女(教子)	建永 2 (1207) 6.7	土御門	准三宮	後鳥羽	順徳	文永 1 (1264) 8.29 〈83〉
春華門院	昇子内親王	後鳥羽天皇	藤原兼実女(任子)	承元 3 (1209) 4.25	土御門	皇后			建暦 1 (1211) 11.8 〈17〉
陰明門院	藤原麗子	藤原頼実	藤原定隆女(隆子)	承元 4 (1210) 3.19	土御門	皇后(中宮)	土御門		寛元 1 (1243) 9.18 〈59〉
嘉陽門院	礼子内親王	後鳥羽天皇	藤原信清女	建保 2 (1214) 6.10	順徳	准三宮			文永 10 (1273) 8.2 〈74〉
東一条院	藤原立子	藤原(九条)良経	藤原能保女	承久 4 (1222) 3.25	後堀河	皇后(中宮)	順徳	仲恭	宝治 1 (1247) 12.21 〈56〉
北白河院	藤原陳子	藤原(持明院)基家	平頼盛女	貞応 1 (1222) 7.11	後堀河	准三宮	後高倉院	後堀河	嘉禎 4 (1238) 10.3 〈66〉
安嘉門院	邦子内親王	後高倉院	藤原基家女(陳子)	貞応 3 (1224) 8.4	後堀河	皇后		(後堀河准母)	弘安 6 (1283) 9.4 〈75〉
安喜門院	藤原有子	藤原(三条)公房	藤原範季女(修子)	嘉禄 3 (1227) 2.20	後堀河	皇后			弘安 9 (1286) 2.6 〈80〉
鷹司院	藤原長子	藤原(近衛)家実	藤原季信女	寛喜 1 (1229) 4.18	後堀河	皇后(中宮)	後堀河		文永 12 (1275) 2.11 〈58〉
藻璧門院	藤原竴子	藤原(九条)道家	藤原公経女(掄子)	貞永 2 (1233) 4.3	四条	皇后(中宮)	後堀河	四条	天福 1 (1233) 9.18 〈25〉
明義門院	諦子内親王	順徳天皇	藤原良経女(立子)	嘉禎 2 (1236) 12.21	四条	准三宮			寛元 1 (1243) 3.29 〈27〉
式乾門院	利子内親王	後高倉院	藤原基家女(陳子)	延応 1 (1239) 11.12	四条	皇后		(四条准母)	建長 3 (1251) 1.2 〈55〉
宣仁門院	藤原彦子	藤原(九条)教実	藤原公経女(嘉子)	仁治 4 (1243) 2.23	後嵯峨	准三宮	四条		弘長 2 (1262) 1.5 〈36〉
正親町院	覚子内親王	土御門天皇	源通宗女(通子)	寛元 1 (1243) 6.26	後嵯峨	准三宮			弘安 8 (1285) 8.23 〈73〉
室町院	暉子内親王	後堀河天皇	藤原家行女	寛元 1 (1243) 12.14	後嵯峨	准三宮			正安 2 (1300) 5.3 〈73〉
大宮院	藤原姞子	藤原(西園寺)実氏	藤原実氏女(貞子)	宝治 2 (1248) 6.18	後深草	皇后(中宮)	後嵯峨	後深草・亀山	正応 5 (1292) 9.9 〈68〉
仙華門院	曦子内親王	土御門天皇	源有雅女	建長 3 (1251) 3.27	後深草	皇后			弘長 2 (1262) 8.21 〈39〉
永安門院	穠子内親王	順徳天皇	藤原信清女	建長 3 (1251) 11.13	後深草	准三宮			弘安 2 (1279) 11.21 〈64〉
神仙門院	体子内親王	後堀河天皇	藤原家行女	建長 8 (1256) 2.7	後深草	准三宮	後嵯峨		正安 3 (1301) 12.17 〈71〉
東二条院	藤原公子	藤原(西園寺)実氏	藤原隆衡女(貞子)	正元 1 (1259) 12.19	亀山	皇后(中宮)	後深草		嘉元 2 (1304) 1.21 〈73〉
和徳門院	義子内親王	仲恭天皇	法印性慶女	弘長 1 (1261) 3.8	亀山	准三宮			正応 2 (1289) 12.7 〈56〉
月華門院	綜子内親王	後嵯峨天皇	藤原実氏女(姞子)	弘長 3 (1263) 7.27	亀山	准三宮			文永 6 (1269) 3.1 〈23〉

院号	名	父	母	院号宣下	宣下時の天皇	宣下以前の身分	配偶	所生	死去〈年齢〉
今出河院	藤原嬉子	藤原(西園寺)公相	藤原師朝女	文永5(1268)12.6	亀山	皇后(中宮)	亀山		文保2(1318)4.25〈67〉
京極院	藤原佶子	藤原(洞院)実雄	法印公審女(藤原栄子)	文永9(1272)8.9	亀山	皇后	亀山	後宇多	文永9(1272)8.9〈28〉
新陽明門院	藤原位子	藤原(近衛)基平	源宣通女	文永12(1275)3.28	後宇多	准三宮	亀山		永仁4(1296)1.22〈35〉
延政門院	悦子内親王	後嵯峨天皇	藤原公経女(公子)	弘安7(1284)2.28	後宇多	准三宮			元弘2(1332)2.10〈74〉
玄輝門院	藤原愔子	藤原(洞院)実雄	藤原隆房女(臧子)	正応1(1288)12.16	伏見	准三宮	後深草	伏見	元徳1(1329)8.30〈84〉
五条院	懌子内親王	後嵯峨天皇	藤原孝時女(博子)	正応2(1289)12.10	伏見	准三宮	亀山		永仁2(1294)11.25〈33〉
遊義門院	姈子内親王	後深草天皇	藤原実氏女(公子)	正応4(1291)8.12	伏見	皇后	後宇多		徳治2(1307)7.24〈38〉
永陽門院	久子内親王	後深草天皇	藤原実雄女(愔子)	永仁2(1294)2.7	伏見	准三宮			興国3(1346)4.25〈75〉
昭慶門院	憙子内親王	亀山天皇	藤原雅平女(雅子)	永仁4(1296)8.11	伏見	准三宮			元亨4(1324)3.12〈52〉
永福門院	藤原鏱子	藤原(西園寺)実兼	源通成女(顕子)	永仁6(1298)8.21	後伏見	皇后(中宮)	伏見	(後伏見養母)	興国3(1342)5.7〈72〉
昭訓門院	藤原瑛子	藤原(西園寺)実兼	源通成女(顕子)	正安3(1301)3.19	後二条	准三宮	亀山		延元1(1336)6.26〈65〉
永嘉門院	瑞子内親王	宗尊親王	源通具孫女	正安4(1302)1.20	後二条	准三宮	後宇多		元徳1(1329)8.29〈57〉
陽徳門院	媄子内親王	後深草天皇	藤原公相女(相子)	正安4(1302)3.15	後二条	准三宮			正平7(1352)8.11〈65〉
章義門院	誉子内親王	伏見天皇	藤原公宗女(英子)	徳治2(1307)6.22	後二条	准三宮			延元1(1336)10.10
西華門院	源基子	源(堀川)具守	平親継女	延慶1(1308)12.2	花園	准三宮	後宇多	後二条	正平10(1355)8.26〈87〉
広義門院	藤原寧子	藤原(西園寺)公衡	藤原光保女(兼子)	延慶2(1309)1.13	花園	准三宮	後伏見	光厳・光明	正平12(1357)⑦.22〈66〉
章善門院	永子内親王	後深草天皇	藤原公親女(房子)	延慶2(1309)2.3	花園	准三宮			延元3(1338)3.
朔平門院	璹子内親王	伏見天皇	藤原実雄女(季子)	延慶2(1309)6.27	花園	准三宮			延慶3(1310)10.8〈24〉
長楽門院	藤原忻子	藤原(徳大寺)公孝	藤原公親女(喜子)	延慶3(1310)12.19	花園	皇后(中宮)	後二条		正平7(1352)2.1〈70〉
延明門院	延子内親王	伏見天皇	藤原実雄女(季子)	正和4(1315)2.24	花園	准三宮			
談天門院	藤原忠子	藤原(五辻)忠継	平高輔女	文保2(1318)4.12	後醍醐	准三宮	後宇多	後醍醐	元応1(1319)11.15〈52〉
達智門院	奨子内親王	後宇多天皇	藤原忠継女(忠子)	元応1(1319)11.15	後醍醐	皇后			正平3(1348)11.2〈63〉

院号	名	父	母	院号宣下	宣下時の天皇	宣下以前の身分	配偶	所生	死去〈年齢〉
万秋門院	藤原頊子	藤原(一条)実経	平成俊女	元応 2 (1320) 2.26	後醍醐	准三宮	後宇多		延元 3 (1338) 3.26 〈71〉
寿成門院	媞子内親王	後二条天皇	平棟俊女	元応 2 (1320) 8.23	後醍醐	准三宮			正平17(1362) 5.20 〈61〉
顕親門院	藤原季子	藤原(洞院)実雄	賀茂能直女	正中 3 (1326) 2.7	後醍醐	准三宮	伏見	花園	建武 3 (1336) 2.13 〈72〉
崇明門院	禖子内親王	後宇多天皇	褕子女王	元弘 1 (1331) 10.25	光厳	准三宮			
礼成門院	藤原禧子	藤原(西園寺)実兼	藤原孝泰女(孝子)	元弘 2 (1332) 5.20	光厳	皇后	後醍醐		元弘 3 (1333) 10.12 〈31〉
後京極院				元弘 3 (1333) 10.12	後醍醐	皇太后			
宣政門院	懽子内親王	後醍醐天皇	藤原実兼女(禧子)	建武 2 (1335) 2.2	後醍醐	准三宮	光厳		
章徳門院	璜子内親王	後伏見天皇	藤原実明女(守子)	延元 1 (1336) 4.2	後醍醐	准三宮			
新室町院	珣子内親王	後伏見天皇	藤原公衡女(寧子)	延元 2 (1337) 1.16	光明	皇后(中宮)	後醍醐		延元 2 (1337) 5.12 〈27〉
徽安門院	寿子内親王	花園天皇	藤原実明女(実子)	延元 2 (1337) 2.7	光明	准三宮	光厳		正平 13(1358) 4.2 〈41〉
宣光門院	藤原実子	藤原(正親町)実明	藤原公実女	延元 3 (1338) 4.28	光明	准三宮	花園		正平 15(1360) 9.5 〈64〉
新待賢門院	藤原廉子	藤原(阿野)公廉		正平 6 (1351) 12.28	後村上	皇太后	後醍醐	後村上	正平 14(1359) 4.29 〈59〉
陽禄門院	藤原秀子	藤原(正親町)公秀		正平 7 (1352) 10.29	後光厳	准三宮	光厳	崇光・後光厳	正平 7 (1352) 11.28 〈42〉
嘉喜門院	藤原勝子	藤原(坊門)経忠				(女御)	後村上		
新宣陽門院	憲子内親王	後村上天皇	源顕子			(内親王)			
崇賢門院	藤原仲子	藤原(勘解由小路)兼綱		弘和 3 (1383) 4.25	後小松	准三宮	後光厳	後円融	応永 34(1427) 5.20 〈89〉
通陽門院	藤原厳子	藤原(三条)公忠		応永 3 (1396) 7.24	後小松	准三宮	後円融	後小松	応永 13(1406) 12.27 〈55〉
北山院	藤原康子	藤原(日野)資康		応永 14(1407) 3.5	後小松	准三宮	足利義満	(後小松准母)	応永 26(1419) 11.11 〈51〉
光範門院	藤原資子	藤原(日野西)資国		応永 32(1425) 7.29	称光	准三宮	後小松	称光	永享 12(1440) 9.8 〈57〉
敷政門院	源幸子	源(庭田)経有	藤原雅冬女	文安 5 (1448) 3.4	後花園	准三宮	後崇光院	後花園	文安 5 (1448) 4.13 〈59〉
嘉楽門院	藤原信子	藤原孝長		文明 13(1481) 7.26	後土御門	准三宮	後花園	後土御門	長享 2 (1488) 4.28 〈78〉
豊楽門院	藤原藤子	藤原(勧修寺)教秀	藤原雅永女	天文 4 (1535) 1.12	後奈良	准三宮	後柏原	後奈良	天文 4 (1535) 1.12 〈72〉

斎王

『平安時代史事典』の「伊勢斎宮表」「賀茂斎院表」、『日本史総覧』の「斎王（斎宮・斎院）一覧」をもとに、一部修正した。

〈伊勢斎宮〉

斎宮名	天皇	父	卜定〈年齢〉	初斎院〈場所〉	入野宮	群　行	退下〈年齢〉	理由	死没〈年齢〉
俊子内親王	後三条	後三条	延久 1 (1069) 2.9〈14〉		延久 2 (1070)	延久 3 (1071) 9.23	延久 4 (1072) 12.8〈17〉	父帝譲位	長承 1 (1132) ④.5〈77〉
淳子女王	白河	敦賢親王	延久 5 (1073) 2.16		承保 1 (1074)	承保 2 (1075) 9.20	承暦 1 (1077) 8.17	父の喪	
媞子内親王（郁芳門院）	白河	白河	承暦 2 (1078) 8.2〈3〉	承暦 2 (1078) 9.1〈大膳職〉	承暦 3 (1079) 9.8	承暦 4 (1080) 9.15	応徳 1 (1084) 9.22〈9〉	母の喪	嘉保 3 (1096) 8.7〈21〉
善子内親王	堀河	白河	寛治 1 (1087) 2.11〈11〉	寛治 1 (1087) 9.21〈左近衛府〉	寛治 2 (1088) 9.13	寛治 3 (1089) 9.15	嘉承 2 (1107) 7.19〈31〉	当帝崩御	長承 1 (1132) 12.1〈56〉
恂子内親王	鳥羽	白河	天仁 1 (1108) 10.28	天仁 2 (1109) 4.14〈諸司〉	天仁 2 (1109) 9.15	天永 1 (1110) 9.8	保安 4 (1123) 1.28	当帝譲位	長承 1 (1132) 10.16
守子内親王	崇徳	輔仁親王	保安 4 (1123) 6.9〈13〉	天治 1 (1124) 4.23	天治 1 (1124) 9.27	天治 2 (1125) 9.14	永治 1 (1141) 12.7〈31〉	当帝譲位	保元 1 (1156) 3.29〈46〉
妍子内親王	近衛	鳥羽	康治 1 (1142) 2.26	康治 2 (1143) 2.22〈大膳職〉	康治 2 (1143) 9.27	天養 1 (1144) 9.8	久安 6 (1150) 5.10	疾病	応保 1 (1161) 10.3
喜子内親王	近衛	堀河	仁平 1 (1151) 3.2	仁平 1 (1151) 9.19〈一本御書所〉	仁平 2 (1152) 9.30	仁平 3 (1153) 9.21	久寿 2 (1155) 7.23	当帝崩御	
亮子内親王（殷富門院）	後白河	後白河	保元 1 (1156) 4.19〈10〉		保元 2 (1157) 9.15	群行せず	保元 3 (1158) 8.11〈12〉	父帝譲位	建保 4 (1216) 4.2〈70〉
好子内親王	二条	後白河	保元 3 (1158) 12.25〈11〉			永暦 1 (1160) 9.8	永万 1 (1165) 6.25〈18〉	当帝譲位	建久 3 (1192) 7.3〈45〉
休子内親王	六条	後白河	仁安 1 (1166) 12.8〈10〉	仁安 2 (1167) 6.28〈大膳職〉	仁安 2 (1167) 9.21	群行せず	仁安 3 (1168) 2.19〈12〉	当帝譲位	承安 1 (1171) 3.1〈15〉
惇子内親王	高倉	後白河	仁安 3 (1168) 8.27〈11〉	嘉応 1 (1169) 5.9〈一本御書所〉	嘉応 1 (1169) 9.27	嘉応 2 (1170) 9.10	承安 2 (1172) 5.3〈15〉	死去	承安 2 (1172) 5.3〈15〉
功子内親王	高倉	高倉	治承 1 (1177) 10.27〈2〉	〈一本御書所〉	治承 2 (1178) 9.14	群行せず	治承 3 (1179) 1.11〈4〉	母の喪	
潔子内親王	後鳥羽	高倉	文治 1 (1185) 11.15〈7〉	文治 2 (1186) 5.23〈左近衛府〉	文治 2 (1186) 9.28	文治 3 (1187) 9.18	建久 9 (1198) 1.11〈20〉	当帝譲位	
粛子内親王	土御門	後鳥羽	正治 1 (1199) 12.24〈4〉	正治 2 (1200) 5.26〈左近衛府〉	正治 2 (1200) 9.27	建仁 1 (1201) 9.9	承元 4 (1210) 11.25〈15〉	当帝譲位	
熙子内親王	順徳	後鳥羽	建保 3 (1215) 3.14〈11〉	建保 3 (1215) 9.21〈左近衛府〉	建保 4 (1216) 9.20	建保 5 (1217) 9.14	承久 3 (1221) 4.20〈17〉	当帝譲位	
利子内親王（式乾門院）	後堀河	守貞親王	嘉禄 2 (1226) 11.26〈30〉	安貞 1 (1227) 4.29〈左近衛府〉	安貞 1 (1227) 9.24	安貞 2 (1228) 9.19	貞永 1 (1232) 10.4〈36〉	当帝譲位	建長 3 (1251) 1.2〈55〉
昱子内親王	四条	後堀河	嘉禎 3 (1237) 11.24〈7〉	暦仁 1 (1238) 9.8〈左近衛府〉	暦仁 1 (1238) 9.22	延応 1 (1239) 9.16	仁治 3 (1242) 1.9〈12〉	当帝崩御	寛元 4 (1246) 8.15〈16〉
曦子内親王	後嵯峨	土御門	寛元 2 (1244) 12.16〈21〉	寛元 3 (1245) 8.13〈左近衛府〉	寛元 3 (1245) 9.17	群行せず	寛元 4 (1246) 1.29〈23〉	当帝譲位	弘長 2 (1262) 8.21〈39〉
愷子内親王	亀山	後嵯峨	弘長 2 (1262) 12.4〈14〉		弘長 3 (1263) 9.26	文永 1 (1264) 9.17	文永 9 (1272) 2.17〈24〉	父帝崩御	弘安 7 (1284) 2.15〈36〉
奨子内親王（達智門院）	後二条	後宇多	徳治 1 (1306) 12.22〈20〉	徳治 2 (1307) 9.13〈諸司〉	徳治 2 (1307) 9.27	群行せず	延慶 1 (1308) 8.25〈22〉	当帝崩御	正平 3 (1348) 11.2〈62〉
懽子内親王（宣政門院）	後醍醐	後醍醐	元徳 2 (1330) 12.19〈16〉		元弘 1 (1331) 8.20	群行せず	元弘 1 (1331)〈17〉	父帝譲位	正平 17 (1362) 5.7〈48〉
祥子内親王	後醍醐	後醍醐	元弘 3 (1333) 12.28			群行せず			

〈賀茂斎院〉

斎院名	天　皇	父	卜定〈年齢〉	退下〈年齢〉	理由	死没〈年齢〉
佳子内親王	後三条	後三条	延久 1（1069）10.28〈13〉	延久 4（1072）7.6〈16〉	疾病	大治 5（1130）7.25〈73〉
篤子内親王	白河	後三条	延久 5（1073）3.11〈14〉	延久 5（1073）5.7〈14〉	父の喪	永久 2（1114）1.1〈54〉
斉子内親王	白河・堀河	敦明親王	承保 1（1074）12.8	寛治 3（1089）4.12	母の喪	
令子内親王	堀河	白河	寛治 3（1089）6.28〈12〉	康和 1（1099）6.20〈22〉	疾病	天養 1（1144）4.21〈67〉
禛子内親王	堀河	白河	康和 1（1099）10.20〈19〉	嘉承 2（1107）7.19〈27〉	当帝崩御	保元 1（1156）1.5〈76〉
官子内親王	鳥羽	白河	天仁 1（1108）11.8	保安 4（1123）1.28	当帝譲位	
悰子内親王	崇徳	堀河	保安 4（1123）8.28〈25〉	大治 1（1126）7.26〈28〉	母の喪	応保 2（1162）11.3〈64〉
恂子内親王（上西門院）	崇徳	鳥羽	大治 2（1127）4.6〈2〉	長承 1（1132）6.29〈61〉	疾病	文治 5（1189）7.20〈61〉
禧子内親王	崇徳	鳥羽	長承 1（1132）11.25〈11〉	長承 2（1133）9.2〈12〉	疾病	長承 2（1133）10.10〈12〉
怡子内親王	崇徳・二条	輔仁親王	長承 2（1133）12.21	平治 1（1159）⑤.19	疾病	
式子内親王	二条・六条・高倉	後白河	平治 1（1159）10.25〈11〉	嘉応 1（1169）7.24〈21〉	疾病	建仁 1（1201）1.25〈53〉
僐子内親王	高倉	二条	嘉応 1（1169）10.20〈11〉	承安 1（1171）2.22〈13〉	疾病	承安 1（1171）2.29〈13〉
頌子内親王	高倉	鳥羽	承安 1（1171）6.28〈27〉	承安 1（1171）8.14〈27〉	疾病	承元 2（1208）9.18〈64〉
範子内親王（坊門院）	高倉・安徳	高倉	治承 2（1178）6.27〈2〉	養和 1（1181）1.14〈5〉	父の喪	承元 4（1210）4.12〈34〉
礼子内親王（嘉陽門院）	土御門・順徳	後鳥羽	元久 1（1204）6.23〈5〉	建暦 2（1212）9.5〈13〉	疾病	文永 10（1273）8.2〈74〉

摂政・関白

(摂) は摂政、(関) は関白を示す。鎌倉期は後の家名を ( ) に入れて併記し、南北朝期以後は、便宜的に後の家名で示した。

摂政・関白	天皇	補任	退任
藤原教通 (関)	後冷泉	治暦 4 (1068) 4.17	治暦 4 (1068) 4.19
藤原教通 (関)	後三条	治暦 4 (1068) 4.19	延久 4 (1072) 12.8
藤原教通 (関)	白河	延久 4 (1072) 12.8	承保 2 (1075) 9.25
藤原師実 (関)	白河	承保 2 (1075) 10.15	応徳 3 (1086) 11.26
藤原師実 (摂)	堀河	応徳 3 (1086) 11.26	寛治 4 (1090) 12.20
藤原師実 (関)	堀河	寛治 4 (1090) 12.20	寛治 8 (1094) 3.9
藤原師通 (関)	堀河	寛治 8 (1094) 3.9	承徳 3 (1099) 6.28
藤原忠実 (関)	堀河	長治 2 (1105) 12.25	嘉承 2 (1107) 7.19
藤原忠実 (摂)	鳥羽	嘉承 2 (1107) 7.19	永久 1 (1113) 12.26
藤原忠実 (関)	鳥羽	永久 1 (1113) 12.26	保安 2 (1121) 1.22
藤原忠通 (関)	鳥羽	保安 2 (1121) 3.5	保安 4 (1123) 1.28
藤原忠通 (摂)	崇徳	保安 4 (1123) 1.28	大治 4 (1129) 7.1
藤原忠通 (関)	崇徳	大治 4 (1129) 7.1	永治 1 (1141) 12.7
藤原忠通 (摂)	近衛	永治 1 (1141) 12.7	久安 6 (1150) 12.9
藤原忠通 (関)	近衛	久安 6 (1150) 12.9	久寿 2 (1155) 7.23
藤原忠通 (関)	後白河	久寿 2 (1155) 7.24	保元 3 (1158) 8.11
藤原基実 (関)	後白河	保元 3 (1158) 8.11	保元 3 (1158) 8.11
藤原基実 (関)	二条	保元 3 (1158) 8.11	永万 1 (1166) 6.25
藤原基実 (摂)	六条	永万 1 (1166) 6.25	永万 2 (1167) 7.26
藤原基房 (摂)	六条	永万 2 (1167) 7.27	仁安 3 (1168) 2.19
藤原基房 (摂)	高倉	仁安 3 (1168) 2.19	承安 2 (1172) 12.27
藤原基房 (関)	高倉	承安 2 (1172) 12.27	治承 3 (1179) 11.15
藤原基通 (関)	高倉	治承 3 (1179) 11.15	治承 4 (1180) 2.21
藤原(近衛)基通(摂)	安徳	治承 4 (1180) 2.21	寿永 2 (1183) 7.25
藤原(近衛)基通(摂)	後鳥羽	寿永 2 (1183) 8.20	寿永 2 (1183) 11.21
藤原(松殿)師家(摂)	後鳥羽	寿永 2 (1183) 11.21	寿永 3 (1184) 1.22
藤原(近衛)基通(摂)	後鳥羽	寿永 3 (1184) 1.22	文治 2 (1186) 3.12
藤原(九条)兼実(摂)	後鳥羽	文治 2 (1186) 3.12	建久 2 (1191) 12.17
藤原(九条)兼実(関)	後鳥羽	建久 2 (1191) 12.17	建久 7 (1196) 11.25
藤原(近衛)基通(関)	後鳥羽	建久 7 (1196) 11.25	建久 9 (1198) 1.11
藤原(近衛)基通(摂)	土御門	建久 9 (1198) 1.11	建仁 2 (1202) 12.25
藤原(九条)良経(摂)	土御門	建仁 2 (1202) 12.25	元久 3 (1206) 3.7
藤原(近衛)家実(摂)	土御門	元久 3 (1206) 3.10	建永 1 (1206) 12.8
藤原(近衛)家実(関)	土御門	建永 1 (1206) 12.8	承元 4 (1210) 11.25
藤原(近衛)家実(関)	順徳	承元 4 (1210) 11.25	承久 3 (1221) 4.20
藤原(九条)道家(摂)	仲恭	承久 3 (1221) 4.20	承久 3 (1221) 7.8
藤原(近衛)家実(摂)	後堀河	承久 3 (1221) 7.8	貞応 2 (1223) 12.14
藤原(近衛)家実(関)	後堀河	貞応 2 (1223) 12.14	安貞 2 (1228) 12.24
藤原(九条)道家(関)	後堀河	安貞 2 (1228) 12.24	寛喜 3 (1231) 7.5
藤原(九条)教実(関)	後堀河	寛喜 3 (1231) 7.5	貞永 1 (1232) 10.4
藤原(九条)教実(摂)	四条	貞永 1 (1232) 10.4	文暦 2 (1235) 3.28

摂政・関白	天皇	補　任	退　任
藤原(九条)道家(摂)	四条	文暦2(1235) 3.28	嘉禎3(1237) 3.10
藤原(近衛)兼経(摂)	四条	嘉禎3(1237) 3.10	仁治3(1242) 1.9
藤原(近衛)兼経(関)	後嵯峨	仁治3(1242) 1.20	仁治3(1242) 3.25
藤原(二条)良実(関)	後嵯峨	仁治3(1242) 3.25	寛元4(1246) 1.28
藤原(一条)実経(関)	後嵯峨	寛元4(1246) 1.28	寛元4(1246) 1.29
藤原(一条)実経(摂)	後深草	寛元4(1246) 1.29	寛元5(1247) 1.19
藤原(近衛)兼経(摂)	後深草	寛元5(1247) 1.19	建長4(1252) 10.3
藤原(鷹司)兼平(摂)	後深草	建長4(1252) 10.3	建長6(1254) 12.2
藤原(鷹司)兼平(関)	後深草	建長6(1254) 12.2	正元1(1259) 11.26
藤原(鷹司)兼平(関)	亀山	正元1(1259) 11.26	弘長1(1261) 4.29
藤原(二条)良実(関)	亀山	弘長1(1261) 4.29	文永2(1265) ④.18
藤原(一条)実経(関)	亀山	文永2(1265) ④.18	文永4(1267) 12.9
藤原(近衛)基平(関)	亀山	文永4(1267) 12.9	文永5(1268) 11.19
藤原(鷹司)基忠(関)	亀山	文永5(1268) 12.10	文永10(1273) 5.5
藤原(九条)忠家(関)	亀山	文永10(1273) 5.5	文永11(1274) 1.26
藤原(九条)忠家(摂)	後宇多	文永11(1274) 1.26	文永11(1274) 6.20
藤原(一条)家経(摂)	後宇多	文永11(1274) 6.20	建治1(1275) 10.21
藤原(鷹司)兼平(摂)	後宇多	建治1(1275) 10.21	弘安1(1278) 12.7
藤原(鷹司)兼平(関)	後宇多	弘安1(1278) 12.7	弘安10(1287) 8.11
藤原(二条)師忠(関)	後宇多	弘安10(1287) 8.11	弘安10(1287) 10.21
藤原(二条)師忠(関)	伏見	弘安10(1287) 10.21	正応2(1289) 4.13
藤原(近衛)家基(関)	伏見	正応2(1289) 4.13	正応4(1291) 5.27
藤原(九条)忠教(関)	伏見	正応4(1291) 5.27	正応6(1293) 2.25
藤原(近衛)家基(関)	伏見	正応6(1293) 2.25	永仁4(1296) 6.19
藤原(鷹司)兼忠(関)	伏見	永仁4(1296) 7.24	永仁6(1298) 7.22
藤原(鷹司)兼忠(摂)	後伏見	永仁6(1298) 7.22	永仁6(1298) 12.20
藤原(二条)兼基(摂)	後伏見	永仁6(1298) 12.20	正安2(1300) 12.16
藤原(二条)兼基(関)	後伏見	正安2(1300) 12.16	正安3(1301) 1.21
藤原(二条)兼基(関)	後二条	正安3(1301) 1.21	嘉元3(1305) 4.12
藤原(九条)師教(関)	後二条	嘉元3(1305) 4.12	徳治3(1308) 8.25
藤原(九条)師教(摂)	花園	徳治3(1308) 8.26	延慶1(1308) 11.10
藤原(鷹司)冬平(摂)	花園	延慶1(1308) 11.10	延慶4(1311) 3.15
藤原(鷹司)冬平(関)	花園	延慶4(1311) 3.15	正和2(1313) 7.12
藤原(近衛)家平(関)	花園	正和2(1313) 7.12	正和4(1315) 9.21
藤原(鷹司)冬平(関)	花園	正和4(1315) 9.22	正和5(1316) 8.23
藤原(二条)道平(関)	花園	正和5(1316) 8.23	文保2(1318) 2.26
藤原(二条)道平(関)	後醍醐	文保2(1318) 2.26	文保2(1318) 12.29
藤原(一条)内経(関)	後醍醐	文保2(1318) 12.29	元亨3(1323) 3.29
藤原(九条)房実(関)	後醍醐	元亨3(1323) 3.29	正中1(1324) 12.27
藤原(鷹司)冬平(関)	後醍醐	正中1(1324) 12.27	嘉暦2(1327) 1.19
藤原(二条)道平(関)	後醍醐	嘉暦2(1327) 2.12	元徳2(1330) 1.26
藤原(近衛)経忠(関)	後醍醐	元徳2(1330) 1.26	元徳2(1330) 8.25
鷹司冬教(関)	後醍醐	元徳2(1330) 8.25	元徳3(1331) 9.20
鷹司冬教(関)	光厳	元徳3(1331) 9.20	正慶2(1333) 5.17

摂政・関白	天皇	補　任	退　任
近衛経忠（関）	光明	建武 3（1336）8.15	建武 4（1337）4.16
近衛基嗣（関）	光明	建武 4（1337）4.16	建武 5（1338）5.19
一条経通（関）	光明	建武 5（1338）5.19	暦応 5（1342）1.26
九条道教（関）	光明	暦応 5（1342）1.27	康永 1（1342）11.12
鷹司師平（関）	光明	康永 1（1342）11.18	貞和 2（1346）2.29
二条良基（関）	光明	貞和 2（1346）2.29	貞和 4（1348）10.27
二条良基（関）	崇光	貞和 4（1348）10.27	観応 2（1351）11.7
二条良基（関）	後光厳	観応 2（1351）11.7	延文 3（1358）12.29
九条経教（関）	後光厳	延文 3（1358）12.29	康安 1（1361）11.9
近衛道嗣（関）	後光厳	康安 1（1361）11.9	貞治 2（1363）6.16
二条良基（関）	後光厳	貞治 2（1363）6.27	貞治 6（1367）8.27
鷹司冬通（関）	後光厳	貞治 6（1367）8.27	応安 2（1369）11.4
二条師良（関）	後光厳	応安 2（1369）11.4	応安 4（1371）3.23
二条師良（関）	後円融	応安 4（1371）3.23	永和 1（1375）12.27
九条忠基（関）	後円融	永和 1（1375）12.27	康暦 1（1379）8.22
二条師嗣（関）	後円融	康暦 1（1379）8.22	永徳 2（1382）4.11
二条良基（摂）	後小松	永徳 2（1382）4.11	至徳 4（1387）2.7
近衛兼嗣（摂）	後小松	至徳 4（1387）2.7	嘉慶 2（1388）3.26
二条良基（摂）	後小松	嘉慶 2（1388）4.8	嘉慶 2（1388）6.12
二条良基（関）	後小松	嘉慶 2（1388）6.12	嘉慶 2（1388）6.12
二条師嗣（関）	後小松	嘉慶 2（1388）6.12	応永 1（1394）11.6
一条経嗣（関）	後小松	応永 1（1394）11.6	応永 5（1398）3.9
二条師嗣（関）	後小松	応永 5（1398）3.9	応永 6（1399）4.17
一条経嗣（関）	後小松	応永 6（1399）4.19	応永 15（1408）4.20
近衛忠嗣（関）	後小松	応永 15（1408）4.20	応永 16（1409）2.21
二条満基（関）	後小松	応永 16（1409）3.4	応永 17（1410）12.27
一条経嗣（関）	後小松	応永 17（1410）12.30	応永 19（1412）8.29
一条経嗣（関）	称光	応永 19（1412）8.29	応永 25（1418）11.17
九条満教（関）	称光	応永 25（1418）12.2	応永 31（1424）4.20
二条持基（関）	称光	応永 31（1424）4.20	正長 1（1428）7.20
二条持基（摂）	後花園	正長 1（1428）7.28	永享 4（1432）8.13
一条兼良（摂）	後花園	永享 4（1432）8.13	永享 4（1432）10.26
二条持基（摂）	後花園	永享 4（1432）10.26	永享 5（1433）3.23
二条持基（関）	後花園	永享 5（1433）3.23	文安 2（1445）11.3
近衛房嗣（関）	後花園	文安 2（1445）11.23	文安 4（1447）6.15
一条兼良（関）	後花園	文安 4（1447）6.15	享徳 2（1453）4.28
二条持通（関）	後花園	享徳 2（1453）4.28	享徳 3（1454）6.30
鷹司房平（関）	後花園	享徳 3（1454）7.1	享徳 4（1355）6.2
二条持通（関）	後花園	享徳 4（1355）6.5	長禄 2（1458）12.
一条教房（関）	後花園	長禄 2（1458）12.5	寛正 4（1463）4.
二条持通（関）	後花園	寛正 4（1463）4.3	寛正 5（1464）7.19
二条持通（関）	後土御門	寛正 5（1464）7.19	応仁 1（1467）5.9
一条兼良（関）	後土御門	応仁 1（1467）5.10	文明 2（1470）7.19
二条政嗣（関）	後土御門	文明 2（1470）8.10	文明 8（1476）5.13

摂政・関白	天皇	補　任	退　任
九条政基（関）	後土御門	文明8（1476）5.15	文明11（1479）2.27
近衛政家（関）	後土御門	文明11（1479）2.30	文明15（1483）2.24
鷹司政平（関）	後土御門	文明15（1483）2.25	文明19（1487）2.9
九条政忠（関）	後土御門	文明19（1487）2.9	長享2（1488）8.23
一条冬良（関）	後土御門	長享2（1488）8.28	明応2（1493）3.28
近衛尚通（関）	後土御門	明応2（1493）3.28	明応6（1497）6.7
二条尚基（関）	後土御門	明応6（1497）6.18	明応6（1497）10.10
一条冬良（関）	後土御門	明応6（1497）10.23	明応9（1500）9.28
一条冬良（関）	後柏原	明応9（1500）10.25	文亀1（1501）6.27
九条尚経（関）	後柏原	文亀1（1501）6.29	永正10（1513）10.5
近衛尚通（関）	後柏原	永正10（1513）10.7	永正11（1514）8.24
鷹司兼輔（関）	後柏原	永正11（1514）8.29	永正15（1518）3.27
二条尹房（関）	後柏原	永正15（1518）3.30	大永5（1525）4.4
近衛稙家（関）	後柏原	大永5（1525）4.5	大永6（1526）4.7
近衛稙家（関）	後奈良	大永6（1526）4.29	天文2（1533）2.5
九条稙通（関）	後奈良	天文2（1533）2.5	天文3（1534）11.21
二条尹房（関）	後奈良	天文3（1534）12.14	天文5（1535）⑩.21
近衛稙家（関）	後奈良	天文5（1535）11.1	天文11（1542）2.25
鷹司忠冬（関）	後奈良	天文11（1542）3.26	天文14（1545）6.2
一条房通（関）	後奈良	天文14（1545）6.2	天文17（1548）12.27
二条晴良（関）	後奈良	天文17（1548）12.27	天文22（1553）1.20
一条兼冬（関）	後奈良	天文22（1553）1.22	天文23（1554）2.1
近衛前久（関）	後奈良	天文23（1554）3.2	弘治3（1557）9.5
近衛前久（関）	正親町	弘治3（1557）10.27	永禄11（1568）11
二条晴良（関）	正親町	永禄11（1568）12.16	天正6（1578）4.4
九条兼孝（関）	正親町	天正6（1578）12.13	天正9（1581）4.29
一条内基（関）	正親町	天正9（1581）4.29	天正12（1584）12
二条昭実（関）	正親町	天正13（1585）2.12	天正13（1585）7.11
豊臣秀吉（関）	正親町	天正13（1585）7.11	天正14（1586）11.7
豊臣秀吉（関）	後陽成	天正14（1586）11.7	天正19（1591）12.28

鎌倉幕府将軍

	氏名	父	就　任〈年齢〉	退　任	死　没〈年齢〉
1	源頼朝	源義朝	建久 3 (1192) 7.12〈46〉		建久 10 (1199) 1.13〈53〉
2	源頼家	源頼朝	建仁 2 (1202) 7.23〈21〉	建仁 3 (1203) 9.7	元久 1 (1204) 7.18〈23〉
3	源実朝	源頼朝	建仁 3 (1203) 9.7〈11〉		建保 7 (1219) 1.27〈28〉
4	藤原頼経	藤原道家	嘉禄 2 (1226) 1.27〈9〉	寛元 2 (1244) 4.28	建長 8 (1256) 8.11〈39〉
5	藤原頼嗣	藤原頼経	寛元 2 (1244) 4.28〈6〉	建長 4 (1252) 4.1	建長 8 (1256) 9.25〈18〉
6	宗尊親王	後嵯峨天皇	建長 4 (1252) 4.1〈11〉	文永 3 (1266) 7.4	文永 11 (1274) 8.1〈33〉
7	惟康親王	宗尊親王	文永 3 (1266) 7.24〈3〉	正応 2 (1289) 9.14	嘉暦 1 (1326) 10.30〈63〉
8	久明親王	後深草天皇	正応 2 (1289) 10.9〈17〉	徳治 3 (1308) 8.4	嘉暦 3 (1328) 10.14〈56〉
9	守邦親王	久明親王	徳治 3 (1308) 8.10〈8〉	正慶 2 (1333) 5.22	元弘 3 (1333) 8.16〈33〉

室町幕府将軍

足利義視は応仁・文明の乱の時に西軍によって擁立された。#印の義尹（義稙）は義材と同一人物の改名再任である。

	氏名	父	就　任〈年齢〉	退　任	死　没〈年齢〉
1	足利尊氏	足利貞氏	建武 5 (1338) 8.11〈34〉		延文 3 (1358) 4.30〈54〉
2	足利義詮	足利尊氏	延文 3 (1358) 12.8〈29〉		貞治 6 (1367) 12.7〈38〉
3	足利義満	足利義詮	応安 1 (1368) 12.30〈11〉	応永 1 (1394) 12.17	応永 15 (1408) 5.6〈51〉
4	足利義持	足利義満	応永 1 (1394) 12.17〈9〉	応永 30 (1423) 3.18	応永 35 (1428) 1.18〈43〉
5	足利義量	足利義持	応永 30 (1423) 3.18〈17〉		応永 32 (1425) 2.27〈19〉
6	足利義宣（義教）	足利義満	正長 2 (1429) 3.15〈36〉		嘉吉 1 (1441) 6.24〈48〉
7	足利義勝	足利義教	嘉吉 2 (1442) 11.7〈9〉		嘉吉 3 (1444) 7.21〈10〉
8	足利義成（義政）	足利義教	文安 6 (1449) 4.29〈4〉	文明 5 (1473) 12.19	延徳 2 (1490) 1.7〈55〉
—	足利義視	足利義教	文明 1 (1469)〈31〉	文明 9 (1477)	延徳 3 (1491) 1.7〈53〉
9	足利義尚（義熙）	足利義政	文明 5 (1473) 12.19〈9〉		長享 3 (1489) 3.26〈25〉
10	足利義材	足利義視	延徳 2 (1490) 7.5〈25〉	明応 2 (1493) ④.25	
11	足利義高（義澄）	足利政知	明応 3 (1494) 12.27〈15〉	永正 5 (1508) 4.16	永正 8 (1511) 8.14〈32〉
#	足利義尹（義稙）	足利義視	永正 5 (1508) 7.1〈43〉	永正 18 (1521) 3.7	大永 3 (1523) 4.9〈58〉
12	足利義晴	足利義澄	大永 1 (1521) 12.25〈11〉	天文 15 (1546) 12.20	天文 19 (1550) 5.4〈40〉
13	足利義藤（義輝）	足利義晴	天文 15 (1546) 12.20〈11〉		永禄 8 (1565) 5.19〈30〉
14	足利義栄	足利義維	永禄 11 (1568) 2.8〈31〉		永禄 11 (1568) 9.30〈31〉
15	足利義昭	足利義晴	永禄 11 (1568) 10.18〈32〉	元亀 4 (1573) 7.19	慶長 2 (1597) 8.28〈61〉

天台座主

「天台座主記」（群書類従、『校訂増補天台座主記』）によった。園城寺僧には＊を付した。僧名の後の丸囲み数字は還補の回数を示す。

僧名	任　命	消　長
明快	天喜1(1053)10.29	延久2(1070)3.18卒
勝範	延久2(1070)5.9	承保4(1077)1.28卒
覚円＊	承保4(1077)2.5	承保4(1077)2.7辞
覚尋	承保4(1077)2.7	永保1(1081)10.1卒
良真	永保1(1081)10.25	嘉保3(1096)5.13卒
仁覚	寛治7(1093)9.11	康和4(1102)3.28卒
慶朝	康和4(1102)5.13	嘉承2(1107)9.24卒
増誉＊	長治2(1105)②.14	長治2(1105)②.15辞
仁源	長治2(1105)②.17	天仁2(1109)3.9卒
賢暹	天仁2(1109)3.22	天永3(1112)12.23卒
仁豪	天仁3(1110)5.12	保安2(1121)10.4卒
寛慶	保安2(1121)10.6	保安4(1123)11.3卒
行尊＊	保安4(1123)12.18	保安4(1123)12.23辞
仁実	保安4(1123)12.30	天承1(1131)6.8卒
忠尋	大治5(1130)12.29	保延4(1138)10.14卒
覚猷＊	保延4(1138)10.27	保延4(1138)10.29辞
行玄	保延4(1138)10.29	久寿2(1155)11.5卒
最雲	久寿3(1156)3.30	応保2(1162)2.16卒
覚忠＊	応保2(1162)②.1	応保2(1162)②.3辞
重輸	応保2(1162)②.3	応保2(1162)4.28辞
快修	応保2(1162)5.30	
俊円	長寛2(1164)⑩.13	仁安1(1166)8.28卒
快修②	仁安1(1166)9.1	承安2(1172)6.12卒
明雲	仁安2(1172)2.15	
覚快	安元3(1177)5.11	治承3(1179)11.11辞
明雲②	治承3(1179)11.16	寿永2(1183)11.19卒
俊尭	寿永2(1183)12.10	文治2(1186)3.25卒
全玄	寿永3(1184)2.3	建久3(1192)12.13卒
公顕＊	文治6(1190)3.4	文治6(1190)3.7辞
顕真	文治6(1190)3.7	建久3(1192)11.14卒
慈円	建久3(1192)11.29	建久7(1196)11.25辞
承仁	建久7(1196)11.30	建久8(1197)4.27卒
弁雅	建久8(1197)5.21	正治3(1201)2.17卒
慈円②	建仁1(1201)2.18	建仁2(1202)7辞
実全	建仁2(1202)7.13	建仁3(1203)8.25辞
真性	建仁3(1203)8.28	元久2(1205)11.28辞
承円	元久2(1205)12.13	建暦2(1212)1.15辞
慈円③	建暦2(1212)1.16	建暦3(1213)1.11辞
公円	建暦3(1213)1.11	建暦3(1213)11.19辞
慈円④	建暦3(1213)11.19	建保2(1214)6.10辞
承円	建保2(1214)6.12	承久3(1221)4.24辞
円基	承久3(1221)8.27	嘉禄3(1227)12.21辞
尊性	安貞1(1227)12.27	寛喜3(1231)12.13辞
良快	寛喜1(1229)4.13	貞永1(1232)7.6辞

僧名	任　命	消　長
尊性②	貞永1(1232)8.25	嘉禎4(1238)②.16辞
慈源	嘉禎4(1238)3.1	仁治1(1240)8.8辞
慈賢	仁治1(1240)8.11	仁治2(1242)1.16辞
慈源②	仁治2(1242)1.17	寛元5(1247)1.28辞
道覚	宝治1(1247)3.25	建長2(1250)1.11卒
尊覚	建長1(1249)9.6	正元1(1259)3.26辞
尊助	正元1(1259)3.26	弘長3(1263)8.13辞
最仁	弘長3(1263)8.14	永仁3(1295)2卒
澄覚	文永2(1265)3.18	文永4(1267)6.25辞
尊助②	文永4(1267)7.13	文永5(1268)12.25止
慈禅	文永5(1268)12.27	文永8(1271)5.11辞
澄覚②	文永8(1271)5.11	建治2(1276)11.24辞
道玄	建治2(1276)11.24	弘安1(1278)4.1止
公豪	弘安1(1278)4.2	弘安5(1282)2.23辞
最源	弘安5(1282)3.2	弘安5(1282)12.22辞
尊助③	弘安7(1284)9.27	弘安9(1286)11.14辞
最助	弘安9(1286)11.29	弘安11(1288)3.21辞
慈実	弘安11(1288)3.27	正応2(1289)2.10辞
慈助	正応2(1289)4.12	正応3(1290)3.13止
尊助④	正応3(1290)3.13	正応3(1290)12.1
慈助②	正応4(1291)11.27	正応5(1292)1.14辞
源恵	正応5(1292)9.4	正応6(1293)4.26辞
慈基	正応6(1293)5.9	永仁4(1296)12辞
尊教	永仁4(1296)12.21	永仁7(1299)4.18辞
良助	永仁7(1299)4.23	正安4(1302)辞
道潤	正安4(1302)5.17	乾元2(1303)4.13辞
道玄②	乾元2(1303)4.22	嘉元2(1304)11.9辞
覚雲	嘉元3(1305)4.4	応長1(1311)6.3辞
公什	正和2(1313)1.12	正和2(1313)5.2改易
慈道	正和3(1314)8.1	正和5(1316)6.16辞
仁澄	正和5(1316)6.29	正和5(1316)9.2辞
覚雲②	正和6(1317)3.10	文保2(1318)12.12辞
慈勝	文保2(1318)12.14	元亨2(1318)3辞
親源	元亨3(1323)3.23	
澄助	元亨3(1323)12.	元亨4(1324)辞
慈道	元亨4(1324)4.11	正中2(1325)5.7辞
性守	正中2(1325)5.9	正中2(1325)5.21卒
承覚	正中2(1325)5.22	正中3(1326)辞
承鎮	正中3(1326)3.9	
慈道②	嘉暦2(1327)4.28	嘉暦3(1328)12.2辞
尊雲	嘉暦3(1328)12.6	嘉暦4(1329)2辞
桓守	嘉暦4(1329)2.11	嘉暦4(1329)10.8辞
尊雲②	元徳1(1329)12.14	元徳2(1330)4辞
慈厳	元徳2(1330)4.23	元徳2(1330)11辞

僧名	任　命	消　長
尊澄	元徳 2(1330)12.14	
尊円	元弘 1(1331)10.25	正慶 1(1332)10.12 辞
尊胤	正慶 2(1333)1.14	正慶 2(1333)6.6 卒
尊澄②	元弘 3(1333)6.	
尊胤	建武 3(1336)10.13	
聖恵	暦応 1(1338)12.6	暦応 2(1339)10 辞
尊円②	暦応 2(1339)10.26	暦応 4(1341)12.18 辞
祐助	暦応 4(1341)12.19	康永 3(1344)②辞
承胤	康永 3(1344)②.23	貞和 2(1346)8.10 辞
亮性	貞和 2(1346)8.17	貞和 3(1347)8 辞
尊胤②	貞和 3(1347)8.25	観応 1(1350)7 辞
尊円③	観応 1(1350)7.20	観応 2(1351)11 止
慈厳②	観応 2(1351)11.	観応 3(1352)6 止
尊円④	観応 3(1352)6.19	文和 1(1352)12.12 辞
尊胤②	文和 1(1352)10.14	文和 4(1355)5 辞
尊道	文和 4(1355)11.9	
桓豪	延文 3(1358)12.29	康安 1(1361)12.12 辞
承胤②	康安 1(1361)12.	康安 2(1362)9.20 辞
恒鎮	貞治 1(1362)9.21	貞治 4(1365)9.6 辞
尊道②	貞治 4(1365)9.8	永和 2(1376)⑦辞
承胤③	永和 2(1376)⑦.15	永和 3(1377)4.9 卒
慈済	永和 3(1377)4.14	永徳 1(1381)5.26 辞
道円	永徳 1(1381)6.8	至徳 1(1384)7 辞
尭仁	至徳 1(1384)7.17	嘉慶 2(1388)1.29 辞
明承	嘉慶 2(1388)2.28	明徳 3(1392)12.30 辞

僧名	任　命	消　長
慈弁	明徳 3(1392)12.30	応永 2(1395)12.26 辞
尊道③	応永 2(1395)12.27	応永 9(1402)2 辞
道順	応永 10(1403)2.27	応永 11(1404)9.24 卒
桓教	応永 11(1404)10.24	応永 16(1409)2 辞
良順	応永 16(1409)3.20	応永 18(1411)6 辞
尭仁②	応永 18(1411)6.13	応永 19(1412)4 辞
桓教②	応永 19(1412)4.17	応永 20(1413)11 辞
実円	応永 20(1413)11.16	応永 21(1414)5 辞
相厳	応永 21(1414)9.8	応永 26(1419)10.1 辞
義円	応永 26(1419)11.3	応永 28(1421)4.5 辞
慈弁	応永 28(1421)4.10	応永 35(1428)4 辞
義承	応永 35(1428)4.21	永享 3(1431)8.15 辞
良什	永享 3(1431)8.16	永享 7(1435)4.21 辞
義承②	永享 7(1435)4.23	文安 3(1446)11 辞
公承	文安 4(1447)1.27	享徳 4(1455)5.3 辞
教覚	享徳 4(1455)5.6	文明 3(1471)4.15 辞
尊応	文明 3(1471)4.19	明応 2(1493)4.14 辞
堯胤	明応 2(1493)4.30	永正 15(1518)4.9 辞
覚胤	永正 15(1518)4.13	天文 10(1541)1.26 辞
尊鎮	天文 10(1541)5.2	天文 19(1550)9.13 卒
尭尊	天文 19(1550)10.19	天文 22(1553)7.25 辞
応胤	天文 22(1553)7.30	永禄 13(1570)3 辞
覚恕	元亀 1(1570)3.23	天正 2(1574)1.3 卒
尊朝		
尊朝②	天正 12(1584)11.	慶長 2(1597)2 辞

園城寺長吏

「僧官補任」（群書類従）によった。僧名の後の丸囲み数字は還補の回数を示す。

僧名	任　命
覚円	康平 6(1063)
隆明	承徳 2(1098)
増誉	康和 2(1100)
行尊	永久 4(1116)
覚猷	保延 1(1135)
覚宗	保延 5(1139)
行慶	仁平 2(1152)
道恵	永暦 1(1160)
覚忠	仁安 2(1167)
覚讃	治承 1(1177)
房覚	治承 4(1180)
公顕	寿永 1(1182)
実慶	文治 5(1189)
定恵	建久 1(1190)
静恵	建久 7(1196)

僧名	任　命
真円	正治 2(1200)
実慶②	元久 1(1204)
公胤	元久 3(1206)
実慶③	建永 2(1207)
公胤②	承元 3(1209)
行意	建保 4(1216)
覚仁	建保 6(1218)
覚実	承久 3(1221)
円忠	嘉禄 2(1226)
覚朝	安貞 1(1227)
良尊	寛喜 2(1230)
円浄	貞永 1(1232)
静忠	嘉禎 1(1235)
道慶	嘉禎 3(1237)
重円	延応 1(1239)

僧名	任　命
覚恵	仁治 1(1240)
公縁	仁治 2(1241)11.
道智	仁治 2(1241)11.
仁助	仁治 3(1242)
道仁	建長 3(1251)
静仁	建長 6(1254)
円助	正嘉 1(1257)
隆弁	文永 4(1267)
覚助	文永 5(1268)
隆弁②	建治 2(1276)
行昭	
増忠	弘安 8(1285)12.7
性覚	弘安 10(1287)12.23
忠助	正応 2(1289)6.
行覚	正応 2(1289)8.

僧名	任　命
性覚②	正応 4(1291)6.
静誉	正応 5(1292)9.8
性覚③	正応
浄雅	
道瑜	
順助	
道珍	延慶 1(1308)
恵助	
道昭	
尊悟	元応
増基	元亨 4(1324)1.8

僧名	任　命
尊悟②	元亨 4(1324)8.
尊珍	
顕弁	嘉暦 2(1327)9.24
尊珍②	
房朝	元徳 2(1330)
増覚	
良慶	元徳 3(1331)
覚助	
尊悟③	建武 3(1336)10.
覚誉	暦応 5(1342)1.
長助	康永 3(1344)3.8

僧名	任　命
増仁	康永 4(1145)
静深	貞和 2(1346)9.23
道昭	貞和 3(1347)10.4
増仁②	貞和 4(1348)
長助②	観応 1(1350)
覚誉②	文和 4(1355)
長助③	延文 5(1360)
仁誉	康安 1(1361)
良瑜	貞治 2(1363)3.6
覚誉③	貞治

仁和寺御室

「仁和寺御伝」(群書類従)によった。

僧名(別名)	通　称	出　自	補　寺　務	死　没
性信	大御室	三条天皇皇子	治安 3(1023)カ	応徳 2(1085)9.27
覚念	中御室	白河天皇皇子	応徳 2(1085)10.	長治 2(1105)11.18
覚法(真行・行真)	高野御室	白河天皇皇子	長治 2(1105)12.	仁平 3(1153)12.6
覚性(信法)	紫金台寺御室	鳥羽天皇皇子	仁平 3(1153)12.	嘉応 1(1169)12.11
守覚(守性)	喜多院御室	後白河天皇皇子	嘉応 1(1169)12.	建仁 2(1202)8.25
道法(尊性)	後高野御室	後白河天皇皇子	建久 9(1198)8.5	建保 2(1214)11.21
道助	光台院御室	後鳥羽天皇皇子	建保 2(1214)11.	宝治 3(1249)1.15
道深	金剛定院御室	後高倉院皇子	寛喜 3(1231)3.	建長 1(1249)7.28
法助	開田准后	藤原道家男	建長 1(1249)8.	弘安 7(1284)11.21
性助	後中御室	後嵯峨天皇皇子	正嘉 2(1258)12.	弘安 5(1282)12.19
性仁	高雄御室	後深草天皇皇子	弘安 5(1282)12.	嘉元 2(1304)8.10
深性	尊勝院御室	後深草天皇皇子	永仁 3(1295)	正安 1(1299)6.7
寛性	常瑜伽院御室	伏見天皇皇子	乾元 1(1302)	貞和 2(1346)9.30
法守	禅阿院御室	後伏見天皇皇子	嘉暦 2(1327)	明徳 2(1391)9.19
永助(空助)	後常瑜伽院御室	後光厳天皇皇子	明徳 2(1391)カ	永享 9(1437)2.10
承道	法金剛院御室	世平王男	正長 2(1429)6.6	享徳 2(1453)9.10
静覚(法深・弘覚)	後光台院御室	邦康親王男	享徳 2(1453)カ	文亀 3(1503)7.15
覚道	後禅阿院御室	後柏原天皇皇子		大永 7(1527)10.23
任助	厳島御室	貞敦親王男		天正 12(1584)11.29

東寺一長者

「東寺百合文書」所収「諸寺別当幷講師等次第」(『京都府立総合資料館紀要』18）により、任命年はその校訂に従った。僧名の後の丸囲み数字は還補の回数を示す。

僧名	任　命
長信	治暦 1(1065)
成尊	延久 4(1072)
良深	承保 1(1074)
信覚	承保 2(1075)
定賢	応徳 1(1084)
頼観	康和 2(1100)
経範	康和 3(1101)
範俊	長治 1(1104)
寛助	天永 3(1112)
勝覚	天治 2(1125)
信証	大治 4(1129)
定海	長承 2(1133)
寛信	康治 1(1142)
定海	康治 2(1143)
寛信	久安 1(1145)
寛遍	久安 6(1150)
禎喜	仁安 1(1166)
定遍	寿永 2(1184)10.
俊証	文治 1(1185)12.
覚成	建久 3(1192)
延杲	建久 9(1198)
道尊	建永 2(1207)
成宝	承久 3(1221)
道尊②	承久 3(1221)
親厳	安貞 2(1228)
定豪	嘉禎 2(1236)
真恵	嘉禎 4(1238)10.
覚教	延応 1(1239)
良恵	仁治 1(1240)
厳海	仁治 3(1242)
良恵②	寛元 1(1243)
道乗	建長 3(1251)7.
房円	正嘉 2(1258)
実瑜	文応 1(1260)
定親	弘長 1(1261)10.
道勝	弘長 2(1262)
隆澄	文永 3(1266)
道融	文永 3(1266)
道宝	建治 3(1277)1.
竒助	弘安 1(1278)
定済	弘安 3(1280)
勝信	弘安 5(1282)
道耀	弘安 7(1284)
了遍	弘安 8(1285)
守助	弘安 10(1287)
静厳	正応 2(1289)
覚済	正応 5(1292)
実宝	正応 5(1292)
禅助	永仁 2(1294)
道俊	永仁 2(1294)
勝恵	永仁 2(1294)
守恵	永仁 5(1297)
守誉	永仁 6(1298)
深快	永仁 6(1298)
教助	永仁 7(1299)
守瑜	正安 1(1299)
守誉②	正安 2(1300)
信忠	正安 2(1300)
厳家	嘉元 3(1305)
教助	徳治 1(1306)
親玄	徳治 1(1306)
禅助②	徳治 2(1307)
聖忠	延慶 2(1309)
成恵	延慶 3(1310)
定助	応長 2(1312)
能助	正和 2(1313)
実海	正和 4(1315)
顕誉	文保 1(1317)
公紹	文保 2(1318)
禅助③	元応 1(1319)
道順	元応 2(1320)
実弘	元亨 1(1321)
弘舜	元亨 2(1322)
教寛	元亨 3(1323)
光誉	正中 1(1324)
有助	正中 2(1325)
道意	嘉暦 1(1326)
教寛②	嘉暦 1(1326)
聖尋	嘉暦 2(1327)
賢助	嘉暦 3(1328)
聖尋②	嘉暦 4(1329)
経厳	元徳 2(1330)
道意②	元徳 2(1330)
益守	元弘 1(1331)
成助	元弘 2(1332)
道意③	元弘 3(1333)
益守②	建武 2(1335)
弘真	建武 2(1335)
成助②	建武 3(1336)
有助②	暦応 3(1340)
賢俊	暦応 3(1340)
経厳②	康永 2(1343)
賢俊②	康永 2(1343)
栄海	康永 4(1345)
賢俊③	康永 4(1345)
隆舜	貞和 6(1351)
弘真②	観応 2(1351)
聖珍	文和 3(1354)
定憲	延文 1(1356)
覚雄	延文 4(1359)
光済	康安 1(1361)
定憲②	応安 7(1374)
光済②	永和 1(1375)

興福寺別当

「興福寺別当次第」(『大日本仏教全書　興福寺叢書』)によった。僧名の後の丸囲み数字は還補の回数を示す。

僧名	任　命	消　長
頼信	康平5(1062)8.14	承保3(1076)6.27 卒
公範	承保3(1076)8.17	応徳3(1086)10.19 卒
頼尊	寛治3(1086)3.6	康和2(1100)7.25 卒
覚信	康和2(1100)8.20	保安2(1121)5.8 卒
永縁	保安2(1121)7.27	天治2(1125)4.5 卒
玄覚	天治2(1125)4.26	
経尋	大治4(1129)12.10	天承2(1132)6.3 卒
玄覚②	天承2(1132)7.8	保延4(1138)9.21 卒
隆覚	保延4(1138)10.29	
覚誉	保延5(1139)12.15	
覚晴	久安3(1147)2.13	久安4(1148)5.17 卒
隆覚②	久安6(1150)8.16	仁平3(1153)6.4 卒
恵信	保元2(1157)10.6	承安1(1171)9.25 卒
尋範	長寛2(1164)5.11	承安4(1174)4.9 卒
覚珍	承安3(1173)8.24	承安5(1175)10.24 卒
教縁	承安5(1175)11.8	治承3(1179)4.12 卒
玄縁	治承3(1179)4.29	
信円	養和1(1181)1.29	貞応3(1224)11.19 卒
覚憲	文治5(1189)5.28	
範玄	建久6(1195)12.28	建久9(1198)12 辞
雅縁	建久9(1198)12.20	
良円	建永2(1207)1.22	承元2(1208)2.6 辞
雅縁②	承元2(1208)2.11	
信憲	建暦3(1213)12.4	建保5(1217)12.7 辞
雅縁③	建保5(1217)12.12	建保5(1217)12.23 辞
良円②	建保6(1218)12.26	承久2(1220)1.14 卒
雅縁④	承久2(1220)1.16	貞応2(1223)2.7 辞
範円	貞応2(1223)2.9	嘉禄2(1223)6.27 辞
実尊	嘉禄2(1226)7.2	寛喜1(1229)5.27 辞
実信	寛喜2(1230)3.21	寛喜4(1232)2.18 辞
円玄	寛喜4(1232)3.9	貞永2(1233)3.20 辞
実信②	貞永2(1233)3.28	文暦2(1235)2.22 辞
円実	文暦2(1235)3.4	
定玄	寛元2(1244)1.2	寛元3(1245)11.29 辞
実信③	寛元3(1245)12.2	宝治1(1247)11.24 辞
覚遍	宝治1(1247)12.28	正嘉2(1258)7.29 卒
実信④	宝治2(1248)⑫.18	建長1(1249)7.10 辞
円玄②	建長1(1249)8.20	建長2(1250)1.10 辞
公縁	建長2(1250)1.21	建長2(1250)10.28 辞
実信⑤	建長2(1250)10.28	康元1(1256)10.17 卒
親縁	建長5(1253)10.15	
良盛	建長8(1256)2.21	
円実②	正嘉2(1258)10.18	文永1(1264)配流
尊信	正元1(1259)11.21	文永3(1266)4.4 辞

僧名	任　命	消　長
頼円	文永3(1266)7.2	
実性	文永5(1268)12.28	文永10(1273)4.16 辞
信昭	文永10(1273)4.21	建治1(1275)12.29 辞
性誉	建治2(1276)8.	建治3(1277)12.29 辞
尊信②	建治4(1278)1.17	弘安6(1283)7.13 卒
信昭②	弘安2(1279)12.10	弘安4(1281)3.19 辞
慈信	弘安4(1281)4.11	弘安4(1281)10.4 辞
玄雅	弘安5(1282)12.19	弘安6(1283)12.8 卒
宗懐	弘安6(1283)10.28	弘安9(1286)12.17 辞
慈信②	弘安9(1286)⑫.25	正応1(1288)5.23 辞
尊清	正応1(1288)5.27	正応2(1289)9.2 卒
実懐	正応2(1289)8.18	正応4(1291)3.1 辞
慈信③	正応4(1291)3.28	正応5(1292)1.14 辞
性誉②	正応5(1292)6.6	徳治1(1306)12.22 卒
慈信④	永仁1(1293)8.8	永仁3(1295)5.5 辞
顕覚	永仁3(1295)6.11	永仁5(1297)3.3 卒
尊憲	永仁5(1297)3.17	永仁6(1298)辞
実昭	永仁6(1298)6.3	正安1(1299)5.2 辞
範憲	正安1(1299)6.2	
慈信⑤	正安2(1300)11.4	
経誉	正安3(1301)9.12	
範憲②	乾元1(1302)11.15	
覚昭	嘉元1(1303)11.2	嘉元2(1304)12.21 辞
尋覚	嘉元2(1304)12.29	嘉元4(1306)4.24 辞
宗親	嘉元4(1306)5.9	徳治2(1307)1.8 辞
範憲③	徳治2(1307)1.8	
良信	徳治2(1307)4.23	徳治2(1307)12.12 辞
公寿	徳治3(1308)7.4	正和4(1315)10.16 卒
尋覚②	徳治3(1308)10.6	
良信②	延慶3(1310)3.15	応長2(1312)2.28 辞
信顕	応長2(1312)3.4	正和2(1313)1.10 卒
範憲④	正和2(1313)7.1	正和3(1314)1.28 辞
尋覚③	正和4(1315)2.11	文保2(1318)8.15 卒
実聡	正和4(1315)12.4	嘉暦3(1328)1.4 卒
良信	正和5(1316)11.25	
良覚	文保1(1317)11.30	文保2(1318)6 辞
隆遍	文保2(1318)7.16	建武5(1338)⑦.17 卒
良覚②	文保2(1318)11.29	
覚円	元応1(1319)12.22	元応2(1320)12.30 辞
良覚③	元亨1(1321)2.16	
顕親	元亨1(1321)9.	
覚尊	元亨1(1321)11.6	元亨3(1323)4.17 辞
慈信⑥	元亨3(1323)5.9	正中2(1325)①.26
良信④	元亨3(1323)8.15	嘉暦1(1326)12.24

僧名	任　命	消　長
顕昭	嘉暦 1(1326)12.27	嘉暦 2(1327)11.11 辞
範憲⑤	嘉暦 2(1327)11.18	嘉暦 3(1328)3.3 辞
良覚④	嘉暦 3(1328)3.3	嘉暦 4(1329)2.9 辞
覚尊②	嘉暦 4(1329)3.28	元徳 1(1329)12.20 辞
良覚⑤	元徳 2(1330)2.3	元徳 3(1331)5.15 辞
乗円	正慶 1(1332)8.18	正慶 2(1333)6.10 辞
覚実	元弘 3(1333)6.14	建武 3(1336)11.14 辞
覚円②	建武 3(1336)12.3	暦応 3(1340)6.29 卒
覚実②	建武 4(1337)6.11	
孝覚	康永 2(1343)8.5	
覚実③	貞和 2(1346)2.17	貞和 2(1346)12.26 辞
良暁	貞和 3(1347)2.6	
孝覚②	貞和 3(1347)10.24	貞治 5(1366)12.24 辞
懐雅	貞治 5(1366)12.25	応安 1(1368)3.11 辞
孝覚③	応安 1(1368)3.5	応安 3(1368)9.19 卒
頼乗	応安 1(1368)10.3	
盛深	応安 3(1370)2.13	
顕遍	応安 3(1370)12.29	
盛深②	応安 5(1372)2.2	
実遍	応安 6(1373)12.21	
印覚	永和 1(1375)8.12	永和 3(1377)12.24 辞
隆円	永和 3(1377)12.27	
実遍②	康暦 1(1379)6.5	
円守	康暦 2(1380)8.27	
実遍③	永徳 1(1381)4	
円守②	永徳 2(1382)4.15	
孝憲	至徳 1(1384)12.25	
覚成	至徳 3(1386)5.3	
覚家	至徳 4(1387)1.28	
円兼	嘉慶 2(1388)2.21	
良昭	嘉慶 2(1388)10.17	康応 2(1390)2.28 辞
孝尋	康応 2(1390)3.12	
長懐	明徳 3(1392)12.23	明徳 4(1393)2.5 辞
孝尋②	応永 1(1394)12.23	応永 2(1395)11.18 辞
長雅	応永 2(1395)11.17	応永 4(1397)7.27 辞
円兼②	応永 4(1397)7.28	応永 5(1398)6.2 辞
良昭②	応永 5(1398)6.4	応永 7(1400)3.15 辞
実恵	応永 7(1400)3.16	
孝円	応永 9(1402)5.4	応永 9(1402)12.18 辞
円尋	応永 12(1405)12.18	応永 14(1407)2.15 辞
隆俊	応永 14(1407)2.8	応永 15(1408)10.2 辞
良兼	応永 15(1408)9.30	
実照	応永 18(1411)3.6	応永 19(1412)12.13 辞
兼覚	応永 19(1412)12.23	応永 21(1414)4.28 辞
光暁	応永 21(1414)4.25	応永 22(1415)12.20 辞
孝俊	応永 22(1415)12.23	応永 26(1419)5.13 辞

僧名	任　命	消　長
空昭	応永 26(1419)5.19	
光雅	応永 29(1422)2.9	
隆雅	応永 31(1424)5.1	応永 32(1425)12 辞
乗雅	応永 32(1425)12.22	応永 33(1426)1.22 辞
経覚	応永 33(1426)2.7	
昭円	応永 35(1428)3.20	永享 2(1430)3 辞
光暁②	永享 2(1430)3	永享 3(1431)8.25 辞
経覚②	永享 3(1431)8.20	永享 7(1435)12.26 辞
兼昭	永享 7(1435)12.26	永享 8(1436)4.5 辞
覚雅	永享 8(1436)9.3	永享 9(1437)12.13 辞
隆秀	永享 9(1437)12.12	寛正 6(1465)9.23 卒
実意	嘉吉 1(1441)8.15	嘉吉 2(1442)3 辞
俊円	嘉吉 2(1442)3.16	嘉吉 3(1443)7.21 辞
兼暁	嘉吉 5(1444)7.29	文安 2(1445)4 辞
貞兼	文安 2(1445)4.21	文安 5(1446)4.23 辞
重覚	文安 5(1446)4.11	宝徳 2(1450)7.16 卒
良雅	宝徳 2(1450)4.26	宝徳 4(1452)3.27 辞
空俊	宝徳 4(1452)4.7	享徳 3(1454)3.27 辞
教玄	享徳 3(1454)3.28	康正 2(1456)4.13 辞
尋尊	康正 2(1456)2.10	長禄 3(1459)3.23 辞
光憲	長禄 3(1459)4.4	寛正 2(1461)1.16 辞
経覚③	寛正 2(1461)2.22	寛正 4(1463)6.9 辞
兼円	寛正 4(1463)6.13	寛正 6(1465)5.3 辞
兼雅	寛正 6(1465)5.12	応仁 1(1467)5.4 辞
孝祐	応仁 1(1467)5.22	応仁 3(1469)2.29 辞
経覚④	応仁 3(1469)3.30	文明 5(1473)8.27 卒
光淳	文明 5(1473)8.29	文明 8(1476)3 辞
任円	文明 8(1476)3.24	
尊誉	文明 12(1480)4.28	
政覚	文明 15(1483)2	明応 3(1494)3.16 卒
隆憲	明応 3(1494)1.16	明応 5(1496)12.27 辞
空覚	明応 6(1497)1.18	
光慶	明応 9(1500)2.18	
良誉	永正 9(1512)3	
兼継	永正 16(1519)6.21	
経尋	大永 2(1522)3.11	大永 6(1526)8.18 卒
円深	大永 6(1526)9	
孝縁	享禄 2(1529)9.8	享禄 4(1531)12.26
実憲	享禄 5(1532)1.17	
晃円	天文 4(1535)2.23	
兼継②	天文 5(1536)11	
覚誉	天文 6(1537)11.13	
尋円	天文 19(1550)3.29	
空実	永禄 6(1563)⑫.21	永禄 11(1568)8.20 辞
光尊	永禄 11(1568)8.25	
実暁	元亀 1(1570)10.11	

東大寺別当

「東大寺別当次第」（群書類従）により、「東寺百合文書」所収「諸寺別当幷講師等次第」（『京都府立総合資料館紀要』18）で補った。僧名の後の丸囲み数字は還補の回数を示す。

僧名	任　命
有慶②	治暦3(1067)2.28
信覚	延久3(1071)2.22
慶信	承保2(1075)1.14
経範	嘉保2(1095)6.22
永観	康和2(1100)5.21
勝覚	長治1(1104)5.29
寛助	元永1(1118)4.28
勝覚	天治2(1125)7.20
定海	大治4(1129)5.21
寛信	久安3(1147)1.14
寛暁	仁平3(1153)3.11
寛遍	平治1(1159)3.28
顕恵	永万2(1166)7.5
敏覚	安元1(1175)3.4
禎喜	治承1(1177)
定遍	寿永2(1183)
雅宝	文治2(1186)3.7
俊証	文治5(1189)5.28
勝賢	建久3(1192)10.8
覚成	建久7(1296)7.8
弁暁	建久10(1199)1.14
延杲	建仁2(1202)7.13
道尊	元久3(1206)3.17
成宝	承元4(1210)4.17
定範	建保1(1213)12.6

僧名	任　命
成宝②	承久4(1222)4.4
道尊②	嘉禄2(1226)12.1
定豪	安貞2(1228)8.7
頼恵	天福2(1234)10.12
観厳	文暦2(1235)⑥.29
真恵	暦仁1(1238)11.4
良恵	延応1(1239)2.30
定親	仁治2(1241)1.8
宗性	文応1(1260)7.17
聖基	弘長3(1263)6.17
定済	文永4(1267)4.22
道融	文永10(1273)12.25
聖兼	建治2(1276)12.21
道宝	弘安4(1281)3.5
勝信	弘安4(1281)8.4
聖兼②	弘安6(1283)12.1
了遍	弘安10(1287)2.24
聖忠	正応1(1288)9.10
頼助	正応5(1292)
聖忠②	永仁4(1296)
信忠	延慶3(1310)3.3
実海	正和2(1313)10.4
聖忠③	正和5(1316)5.16
公暁	文保1(1317)
教寛	元応2(1320)4.17

僧名	任　命
聖尋	元亨2(1322)
教寛②	元弘1(1331)
聖珍	建武1(1334)
良性	建武3(1336)
定暁	建武3(1336)7.16
実暁	延元1(1336)7.22
寛胤	暦応1(1338)
聖珍②	康永2(1343)8.10
寛胤②	観応1(1350)
聖珍③	文和1(1352)10.9
寛胤③	貞治6(1367)6.
尊信	応安6(1373)9.11
経弁	康暦1(1379)10.9
観海	至徳2(1385)
経弁②	応永3(1396)4.15
観海②	応永6(1299)4.
経弁③	応永9(1402)5.4
観覚	応永14(1407)12.
光経	応永21(1414)6.12
尊胤	応永33(1426)2.
房宣	正長1(1428)
公顕	永享4(1432)10.6
持宝	嘉吉2(1442)3.14
珍覚	文安1(1444)7.22
隆実	文安4(1447)12.17

参考図集

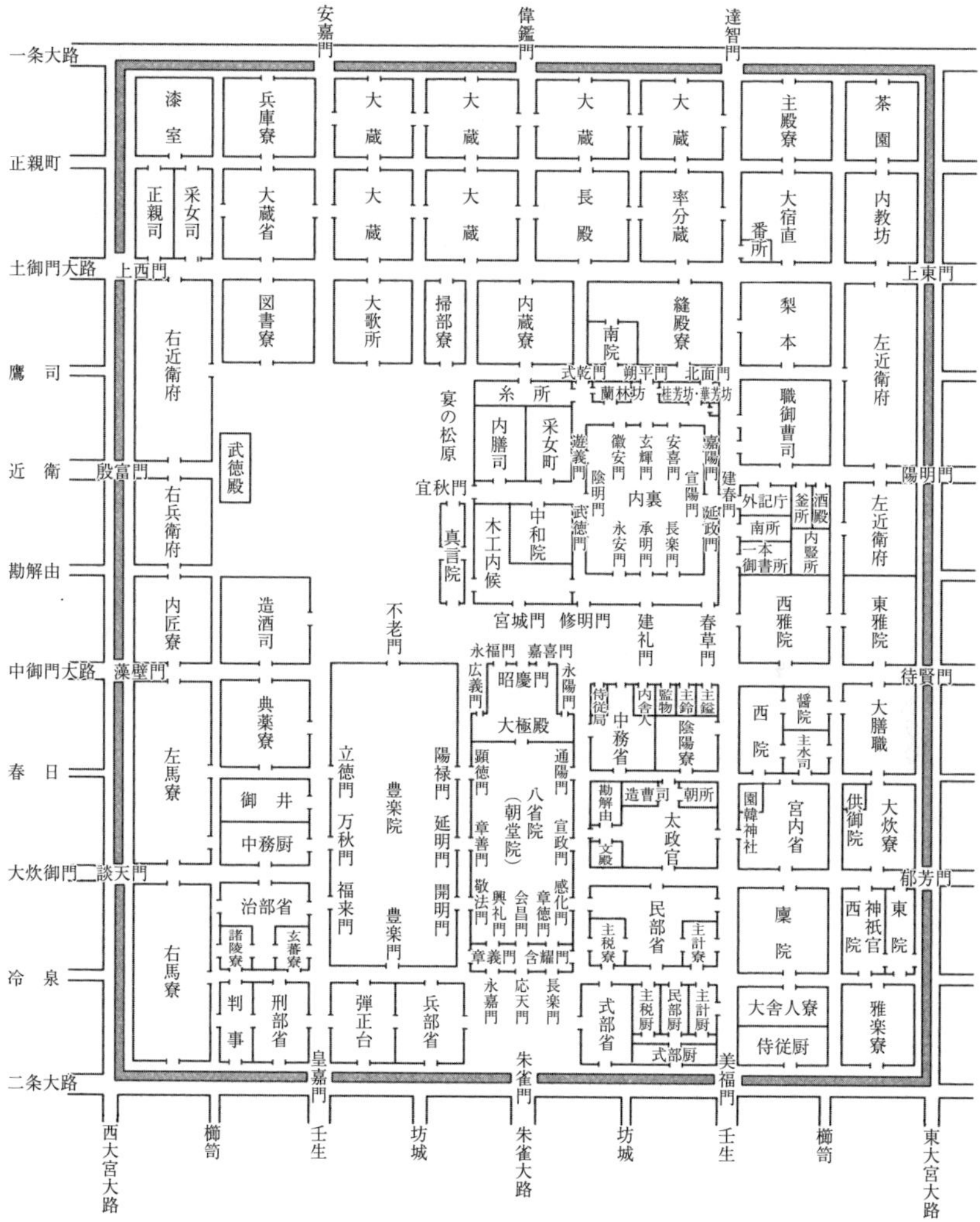
安嘉門
偉鑒門
達智門
一条大路
正親町
土御門大路
鷹司
近衛
勘解由
中御門大路
春日
大炊御門
冷泉
二条大路
上西門
殷富門
藻壁門
談天門
上東門
陽明門
待賢門
郁芳門
皇嘉門
朱雀門
美福門
漆室
兵庫寮
大蔵
主殿寮
茶園
正親司
采女司
大蔵省
長殿
率分蔵
大宿直
番所
内教坊
図書寮
大歌所
掃部寮
内蔵寮
縫殿寮
南院
梨本
右近衛府
左近衛府
式乾門
朔平門
北面門
蘭林坊
桂芳坊・華芳坊
糸所
宴の松原
内膳司
采女町
職御曹司
武徳殿
遊義門
徽安門
玄輝門
安喜門
嘉陽門
建春門
陰明門
宣陽門
内裏
宜秋門
右兵衛府
外記庁
釜所
酒殿
南所
内豎所
一本御書所
真言院
木工内候
中和院
武徳門
永安門
承明門
長楽門
延政門
内匠寮
造酒司
宮城門
修明門
建礼門
春草門
西雅院
東雅院
不老門
永福門
嘉喜門
広義門
昭慶門
永陽門
侍従局
内舎人
監物
主鈴
主鎰
中務省
陰陽寮
西院
醤院
主水司
大膳職
典薬寮
大極殿
左馬寮
立徳門
豊楽院
陽禄門
顕徳門
通陽門
八省院
（朝堂院）
御井
中務厨
万秋門
延明門
章善門
宣政門
勘解由
造曹司
朝所
太政官
文殿
園韓神社
宮内省
供御院
大炊寮
福来門
開明門
敬法門
興礼門
会昌門
章徳門
感化門
治部省
豊楽門
民部省
主税寮
主計寮
廩院
神祇官
東院
諸陵寮
玄蕃寮
右馬寮
章義門
含耀門
永嘉門
応天門
長楽門
判事
刑部省
弾正台
兵部省
式部省
主税厨
民部厨
主計厨
式部厨
大舎人寮
侍従厨
雅楽寮
西大宮大路
櫛笥
壬生
坊城
朱雀大路
東大宮大路

大内裏図

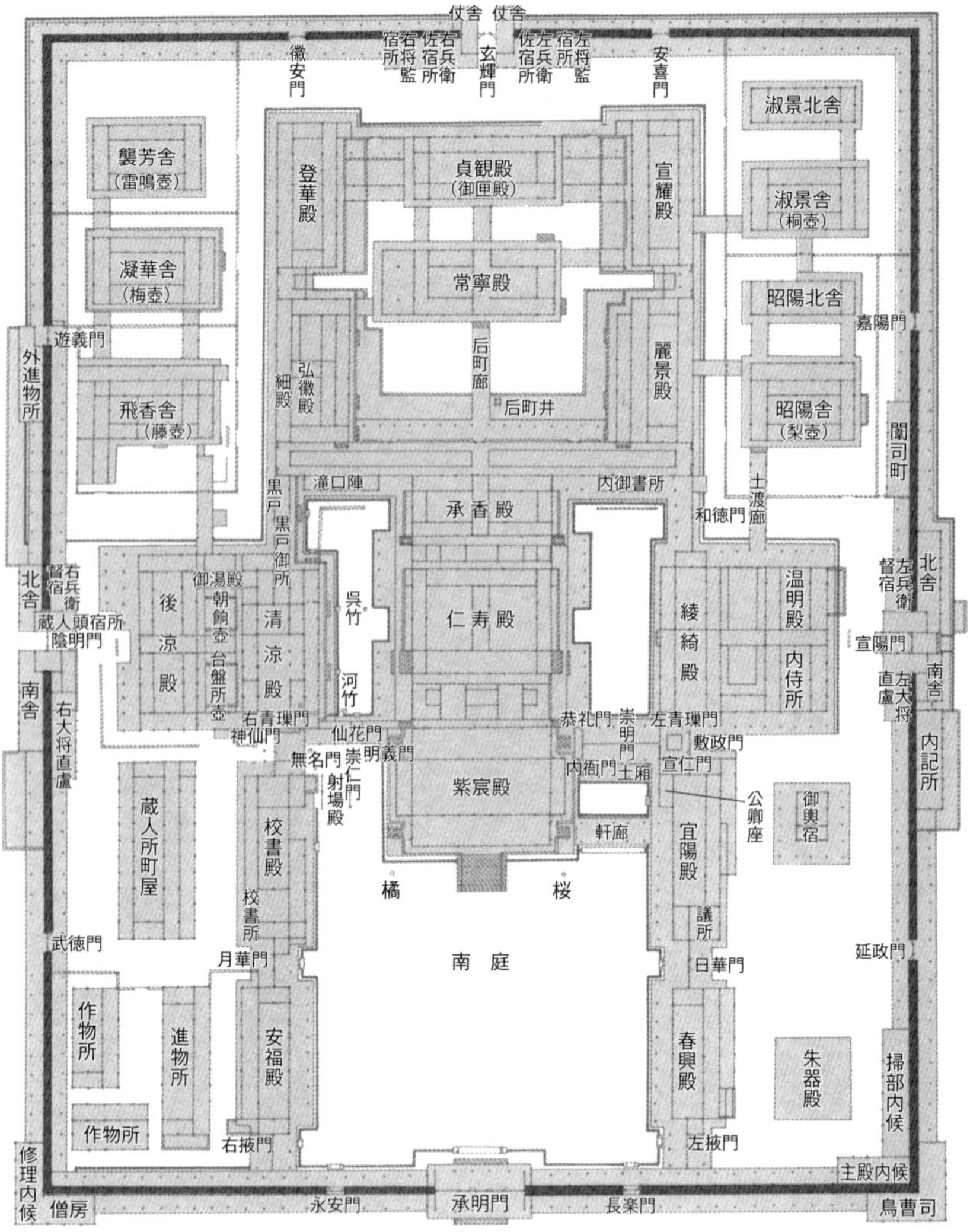

内裏図（『平安時代史事典　資料・索引編』角川書店）

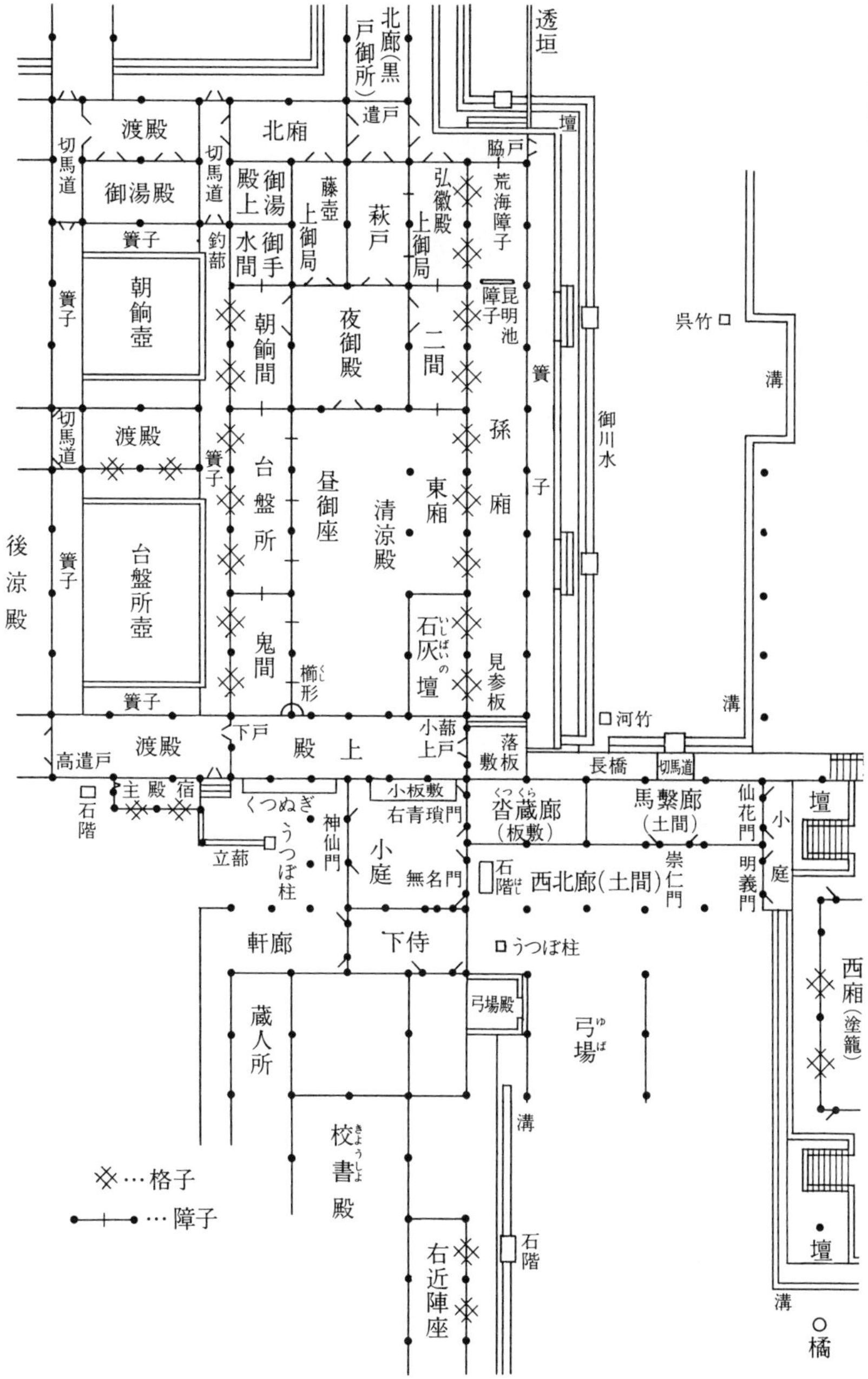

清涼殿・紫宸殿図（『新日本古典文学大系　保元物語・平治物語・承久記』岩波書店）

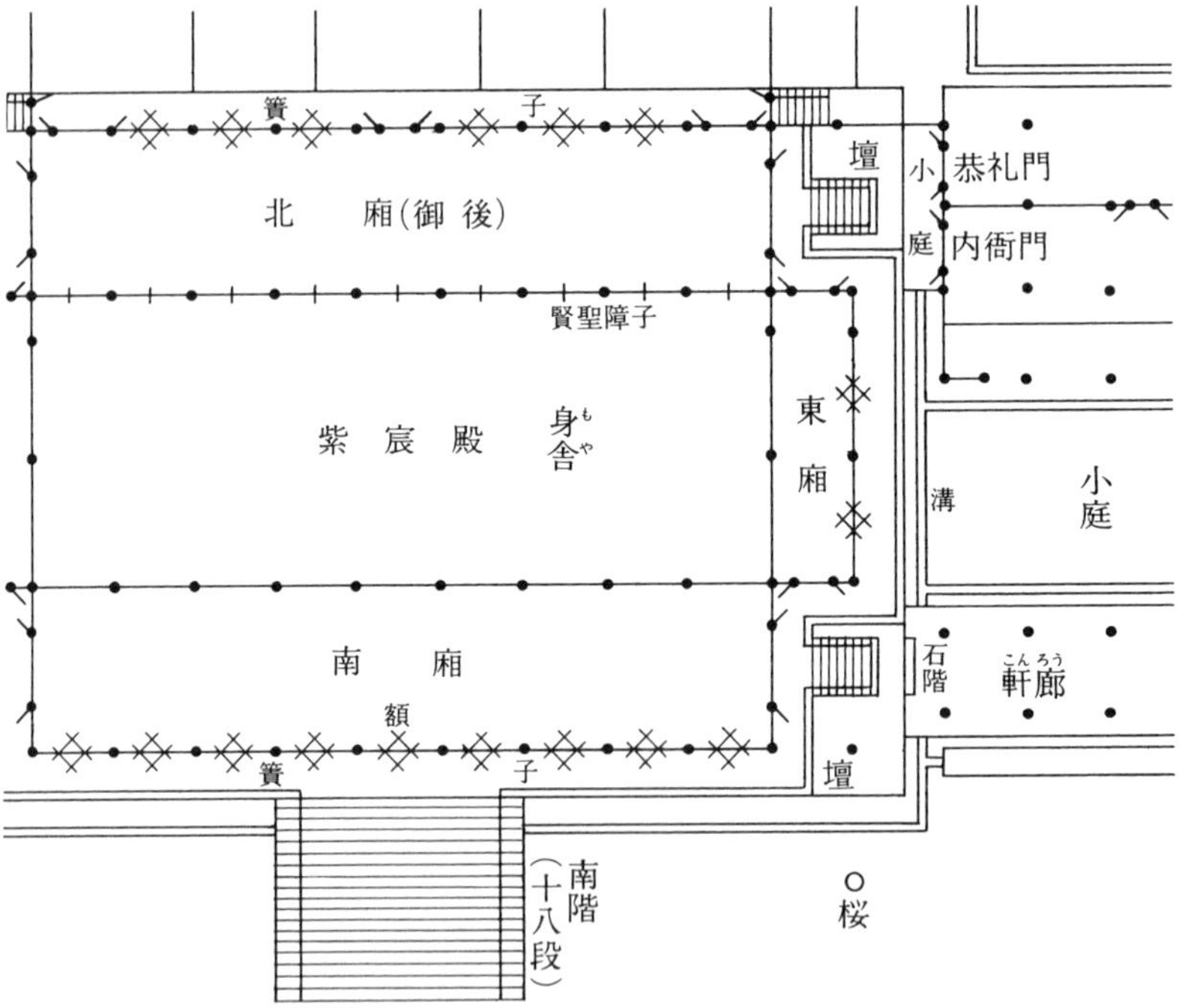
簀子
北廂(御後)
賢聖障子
紫宸殿
身舎《もや》
東廂
南廂
額
簀子
南階(十八段)
桜
壇
小庭
恭礼門
内衛門
溝
小庭
石階
軒廊《こんろう》
壇

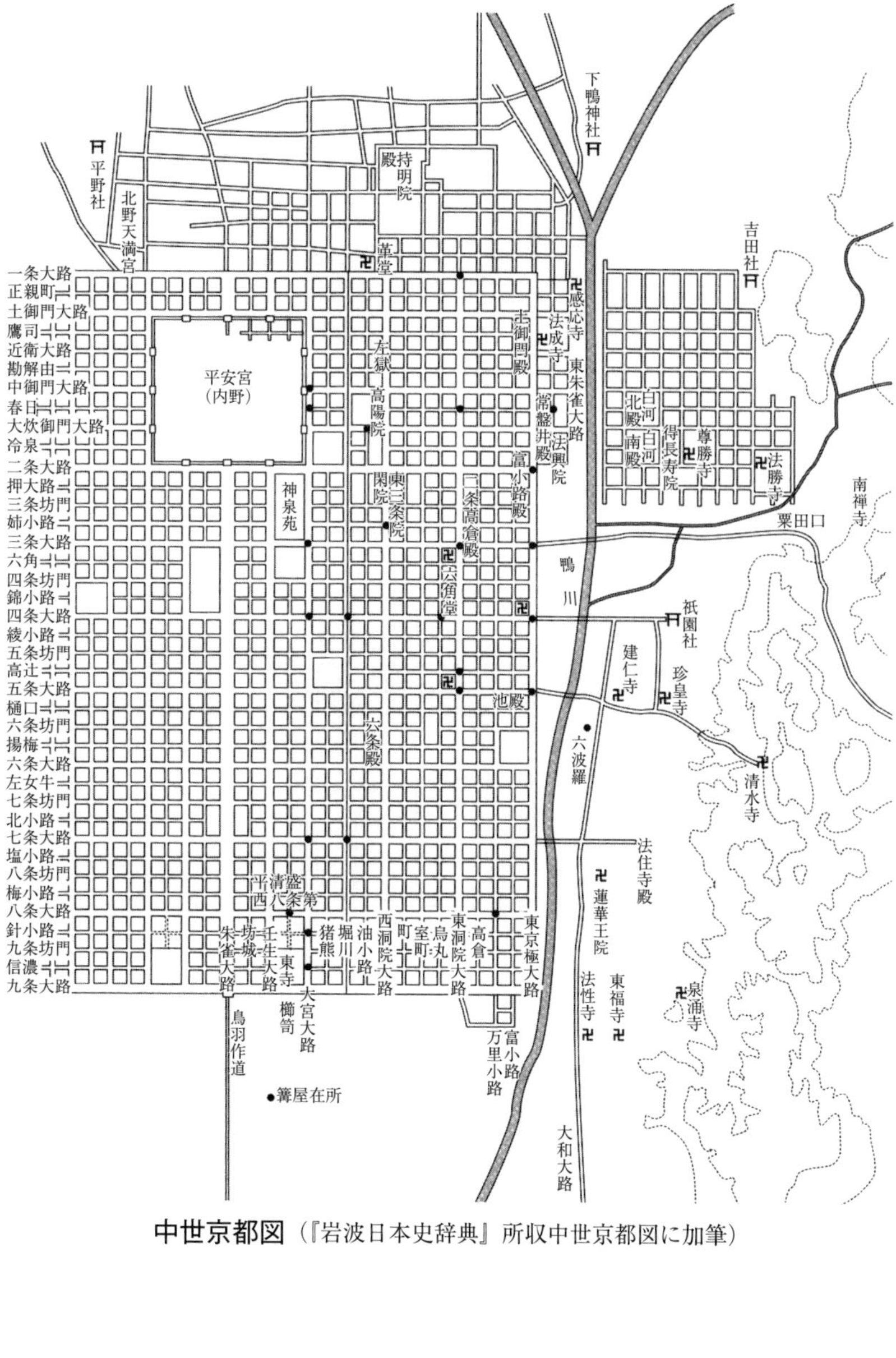

中世京都図（『岩波日本史辞典』所収中世京都図に加筆）

中世主要古記録一覧

【凡例】 皆川完一編「記録目録」(『国史大辞典』吉川弘文館)、『群書解題』(続群書類従完成会) 等を参考にし、影印本や古写本など様々なデータを加えて作成した。貴族の日記を中心とし、僧侶の手になる修法記等はほとんど省略した。各所に散在する『明月記』等の断簡も省略した。なお、「主要古写本」のうち自筆本を有する所蔵機関は**ゴチック体**で示した。単独の史料集刊本の場合は出版社名、著書等に所収されている場合には書名を掲げた。

［**刊本**］ 増補大成…増補史料大成 (臨川書店), 増補続大成…増補続史料大成 (臨川書店), 続大成…続史料大成 (臨川書店, 1967年版), 古記録…大日本古記録 (岩波書店), 纂集…史料纂集 (続群書類従完成会・八木書店), 図書寮…図書寮叢刊 (養徳社・明治書院), 和泉…日本史史料叢刊 (和泉書院), 古記録叢書…古記録叢書 (駒澤大学古代史部会), 群類…群書類従 (続群書類従完成会), 続群…続群書類従 (続群書類従完成会), 続々…続々群書類従 (続群書類従完成会), 集覧…改定史籍集覧 (近藤出版部), 続集覧…続史籍集覧 (近藤出版部), 京都帝大…京都帝国大学文科大学叢書, 仏教全書…大日本仏教全書 (仏書刊行会), 醍醐寺紀要…醍醐寺文化財研究所紀要, 史料紀要…東京大学史料編纂所研究紀要, 国文研報告…国文学研究資料館文献資料部調査研究報告, 歴博報告…国立歴史民俗博物館研究報告, 仁和寺資料…名古屋大学比較人文学研究年報1, 三の丸…古記録にみる王朝儀礼 (三の丸尚蔵館), 禁裏…禁裏・公家文庫研究 (思文閣出版), 冷泉…冷泉家時雨亭叢書 (朝日新聞社), 国書逸文…国書逸文研究, 三田…年報三田中世史研究, 鎌遺…鎌倉遺文研究, 史料成果…東京大学史料編纂所研究成果報告, 学術資産…國學院大學校史・学術資産研究, 和光紀要…和光大学表現学部紀要, 東博紀要…東京国立博物館紀要, 甲子園…甲子園短期大学文化情報学科研究報告, 目録学…日本目録学の基盤確立と古典学研究支援ツールの拡充 (田島公)

［**影印本**］ 残闕…歴代残闕日記 (臨川書店), 陽明…陽明叢書 (思文閣出版), 京大…京都大学史料叢書 (思文閣出版), 三の丸…古記録にみる王朝儀礼 (三の丸尚蔵館), 扉…日記が開く歴史の扉 (思文閣出版), 冷泉…冷泉家時雨亭叢書 (朝日新聞社), 尊経閣…尊経閣善本影印集成 (八木書店), 史料…東京大学史料編纂所影印叢書 (八木書店), 天理…新天理図書館善本叢書 (八木書店), 内閣…内閣文庫所蔵史籍叢刊古代中世篇 (汲古書院), 思文閣…思文閣古書資料目録

［**主要古写本**］ 国会…国会図書館, 書陵部…宮内庁書陵部 (伏…伏見宮本, 九…九条家本, 西…西園寺家本, 柳…柳原家本, 壬…壬生家本, 白…白川家本, 谷…谷森本, 他…その他), 宮内庁 (東山…東山御文庫, 侍従…侍従職), 東博…東京国立博物館, 京博…京都国立博物館, 歴博…国立歴史民俗博物館 (高…高松宮本, 広…広橋家本, 柳…柳原家本, 田…田中本, 他…その他), 内閣…国立公文書館内閣文庫 (中…中御門家本), 東図…東京大学附属総合図書館,

史料…東京大学史料編纂所，京図…京都大学附属図書館（平…平松家本，菊…菊亭家本），京総…京都大学総合博物館（勧…勧修寺家本），天理…天理図書館，大阪青山…大阪青山短期大学，陽明…陽明文庫，冷泉…冷泉家時雨亭文庫，尊経閣…前田育徳会尊経閣文庫，下郷…下郷共済会，三井…三井文庫，成簣堂…石川武美記念図書館成簣堂文庫，武田…武田科学振興財団，早大…早稲田大学図書館，金沢文庫…神奈川県立金沢文庫

記録名	記　主	記録期間	刊　本	影印本	主要古写本	別名ほか
水左記	源俊房	1062-1108	増補大成，日本歴史 709	書陵部複製，尊経閣	書陵部（伏・柳），尊経閣	土記
帥記	源経信	1065-1088	増補大成		書陵部（九）	
京極関白記	藤原師実	1068		残闕		
江記	大江匡房	1068-1108	国書刊行会	残闕		
後三条天皇宸記	後三条天皇	1068-1072	増補大成			
為房卿記	藤原為房	1070-1114	古記録叢書，妙法院史料	残闕	京総（勧），陽明，書陵部（伏），妙法院，歴博（広）	大御記
通言記	賀茂通言	1076-1077	続群			法勝寺金堂造営記 法勝寺阿弥陀堂造立日時定記
時範記	平時範	1077-1099	書陵部紀要 14・17・32・38，甲子園 2～5，岩田書院	残闕	書陵部（九），歴博（広）	
後二条師通記	藤原師通	1083-1099	古記録		陽明	
中右記	藤原宗忠	1086-1138	増補大成，古記録，禁裏 2	陽明，残闕	書陵部（九・柳・伏），陽明，内閣（中），東山，歴博（田），天理，個人	
長秋記	源師時	1087-1138	増補大成，群類，続群	残闕，三の丸	冷泉，早大，歴博（田），書陵部（九・他）	水日記 両院熊野御詣記 大治改元定記
白河上皇高野御幸記	藤原通俊	1088	増補続大成		高野山西南院	
寛治二年記		1088	群類	残闕		
季仲卿記	藤原季仲	1090		残闕		
殿暦	藤原忠実	1098-1118	古記録	残闕	陽明	
永昌記	藤原為隆	1099-1129	増補大成	陽明	陽明，京総（勧）	
清原重憲記	清原重憲	1101-1147	私撰国史の批判的研究	残闕	書陵部（伏）	
師遠朝臣記	中原師遠	1102-1127	私撰国史の批判的研究	残闕		鯨珠記
顕隆卿記	藤原顕隆	1103		残闕	京総（勧），歴博（田）	尊勝寺供養記
高階仲章記	高階仲章	1103		残闕		
雅実公記	源雅実	1105-1107	集覧	残闕		
実行公記	藤原実行	1111-1124	続群	残闕		高野御幸記

記録名	記　主	記録期間	刊　本	影印本	主要古写本	別名ほか
重隆記	藤原重隆	1113		残闕		永久元年記
雅兼卿記	源雅兼	1113-1124	続群		歴博（田）	白川御堂供養記
通季卿記	藤原通季	1117		残闕		
永久五年祈雨日記	源師頼	1117	続群		歴博（田）	
敦光朝臣記	藤原敦光	1118-1119		残闕	書陵部（九）	改元記
公教公記	藤原公教	1118-1148	米沢史学 8・9，和光紀要 9		歴博（田）	教業記，宸筆御八講記
法性寺殿記	藤原忠通	1119-1161	図書寮，禁裏 2	書陵部複製，残闕	書陵部（九）	
師元記	中原師元	1123-1165	続群	残闕	史料	六条院御即位記，長寛二年朔旦冬至記
朝隆卿記	藤原朝隆	1123-1158	続群，龍谷史壇 142・144・150	残闕	書陵部（九），歴博（広）	鳥羽院御錫紵記，鳥羽法皇御八講記久寿改元定記
実親朝臣記	平実親	1123		残闕		
愚業記	藤原宗能	1124-1149	書陵部紀要 60			
知信記	平知信	1127-1135	増補大成，続々	残闕，陽明	陽明，京図（平）	
時信記	平時信	1130-1131		残闕	陽明	
兵範記	平信範	1131-1184	増補大成，続群，古文書研究 74	残闕，陽明，三の丸，扉，天理	陽明，京図（平），書陵部，冷泉，天理	人車記，平兵部記，兵禅記，仁安四年公卿勅使記
台記	藤原頼長	1136-1155	増補大成，群類，纂集，史料紀要 16	書陵部複製，冷泉，史料，尊経閣	書陵部（九･伏），内閣（中），史料，尊経閣，冷泉	宇槐記
頼業記	清原頼業	1141-1185	続群，変革期の社会と九条兼実			二条院御即位記，高倉院御即位記
顕時卿記	藤原顕時	1143-1166	続群	残闕		
康治二年灌頂記	寛信	1143	史料紀要 14		史料	
教長卿記	藤原教長	1147	仁和寺資料	残闕	歴博（田），仁和寺，金沢文庫	五宮灌頂記
久安四年記		1148		残闕		
惟方卿記	藤原惟方	1149		残闕		
公通卿記	藤原公通	1149-1164	続群	残闕，立命館複製	書陵部（西）	仁平御賀記 ※記主は俊兼か
山槐記	藤原忠親	1150-1194	群類，増補大成，神戸大学史学年報 22，大正大学紀要 99・100，史料紀要 27		書陵部（伏･九），宮内庁（東山），歴博（田･広･高），内閣，国会，陽明，京都大，大正大，立命館大，醍醐寺，大倉文化財団	中山内府記，安徳天皇御五十日記，諸院御幸部類記，政部類記，蓮華王院御塔供養記
中原師尚記	中原師尚	1153		残闕		
為親朝臣記	藤原為親	1155		残闕	京総（勧）	
家通卿記	藤原家通	1158-1177	古代文献の基礎的研究	残闕		平治元年十月記
番記		1158		残闕		

記録名	記　主	記録期間	刊　本	影印本	主要古写本	別名ほか
成頼卿記	藤原成頼	1159-1182		残闕	書陵部（伏）	後白河院御落飾記
定能卿記	藤原定能	1159-1193	書陵部紀要52・56,禁裏2･4～7	残闕	書陵部（九）	心記
禅中記	藤原長方	1161-1175	禁裏4		尊経閣	
顕広王記	顕広王	1161-1178	伯家記録考，続大成，歴博報告139・153	残闕	歴博（田）	
玉葉	藤原兼実	1164-1205	国書刊行会，図書寮，玉葉索引，続群		書陵部（九），歴博（広），尊経閣，冷泉	安元改元定記
安倍泰親記	安倍泰親	1166	集覧，神道大系	残闕		
兼光卿記	藤原兼光	1166-1191	続群	残闕	歴博（広）	姉言記
愚昧記	藤原実房	1166-1195	群類，文化学年報19・22・23，古記録		史料，歴博，陽明，宮内庁（東山）	治承元年公卿勅使記
吉記	藤原経房	1166-1198	増補大成，和泉，古文書研究85		京図（平），歴博（広），書陵部（谷），京総（勧）	吉大記
資長卿記	藤原資長	1167		残闕		
坊槐記	藤原実宗	1171	続群			高倉院御元服記
庭槐記	藤原実定	1171-1183	続群	残闕		槐林記，庭槐抄，寿永改元定記
定長卿記	藤原定長	1176-1191	続群，史料紀要12	残闕		山丞記，後鳥羽院御即位記，建久改元定記
仲資王記	仲資王	1177-1213	伯家記録考，続大成		歴博（田）	
明月記	藤原定家	1180-1235	国書刊行会，纂集，冷泉，明月記研究，国宝熊野御幸記	残闕，冷泉，ゆまに書房，天理，複製（熊野御幸記）	冷泉，天理，東博，大阪青山，三井，個人，歴博（高）	京門記
親経卿記	藤原親経	1180-1201	高科書店	残闕	歴博（広）	見糸記
北院御室日次記	守覚法親王	1180-1182			仁和寺	
養和元年記		1181		成簣堂複製		
養和二年記	賀茂定平	1182		残闕		
中臣祐重記	中臣祐重	1182-1186	増補続大成，続群	残闕		
九槐記	藤原良通	1184	続群			元暦改元定記
親宗卿記	平親宗	1188-1190			書陵部（伏）	
文治六年日次記		1190	古文書研究57		文化庁	
後京極摂政記	藤原良経	1190-1204	群類，集覧	残闕		殿記，春華門院御五十日記
資実卿記	藤原資実	1190-1212		残闕，尊経閣	歴博（柳）	都玉記，都禅記
三長記	藤原長兼	1191-1211	続群，増補大成，明月記研究14	残闕	歴博（田），書陵部，京図	三中記，承元二年東宮御元服記
中臣祐明記	中臣祐明	1194-1210	増補続大成			
師重記	中原師重	1194-1219	続群			

記録名	記　主	記録期間	刊　本	影印本	主要古写本	別名ほか
平戸記	平経高	1196-1246	増補大成		書陵部（伏）	
猪隈関白記	藤原家実	1197-1235	古記録，禁裏6	残闕	陽明，歴博（広）	
雅経卿記	藤原雅経	1197-1214			書陵部（伏）	二相記，革菊別記
光親卿記	藤原光親	1198-1209			歴博（広）	中都記，経房卿堂供養記
資経卿記	藤原資経	1198-1222	平家物語の批判的研究，群類	残闕	京総（勧）	自暦記
業資王記	業資王	1199-1218	伯家記録考，続大成	残闕	歴博（田）	
頼資卿記	藤原頼資	1202-1235	国宝熊野御幸記		歴博（広），書陵部（伏），宮内庁（東山）	勘中記
良業記	清原良業	1204-1205		残闕		
為長卿記	菅原為長	1206-1240	群類，集覧	残闕		編御記
頼平卿記	藤原頼平	1207-1210		残闕		
公継公記	藤原公継	1209-1227		残闕		
玉蘂	藤原道家	1209-1242	思文閣出版，図書寮，続群	残闕	書陵部（九）	内大臣拝賀記，順徳院御即位記
盛良記	(蔵人)盛良	1210		残闕		
信円記	信円	1210	尭榮文庫研究紀要6			
仁和寺日次記		1210-1222		残闕		
順徳天皇宸記	順徳天皇	1211-1221	増補大成，集覧			
任大臣大饗記		1212			宮内庁（東山）	
後鳥羽天皇宸記	後鳥羽天皇	1212-1216	増補大成，集覧，国書漢籍論集			
定高卿記	藤原定高	1214-1218		残闕		
実基公記	藤原実基	1221-1228		残闕，立命館複製	書陵部（西）	石清水放生会記
承久三年四年日次記		1221-1222				
家光卿記	藤原家光	1221-1222		残闕		
岡屋関白記	藤原兼経	1222-1251	古記録，続群		陽明，個人	四条院御即位記
範輔卿記	平範輔	1224-1251		残闕		
小槻季継記		1225-1241	集覧	残闕		
民経記	藤原経光	1226-1270	古記録，続群，集覧，史料紀要18	残闕	歴博（広），下郷，國學院大	糸光記
中臣祐定記	中臣祐定	1229-1246	増補続大成		春日大社，成簣堂	
洞院摂政記	藤原教実	1230-1233	図書寮		書陵部（九），成簣堂	
後中記	藤原資頼	1230-1242		残闕	宮内庁（東山）	
葉黄記	藤原定嗣	1230-1249	纂集	残闕	書陵部（伏），歴博（広）	
師光記	中原師光	1236-1246	続群	残闕		後嵯峨院御譲位記
実経公記	藤原実経	1237-1246		残闕		
荒涼記	藤原資季	1237-1281		残闕		
経俊卿記	藤原経俊	1237-1276	図書寮，群類，書陵部紀要27·43		書陵部（伏），歴博（田），陽明	吉礼記，賀茂御幸記

記録名	記　主	記録期間	刊　本	影印本	主要古写本	別名ほか
公光卿記	藤原公光	1239-1251	続群	残闕		陽竜記，後嵯峨院御譲位記
忠高卿記	藤原忠高	1239		残闕		
今出川相国記	藤原公相	1239-1262		残闕，立命館複製	書陵部（西）	九条道家於南都受戒記
太神宮司神事供奉記	大中臣長則	1240-1246	大神宮叢書	残闕		
宗雅卿記	藤原宗雅	1241-1257			宮内庁（東山）	政記
師兼記	中原師兼	1242-1246		残闕		
妙槐記	藤原師継	1243-1274	増補大成，続群	残闕		
為経卿記	藤原為経	1246	続々	残闕		
顕朝卿記	藤原顕朝	1246-1248	書陵部紀要34，虹の記憶	残闕	書陵部（伏）	
仁部記	藤原資宣	1246-1279	鎌遺32・33・35・42		書陵部（伏）	藤戸記，後嵯峨院御琵御拝記
隆行卿記	藤原隆行	1247-1272			書陵部（伏）	後嵯峨院院中元三御幸始部類記
通雅公記	藤原通雅	1248-1275	続群			宇治御幸記
後深草天皇宸記	後深草天皇	1251-1303	増補大成，群類，図書寮		書陵部（伏）	両院石清水御参籠記，伏見院御笛始事
高輔朝臣記	平高輔	1254-1259		残闕		高甫記
深心院関白記	藤原基平	1255-1268	古記録	残闕，陽明	陽明，歴博（広）	
雅言卿記	源雅言	1255-1270	群類	残闕	書陵部（伏）	源亜記，亀山殿御幸記
二禅記	藤原資季	1255-1270			書陵部（伏）	亀山天皇八幡行幸記，後嵯峨院御落飾記
公親公記	藤原公親	1257-1291		残闕		
憲説記	藤原憲説	1259-1286		残闕	書陵部（伏）	
公種記	藤原公種	1268-1271			書陵部（伏）	亀山院六条殿行幸記
頼親卿記	藤原頼親	1259-1270	群類，集覧	残闕		藤都記，賀茂御幸記，石清水臨幸記
後九記	藤原忠家	1251-1274	図書寮		書陵部（九）	
照念院関白記	藤原兼平	1259		残闕	歴博（広）	
外記日記	中原師栄	1264-1287	続集覧	尊経閣	尊経閣	新抄
中臣祐賢記	中臣祐賢	1264-1280	増補続大成，史料紀要23		春日大社，成簣堂	
吉続記	藤原経長	1267-1302	増補大成，続群	残闕	歴博（田）	弘安改元定記
実兼公記	藤原実兼	1268-1321			書陵部（伏）	秘曲御伝授記
為氏卿記	藤原為氏	1270		冷泉	冷泉	
兼基公記	藤原兼基	1270		残闕		
勘仲記	藤原兼仲	1274-1301	増補大成，纂集，歴博報告70，鎌遺12・14・18・21・28，史料紀要18，中世朝廷の官司制度	思文閣263・271	歴博（広），下郷，國學院大	

記録名	記　主	記録期間	刊　本	影印本	主要古写本	別名ほか
建治三年記	太田康有	1277	増補続大成	残闕，尊経閣，文献出版	尊経閣	
信輔卿記	平信輔	1277			書陵部（九）	左大将藤原基忠辞表記
祇園執行日記	顕詮ほか	1278-1535	群類，増補続大成		八坂神社	
公孝公記	藤原公孝	1278		残闕		
兼文記	小槻兼文	1278		残闕		
冬定卿記	藤原冬定	1278-1319		残闕		
師淳記	中原師淳	1278-1288		残闕		
公衡公記	藤原公衡	1279-1315	纂集，群類，集覧	残闕，立命館複製，思文閣 275	書陵部（西·伏），歴博（田），個人	石清水御幸記 亀山院御葬礼記
壬生官務家日記		1281	国民精神文化研究所	国民精神文化研究所		
実躬卿記	藤原実躬	1283-1310	古記録，群類，続群，書陵部紀要 29	残闕，尊経閣	尊経閣，武田，歴博（田），史料	大嘗会記
中臣祐春記	中臣祐春	1283-1313	増補続大成		春日大社	
経任卿記	藤原経任	1283		残闕	歴博（広）	
冷泉経頼記	藤原経頼	1284			書陵部（伏）	後嵯峨院十三回聖忌御八講記
実冬卿記	藤原実冬	1285			書陵部（伏）	北山准后九十賀記
継塵記	藤原実任	1287-1334	群類，続群，大中臣祭主藤波家の研究	残闕	歴博（広），下郷，國學院大	新院姫宮御行始記 ※光業卿記として伝来
伏見天皇宸記	伏見天皇	1287-1315	増補大成，続群		書陵部（伏），宮内庁（東山）	延慶大嘗会記
師顕記	中原師顕	1288-1298		残闕		
山本相国記	藤原公守	1291		残闕		
道衡記	三善道衡	1291-1292			内閣（中）	
定衡記	三善定衡	1291-1292	図書寮		内閣（中），書陵部（伏）	啄木御伝授記
禅助僧正日記	禅助	1292		残闕		
親玄僧正日記	親玄	1292-1294	中世内乱史研究 14～16		醍醐寺	
吉槐記	藤原定房	1293-1306	年報中世史研究 23・24	残闕	歴博（田）	吉田内府記，大理秘記
永仁三年記	太田時連	1295	増補続大成，史潮 50			
今出河右府記	藤原公顕	1297-1300	図書寮		書陵部（伏），内閣（中）	
定清朝臣記	賀茂定清	1297	続群	残闕		永仁五年朔旦冬至記
公秀公記	藤原公秀	1298-1329		残闕，尊経閣	尊経閣，書陵部	
雅俊卿記	藤原雅俊	1299	続群	残闕		正安元年新院両社御幸記
尋覚大僧正記	尋覚	1299	東博紀要 39			

記録名	記　主	記録期間	刊　本	影印本	主要古写本	別名ほか
業顕王記	業顕王	1301	未刊史料を読む会，書陵部紀要47		書陵部（白），歴博（田）	西宮参詣記
万一記	藤原宣房	1301-1334	国書逸文6，学習院大史料館紀要8・15	残闕	書陵部（伏），個人	
公茂公記	藤原公茂	1303		残闕		
為兼卿記	藤原為兼	1303	甲南大学紀要36	和泉書院影印叢刊		
冬平公記	藤原冬平	1303-1326	続々，増補大成	残闕		後照念院記
後宇多天皇宸記	後宇多天皇	1306-1319	増補大成		歴博	
後伏見天皇宸記	後伏見天皇	1307-1328	増補大成，群類，書陵部紀要63		書陵部（伏）	八幡御幸記，広義門院御産御記
隆長卿記	藤原隆長	1308	群類	残闕，立命館複製	書陵部（西）	後宇多院御灌頂記
忠教公記	藤原忠教	1308		残闕		
官記		1308		残闕		
徳治三年神木入洛日記	中臣延親	1308	史料紀要25		春日大社	
園太暦	洞院公賢	1309-1360	続群完成会，纂集	残闕	京博，歴博（広），書陵部（西）	
長基卿記	藤原長基	1309	群類，続群	残闕		延慶二年大嘗会御禊記
秀長朝臣記	藤原秀長	1309	続群	残闕		延慶二年八幡御幸記
花園天皇宸記	花園天皇	1310-1332	増補大成，纂集	書陵部複製	書陵部(伏)，史料	
師右記	中原師右	1311		残闕		
兼季公記	藤原兼季	1311-1322			書陵部（伏）	啄木御伝授記
隆有卿記	藤原隆有	1313			書陵部（伏）	
中臣祐臣記	中臣祐臣	1314-1325			春日大社	
後光明照院関白記	藤原道平	1314-1333	国文研報告22			
俊光卿記	藤原俊光	1317		残闕		
資朝卿記	藤原資朝	1318		残闕	書陵部（伏）	
公敏公記	藤原公敏	1318		残闕	内閣（中），歴博（広）	
隆蔭卿記	藤原隆蔭	1318-1331	群類	残闕	書陵部（伏）	剣璽渡御記
文保三年記		1319	群類	残闕		
師賢卿記	藤原師賢	1321		残闕		
資兼卿記	藤原資兼	1321			内閣（中）	
元亨三年具注暦		1323	ビブリア99		天理	
空華日用工夫略集	義堂周信	1325-1388	太洋社，思文閣出版			
藤房卿記	藤原藤房	1326		残闕		
房実公記	藤原房実	1327	図書寮		書陵部（九）	嘉暦二年記
資名卿記	藤原資名	1329		残闕		
元徳二年後宇多院七回忌曼荼羅供記	道意	1330	平家物語の転生と再生，史料紀要22		イエール大学	
玉英	藤原経通	1330-1365	続群，増補続大成	残闕		光明院御即位記

記録名	記　主	記録期間	刊　本	影印本	主要古写本	別名ほか
頼定卿記	藤原頼定	1332		残闕		
光厳天皇宸記	光厳天皇	1332			書陵部（伏）	
冬教公記	藤原冬教	1332	続群		歴博（広）	光業卿改元定記, 光厳院御即位記
正慶乱離志	良覚	1333	続々，続集覧，角川文庫太平記			楠木合戦注文 博多日記
敦有卿記	綾小路敦有	1334-1398		残闕		
匡遠宿禰記	小槻匡遠	1335-1352	増補大成，続々，書陵部紀要 11	残闕	書陵部（壬）	
頼元記	清原頼元	1335				
中院一品記	中院通冬	1336-1349	古記録	残闕，内閣	内閣，史料	
実夏公記	洞院実夏	1338		残闕		
宣明卿記	中御門宣明	1339		残闕		
師守記	中原師守	1339-1374	纂集		国会，早大，内閣，史料	
実継公記	三条実継	1341-1349		残闕		
公尚公記	滋野井公尚	1342		残闕		
兼綱公記	広橋兼綱	1342-1371	群類，続群，人文 17	残闕	歴博（広）	後光厳院御幸始記，延文改元定記，義満公任槐召仰議幷大饗雑事記
二階堂伯耆入道道本記		1345		残闕		
雅仲朝臣記	高階雅仲	1345	群類	残闕		天竜寺供養記
賢俊僧正日記	賢俊僧正	1346-1355	醍醐寺紀要 12・13，史料紀要 9		醍醐寺	
忠嗣公記	松殿忠嗣	1349		残闕		
時光卿記	日野時光	1349-1356		残闕		
公清公記	徳大寺公清	1350		残闕	史料	
後光厳院御践祚記	中原師茂	1351	群類			
後深心院関白記	近衛道嗣	1352-1383	続群，古記録，日本研究 44	増補続大成，陽明	陽明	愚管記 大臣大饗記
重綱記	(右少史)重綱	1352		残闕		
忠光卿記	柳原忠光	1354-1375		残闕		
延文四年記		1359	続群	残闕		
後愚昧記	三条公忠	1361-1383	古記録	尊経閣	史料，陽明，尊経閣，書陵部	
兼治宿禰記	小槻兼治	1362-1393	続群	残闕	書陵部（伏）	貞治改元定記，応安改元定記
仲光公記	広橋仲光	1363-1374	集覧	残闕	歴博（広）	
忠基公記	藤原忠基	1364-1383	図書寮		書陵部（九）	後己心院殿御記
迎陽記	菅原秀長	1364-1410	群類，纂集			相国寺供養記
師夏記	中原師夏	1364-1374		残闕		
後光厳院宸記	後光厳天皇	1365-1371	続群			貞治四年諒闇終記
具通公記	久我具通	1366	集覧	残闕		
兼熙卿記	吉田兼熙	1366-1371			天理	

記録名	記　主	記録期間	刊　本	影印本	主要古写本	別名ほか
実冬公記	三条実冬	1371-1395	古記録	残闕		
公定公記	洞院公定	1374-1377	増補続大成，女子大文学 15	増補続大成	毘沙門堂，宮内庁（東山）	
公勝卿記	清水谷公勝	1374		残闕		
室町亭行幸記	九条教嗣	1381	図書寮		書陵部（九）	
後円融天皇宸記	後円融天皇	1381-1384	禁裏 3			
良賢真人記	清原良賢	1381-1393	人文 17	残闕		初任大饗記
荒暦	一条経嗣	1381-1415	集覧，群類，三田 12・13	残闕		成恩寺関白記，相国寺塔供養記
実時公記	徳大寺実時	1382	群類	残闕		永徳御譲位記
兼敦朝臣記	吉田兼敦	1382-1403		残闕	天理	
至徳二年記	中臣師盛	1385	続群	残闕		
兼宣公記	広橋兼宣	1387-1428	纂集，史料紀要 18，文学 5-6	残闕	歴博（広），史料	
通氏卿記	中院通氏	1389		残闕		
明徳二年室町殿春日詣記		1391	続群			
後小松天皇宸記	後小松天皇	1397-1403	増補大成			
永助法親王記	永助法親王	1397-1437	女子大文学 17	残闕		後常瑜伽院御室日記
栄仁親王記	栄仁親王	1401-1411	図書寮			妙音天像伝来記
薩戒記	中山定親	1401-1456	古記録		史料，書陵部，京図（菊）	
康富記	中原康富	1401-1455	増補大成，群類，続群		国会	永享大嘗会記，石清水放生会記
教言卿記	山科教言	1405-1410	纂集	残闕	書陵部，京図	
通守卿記	中院通守	1410		残闕		
教興卿記	山科教興	1410-1417	纂集		書陵部	
満済准后日記	満済	1411-1435	京都帝大，続群		醍醐寺，史料	
山科家礼記	大沢久守ほか	1412-1492	纂集，歴博報告 76	残闕	書陵部，歴博（田）	
建内記	万里小路時房	1414-1455	古記録，続群	思文閣 267	書陵部（伏），京図（菊），京総，歴博（田）	応永二十一年御方違行幸記，永享十一年曼荼羅供記
安倍親成記	安倍親成	1414	続群	残闕		称光院御即位記
経覚至要抄	経覚	1415	纂集		内閣	
益直記	島田益直	1415	群類	残闕		応永廿二年御幸記
看聞日記	貞成王	1416-1448	続群，図書寮	書陵部複製	宮内庁（侍従）	応永大嘗会記
中原章茂記	中原章茂	1416		残闕		
師胤記	中原師胤	1419-1423	史料成果 2011-4		歴博	
師郷記	中原師郷	1420-1458	纂集		国会	
公名公記	西園寺公名	1428-1459		立命館複製	書陵部（西）	管見記
実熙公記	洞院実熙	1428-1453				
正長元年記	厳助	1428	続群	残闕		
九条満家公引付	九条満家	1430-1447	図書寮，書陵部紀要 53		書陵部（九）	

記録名	記　主	記録期間	刊　本	影印本	主要古写本	別名ほか
在盛卿記	賀茂在盛	1431-1481	集覧			
氏経卿神事日次記	荒木田氏経	1434-1486	続々，大神宮叢書，纂集	残闕		
蔭凉軒日録	季瓊真蘂・亀泉集証	1435-1493	仏教全書，増補続大成		東博	
斎藤基恒日記	斎藤基恒	1440-1456	増補続大成，続々			
高倉永豊卿記	高倉永豊	1445-1462	東大紀要18		史料	
持通公記	二条持通	1445-1482	書陵部紀要55・57,史料紀要22	残闕		大染金剛院記
資益王記	資益王	1445-1484	伯家記録考，続大成，集覧		史料	
綱光公記	広橋綱光	1446-1476	書陵部紀要57,史学研究集録35，史料紀要18・20～31	残闕	歴博（広）,史料	
晴富宿禰記	小槻晴富	1446-1497	図書寮	残闕	書陵部（壬）	
臥雲日件録抜尤	瑞渓周鳳	1446-1473	続集覧，古記録		歴博（田）	
北野社家日記		1449-1627	纂集			
大乗院寺社雑事記	尋尊	1450-1508	増補続大成		内閣	
宗賢卿記	清原宗賢	1450-1489	続群，史料成果2011-4	残闕		長享三年諒闇終記
実遠公記	西園寺実遠	1453-1482		立命館複製	書陵部（西）	
義政公記	足利義政	1456-1458	群類，帝塚山学院短大研究年報40	残闕	歴博（田）	
長禄二年記		1458	続群	残闕		
碧山日録	太極	1459-1468	集覧，増補続大成，古記録	尊経閣	尊経閣	
後知足院殿記	近衛房嗣	1459-1484		陽明	陽明	
蜷川親元日記	蜷川親元	1461-1485	増補続大成		内閣，天理	
斎藤親基日記	斎藤親基	1465-1467	増補続大成			
後法興院記	近衛政家	1466-1505	増補続大成	陽明	陽明	
親長卿記	甘露寺親長	1466-1499	増補大成，纂集			
美濃下向日記	飛鳥井雅親	1469	史料成果2011-4			
兼致朝臣記	吉田兼致	1473-1486			天理	
十輪院内府記	中院通秀	1473-1488	纂集		内閣（中）,陽明，京図	塵芥記
実隆公記	三条西実隆	1474-1536	続群完成会		史料，尊経閣	
言国卿記	山科言国	1474-1502	纂集		京図，書陵部	
長興宿禰記	小槻長興	1475-1487	集覧，纂集	残闕		
兼顕卿記	広橋兼顕	1476-1479		残闕	歴博（広）	
御湯殿上日記		1477-1846	続群		宮内庁（東山）	
結番日記		1477-1480	増補続大成			
多聞院日記	英俊ほか	1478-1618	集覧，増補続大成			
宣胤卿記	中御門宣胤	1480-1522	増補大成		京総（勧）	
政覚大僧正記	政覚	1483-1494	纂集		内閣	
八代日記		1484-1566	青潮社，八代市文化財調査報告書20			

記録名	記　主	記録期間	刊　本	影印本	主要古写本	別名ほか
蔗軒日録	季弘大叔	1484-1486	古記録	尊経閣	尊経閣	
拾芥記	五条為学	1484-1521	集覧			
鹿苑日録	景徐周麟ほか	1487-1803	続群完成会		東図，史料	
北野社家日代日記	盛増ほか	1487-1607	北野天満宮史料			
通世卿記	中院通世	1489-1490	史料成果2015-1		内閣（中）	嘉楽門院追善禁中御八講記
和長卿記	東坊城和長	1489-1529	続群			永正九年若宮御元服記，明応凶事記
元長卿記	甘露寺元長	1490-1525	纂集	残闕	書陵部	
蓮成院記録	朝乗ほか	1490-1614	増補続大成			
伺事記録	飯尾宗勝	1490-1547	増補続大成，史学雑誌101-8			
宣秀卿記	中御門宣秀	1491-1531	群類			後土御門院十三回聖忌記
後慈眼院殿御記	九条尚経	1492-1517	図書寮		書陵部（九）	
厳助往年記	厳助	1494-1563	続群，集覧		歴博（田）	
忠富王記	忠富王	1496-1505	伯家記録考，続大成		歴博（田）	
中臣師淳記	中臣師淳	1497	続群			明応六年記
公藤公記	西園寺公藤	1501-1512		立命館複製	書陵部（西）	
守光公記	広橋守光	1501-1521	集覧，纂集		歴博（広），書陵部	
政基公旅引付	九条政基	1501-1504	図書寮，和泉，新修泉佐野市史		書陵部（九）	
二水記	鷲尾隆康	1504-1533	集覧，古記録		内閣	
後法成寺関白記	近衛尚通	1506-1536	古記録	陽明	陽明	
梵恕記	梵恕	1508	古記録の研究			
雅業王記	雅業王	1510	伯家記録考			
師象記	中原師象	1512-1526	続群			永正九年若宮御元服記
蜷川親孝日記	蜷川親孝	1516-1522	増補続大成		内閣	
資定卿記	柳原資定	1516-1576	続群			永禄一品記
経尋記	経尋	1518-1536				
永正十七年記	厳助	1520	続群，集覧	残闕		
盲聾記	丹波保長	1520	続大成	尊経閣	尊経閣	
実宣公記	西園寺実宣	1522-1523		立命館複製	書陵部（西）	
宗豊卿記	松木宗豊	1522		残闕		大永二年記
兼秀公記	広橋兼秀	1522-1546		残闕	歴博（広）	
尹豊公記	勧修寺尹豊	1525-1562		残闕		
中原職定記	中原職定	1526-1557		残闕		
後龍翔院左大臣殿御記	三条公頼	1526-1527	史料成果2008-4		史料	
言継卿記	山科言継	1527-1576	続群書類従完成会	残闕，天理	史料，京図（菊），天理	
康雄記	中原康雄	1528-1584		残闕		
享禄二年外記日記	清原業賢	1529		尊経閣	尊経閣	
稙通公記	九条稙通	1529-1585	図書寮		書陵部（九）	
経厚法印日記	経厚	1531-1532	集覧	残闕		
快元僧都記	快元	1532-1542	群類，神道大系	残闕		

記録名	記　主	記録期間	刊　本	影印本	主要古写本	別名ほか
私心記	実従	1532-1561	清文堂出版，大系真宗史料，加能史料研究15・16・17			
惟房公記	万里小路惟房	1533-1564	続々，禁裏5	残闕	書陵部（伏）	
兼右卿記	吉田兼右	1533-	史料紀要18・20，ビブリア150～158		天理	
後奈良天皇宸記	後奈良天皇	1535-1546	集覧，増補続大成	国民精神文化研究所複製	書陵部	天聴集
天文日記	証如	1535-1554	清文堂出版，大系真宗史料		西本願寺	本願寺日記
蜷川親俊日記	蜷川親俊	1538-1552	増補続大成		内閣	
孝親日記	中山孝親	1538-1577	史料成果2016-3	残闕		
大館常興日記	大館尚氏	1538-1542	増補続大成，ビブリア74		天理	
宣忠卿記	中御門宣忠	1539-1546			早大	
天文十四年日記		1545	ビブリア76			
天王寺屋会記	津田宗達ほか	1548-1616	茶道古典全集		大日本茶道学会	
天文十九年記		1550		残闕		
長楽寺日記		1565	纂集		長楽寺	
晴右公記	勧修寺晴右	1565-1570	増補続大成	残闕	京総（勧）	
継芥記	中院通勝	1565-1579	続々			
永禄九年記		1566	続群	残闕		
永禄十一年日記		1568	ビブリア76			
二条宴乗日記	二条宴乗	1568-1574	ビブリア52-54・60・62		天理	
兼見卿記	吉田兼見	1570-1610	纂集，ビブリア118～129		天理	
公維公記	徳大寺公維	1574-1585	禁裏5		史料，成簣堂	
上井覚兼日記	上井覚兼	1574-1586	古記録		史料（島津）	
中原師廉記	中原師廉	1575	史料紀要23		史料	
宣教卿記	中御門宣教	1575-1576	早稲田大學図書館紀要66～69		早大	
言経卿記	山科言経	1576-1608	古記録		史料	
家忠日記	松平家忠	1577-1594	増補続大成		駒澤大学	
晴豊公記	勧修寺晴豊	1578-1594	増補続大成	残闕	京総（勧），内閣	
上賀茂社社司日記	森尊久	1565-1584	学術資産10，史料紀要28		國學院大，史料	天正十一年・十二年日次記
舜旧記	梵舜	1583-1632	纂集		國學院大	
三藐院記	近衛信尹	1585-1610	纂集		陽明	
宗湛日記	神谷宗湛	1586-1613	続群類，茶道古典全集			
院中御湯殿上日記		1587-1591	目録学，史料成果2016-3，禁裏6			
親綱卿記	中山親綱	1587-1596	続々，史料成果2014-4・2016-3		歴博（田）	
聚楽第行幸記	大村由己	1588	群類，戦国史料叢書			

部類記（主要刊行分）

部類記名	分類	刊本	所収主要日記
朔旦冬至部類記	単事	群類，武蔵野書院	台記・朝隆卿記・光長記・良枝記・頼元記
御譲位部類記	単事	群類	公継公記・実基公記・継塵記
寛元御譲位記	単事	群類	葉黄記・師光記
天皇冠礼部類記	単事	群類	良業記・師右記・実重公記・継塵記
天皇元服部類	単事	群類	左経記・愚昧記・公名公記
東宮御書始部類記	単事	群類	山槐記・資長卿記・経俊卿記・後深草天皇宸記
口言部類	単記	続群	中右記
中山内府元日節会次第	単記 単事	続群	山槐記
殿上燕酔部類	単事	続群	江記・山槐記・定能卿記・有頼卿記・有資卿記・敦有卿記
妙槐記除目部類	単記 単事	続群	妙槐記
御即位由奉幣部類記	単事	続群	祐安記・実宣卿記・西郊記
土御門院御譲位部類	単事	続群	玉蘂・公継公記・三長記
改元部類	単事	続群	水左記・顕隆卿記・為房卿記・時範記
改元部類	単事	続群	不知記
改元部類	単事	続群	帥記・江記・時範記・殿暦・長秋記・台記
改元部類	単事	続群	雅兼卿記・親宗卿記・実有卿記・宗雅卿記
改元部類	単事	続群	台記・朝隆卿記・山槐記・兵範記・冬平公記・師富記
改元部類	単事	続群	吉続記・勘仲記・兼綱公記・忠光卿記
改元部類	単事	続群	師継公記・公宗公記・藤房卿記
東宮冠礼部類記	単事	続群	台記・兵範記
正元元年東宮御元服部類記	単事	続群	師光記・資季卿記・妙槐記・通雅公記・実雄公記・仁部記
親王御元服部類記	単事	続群	江記・為房卿記・永昌記・公能公記・愚昧記・山槐記・吉記
相国拝賀部類記	単事	続群	兵範記・兼雅公記・通雅公記
大納言拝賀部類記	単事	続群	水左記・中右記・玉葉・山槐記・吉記・明月記・二水記
中納言拝賀部類記	単事	続群	水左記・後二条師通記・愚昧記・後愚昧記・元長卿記
参議拝賀部類記	単事	続群	左経記・中右記・永昌記・吉記・薩戒記・宣胤卿記・資定卿記
夕郎五代拝賀次第	単事	続群	為房卿記・永昌記・吉記・定経卿記
次将拝賀部類	単事	続群	園太暦・愚昧記・山槐記・台記・明月記・経俊卿記・継塵記
御幸始部類記	単事	群類	公相公記・実兼公記・経俊卿記・公衡公記
朝覲行幸部類	単事	続群	中右記・為房卿記・永昌記・長秋記・師遠記・江記・三長記
御幸始部類記	単事	続群	不知記・公衡公記・公相公記・実兼公記
内裏遷幸部類	単事	続群	中右記・玉葉・兵範記・愚昧記・山槐記・明月記・園太暦
法住寺殿御移徙部類	単事	続群	重方記・兵範記・山槐記・顕長卿記・禅中記
御遊部類記	単記	続群	敦有記
永久元年記	単事	群類	外記記・中右記・雅兼卿記・重隆記
中宮御産部類記	単事	群類	中右記・雅兼卿記・師遠記・敦光卿記・資光記・有成記
后宮御着帯部類	単事	群類，図書寮	顕頼卿記・長秋記・定長卿記・葉黄記・頼資卿記・実氏公記
公宴部類記	単事	続群	吉続記・持通公記・兼宣公記・有俊卿記・薩戒記・顕朝卿記
任大臣大饗部類	単事	続群	俊家公記・中右記・台記
凶事部類	単事	続群	敦有卿記・薩戒記
康和元年御産部類記	単事	続群	為房卿記・師遠記
仙洞御移徙部類記	単事	図書寮	中右記・兵範記・山槐記・民経記・雅言卿記・二禅記
諸院宮御移徙部類記	単事	図書寮	時範記・中右記・朝隆卿記・顕時卿記・平戸記・師淳記

部　類　記　名	分類	刊　本	所　収　主　要　日　記
御産部類記	単事	図書寮	為房卿記・花園左府記・中右記・師元記・山槐記・公相公記
代々琵琶秘曲御伝受事	単事	図書寮	順徳天皇宸記・後深草天皇宸記・崇光天皇宸記
琵琶秘曲伝受記	単事	図書寮	実宗公記・公定卿記・忠経公記・実兼公記・春衡記
管絃御伝授記	単事	図書寮	定輔卿記・公相公記
主上御笛始記	単事	図書寮	為房卿記・山槐記・資実卿記・公時卿記・定長卿記
警固中節会部類記	単事	明月記研究 5	山槐記
東宮御書始部類記	単事	書陵部紀要 68	山槐記・資長卿記・後深草院御記・経俊卿記・資宣卿記
遷幸部類記	単事	史学雑誌 105-8，愛知県立大学文学部論集 54	江記
花園上皇仙洞部類記	単事	史料成果 2015-1	実躬卿記
院号定部類記	単事	史料成果 2021-17	土右記・大右記・江記・為房卿記・成頼記・山槐記・角金記 兵範記・重長記・頼平卿記・番記・信盛卿記

中世古記録関係文献目録（1998～2021年）

尾上陽介・末柄豊「中世古記録（日記）関係文献目録」（『日記に中世を読む』吉川弘文館）が刊行された1998年以降の文献を収めた。翻刻を主たる内容とするものについては、本書の「中世主要古記録一覧」の「刊本」の項目に収め、本目録には掲載しなかった。文献は【総論】【目録・文庫】【索引】【注釈・現代語訳】【個別日記研究】【記録体・記録語】に分類し、【注釈・現代語訳】【個別日記研究】は本書「中世主要古記録一覧」の順、その他は発表年ごとに著者名順で配列した。【個別日記研究】には日記本文の研究を主とする文献を取り上げ、記主の伝記研究や日記を素材とする歴史事象の研究を主とする文献、紙背文書に関する文献は省略した。【記録体・記録語】は古代の古記録も含めて採録した。

【総論】

飯倉晴武『日本史小百科　古記録』東京堂出版，1998

宮内庁書陵部編『展示目録　貴重史料の世界―家別け蔵書群から―』宮内庁書陵部，1998

五味文彦編『日記に中世を読む』吉川弘文館，1998

山中裕編『歴史物語講座7時代と文化』風間書房，1998

山中　裕「古記録と部類記」『明月記研究』3，1998

山中裕・高橋秀樹・幾永朋浩「平安公家社会の史料」『風俗史学』1，1998

山口唯七『公卿日記の統計的考察―玉葉・明月記―』私家版，1999

飯倉晴武「古記録について」『福大史学』66・67，1999（『日本中世の政治と史料』所収）

宮内庁書陵部編『平成新収善本展目録』宮内庁書陵部，1999

松薗　斉「王朝勢力と〈情報〉―情報装置としての日記―」『歴史学研究』729，1999（『王朝日記論』所収）

村井章介「中世史料論」『古文書研究』50，1999（『中世史料との対話』所収）

木本好信『平安朝官人と記録の研究』おうふう，2000

曽我良成「王朝貴族日記の素材としての情報―古記録の死角―」『名古屋学院大学論集 社会科学篇』36-3，2000

池上洵一『池上洵一著作集 第2巻 説話と記録の研究』和泉書院，2001

浦野都志子「『歴代残闕日記』について」『汲古』39，2001

新田英治「中世の日記を読むにあたって」『歴史遊学』山川出版社，2001

松薗　斉「王朝日記“発生”についての一考察」『日本歴史』643，2001（『王朝日記論』所収）

加納重文『明月片雲無し』風間書房，2002
遠藤珠紀「中世における具注暦の性格と変遷」『明月記研究』8，2003（『中世朝廷の官司制度』所収）
尾上陽介『中世の日記の世界』山川出版社，2003
京都大学総合博物館編『日記が開く歴史の扉』京都大学総合博物館，2003
富田正弘「中世の組織体と記録」『アーカイブズの科学　上』柏書房，2003
遠藤珠紀「中世の行事暦注に見る公事情報の共有」『日本歴史』679，2004
阿部猛編『古文書古記録語辞典』東京堂出版，2005
井原今朝男「中世の日記」『歴博』131，2005
尾上陽介「再利用された日記原本―『猪隈関白記』『後深心院関白記』を中心に―」『年報三田中世史研究』12，2005
高橋秀樹『古記録入門』東京堂出版，2005
吉岡眞之「部類記―「公家学」の教材―」『歴博』131，2005
櫛笥節男『宮内庁書陵部　書庫渉猟』おうふう，2006
中丸貴史「私日記の発生と展開　覚書―外記日記の変容を通して―」『日本・中国 交流の諸相』勉誠出版，2006（『『後二条師通記』論』所収）
松薗　斉『王朝日記論』法政大学出版局，2006
中丸貴史「記憶の現在―漢文日記書くことの論理―」『物語研究』7，2007（『『後二条師通記』論』所収）
厚谷和雄編『具注暦を中心とする暦史料の集成とその史料学的研究』厚谷和雄，2008
尾上陽介「東京理科大学近代科学資料館所蔵『具註暦　仮名暦』について」『東京大学史料編纂所研究紀要』18，2008
鹿内浩胤「伏見宮本『東宮御元服部類記』について」『杜都古代史論叢』今野印刷，2008
湯山賢一「『摂関家旧記目録』について」『古文書研究』66，2008
石田実洋「洞院家旧蔵の部類記と洞院公定―高松宮家伝来禁裏本『脱屣部類記』を中心に―」『禁裏本と古典学』塙書房，2009
高橋秀樹「古記録と仮名日記」『平安文学史論考』武蔵野書院，2009
藤本孝一「家記と部類記―松薗斉著『日記の家』によせて―」『中世史料学叢論』思文閣出版，2009
元木泰雄・松薗斉編『日記で読む日本中世史』ミネルヴァ書房，2011
厚谷和雄・末柄豊・伴瀬明美・藤原重雄編『金光図書館の具注暦』東京大学史料編纂所研究成果報告 2013-1
三橋　正「古記録文化の形成と展開―平安貴族の日記に見る具注暦記・別記の書き分けと

統合―」『日本研究』50，2014
井原今朝男「公家史料の申沙汰記―日記と古文書を結ぶ史料群―」『日記・古記録の研究』思文閣出版，2015
今谷　明「日記の亡佚に関する一考察―記主と権力の緊張関係について―」『日記・古記録の研究』思文閣出版，2015
上島　享「真言門跡寺院における文書と日記―勧修寺大経蔵からみえるもの―」『日記・古記録の研究』思文閣出版，2015
尾上陽介「記事の筆録態度にみる記主の意識―記事を書くこと，書かないこと―」『日記・古記録の研究』思文閣出版，2015
苅米一志『日本史を学ぶための古文書・古記録訓読法』吉川弘文館，2015
近藤好和「「日記」という文献―その実態の多様性―」『日記・古記録の世界』思文閣出版，2015
本郷恵子「中山家関係史料の伝来をめぐって」『中山・花山院家関係史料にみる中世文化情報の継承過程についての研究』東京大学史料編纂所研究成果報告 2014-4，2015
松薗　斉「茶会記の成立―日記・古記録学の視点から―」『日記・古記録の研究』思文閣出版，2015
山下克明「具注暦と日記」『日記・古記録の研究』思文閣出版，2015
大島幸雄『平安後期散逸日記の研究』岩田書院，2016
倉本一宏編『日記で読む日本史 1　日本人にとって日記とは何か』臨川書店，2016
曽我良成『日記で読む日本史 12　物語がつくった驕れる平家―貴族日記にみる平家の実像―』臨川書店，2017
畠山聡・遠藤基郎「東大寺図書館所蔵記録部中の中世史料」『古文書研究』83，2017
松薗　斉『日記で読む日本史 13　日記に魅入られた人々―王朝貴族と中世公家―』臨川書店，2017
松薗斉・近藤好和編『中世日記の世界』ミネルヴァ書房，2017
山下克明『日記で読む日本史 2　平安貴族社会と具注暦』臨川書店，2017
吉田一彦・廣瀬憲雄・木村慎平・手嶋大侑・松薗斉・鳥居和之・丸山裕美子・浅岡悦子・芝田早希「蓬左文庫本『日次記』の基礎的考察―書物の書写・贈与・相続をめぐる公家と武家―」『人間文化研究』32，2019
梁 辰 雪「日本具注暦所見朱筆暦注考」『敦煌写本研究年報』13，2019
野口華世「「院号定部類記」をめぐって」『女院からみる中世王権の特徴』野口華世，2020
野口華世「『院号定部類記』をめぐる一考察―女院号宣下時の史料の検討―」『史聚』53，2020

廣瀬憲雄・芝田早希「二条家本系『日次記』諸写本の比較と写本系統」『愛大史学』30, 2021
湯浅吉美「中世における具注暦の展開」『新陰陽道叢書二　中世』名著出版, 2021

【目録・文庫】

『皇室の至宝　東山御文庫御物 1』毎日新聞社, 1999
『皇室の至宝　東山御文庫御物 2』毎日新聞社, 1999
『皇室の至宝　東山御文庫御物 3』毎日新聞社, 1999
詫間直樹「伏見宮家の記録目録」『日本歴史』615, 1999
『皇室の至宝　東山御文庫御物 4』毎日新聞社 2000
『皇室の至宝　東山御文庫御物 5』毎日新聞社 2000
国立歴史民俗博物館編『国立歴史民俗博物館資料目録 1　田中穣氏旧蔵典籍古文書目録［古文書記録類編］』国立歴史民俗博物館, 2000
飯倉晴武「史料編纂所所蔵『東山御文庫目録』と現御文庫目録との関係」『東山御文庫本を中心とした禁裏本および禁裏文庫の総合的研究』田島公, 2001
小倉慈司編「東山御文庫本マイクロフィルム目録（稿）」『東山御文庫本を中心とした禁裏本および禁裏文庫の総合的研究』田島公, 2001
田島　公「近世禁裏文庫の変遷と蔵書目録—東山御文庫本の史料学的・目録学的研究のために—」『東山御文庫本を中心とした禁裏本および禁裏文庫の総合的研究』田島公, 2001
田島　公「中世天皇家の文庫・宝蔵の変遷—蔵書目録の紹介と収蔵品の行方—」『東山御文庫本を中心とした禁裏本および禁裏文庫の総合的研究』田島公, 2001
藤井譲治・有坂道子編『京都大学文学部日本史研究室関係日記目録』京都大学大学院文学研究科, 2001
飯倉晴武「中・近世公家文庫の内容と伝承」『東北地区大学図書館協議会誌』53, 2002（『日本中世の政治と史料』所収）
田島公編『禁裏・公家文庫研究 1』思文閣出版, 2003
勝山清次・早島大祐編『京都大学文学部日本史研究室所蔵和書目録』京都大学大学院文学研究科, 2005
神宮司庁編『神宮文庫所蔵和書総目録』戎光祥出版, 2005
田島　公「『禁裡御蔵書目録』の影印本と原本—『大東急記念文庫善本叢刊　書目集』を例に—」『汲古』48, 2005
田中幸江「専修大学図書館蔵「菊亭文庫蔵書目録」解題ならびに翻刻（一）（二）」『専修

国文』76・77，2005
石田実洋「甘露寺親長書写本・所持本一覧（稿）―甘露寺親長の書写活動と禁裏文庫―」『禁裏・宮家・公家文庫収蔵古典籍のデジタル化による目録学的研究』田島公，2006
小倉慈司編「宮内庁書陵部所蔵伏見宮本目録（稿）」『禁裏・宮家・公家文庫収蔵古典籍のデジタル化による目録学的研究』田島公，2006
酒井茂幸「霊元院仙洞における古記録の収書活動」『日本歴史』699，2006
田島公編『禁裏・公家文庫研究 2』思文閣出版，2006
田島　公「西尾市岩瀬文庫所蔵『官本目録』」『禁裏・宮家・公家文庫収蔵古典籍のデジタル化による目録学的研究』田島公，2006
田島　公「中世蔵書目録管見」『禁裏・宮家・公家文庫収蔵古典籍のデジタル化による目録学的研究』田島公，2006
田中幸江「専修大学図書館蔵「菊亭文庫蔵書目録」解題ならびに翻刻（三）」『専修国文』78，2006
天野まどか・内田澪子・大内瑞恵「高松宮家本（旧有栖川宮家本）マイクロフィルム一覧（稿）」『中世近世の禁裏の蔵書と古典学の研究―高松宮家伝来禁裏本を中心として―研究調査報告 1』同研究プロジェクト，2007
小川剛生「高松宮家伝来の禁裏文書について―室町後期より江戸前期にいたる「官庫」の遺物として―」『中世近世の禁裏の蔵書と古典学の研究―高松宮家伝来禁裏本を中心として―　研究調査報告 1』同研究プロジェクト，2007
井原今朝男「近世禁裏文庫と文明期廷臣の書写活動―『三長記』『禁秘抄』を例として―」『中世近世の禁裏の蔵書と古典学の研究―高松宮家伝来禁裏本を中心として―　研究調査報告 2』同研究プロジェクト，2008
高田義人「宮内庁書陵部所蔵九条家本部類記所引記録編年集成（稿）」『画像史料解析による前近代日本の儀式構造の空間構成と時間的遷移に関する研究』加藤友康，2008
湯山賢一「『摂関家旧記目録』について」『古文書研究』66，2008
飯倉晴武「近代の禁裏・公家文庫―図書寮（書陵部）―」『禁裏・公家文庫研究 3』思文閣出版，2009
飯倉晴武「伏見宮本の変遷―書陵部での整理と書名決定―」『禁裏・公家文庫研究 3』思文閣出版，2009
石田実洋「東山御文庫本『御本御目録』と高松宮家伝来禁裏本」『禁裏本と古典学』塙書房，2009
石田実洋「洞院家旧蔵の部類記と洞院公定―高松宮家伝来禁裏本『脱屣部類記』を中心に―」『禁裏本と古典学』塙書房，2009

小倉慈司編「宮内庁書陵部所蔵伏見宮本目録」『禁裏・公家文庫研究 3』思文閣出版，2009
小倉慈司編「東山御文庫マイクロフィルム内容目録（稿）索引」『禁裏・公家文庫研究 3』思文閣出版，2009
小倉真紀子「『記録目録』（国立歴史民俗博物館所蔵高松宮家伝来禁裏本）」『禁裏本と古典学』塙書房，2009
国立歴史民俗博物館編『国立歴史民俗博物館資料目録 8-1　高松宮伝来禁裏本目録［分類目録編］』国立歴史民俗博物館，2009
国立歴史民俗博物館編『国立歴史民俗博物館資料目録 8-2　高松宮伝来禁裏本目録［奥書刊記集成・解説編］』国立歴史民俗博物館，2009
酒井茂幸「江戸時代前期の禁裏における冷泉家本の書写活動について」『禁裏本と古典学』塙書房，2009
福原紗綾香・田良島哲編「東京国立博物館所蔵菊亭家（今出川家）旧蔵古典書籍類目録」『目録学の構築と古典学の再生』田島公，2009
松澤克行「後光明天皇期における禁裏文庫」『禁裏・公家文庫研究 3』思文閣出版，2009
吉岡眞之「前田綱紀収集『秘閣群籍』の目録について」『禁裏本と古典学』塙書房，2009
天理大学附属天理図書館編『天理図書館稀書目録　和漢書之部　第五』天理大学出版部，2010
吉江　崇『勧修寺家文庫所蔵部類記目録（稿）　大記写本一覧（稿）』吉江崇，2010
小倉慈司編「宮内庁書陵部所蔵九条家旧蔵本目録（稿）」『禁裏・公家文庫研究 4』思文閣出版，2012
小倉慈司編「宮内庁書陵部所蔵柳原家旧蔵本目録（稿）」『禁裏・公家文庫研究 4』思文閣出版，2012
尾上陽介「近衛家記録十五函目録」（昭和十五年四月）『禁裏・公家文庫研究 4』思文閣出版，2012
西尾市岩瀬文庫編「柳原家旧蔵資料目録（A）（B）」『禁裏・公家文庫研究 4』思文閣出版，2012
小倉慈司「「高松宮家伝来禁裏本」の形成過程」『国立歴史民俗博物館研究報告』178，2013
伴瀬明美「史料編纂所所蔵『古文書目録』（『藤波家蔵文書記録目録』）」『東京大学史料編纂所研究紀要』23，2013
藤原重雄「春日大社所蔵『大東家旧記目録』」『東京大学史料編纂所研究紀要』24，2014
田中奈保「冷泉家時雨亭文庫所蔵『某年記録目録』について」『古文書研究』77，2014

相曽貴志「「伏見宮記録文書」の成立」『書陵部紀要』66，2015
小倉慈司編「宮内庁書陵部所蔵壬生家旧蔵本目録（稿）」『禁裏・公家文庫研究 5』思文閣出版，2015
國學院大學研究開発推進機構校史・学術資産研究センター編『國學院大學図書館所蔵中近世文書書籍目録』國學院大學研究開発推進機構校史・学術資産研究センター，2015
吉岡眞之「柳原家旧蔵書籍群の現状とその目録―蔵書群の原形復原のための予備的考察―」『禁裏・公家文庫研究 5』思文閣出版，2015
田島　公「文庫論」『岩波講座日本歴史 22　歴史学の現在』岩波書店，2016
田代圭一「書陵部所蔵　伏見宮蔵書目録について（一）」『書陵部紀要』67，2016
小倉慈司編「宮内庁書陵部所蔵御御所本目録（稿）」『禁裏・公家文庫研究 6』思文閣出版，2017
神戸航介「宮内庁書陵部所蔵九条家本「諸次第等目録」について―平安時代儀式研究のために―」『禁裏・公家文庫研究 6』思文閣出版，2017
尾上陽介「中世近衛家の日記目録について」『日本古代史の方法と意義』勉誠出版，2018
国立歴史民俗博物館編『国立歴史民俗博物館資料目録 13　広橋家旧蔵記録文書典籍類目録』国立歴史民俗博物館，2019
糸賀優理「東北大学附属図書館狩野文庫所蔵『近衛家藏書目録』の紹介と翻刻」『禁裏・公家文庫研究 7』思文閣出版，2020
吉岡眞之・田島公・小倉慈司編「高松宮家蔵書目録一覧」『禁裏・公家文庫研究 7』思文閣出版，2020
高橋秀樹編『藤波家旧蔵史料の調査・研究』東京大学史料編纂所研究成果報告 2021-8，2021

【索引】

古川元也ほか「「厳助王年記」人名索引（上）」『年報三田中世史研究』5，1998
家忠日記研究グループ「『家忠日記』人名索引」『駒澤史学』54，1999
兵範記輪読会編『立命館文学別巻　兵範記人名索引Ⅲ』立命館大学人文学会，1999
小川剛生「人名索引（応永三十年）」『伏見宮文化圏の研究―学芸の享受と創造の場として―』森正人，2000
櫻井陽子「典籍記録文書等索引」『伏見宮文化圏の研究―学芸の享受と創造の場として―』森正人，2000
土井哲治編『実隆公記書名索引』続群書類従完成会，2000
三重大学人文学部日本中世史研究室「『北野社家日記』人名索引」『三重大史学』2，2002

三重大学人文学部日本中世史研究室「『北野社家日記』地名索引」『三重大史学』3，2003
稲村栄一『訓注明月記人名索引　上・下』松江今井書店，2004
酒井茂幸「『花園天皇宸記』書名索引」『研究と資料』54，2005
学習院大学吉記輪読会編『吉記人名索引Ⅱ』学習院大学吉記輪読会，2006
高田信敬・今野鈴代・三上啓子「古記録所載屏風・障子編年索引―平安時代篇（上）（下）―」『鶴見大学日本文学』10・11，2006・2007
兵範記輪読会編『兵範記人名索引』思文閣出版，2007（増補改訂 2013）
桃崎有一郎編「『斎藤基恒日記』人名索引」『年報三田中世史研究』14，2007
高橋秀樹編『新訂吉記　索引・解題編』和泉書院，2008
桃崎有一郎編『康富記人名索引』日本史史料研究会，2008
相原宏美「『言国卿記』所引書名索引」『中世後期禁裏本の復元的研究』武井和人，2009
末柄豊編『親長卿記人名索引』東京大学史料編纂所研究成果報告 2009-2，2010
満済准后日記研究会編『満済准后日記人名索引』八木書店，2010
末柄　豊「室町時代公家日記禅僧人名索引稿」『日本中世の「大学」における社会連携と教育普及活動に関する研究』東京大学史料編纂所研究成果報告 2011-5，2012
桃崎有一郎編『山槐記・三長記人名索引』日本史史料研究会，2014
桃崎有一郎編『平戸記・妙槐記・吉続記人名索引』日本史史料研究会，2014

【注釈・現代語訳】

磐下徹・久米舞子・堀井佳代子「『水左記』註釈（康平五・六年）」『人文研究』71，2020
北村安裕・磐下徹・堀井佳代子・宮川麻紀「『水左記』の研究―康平七年正月～四月―」『岐阜聖徳学園大学紀要（教育学部編）』59，2020
磐下徹・久米舞子・北村安裕・堀井佳代子・宮川麻紀「『水左記』註釈（康平七年四月～閏五月）」『人文研究』72，2021
北村安裕・久米舞子・黒須友里江・重田香澄・堀井佳代子「『水左記』の研究―康平七年閏五月～七月―」『岐阜聖徳学園大学紀要（教育学部編）』60，2021
所　京子「「中右記部類」斎宮群行記―解説と訓読―」『岐阜聖徳学園大学紀要』（教育・外国語）37，1999（『斎王の歴史と文学』所収）
原水民樹「『台記』注釈（久寿二年四月）」『言語文化研究』10，2003
原水民樹「『台記』注釈（久寿二年五月，六月）」『言語文化研究』11，2004
原水民樹「『台記』注釈（久寿二年七月～九月）」『言語文化研究』12，2005
原水民樹『『台記』注釈　久安六年』和泉書院，2021
木本好信「自筆本『法性寺殿御記』註釈（稿）」『甲子園短期大学文化情報学科研究報告』

5, 2010
高橋秀樹『玉葉精読—元暦元年記—』和泉書院, 2013
明月記研究会「『明月記』(嘉禄三年閏三月) を読む」『明月記研究』3, 1998
明月記研究会「『明月記』(治承四年) を読む」『明月記研究』4, 1999
明月記研究会「『明月記』(治承四五年) を読む」『明月記研究』5, 2000
明月記研究会「『明月記』(寛喜二年七月) を読む」『明月記研究』6, 2001
稲村栄一『訓注明月記』松江今井書店, 2002
明月記研究会「『明月記』(寛喜二年八月) を読む」『明月記研究』7, 2002
明月記研究会「『明月記』(建暦元年十一月・十二月) を読む」『明月記研究』8, 2003
明月記研究会「『明月記』(建暦三年五月) を読む」『明月記研究』9, 2004
明月記研究会「『明月記』(元久二年五月～閏七月) を読む」『明月記研究』10, 2005
明月記研究会「建仁元年十月『熊野御幸記』を読む」『明月記研究』11, 2007
明月記研究会「『明月記』(天福元年六月) を読む」『明月記研究』12, 2010
明月記研究会「『明月記』(建仁三年十二月) を読む」『明月記研究』13, 2012
明月記研究会「『明月記歌道事』(文治四年四月～正治二年九月) を読む」『明月記研究』14, 2016
三井記念美術館・明月記研究会編『国宝熊野御幸記』八木書店, 2009
花園天皇日記研究会「『花園天皇日記 (花園院宸記)』正和二年正月記—訓読と注釈—」『花園大学国際禅学研究所論叢』4, 2009
花園天皇日記研究会「『花園天皇日記 (花園院宸記)』正和二年二月記 (一) —訓読と注釈—」『花園大学国際禅学研究所論叢』5, 2010
花園天皇日記研究会「『花園天皇日記 (花園院宸記)』正和二年二月記 (二) —訓読と注釈—」『花園大学国際禅学研究所論叢』6, 2011
花園天皇日記研究会「『花園天皇日記 (花園院宸記)』正和二年三月記—訓読と注釈—」『花園大学国際禅学研究所論叢』7, 2012
花園天皇日記研究会「『花園天皇日記 (花園院宸記)』正和二年四月記—訓読と注釈—」『花園大学国際禅学研究所論叢』8, 2013
花園天皇日記研究会「『花園天皇日記 (花園院宸記)』正和二年五月記 (1) —訓読と注釈—」『花園大学国際禅学研究所論叢』9, 2014
花園天皇日記研究会「『花園天皇日記 (花園院宸記)』正和二年五月記 (2) —訓読と注釈—」『花園大学国際禅学研究所論叢』10, 2015
花園天皇日記研究会「『花園天皇日記 (花園院宸記)』正和二年六月記—訓読と注釈—」『京都大学国文学論叢』35, 2016

近藤好和『建内記註釈 1』日本史史料研究会，2009
近藤好和『建内記註釈 2』日本史史料研究会，2011
薗部寿樹「『看聞日記』現代語訳（1）」『米沢史学』30，2014
薗部寿樹「『看聞日記』現代語訳（2）」『山形県立米沢女子短期大学紀要』50，2014
薗部寿樹「『看聞日記』現代語訳（3）」『山形県立米沢女子短期大学附属生活文化研究所報告』42，2015
薗部寿樹「『看聞日記』現代語訳（4）」『米沢史学』31，2015
薗部寿樹「『看聞日記』現代語訳（5）」『山形県立米沢女子短期大学紀要』51，2015
薗部寿樹「『看聞日記』現代語訳（6）」『山形県立米沢女子短期大学附属生活文化研究所報告』43，2016
薗部寿樹「『看聞日記』現代語訳（7）」『米沢史学』32，2016
薗部寿樹「『看聞日記』現代語訳（8）」『山形県立米沢女子短期大学紀要』52，2016
薗部寿樹「『看聞日記』現代語訳（9）」『山形県立米沢女子短期大学附属生活文化研究所報告』44，2017
薗部寿樹「『看聞日記』現代語訳（10）」『米沢史学』33，2017
薗部寿樹「『看聞日記』現代語訳（11）」『山形県立米沢女子短期大学紀要』53，2017
薗部寿樹「『看聞日記』現代語訳（12）」『山形県立米沢女子短期大学附属生活文化研究所報告』45，2018
薗部寿樹「『看聞日記』現代語訳（13）」『米沢史学』34，2018
薗部寿樹「『看聞日記』現代語訳（14）」『山形県立米沢女子短期大学紀要』54，2018
薗部寿樹「『看聞日記』現代語訳（15）」『山形県立米沢女子短期大学附属生活文化研究所報告』46，2019
薗部寿樹「『看聞日記』現代語訳（16）」『米沢史学』35，2019
薗部寿樹「『看聞日記』現代語訳（17）」『山形県立米沢女子短期大学紀要』55，2019
薗部寿樹「『看聞日記』現代語訳（18）」『山形県立米沢女子短期大学附属生活文化研究所報告』47，2020
薗部寿樹「『看聞日記』現代語訳（19）」『米沢史学』36，2020
薗部寿樹「『看聞日記』現代語訳（20）」『山形県立米沢女子短期大学紀要』56，2020
薗部寿樹「『看聞日記』現代語訳（21）」『山形県立米沢女子短期大学附属生活文化研究所報告』48，2021
薗部寿樹「『看聞日記』現代語訳（22）」『米沢史学』37，2021
薗部寿樹「『看聞日記』現代語訳（23）」『山形県立米沢女子短期大学紀要』57，2021
古代・中世史研究会『実隆公記』を読む会「『実隆公記』文明六年（一四七四）条　注釈」

『吉備地方文化研究』19，2009
古代・中世史研究会『実隆公記』を読む会「『実隆公記』文明七年（一四七五）正月～三月条　注釈」『吉備地方文化研究』20，2010
古代・中世史研究会『実隆公記』を読む会「『実隆公記』文明七年（一四七五）四月～十二月条　注釈」『吉備地方文化研究』21，2011
古代・中世史研究会『実隆公記』を読む会「『実隆公記』文明八年（一四七六）正月～八月条　注釈」『吉備地方文化研究』22，2012
古代・中世史研究会『実隆公記』を読む会「『実隆公記』文明八年（一四七六）九月～同九年（一四七七）正月条　注釈」『吉備地方文化研究』23，2013
古代・中世史研究会『実隆公記』を読む会「『実隆公記』文明九年（一四七七）閏正月～十二月条　注釈」『吉備地方文化研究』24，2014
古代・中世史研究会『実隆公記』を読む会「『実隆公記』文明十年（一四七八）条　注釈」『吉備地方文化研究』25，2015
古代・中世史研究会『実隆公記』を読む会「『実隆公記』文明十一年（一四七九）正月～三月条　注釈」『吉備地方文化研究』26，2016
古代・中世史研究会『実隆公記』を読む会「『実隆公記』文明十一年四月～閏九月条　注釈」『吉備地方文化研究』27，2017
古代・中世史研究会『実隆公記』を読む会「『実隆公記』文明十二年条　注釈」『吉備地方文化研究』28，2018
古代・中世史研究会『実隆公記』を読む会「『実隆公記』文明十三年条　注釈」『吉備地方文化研究』29，2019
古代・中世史研究会『実隆公記』を読む会「『実隆公記』文明十五年条　注釈」『吉備地方文化研究』30，2020
古代・中世史研究会『実隆公記』を読む会「『実隆公記』文明十五年八月～十二月条　注釈」『吉備地方文化研究』31，2021
中川三平『現代語訳家忠日記』ゆいぽおと，2019
新名一仁『現代語訳上井覚兼日記　天正十年（一五八二）十一月～天正十一年（一五八三）十一月』ヒムカ出版，2020

【個別日記研究】

[水左記]

石田実洋「陽明文庫所蔵『水心記　嘉承二即位間事』小考―『水左記』逸文の紹介―」『日本歴史』709，2007

『国宝水左記』公益財団法人前田育徳会，2013
[為房卿記]
佐藤全敏「『為房卿記』と政務文書」『日記に中世を読む』吉川弘文館，1998
菊池紳一「尊経閣文庫所蔵『為房卿記』逸文について」『季刊ぐんしょ』59，2003
[時範記]
森　公章『平安時代の国司の赴任―『時範記』を読む―』臨川書店，2016
[後二条師通記]
川崎恵津子「『後二条師通記』に見られる文体の形成過程」『国語と国文学』79-9，2002
柳原恵津子「(調査報告)『後二条師通記』冒頭部の使用語彙―本記と別記という観点から―」『日本語学論集』創刊号，2005
中野栄夫「『後二条師通記』を読む　その1～その8」『日本社会史研究』67～81，2006～2009
中丸貴史「漢文日記の生成―『後二条師通記』二つの本文―」『日本文学』56-9，2007(『『後二条師通記』論』所収)
柳原恵津子「『後二条師通記』冒頭部の使用語彙―本記と別記の比較という観点から―」『日本語学論集』3，2007
中丸貴史「開かれたテクストとしての漢文日記―『後二条師通記』応徳元年～寛治二年条を中心として―」『学習院大学大学院日本語日本文学』4，2008(『『後二条師通記』論』所収)
中丸貴史「『後二条師通記』の学習記録―日記叙述とテクスト生成―」『東アジア比較文化研究』7，2008(『『後二条師通記』論』所収)
中丸貴史「『後二条師通記』寛治五年「曲水宴」関連記事における唱和記録―「劉公何必入天台」を始発として―」『海を渡る天台文化』勉誠出版，2008(『『後二条師通記』論』所収)
中丸貴史「『後二条師通記』における漢籍引用―日記叙述とテクスト生成―」『学習院大学人文科学論集』17，2008(『『後二条師通記』論』所収)
中丸貴史「漢文日記における語りと筆録―『後二条師通記』を中心として―」『中古文学』84，2009(『『後二条師通記』論』所収)
小野泰央「『後二条師通記』の漢詩文表現―古記録の記述と時令思想―」『中央大学国文』52，2009(『中世漢文学の形象』所収)
柳原恵津子「『後二条師通記』冒頭三カ年分の「本記」と「別記」について」『古典語研究の焦点』武蔵野書院，2010
中丸貴史「『後二条師通記』寛治五年の「本記」「別記」」『史聚』43，2010(『『後二条師通

記』論』所収）
中丸貴史「『後二条師通記』の伝本と受容」『日本漢文学研究』5，2010（『『後二条師通記』論』所収）
中丸貴史『『後二条師通記』論』和泉書院，2019
磯貝淳一「和化漢文にみる書記言語の特質について―『後二条師通記』本記・別記の文体差から―」『言語の普遍性と個別性』11，2020

［中右記］

吉田早苗「「中右記部類」と相撲」『東京大学史料編纂所研究紀要』8，1998
五味文彦「紙背に書物を探る―『中右記部類』と藤原忠親―」『書物の中世史』みすず書房，2003
吉田早苗「『中右記部類』目録」『禁裏・公家文庫研究 1』思文閣出版，2003
古池由美「『中右記』解釈の試み―寛治元年正月元日・二日・三日―」『安田女子大学国語国文論集』35，2005
吉田早苗「宗忠と忠通―「中右記部類」に見える「法性寺関白記」―」『日本歴史』759，2011

［長秋記］

石井正敏「肥前国神崎荘と日宋貿易―『長秋記』長承二年八月十三日条をめぐって―」『古代中世史料学研究　下』吉川弘文館，1998（『石井正敏著作集 3』所収）
高田智仁「新出の藤原定家筆「小記録切」（長秋記）断簡を巡って」『汲古』69，2016

［季仲卿記］

木本好信「藤原季仲と『季仲卿記』小考」『国書・逸文の研究』臨川書店，2002

［殿暦］

大島幸雄「『殿暦』に見る日記と先例」『史聚』46，2013

［兵範記］

上横手雅敬「兵範記と平信範」『日記が開く歴史の扉』京都大学総合博物館，2003
石田実洋「武田科学振興財団杏雨書屋所蔵『兵範記』について」『日本歴史』676，2004
井上幸治「延宝五年の『兵範記』分与について」『立命館文学』585，2004
佐古愛己「『兵範記』（平信範）―筆忠実な能吏が描いた激動期の摂関家―」『日記で読む日本中世史』ミネルヴァ書房，2011
石田実洋「冷泉家旧蔵本『兵範記』仁安元年十二月記・仁安三年八月記の復原」『古文書研究』74，2012

［台記］

高橋秀樹「歴史記録への招待 16『台記』」『歴史読本』2000 年 4 月号

山口真琴「言談の背後—『台記』鳥羽院叡山御幸記事より—」『院政期文化論集2』森話社，2002
小野泰央「台記と漢籍—文に融合する引用について—」『日記文学研究誌』5，2003（『中世漢文学の形象』所収）
ポール・シャロウ「藤原頼長の漢文日記「台記」」『城西国際大学日本研究センター紀要』6，2011
柳川　響「貴族日記と説話—藤原成佐をめぐる二説話と『台記』—」『早稲田大学大学院文学研究科紀要』第3分冊58，2012（『「悪左府」の学問と言説』所収）
ポール・シャロウ「漢文日記の内面性を読む—藤原頼長『台記』を中心に—」『「玉葉」を読む』勉誠出版，2013
大島幸夫「藤原頼長と『台記』」『史聚』52，2019
白根靖大「東北大学附属図書館狩野文庫所蔵『台記』の初歩的考察—保延二年十月記を中心に—」『中央史学』42，2019
白根靖大「『台記』保延二年記の基礎的考察—写本の比較検討を通して—」『中央史学』43，2020
[山槐記]
櫻井陽子「頼朝の征夷大将軍任官をめぐって—『三槐荒涼抜書要』の翻刻と紹介—」『明月記研究』9，2004
[玉葉]
上杉和彦「歴史物語と記録　玉葉」『歴史物語講座7』風間書房，1998
田村憲治「公家日記における説話的世界—『玉葉』を通して—」『中世文学研究』25，1999
古澤直人「『玉葉』にみえる「謀叛」用例について」『名古屋芸術大学紀要』20，1999（『中世初期の〈謀叛〉と平治の乱』所収）
高橋秀樹「歴史記録への招待17　『玉葉』」『歴史読本』2000年5月号
龍福義友「平清盛の政治手法寸見—玉葉治承三年十一月十五日条精読—」『明月記研究』6，2001
龍福義友「政治手法の西と東　1・2—源頼朝「天下之草創」の書状精読　上・下—」『愛国学園大学人間文化研究紀要』4・5，2002・2003
龍福義友「政治手法の西と東　3・4—源頼朝「天下之草創」と藤原兼実　玉葉文治元年12月27日条精読　上・下—」『愛国学園大学人間文化研究紀要』5・6，2004・2005
龍福義友「玉葉の「物議」と「時議」—本文復原への一試行—」『史学雑誌』114-1，2005
細川兼睦「『玉葉』に頻出する「或人云」に関する一考察」『愛知学院大学教養部紀要』

51-3，2005
龍福義友「政治手法の西と東　5―なかじきり―」『愛国学園大学人間文化研究紀要』8，2006
石丸　熙「九条兼実はどのようにして情報を集めたか―『玉葉』の内乱に関する記事に見る―」『東海史学』41，2007
藤原重雄「『玉葉』の「図絵春日御社」参詣をめぐって―夢告に注目して―」『巡礼記研究』6，2009
湯浅吉美「星・天文・占い―『玉葉』に見える月星接近を題材として―」『経世の信仰・呪術』竹林舎，2012
小原仁編『「玉葉」を読む』勉誠出版，2013
臼井和樹「『玉葉』をさがせ―楓山秘閣玉海捜探―」『変革期の社会と九条兼実』勉誠出版，2018

［吉記］

原水民樹「『吉記』寿永三年四月十五日条の読み―崇徳院・頼長奉祀に係わる一問題―」『日本文学』48-11，1999
竹居明男・吉沢陽「『吉記』逸文承安五年（安元元年）六月十六日条をめぐって―蓮華王院惣社，ならびに同社勧請の二十一社を中心とした諸社の本地仏に関する重要史料―」『文化史学』57，2001
高橋秀樹「藤原経房の『公事問答記』について」『いずみ通信』29，2002
高橋秀樹「平松家本『吉記』とその紙背文書について」『日本中世史の再発見』吉川弘文館，2003
橋口晋作「『平家物語』と『吉記』―依拠関係から『平家物語』を見る」『人文』27，2003

［明月記］（※『明月記研究提要』文献目録掲載分は省略）

明月記研究会編『明月記研究提要』八木書店，2006
石田実洋「定家自筆本『熊野御幸記』の伝来」『明月記研究』11，2007
清水　実「国宝『熊野御幸記』について―書誌・伝来とその史料的価値―」『国宝熊野御幸記』八木書店，2009
尾上陽介「東京国立博物館所蔵『明月記』天福元年六月記について」『明月記研究』12，2010
兼築信行「新収の自筆本『明月記』断簡」『ふみくら』78，2010
美川　圭「『明月記』（藤原定家）―激動を生きぬいた，したたかな歌人―」『日記で読む日本中世史』ミネルヴァ書房，2011
尾上陽介『断簡・逸文・紙背文書の蒐集による「明月記」原本の復元的研究』東京大学史

料編纂所研究成果報告 2012-7，2013
半田昌規・川端誠・半田幾子「「国宝　熊野御幸記　藤原定家筆」の修理によって見えてきたもの」『三井美術文化史論集』8，2015
樋口一貴「修理によって得られた「国宝　熊野御幸記　藤原定家筆」の執筆状況に関する新知見」『三井美術文化史論集』8，2015
藤本孝一「『明月記』の写本学研究―貴族日記と有職故実書―」『日記・古記録の研究』思文閣出版，2015
藤本孝一『日記で読む日本史 14　国宝『明月記』と藤原定家の世界』臨川書店，2016
遠藤珠紀「「明月記歌道事」伝本について」『明月記研究』14，2016
五月女肇志「『明月記』における『論語』引用の意義」『明月記研究』14，2016
大野順子「『明月記』天福元年十一月十一日条について」『明月記研究』14，2016
菊地大樹「『明月記』と『三長記』」『明月記研究』14，2016
高橋典幸「『熊野御幸記』（藤原定家）―霊地熊野を目指す貴族たち―」『中世日記の世界』ミネルヴァ書房，2017
尾上陽介「『明月記』原本の特異性」『日本文学研究ジャーナル』2，2017
石澤一志「藤原定家筆「記録切」―『明月記』建仁元年一一月二六日条（前後欠）―」『立教大学大学院日本文学論叢』18，2018
稲村栄一『定家『明月記』の物語』ミネルヴァ書房，2019
藤原重雄「碧南市藤井達吉現代美術館所蔵「定家記録切」について―建暦二年三月九日条と思しき『明月記』原本断簡―」『碧南市藤井達吉現代美術館研究紀要』5，2019
村井康彦『藤原定家『明月記』の世界』岩波書店，2020 年
谷　昇「北条政子危急をめぐる朝幕の対応とその背景―新出「藤原定家自筆明月記断簡」（嘉禄元年七月一日～三日条）―」『立命館文学』674，2021
遠藤珠紀「東京大学史料編纂所新収『明月記』断簡について」『東京大学史料編纂所附属画像史料解析センター通信』91，2021

[養和二年記]

細井浩志「陰陽師の日記―『養和二年記』にみえる天文道―」『中世日記の世界』ミネルヴァ書房，2017

[三長記]

菊地大樹「『明月記』と『三長記』」『明月記研究』14，2016

[猪隈関白記]

阿諏訪青美「館蔵資料「猪隈関白記」四冊の写本系統について（1）」『横浜市歴史博物館調査研究報告』11，2015

阿諏訪青美「館蔵資料「猪隈関白記」四冊の写本系統について（2）」『横浜市歴史博物館調査研究報告』12，2016

[後鳥羽天皇宸記]

石田実洋「『後鳥羽院宸記』建保二年四月記と宸記切」『明月記研究』14，2016

[民経記]

尾上陽介「『民経記』と暦記・日次記」『日記に中世を読む』吉川弘文館，1998

小野泰央「『民経記』の『和漢朗詠集』摂取について」『群馬高専レビュー』29，2011（『中世漢文学の形象』所収）

尾上陽介「『民経記』（藤原経光）―「稽古」に精進する若き実務官僚―」『日記で読む日本中世史』ミネルヴァ書房，2011

[勘仲記]

高橋秀樹「『勘仲記』と「家」」『日記に中世を読む』吉川弘文館，1998

遠藤珠紀「『勘仲記』に見る暦記と日次記の併用」『具注暦を中心とする暦史料の集成とその史料学的研究』厚谷和雄，2008（『中世朝廷の官司制度』所収）

高橋秀樹「藤原兼仲『勘仲記』を観る」『国学院雑誌』122-11，2021

[園太暦]

松薗　斉「『園太暦』（洞院公賢）―最後の王朝貴族―」『日記で読む日本中世史』ミネルヴァ書房，2011

[花園天皇宸記]

相曽貴志「光厳天皇宸記とされてきた花園天皇宸記」『日本歴史』799，2014

[空華日用工夫略集]

榎本　渉「日記と僧伝の間―『空華日用工夫略集』の周辺―」『日記・古記録の研究』思文閣出版，2015

義堂の会編『空華日用工夫略集の周辺』義堂の会，2017

[中院一品記]

山本信吉「『中院一品記』原本の書誌的考察」『日本歴史』641，2001

大和文華館編『中世の人と美術』大和文華館，2015

尾上陽介編『東京大学史料編纂所所蔵『中院一品記』修理事業に伴う調査と研究』東京大学史料編纂所研究成果報告 2015-1，2016

[兼宣公記]

榎原雅治「「兼宣公記」応永二十九年記の錯簡について」『古記録の史料学的な研究にもとづく室町文化の基層の解明』東京大学史料編纂所研究成果報告 2011-4，2012

[蔭凉軒日録]

[薩戒記]

榎原雅治「『薩戒記』の諸本について」『公武関係からみた室町時代政治史に関する基礎的研究』菅原昭英，1998
本郷恵子「京都大学附属図書館所蔵「薩戒記」の調査」『東京大学史料編纂所報』40，2004

[満済准后日記]

森　茂暁「日記に引用された文書とその性格―『満済准后日記』を素材として―」『福岡大学人文論叢』33-3，2001

[看聞日記]

森正人編『伏見宮文化圏の研究―学芸の享受と創造の場として―』森正人，2000
松岡心平編『看聞日記と中世文化』森話社，2009
松薗　斉「『看聞日記』（伏見宮貞成親王）―ある宮様のサクセスストーリー―」『日記で読む日本中世史』ミネルヴァ書房，2011
村井章介「綾小路信俊の亡霊をみた―『看聞日記』人名表記寸考―」『中世史料との対話』吉川弘文館，2014
植田真平・大沢泉「伏見宮貞成親王の周辺―『看聞日記』人名比定の再検討―」『書陵部紀要』66，2015
村井章介「『看聞日記』の舞楽記事を読む」『立正大学文学部論叢』138，2015
植田真平「伏見の侍―『看聞日記』人名小考―」『書陵部紀要』70，2018
村井章介「『看聞日記』の引用表現について」『古文書研究』92，2021
村井章介「『看聞日記』人名考証三題」『日本歴史』882，2021

[臥雲日件録抜尤]

上田純一「『臥雲日件録抜尤』（惟高妙安）―室町文化の周辺と世相―」『中世日記の世界』ミネルヴァ書房，2017

[北野社家日記]

山田雄司「『北野社家日記』―室町・戦国期情報の宝庫―」『中世日記の世界』ミネルヴァ書房，2017

[大乗院寺社雑事記]

大乗院寺社雑事記研究会編『大乗院寺社雑事記研究論集 1』和泉書院，2001
末柄　豊「東京大学史料編纂所所蔵『興福寺年中行事』について―『尋尊大僧正康正三年暦記』の紹介―」『東京大学史料編纂所研究紀要』11，2001
松薗　斉「『大乗院寺社雑事記』に見える記録の構造」『鎌倉仏教の思想と文化』吉川弘文館，2002

大乗院寺社雑事記研究会編『大乗院寺社雑事記研究論集 2』和泉書院，2003
大乗院寺社雑事記研究会編『大乗院寺社雑事記研究論集 3』和泉書院，2006
安田次郎「記録の作為」『興福寺旧蔵文書による古文書と古記録との関係についての史料学的研究』安田次郎，2008
末柄　豊「『大乗院寺社雑事記』の遊紙の錯簡について」『興福寺旧蔵文書による古文書と古記録との関係についての史料学的研究』安田次郎，2008
大乗院寺社雑事記研究会編『大乗院寺社雑事記研究論集 4』和泉書院，2011
大乗院寺社雑事記研究会編『大乗院寺社雑事記研究論集 5』和泉書院，2016

[親長卿記]

井原今朝男「甘露寺親長の儀式伝奏と別記『伝奏記』の作成―室町後期における公家官制史の一考察―」『禁裏本と古典学』塙書房，2009
末柄　豊「『親長卿記』（甘露寺親長）―戦国時代の朝廷を導く―」『日記で読む日本中世史』ミネルヴァ書房，2011

[実隆公記]

末柄　豊「『実隆公記』と文書」『日記に中世を読む』吉川弘文館，1998
高橋秀樹「歴史記録への招待 18『実隆公記』」『歴史読本』2000 年 6 月号，2000

[御湯殿上日記]

井上真生「『御湯殿上日記』の基礎的研究―執筆方法・執筆者について―」『神戸大学国文論叢』37，2007
矢部健太郎「『御湯殿上日記』の翻刻・校訂作業」『室町後期・織豊期古記録の史料学的研究による政治・制度史再構築の試み』東京大学史料編纂所研究成果報告 2016-3
松薗　斉「女房の日記―『御湯殿上日記』にみる戦国期禁裏女房の眼差し―」『中世日記の世界』ミネルヴァ書房，2017（『中世禁裏女房の研究』所収）

[八代日記]

丸島和洋「慶應義塾大学所蔵相良家本『八代日記』の基礎的考察」『古文書研究』65，2008

[政基公旅引付]

廣田浩治「「政基公旅引付」の日記史料学―戦国期の公家日記と在地社会―」『日本研究』48，2013

[言継卿記]

高橋秀樹「歴史記録への招待 6『言継卿記』」『歴史読本』1999 年 6 月号，1999
清水克行「『言継卿記』（山科言継）―庶民派貴族の視線―」『日記で読む日本中世史』ミネルヴァ書房，2011

[天文日記]
安藤　弥「『天文日記』（本願寺証如）―戦国戦乱のただなかに生きた僧侶―」『中世日記の世界』ミネルヴァ書房，2017
林　譲「『天文日記』の記号覚書」『地域社会の文化と史料』同成社，2017
[長楽寺日記]
梁瀬大輔「『長楽寺永禄日記』（賢甫義哲）―関東平野の原風景を読み解く―」『中世日記の世界』ミネルヴァ書房，2017
[上井覚兼日記]
日隈正守「『上井覚兼日記』（上井覚兼）―戦国期の地方武士の日記―」『中世日記の世界』ミネルヴァ書房，2017
[親綱卿記]
遠藤珠紀「『中山親綱卿記』の紹介」『室町後期・織豊期古記録の史料学的研究による政治・制度史再構築の試み』東京大学史料編纂所研究成果報告2016-3，2016
[その他]
古川元也「田中穣氏旧蔵『厳助往年記』の評価と紹介」『年報三田中世史研究』5，1998
松薗　斉「守覚法親王と日記―中世前期の寺家の日記理解のために―」『守覚法親王と仁和寺御流の文献学的研究』勉誠社，1998
尾上陽介「賀茂別雷神社所蔵『賀茂神主経久記』について」『東京大学史料編纂所研究紀要』11，2001
榎原雅治「国立歴史民俗博物館所蔵「中原師胤記」及びいわゆる「師郷記」について」『古記録の史料学的な研究にもとづく室町文化の基層の解明』東京大学史料編纂所研究成果報告2011-4，2012
石田実洋「『白河院宸記』の逸文について」『古文書研究』73，2012
小島裕子「五宮御灌頂記」（阿部泰郎編『仁和寺資料【記録篇】五宮灌頂記』名古屋大学比較人文学研究年報1，2000）
関口祐未「『禅中記』伝存の経緯」『文学研究論集（明治大学）』18，2003
中野祥利「「承元四年信円記」の諸問題」『堯榮文庫研究紀要』6，2005
石附敏幸「承元四年の信円と雅円」『堯榮文庫研究紀要』6，2005
井原今朝男・国学院大学院生ゼミグループ「中世禁裏の宸筆御八講をめぐる問題と「久安四年宸筆御八講記」」『国立歴史民俗博物館研究報告』160，2010
金子　拓「吉田兼見の絶筆」『日本歴史』777，2013
金子　拓「天正年間興福寺別当の日記について―『尋憲記』と『東北院兼深記』―」『室町後期・織豊期古記録の史料学的研究による政治・制度史再構築の試み』東京大学史料

編纂所研究成果報告 2016-3
比企貴之「自筆「氏経卿神事記」と諸写本の展開」『神道宗教』242, 2016
臼井和樹「図書寮蔵『迎陽記』諸本解題―中世漢学の受容と継承―」『書陵部紀要』67, 2016
尾上陽介「近衛家家司平時兼の日記(『御八講』)について」『禁裏・公家文庫研究 7』思文閣出版, 2020
関口真規子「「義演准后日記」とその紙背文書」『中世寺院の仏法と社会』勉誠出版, 2021

【記録体・記録語】

橋本博幸「平安古記録における「発動」の表現性」『国語論究第 7 集』明治書院, 1998
穐田定樹「平安時代儀制書における「覧」」『京都語文』3, 1998(『古記録資料の敬語の研究』所収)
原　裕「『御堂関白記』自筆本の誤記例からみた十一世紀初頭の日常字音」『中央大学大学院研究年報　文学研究科篇』27, 1998
後藤英次「『小右記』『御堂関白記』における接頭語「相(アイ)」―記録体における接頭語「相(アイ)」(1)」『語彙・語法の新研究』明治書院, 1999
遠藤好英「平安時代の記録体の文章表現　上―「徒然」の意味・用法を中心に―」『日本文学ノート』34, 1999(『平安時代の記録語の文体史的研究』所収)
遠藤好英「漢語「徒然」の語史―和化漢語の成立まで―」『文芸研究』147, 1999(『平安時代の記録語の文体史的研究』所収)
船城俊太郎「変体漢文の奇妙な常用字」『日本語学』18-1, 1999(『院政時代文章様式史論考』所収)
船城俊太郎「「了(ヲハンヌ)」考―〈変体漢文〉研究史にまでおよぶ」『新潟大学人文学部人文科学研究』100, 1999(『院政時代文章様式史論考』所収)
堀畑正臣「「因縁」追考」『国語国文研究と教育』37, 1999(『古記録資料の国語学的研究』所収)
堀畑正臣「被成(なさる)の系譜」『訓点語と訓点資料』102, 1999(『古記録資料の国語学的研究』所収)
清水教子「『御堂関白記』に見られる「同」字の用法」『清心語文』創刊号, 1999(『平安後期公卿日記の日本語学的研究』所収)
荻窪眞夫「「令」字による尊敬表現について―『寛平御記』『貞信公記』『小右記』『左経記』に見る―」『言語と交流』3, 2000
堀畑正臣「『看聞御記』の記録語」『伏見宮文化圏の研究―学芸の享受と創造の場として

―』森正人，2000
堀畑正臣『口語に浸透した古記録・古文書の語法研究』堀畑正臣，2000
堀畑正臣「記録体（記録文）の漢文」『日本語学』19-13，2000（『古記録資料の国語学的研究』所収）
原　卓志「古記録における「漸」と「漸漸」の意味・用法について」『鎌倉時代語研究23』武蔵野書院，2000
連 仲 友「明月記における「欲」字の用法について」『鎌倉時代語研究23』武蔵野書院，2000
後藤英次「記録語としての助字の意義」『伝統と変容』ぺりかん社，2000
後藤英次「記録特有語の口頭語化について―中世後期口頭資料の検討から―」『語から文章へ』2000
清水教子「『権記』に見られる類義語・類義連語」『ノートルダム清心女子大学紀要』36，2001（『平安後期公卿日記の日本語学的研究』所収）
堀畑正臣「被成（ナサル）の展開」『筑紫語文論叢』風間書房，2001（『古記録資料の国語学的研究』所収）
堀畑正臣「『明月記』に見える「記録語」(一)」『明月記研究』6，2001
清水教子「『小右記』に見られる批判文の語彙」『ノートルダム清心女子大学紀要』37，2002（『平安後期公卿日記の日本語学的研究』所収）
清水教子「公卿日記に見られる語彙の一特徴―平安後期の日記を中心として―」『清心語文』4，2002（『平安後期公卿日記の日本語学的研究』所収）
中山緑朗「平安時代古往来語彙と古記録語彙の関連について（一）」『作新学院大学紀要』13，2003（『日本語史の探訪』所収）
峰岸　明「古記録の文章における表記とその言語」『国語と国文学』2003
清水教子「『権記』に見られる副詞―情態副詞を中心として―」『ノートルダム清心女子大学紀要』38，2003（『平安後期公卿日記の日本語学的研究』所収）
清水教子「副詞・接続詞から見た『権記』の位置―「異なり語数」の観点を中心として―」『岡大国文論稿』31，2003（『平安後期公卿日記の日本語学的研究』所収）
堀畑正臣「『明月記』に見える「記録語」(二)」『明月記研究』8，2003
堀畑正臣『院政・鎌倉期古記録に於ける記録語・記録語法の研究』堀畑正臣，2003
後藤英次「平安・鎌倉時代の公家日記における接頭語「打（ウチ)」」『国語学研究』
遠藤好英「平安時代の公家日記のことばの文章史的性格―「兼日」の語構造をめぐって―」『日本語学の蓄積と展望』明治書院，2004（『平安時代の記録語の文体史的研究』所収）

堀畑正臣「唐代口語・本朝漢詩文から平安古記録に流入した語をめぐって—登時・本自・奔波（奔営）・等閑の場合—」『国語語彙史の研究 23』和泉書院，2004（『古記録資料の国語学的研究』所収）
三保忠夫「『言継卿記』の助数詞」『島根大学教育学部紀要　人文・社会科学』38，2004
長沼英二「変体漢文語と和文語との相互流入—「執申／とりまうす」と「隠居・蟄居・籠居／こもりゐる」—」『論集松籟　王朝の文学と表現』日本古典文学談話室，2005
原　裕「院政期古記録における「令」について」『築島裕博士傘寿記念国語学論集』汲古書院，2005
清水教子『平安後期公卿日記の日本語学的研究』翰林書房，2005
堀畑正臣「室町時代に於ける「（さ）せらる」（尊敬）の検証」『国語国文学研究』40，2005（『古記録資料の国語学的研究』所収）
柳原恵津子「自筆本『御堂関白記』における「之」字の用法について」『日本語学論集』1，2005
遠藤好英『平安時代の記録語の文体史的研究』おうふう，2006
桜井英治「歴史学者の国語（日本語）学—室町時代の古記録を読む—」『史料学入門』岩波書店，2006
堀畑正臣「「（サ）セラル」（尊敬）の成立をめぐって」『筑紫語文論叢 2』風間書房，2006（『古記録資料の国語学的研究』所収）
築島裕編『訓点語彙集成』汲古書院，2006～2008
中山緑朗「大型国語辞典・古語辞典における記録語の扱い—斎木一馬氏の提言をめぐって—」『日本語辞書学の構築』おうふう，2006（『日本語史の探訪』所収）
秋永一枝「『熊野御幸記』の声点」『明月記研究』11，2007（『国宝熊野御幸記』所収）
清水教子「『権記』に見られる病気・怪我を示す語」『ノートルダム清心女子大学紀要』31-1，2007
高橋秀樹「足をあげて待つべし」『日本歴史』704，2007
尾上陽介「記録語「二音」」『日本歴史』704，2007
樋渡　登「古記録と同義語—副詞「総じて」「総別」から—」『日本歴史』704，2007
堀畑正臣『古記録資料の国語学的研究』清文堂，2007
穐田定樹『古記録資料の敬語の研究』清文堂，2008
遠藤好英「平安時代の記録語への和語の変容—「落子」と「落胤」をめぐって—」『人文社会科学論叢』17，2008
荻窪眞夫「「御坐」による尊敬表現—『権記』に見る—」『言語と交流』11，2008
曽我良成「「所労」の様相」『名古屋学院大学論集　言語・文化篇』19-2，2008

堀畑正臣「中世古記録・古文書資料に於ける漢語の意味変化―「計会」「秘計」をめぐって―」『東アジアの文化構造と日本的展開』熊本大学，2008
池田幸恵「前田本『小右記』における宣命書きについて」『訓点語と訓点資料』123，2009
後藤英次「『吾妻鏡』の漢語と公家日記の漢語―古記録資料対照漢語（漢字語）表作成の試み―」『中京大学文学部紀要』44-1，2009
池田幸恵「宣命体表記の変遷―漢文助字「可」に着目して」『古典語研究の焦点』武蔵野書院，2010
辛島美絵「「気色」と「仰（旨)」―古記録・古文書等に見る〈けしき〉の用法と展開―」『古典語研究の焦点』武蔵野書院，2010
原　裕「再読字使用の問題―「未」の場合―」『古典語研究の焦点』武蔵野書院，2010
中山緑朗「記録語彙の変遷―『民経記』を軸として―」『言語変化の分析と理論』おうふう，2011（『日本語史の探訪』所収）
中山緑朗「中世の記録語彙散策―「莫言」「有若亡」「物騒」―」『作大論集』1，2011（『日本語史の探訪』所収）
船城俊太郎『院政時代文章様式史論考』勉誠出版，2011
堀畑正臣「室町中期以前の「生涯」の意味をめぐって」『明月記研究』13，2012
堀畑正臣「『看聞日記』に於ける「生涯」を含む熟語の意味―「及生涯」「懸生涯」「失生涯」「生涯谷」等の意味について―」『国語国文学研究』47，2012
柳原恵津子「自筆本『御堂関白記』に見られる複合動詞について」『中央大学文学部紀要』109，2012
沖森卓也・齋藤文俊・山本真吾『日本語ライブラリー　漢文資料を読む』朝倉書店，2013
田中草大「変体漢文の語彙の性格について―文体間共通語「オドロク」の用法調査による―」『訓点語と訓点資料』130，2013
田中草大「変体漢文の文体的性格を測る手段について―形容詞ヒサシと形容動詞ワヅカナリを例に―」『日本語学論集』9，2013（『平安時代における変体漢文の研究』所収）
告井幸男「古記録語としての「間」」『日本文学』62-5，2013
堀畑正臣「『看聞日記』に於ける「生涯」の意味をめぐって」『国語語彙史の研究』32，2013
磯貝淳一「和化漢文用字法に見る「問い」と「疑い」―古記録・文書における判定要求の一用法の検討から―」『ことばとくらし』26，2014
田中草大「平安時代の変体漢文語彙と和文語・漢文訓読語の関係について―語義・用法上の相違がある文体間共通語を用いて―」『国語と国文学』91-1，2014
堀畑正臣「『大乗院寺社雑事記』の「生涯」に於ける「命を失う」の意味の登場」『国語国

文学研究』49，2014
後藤英次「平安時代の記録体の言語の基盤に日常口頭語があるとはどういうことか」『中京大学文学界論叢』1，2015
田中草大「平安時代における変体漢文の日常語的性格について―文体間共通語オク（置）を用いて―」『日本語学論集』11，2015
馬場　治「御堂関白記における音の通用について」『日本文芸研究』66-2，2015
中山緑朗『日本語史の探訪』おうふう，2016
後藤英次「中世後期以降の古記録（日記）資料を日本語史学的に扱う際の視点―主に中世末期以降の公家日記の場合―」『文学会論叢』2-1，2016
田中草大「変体漢文から見る接尾語ラ」『訓点語と訓点資料』136，2016（『平安時代における変体漢文の研究』所収）
田中草大「平安時代の変体漢文諸資料間における言語的性格の相違について」『国語語彙史の研究』36，2016（『平安時代における変体漢文の研究』所収）
堀畑正臣「『明月記』に見える「得境」をめぐって―宋代口語の視点から―」『明月記研究』14，2016
峰岸　明『平安時代古記録語集成　上・下』吉川弘文館，2016
田中草大「変体漢文における不読字―段落標示用法を中心に―」『論集古代語の研究』清文堂出版，2017（『平安時代における変体漢文の研究』所収）
堀畑正臣「中世古記録に於ける唐末・五代・宋の中国口語の影響について」『国語語彙史の研究 36』和泉書院，2017
堀畑正臣『室町後期の古記録・古文書に於ける記録語・記録語法の研究』堀畑正臣，2018
田中草大「変体漢文における，表記体に起因する言語的特徴の整理」『日本語学論集』14，2018（『平安時代における変体漢文の研究』所収）
田中草大「語の用例より観たる変体漢文中の〈訓点語〉について」『国語と国文学』95-3，2018（『平安時代における変体漢文の研究』所収）
後藤英次「平安時代古記録における「遅参」とその関連語の解釈をめぐって」『中京大学文学会論叢』5，2019
田中草大『平安時代における変体漢文の研究』勉誠出版，2019
後藤英次「古記録（日記）資料の文体把握の方法―同一場面記事の比較の試み―」『国語学研究』59，2020
田中草大「変体漢文の構文論的研究―受身文の旧主語表示を例に―」『国語国文』89-11，2020
瀬間正之「日本の変体漢文」『漢字を使った文化はどう広がっていたのか』文学通信，

2021
永澤　済「日本中世和化漢文における非使役「令」の機能」『言語研究』159，2021